歷代書籍裝幀藝術

李明君 著

文物出版社

我國傳統書籍裝

幀融汇著中華

民族的文化精神

为《书籍装帧三千年》出版

题经书晤君先生

淮南邱陵

注:本书初稿原名为《书籍装帧三千年》

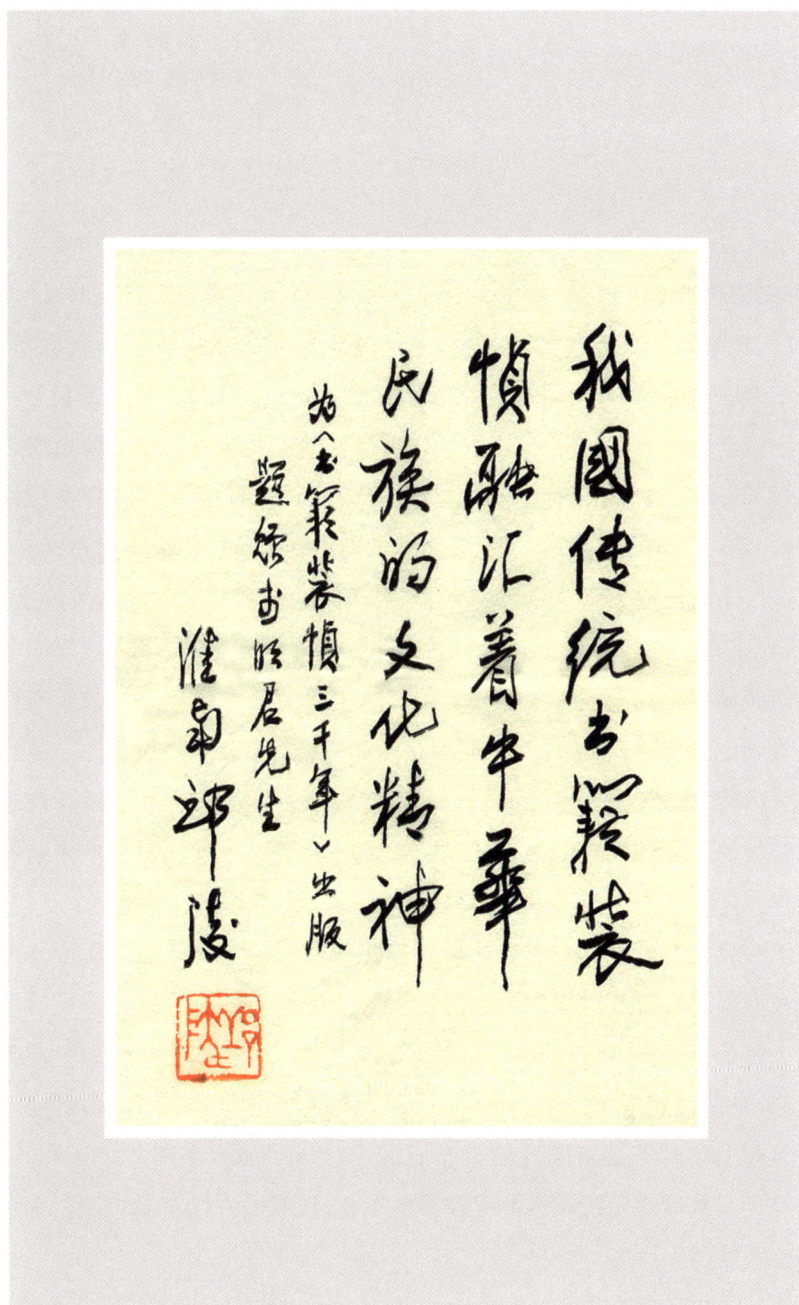

清华大学美术学院　邱陵教授

序言

清华大学美术学院教授
德国莱比锡平面设计与书籍艺术大学客座教授

余 秉 楠

　　李明君同志是我的学生，1989年秋他到中央工艺美术学院（今清华大学美术学院）书籍艺术系进修，其时我正主持系里的工作并讲授版面和装帧设计课目。学习期间，他拿出一本论述我国历代装饰文字发展演变的书稿征求我的意见，我们进行了多次商榷。1991年我曾介绍李明君同志到深圳蛇口启旋电脑设计公司从事印刷字体设计的指导工作，据说对他以后研究装饰文字的工作帮助颇大。1997年和2001年，人民美术出版社先后出版了李明君同志的《中国美术字史图说》和《历代文物装饰文字图鉴》两本专著，我为他的努力和取得的成绩感到高兴。

　　这次李明君同志到北京，又带来一本研究我国古代书籍装帧发展演变，名之为《历代书籍装帧艺术》的书稿，请我审阅并求写一序言，我愉快地答应了。我从事书籍装帧教学四十多年，深知我国传统书籍装帧在现代书籍装帧和现代书籍装帧教学中的价值，当然也知道研究这一课题的难度。

　　《历代书籍装帧艺术》的框架是以现代考古学成果和现代设计观念所支撑的，其目的是为创建一个具有中国艺术精神的现代书籍装帧艺术体系做一些基础工作。

　　李明君同志似乎对考古和文物资料比较偏爱，这就使他选取了一个较为独特的视点来观察和分析我国历代书籍装帧的发展演变。因此，书中所摭取的资料基本上都是20世纪现代考古学兴起以后新发现的考古和文物资料，加上历代文献记载，就使得这本书既翔实可靠，又图文并茂。还听说这部书稿是他四五年来在给兰州商学院等数所院校的学生们讲授《书籍装帧》课讲义的基础上成稿的，显然经过了教学的实践。书中所附学生作业，证明了古代书籍装帧艺术在今天仍然具有蓬勃的生命力。

　　《历代书籍装帧艺术》系统地论述了我国古代书籍自商周、春秋战国、秦汉到魏晋的简帛书籍，从魏晋、南北朝、隋唐到宋元的卷轴书籍，和唐末五代到明清的册页书籍这三个古代书籍装帧大的发展阶段或者说大的装帧形式的外在形态和内部元素，构成了具有东方文化精神的中国古代书籍装帧艺术三千多年的发

展演变历史。

　　本书的第一章,作者首先对时下流行的所谓"甲骨的书"、"青铜的书"和"石头的书"的说法加以廓清,将甲骨卜辞、青铜器铭文和石刻铭文划归到先秦的非书籍文献载体范畴。在明确指出这些各有专用的文献资料不属于严格意义上的书籍的同时,又从中捕捉有关书籍装帧方面的信息,以期寻窥商周时代书籍装帧的面貌。这一点我是赞同的。

　　在本书的第二——六章中,他以丰富的考古、文物资料为基础,系统地论述了我国古代简帛书籍、卷轴书籍、册页书籍的装帧特点、版面形式及插图艺术,将这些长久以来尘封在文物考古范畴内的资料爬梳归类,分析研究,使之成为通俗明了的书籍装帧语言,为我国古代书籍装帧艺术创建了一个专史。这一工作,在已经出版的书籍装帧类图书中尚属稀见,应该说是有开拓性的。

　　本书《实践与思考》一章中,李明君同志还提出了一个很有意义的构想,即建立一个具有中国艺术精神和东方文化内涵的现代书籍装帧艺术体系。这一点,我认为是很大胆和很有创见的,它给我们的书籍装帧实践和教学提出了新的命题。

　　当然,李明君同志在本书中的一些论述和观点并非没有疏漏和偏颇之处,有些看法还有待于实践证实。但是,我衷心地希望大家都来关注这一课题,也希望李明君同志继续努力,充实提高,取得新的成果。

　　是为序。

二○○四年三月二十五日

缘起

1999年,我受聘为兰州商学院艺术设计专业的同学们讲授《书籍装帧》课。起初只是按常规教学:封面、封底,精装、平装,文字、色彩,版面、插图等,内容既缺乏新意,自己也没有激情。一学期过去,我认为这样教学不行。

一年后,我对教学内容做了较大的调整,认为中国传统书籍装帧——当时还只想到离我们较近的宋元以后的线装书,应该在现代书籍装帧教学中得到重视。因此,在安排作业时,有意让同学们做一册古代线装书,要求完全采用传统的书籍材料如宣纸、毛边纸、瓷青纸、仿绫纸和丝线等来完成,目的是让同学们在动手设计的过程中感受一下传统书籍装帧的艺术魅力。

作业布置以后,同学们热情很高,从纸张的选择、开本的比例、书衣的质地、题签的字体、版面的排列乃至订眼的位置,订线的粗细等等,都进行了认真的设计和权衡。

课程结束的作业讲评会上,在与同学们观摩满满一桌子"古代"线装书的那一刻,我突然感动了,产生了一种与平时观看现代书籍所从未有过的心理颤动,恍惚间似乎走进了古代文人青灯黄卷的读书环境。之后,这种欲与古人交接的思绪埋在心中久久不能化解,并由此萌发了研究、探索我国传统书籍装帧艺术的念头。

当这种想法逐渐明确以后,我便在其后的教学中逐渐加大了传统书籍装帧的比重和作业含量,要求同学们运用现代书籍装帧材料和现代设计观念对传统书籍装帧进行设计实践,以感受和理解我国传统书籍装帧艺术。

同时,我也开始了古代书籍装帧艺术的探索:阅读有关书籍、收集有关资料,思索有关问题,并不断地充实和修改教学讲义。渐渐地,我感到似乎无意中撞开了一座尚未完全开启的艺术宝库,透过门隙,窥见它的空间那么宏大,时间那么悠久,而宝藏则是那么的璀璨。凭直觉感到似乎幸运女神降临在身边,她将引导我步入一个全新的艺术领域。

八九年来,发现的喜悦使我在教学实践中充满了信心,而素常爱好的文物考

古学知识和几代文物考古工作者的研究成果亦对我的工作提供了极大的帮助。坦白地说，本书的框架基本上是以现代文物考古资料所支持的，假如没有这些丰富的资料，本书是难以完成的。

由此想到 20 世纪 20 年代清华国学院导师王国维、陈寅恪先生的话，他们一位说：

"吾辈生于今日，幸于纸上之材料外更得地下之材料。由此种材料，我辈固得据以补正纸上之材料，亦得证明古书之某部分全为实录，即百家不雅训之言亦不无表示一面之事实。此二重证据法，惟在今日始得为之。"（王国维《古史新证》）

另一位则说：

"一时代之学术，必有其新材料与新问题。取用此材料，以研求问题，则为此时代学术之新潮流。治学之士，得预此潮流者，谓之预流（借用佛教初果之名）。其未得预者，谓之未预流。此古今学术史之通义，非彼闭门造车之徒，所能同喻者也。"（陈寅恪《陈垣〈敦煌劫余录〉序》）

两位大师的话虽有异，而意实同，那就是要充分运用现代考古研究的成果，掌握新材料，研究新问题。

又记得 1990 年我在中央工艺美术学院（现清华大学美术学院）书籍艺术系进修时，曾有幸聆听了国际著名的书籍装帧艺术家、莱比锡国际书籍艺术展览会评委、德国的汉斯·彼得·维尔堡教授暨夫人的讲课。教授夫妇以睿智活跃的思想所传递的西方书籍设计观念给我留下了深刻的印象。在他们指导下完成的作业，成为我保留那段学习经历的珍贵纪念。

东西方不同的文化背景和审美观念在书籍装帧方面无疑有着不同的表现，而东西方文化的碰撞、交融和沟通亦是时代发展的必然。应该承认，在西方现代科学文化的冲击下，我国书籍装帧在 19 世纪末和 20 世纪初就已经基本上"洋装化"了，完成了从古代到现代的演变。书籍材料、印刷工艺和装帧形式的进步宣告了我国古代书籍装帧的式微。

　　然而时至今日,三国时的关羽手持宋元线装书这种常识性的错误并不少见。有些书籍装帧模仿线装书,古风全失:订线多的十几道,少的则仅两三道;封面题签正背颠倒的现象亦屡见不鲜。专业人员尚且如此,一般人就更加难辨正误了。凡此种种皆是不了解我国传统书籍装帧的历史所致。另外,市面上众多的装帧类图书讲到我国传统书籍装帧时,或是薄薄几页,容量甚少,或是语焉不详甚至误说时见,而占据版面的大多是现代或国外的文字、图版。可以说我国传统书籍装帧已经逐渐被淹没到忘却的大海了。

　　我国是一个文明古国,我国历代众多民族创造的传统书籍装帧有着悠久的发展历史,古代的简帛书籍、卷轴书籍、册页书籍在我国的文化发展史上起到过重要的作用。今天,这些优秀的文化遗产依然保持着鲜活的生命力:几根简札、几卷书轴、几册线装书,甚至一些版面装饰元素如文字、版框、界格、版口、鱼尾等等都传递着传统文化的缕缕信息。

　　经过八九年的教学实践和研究,奉献给读者的便是这册《历代书籍装帧艺术》。令人不安的是,这本小书实在不足以包孕我国书籍装帧艺术三千年发展的成就,它仅仅是我国书籍装帧研究的一涓细流,假如人们能顺着这涓溪流追寻到我国书籍装帧艺术长河的魂魄,那将是本书作者莫大的欣慰。

■ 黄国鑫供稿

李明君

二〇〇九年五月

目　录

第一章 简帛书籍与先秦的非书籍文献载体

第一节　古代书籍的范畴

　　"书"字的原本意义，东汉许慎（约公元58～约147）在《说文解字》中的解释是："书，箸也。"其篆体字的上部为"聿"，像手持笔杆之形，为"笔"字初文；下部是"者"（音煮）；合起来，也就是许慎在《说文解字·序》中说的"箸于竹帛谓之书"。"籍"的本义是"簿书"，即账簿名册一类的统称。书与籍组成为书籍之"书"的意义，较"书写"的意义要晚一些。

　　书籍初指典籍，后来泛指一般书籍。唐代司马贞在给《史记·礼书》的"书"字索隐时说："书者，五经六籍总名也。"《汉书·艺文志》里将众多的书籍归纳为六艺（经）、诸子、诗赋、兵书、数术、方技等类。到了魏晋时代，则明确地将书籍分为经、史、子、集四部。其中的经部，包括四书、五经等儒家经典和文字、音韵、训诂方面的著作；史部是各种体裁的历史著作和地理、时令、职官、政书等著作的总括；子部是指六经以外，著书立说成一家言的书籍，如儒家、兵家、法家、道家、小说家等十四类；集部则是包括多种体裁的著作如楚辞、别集、总集、诗文集、词典等类。

这些书籍类别囊括的范围应该是很全面了，然而遗憾的是没有将我国古代长期以来大量应用的官私文书、簿籍、丧葬文书及日常应用的文字资料包括在内。

实际上，我国古代书籍的初始阶段，狭义的书籍与其他文字资料不但在载体上而且在形式上是基本一致的。清代史学家章学诚(1738~1801)就认为："《六经》皆先王之政典。"汉以前所谓的书籍，在很大程度上是历代保存下来的档案或经过整理的档案汇编，如《尚书》即是其例。司马迁(约前145或前135~?)在《史记》中提到和直接引用的书，有不少就是国家原有的政典或其他形式的文书档案。

为了全面地反映古代书籍面貌，我们在本书中将书籍的范畴适当扩大，以期许多富有装帧艺术价值的官私文书、簿籍名册、赋税、券约、司法、屯戍文书和日常信札、赠赙遣册等典籍得到研究，力求丰富古代书籍装帧艺术的面貌。(图1)

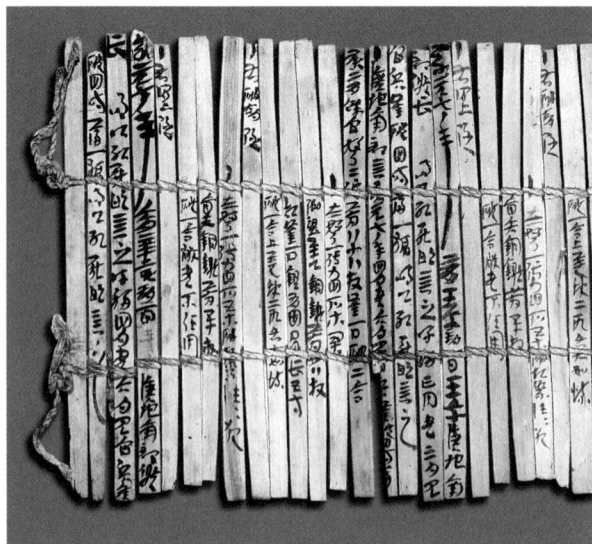

■ 1 居延汉代遗址出土的《永元十五年器物簿》

■ 2 龟甲卜辞

第二节 先秦的非书籍文献载体

据文献记载,我国商周时代就已经有了简帛书籍,只是由于年代久远,竹木与纺织品易腐易朽,这些古代的书籍现在已很难见到。

时下一些流行的读物中多有所谓"甲骨的书"、"青铜的书"、"石头的书"和"丝绸的书"、"竹木的书"的种种说法,似乎我国历史上真有过以甲骨、青铜、石头这些材质作为书籍载体的事实。确切地说,这些所谓的书籍中,只有"丝绸的书"和"竹木的书"属于真正的书籍载体,其他材质的载体尚不能纳入书籍的范畴。注

商周时代的甲骨文、青铜器铭文和其后的石刻铭文不能归属到书籍范畴的原因在于:首先,它们都是附属在有固定用途的器物上的文字,不是严格意义上的书籍载体。其次,甲骨文、青铜器铭文、玉石器文字,或是统治者占卜问卦、预测吉凶的记录,或是宗庙享祭、盛放食品的器物,或是祷告天地、厘正文字的铭刻,与传播知识、传承文化、交流思想的书籍有着性质上的区别。其三,更重要的是这些非书籍文献载体行盛的时代,简帛书籍已经出现而且已很成熟。

例如成书于战国时期、先秦思想家墨翟(约前468~前376)所著《墨子》中就数次说到"又恐后世子孙不能知也,故书之竹帛,传遗后世子孙,咸恐其腐蠹绝灭,后世子孙不得而记,故琢之槃盂,镂之金石,以重之"(《兼爱》)。又反复说到"故先王之书,圣人一尺之帛,一片之书"的话(《明鬼》)。甲骨文、青铜器铭文中也多有"册"字和与"册"字有关的文字。足证当时镂琢于金石、盘盂的铭刻文字,是与"咸恐其腐蠹绝灭"的竹帛(简册、帛书)并行于世而有区别的。

但是,考虑到商周时代书籍实物不可见的事实,这些文献资料毕竟属于文字记载的一种形式和记载史实的辅助手段,其中一定存在着书籍装帧方面的某些因素。因此我们将这些非书籍文献载体加以研究,以期从中捕捉一些古代书籍装帧艺术方面的信息。

一、甲骨卜辞

1898 年,在河南省安阳洹河之北以小屯村为中心的商代晚期都城遗址殷墟,出土了大量的甲骨卜辞,受到了人们的重视。20 世纪初现代考古学在我国兴起以后,考古工作者几十年中在此进行了多次大规模的发掘,使得近 10 万多片的甲骨卜辞重现于世。(图 2)

注:李学勤:《古文字学初阶》53 页 中华书局 1985 年版

这些文字契刻在龟甲兽骨上，是商王室用于占卜的文字记录。由于商代人崇鬼信巫，事无巨细皆决于卜，因此甲骨文反映了商代政治、经济、军事、文化、科学等多方面的内容，从某种意义上说具有典籍的性质。甲骨文的出现，证实了我国历史上商代的存在及商王朝的"信史"价值。甲骨文是我们目前所见到的最早的有系统的成熟文字，其造字规律"六书"俱备，卜辞词类、句法基本成熟，考古发现的单字数多达 4000 字左右，说明我国文字的起源距它已相当遥远。

卜辞契刻一般多用龟腹甲，有时也用背甲，这大约与龟的长寿、灵异、通神作用有关。卜骨中常见的骨头是牛的胛骨、肋骨、距骨和少数羊、鹿、猪的胛骨，一些动物如鹿、兕等的头骨上也偶有刻辞。(图3、4)

甲骨在契刻前要经过整治，如腹甲要去掉表面胶质，并要锉其高厚不平之处，龟背甲还要从中脊平分对剖为左右两半。牛胛骨要锯去臼突，锉平背面，正反面的锯削处和其他地方还要施以刮磨。修治好的甲骨要经过钻凿。灼兆是正式占卜的开始，先用火灼钻孔，使甲骨坼裂，然后占卜者看其正面显出的卜字形裂纹，即为卜兆。占卜的贞人即巫是商代有史官性质的神职人员，他们是我国最早的知识分子，也是当时掌握和传承知识的人。

卜辞是用刀契刻的，有些事先经过书写，有些则直接契刻，有些卜辞契刻后还涂以颜色。刻辞的方法是：小字多单刀直刻，个别大字则采取双刀契刻，以形成较深的字痕。甲骨卜辞的契刻刀法娴熟，字体秀美，各个时期书体风格有所不同，是古代书迹艺术中的珍品。

卜辞的体例、辞句有着相对固定的格式：完整

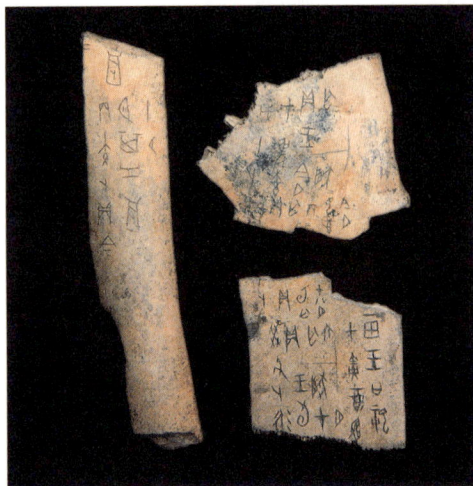

■ 3 兽骨卜辞

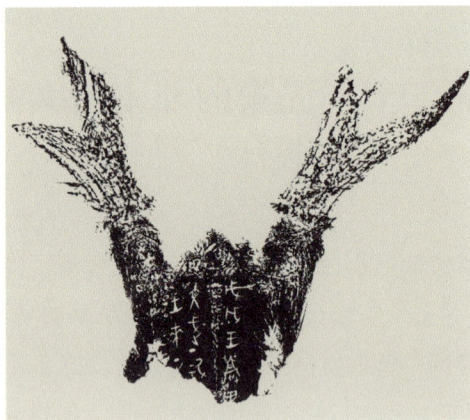

■ 4 鹿头刻辞拓本

的卜辞，一般先记叙占卜时间、地点和贞人，即叙辞。其次是陈述要贞问的事情，为命辞。第三是占辞，即对照兆纹后定吉凶祸福。最后记录占卜之后应验的事实，称为验词。因受占卜内容的限制，甲骨卜辞的字数一般不多。

甲骨卜辞的排列，由于卜兆的原因，自左而右，自右而左均有，一般以卜兆为中心，向左或右契刻。甲骨卜辞虽有左行和右行的不同，但直行向下的格式则固定不变，由此奠定了我国自文字产生以来直到 20 世纪中叶几千年来文字竖排的基本形式。

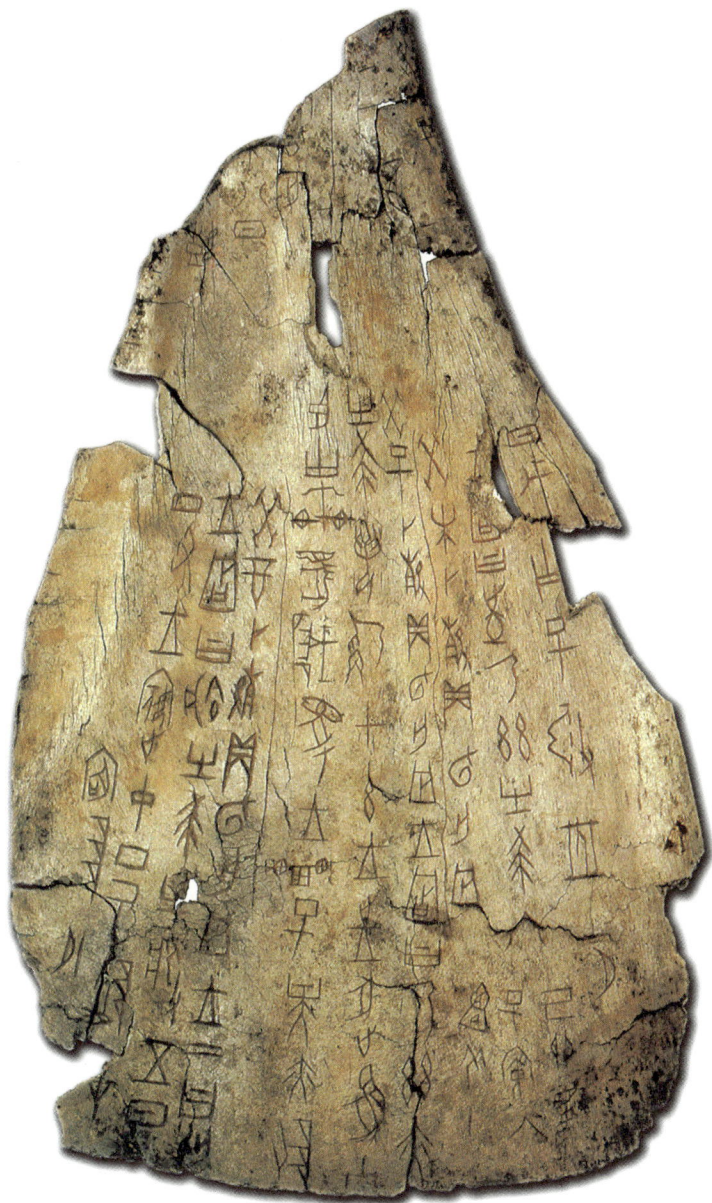

需要说明的是,我们一般看到的甲骨卜辞多是黑底白字的纸质墨拓本,而非卜骨原物。

祭祀狩猎涂朱牛骨刻辞

这块牛胛骨刻辞出土于河南省安阳殷墟,属于甲骨文断代的第一期。骨版巨大完整,正背均有契刻,共 160 余字。正面四条完整的卜辞,分别记述不同的事情,背面是记述天象方面的文辞。骨版正面左侧四行低二字,字体粗壮者为一条,直列左行,内容是商王武丁宾祭仲丁。中间三行字高者为一组,直列左行,大意是乘车狩猎逐兕时,子夨堕车。右面

三行为一组卜辞,直列右行,内容为子弦死。右下角三行 10 字为一组,直行左行,记了宾用十个羌人举行宜祭。骨版背面刻辞大意是记载有来云自东,有虹自北饮于河的事情。(图 5)

这方骨版上的刻辞排列严谨,段落分明,字形美观,运刀如笔。尤其令人感兴趣的是甲骨的正背文辞上均涂有红色颜料,色彩鲜艳。在肯定其以红色涂字含有宗教意识之外,我们设想古人大概也看到了红色在甲骨契刻版面上的美化作用。

这是一帧珍贵的古代非书籍文献载体。

5

宰丰骨匕刻辞

这件商代牛骨呈匕首形，下端残泐，相传河南安阳出土。骨匕一面刻有文字，记述一个叫宰丰的人从王狩猎，受到赏赐以为荣耀，故做器以记之。刻辞两行，布局得体，行列因形就势随着骨匕形体而有宽狭变化。宰丰骨匕另一面刻有精细的兽面蝉纹，上面镶嵌有美丽的绿松石，具有较高的艺术价值。

这件骨匕不论出于何种目的或者属于何种用途，其纹饰与镶嵌装潢对文字载体的装饰美化作用是非常明显的。这是一帧精美的甲骨文字装饰作品。(图6)

干支刻辞

干支是我国古代的一种纪日历法，起初以"甲乙丙丁戊己庚辛壬癸"十干纪日，自甲至癸十日为一旬，周而复始，以三旬为一月。但是十的周期太短，日份易混淆，因此又以"子丑寅卯辰巳午未申酉戌亥"十二支与天干相配，而成复式干支纪日法。卜辞多见三旬纪日，后始补足为六十甲子。古人以干支纪日，后人以干支纪年。干支在长期的应用中具有神秘的意义。

甲骨刻辞中的干支甚多，原因在于占卦记卜几乎每卜必系日辰，因此甲骨文中的干支表是一种便于检查日数和干支的有实用目的的文例。由干支在甲骨卜辞中广泛运用的现象来分析，其起源应该很早。

这里所附的两帧甲骨刻辞干支表，一帧为竖列左行式，整列六十干支。(图7) 另一帧是一大肩胛骨碎片的缀合，干支表为横列左行式，比较特殊。(图8)甲骨卜辞的干支表排列非常整齐，当有固定的排列通则。

■ 6　宰丰骨匕(正、背)　长 27.3、宽 3.8 厘米

■ 7 甲骨竖列干支表

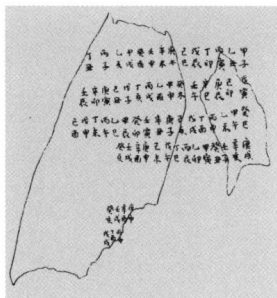

■ 8 甲骨横列干支表

■ 9 甲骨卜辞中的横栏

■ 10 甲骨卜辞中的竖栏

甲骨卜辞中的栏线

在甲骨卜辞中，我们经常会发现一些竖的或横的线，刻划在不同组的文字之间，这些线即是卜辞中用于间隔此段文字与彼段文字之间的栏线。根据有些栏线弯曲不直，绕字而刻的现象分析，它们很可能是甲骨上卜辞刻满以后或者契刻过程中为防止文句互窜互混而刻划的。

甲骨卜辞中的栏线横栏、竖栏皆有，运用很熟练，我们有理由将它视为我国书籍版面中栏线的初萌形式。(图9、10)

甲骨的缀联成册

甲骨卜辞可能已有缀联成册的现象出现。1936年殷墟第13次发掘中，在第127号坑中发现有些甲骨背面有不同于凿钻的小孔，疑为串绳装订所用。又在安阳小屯发现的被收入乙编第4528号腹龟甲上有"三册，册凡三"字样的甲骨。后又发现有一甲尾上有"编六"，"册六"字样。考古学家董作宾(1895~1963)认为很可能是商王朝负责文献保管的巫官将卜甲集合成册，依类装订的表现。

1977年，考古工作者在陕西省岐山县凤雏村的周代建筑遗址发掘出土了一批西周早期的甲骨，共17000多片，一部分刻有小如粟米的文字。其中289片有字甲骨上几乎每片都有小孔，可能是当时的史官用作甲骨缀联穿绳的孔洞，以便有系统的存放，这大约是甲骨缀联集合成册的佐证。一些甲骨上还刻有"典册"字样。

甲骨卜辞的这种缀联与古代贝叶经装订方法相似，我们是否可以把它看作是我国非书籍文献载体早期编联成册的滥觞。

二、青铜器铭文

青铜器铭文是铸刻在青铜器物上的文字,亦称作"金文"、"钟鼎文"。时下有些读物将各种有铭文的青铜器物视作"青铜的书",称之为"古代书籍的初级形式之一"。这显然是一种误解。

青铜器物上铸刻铭文,较早的实物大多是商代晚期的,上面的铭文一般为标明器主族氏和做器人,字数很少,以有美术性质的族氏徽号为主。到了西周以后,青铜器铭文字数增多,文体章句逐渐完备,进而出现了四五百字的长篇铭文。这一时期的青铜器铭文逐渐具备了册命赏赐、铭功记事的"书史"功能。春秋战国时期,青铜器中的王室之器减少,列国铸器增多,器形向轻便实用发展。有些器物上的铭文除了记载史实之外还成为一种装饰。这些铭文本身极力求工求美,具有装饰美化的作用。

纵观青铜器铭文的发展,它们都是附属于特定的器物:早期的铭文,多在器物的腹内口沿、内壁、内底等隐蔽部位;中期、晚期的铭文虽然字数增多,具有"书史"的性质,但在本质上还是青铜器的附属。这些青铜器多是享祭的用品,处于庙堂祭所或者随葬入土,普通人很难见到,不是供大众观览的。而且青铜器的重量从几公斤、几十公斤到几百公斤不等,有些体积很大,重量甚沉。如著名的商代《司母戊鼎》就重达 875 公斤。这件西周《大克鼎》,虽然有铭文 290 字,但铭文处在鼎腹内壁,阅览不便。鼎高 93.1 厘米,重 201.5 公斤,移动困难。这类文字载体很难具备文化传播的功能。(图 11、12)

有些铭文铸刻在钟鼓乐器和容器的壶、瓿、爵、盘和兵器的剑、矛、戈、戟上,字数甚少,更难具备典籍的功能。

但是,考虑到青铜器铭文经过了由简短的"物

■ 11 西周《大克鼎》

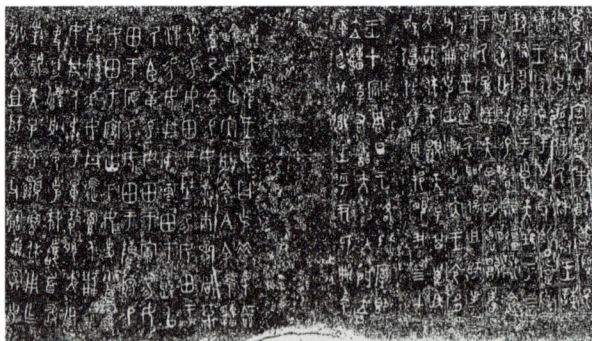

■ 12 西周《大克鼎》腹内铭文

勒工名"作用到长篇的"书史"性质,进而发展到器物"文饰"功能的演变过程,它们的排列格式存在着一定的规律,我们还是对其加以研究介绍。

■ 13《盉妇方鼎》铭文

■ 14 西周《我方鼎》铭文

■ 15 西周《史墙盘》

■ 16 西周《散氏盘》铭文

1. 青铜器铭文的排列设计

文字的排列组合是青铜器铭文处理的首要步骤，无论铭文的长短，字的大小，行列字数的多少，均有一个审美的权衡过程。青铜器铭文采取竖排左行的排列方式，保持了版面上的统一。另外，版面上的文字不但有大小参差与伸缩，而且一些需要特别强调的族氏徽号还可占几个字或几行字的位置，形成了青铜器铭文独特的版面形式。

例如，商代《盉妇方鼎》铭文，右行起首族氏徽号"盉"字，像釜中一人，手持旗旌。此字大而鲜明，占了左行"丁巳且（祖）丁"四个字的位置，属一种突出族氏的排列方式。(图13)

西周的《我方鼎》，铭文竖排六行，太小错落，因字而异。文末的族氏徽号"亚若"占了两行字的空间，不但不显唐突，反而有一种和谐的感觉。(图14)

而西周的《散氏盘》和《史墙盘》铭文，则是竖成行，横成列，典雅整齐的排列形式。《史墙盘》铭文284字分为各9行排列的两部分，左右居中铸于盘底，整齐美观。(图15)《散氏盘》铭文末行的8字，另行排列，似乎有着长篇铭文的落款性质。(图16)

此外，西周的一些铭文中还出现了大小统一的横竖界格，更为文字布局的规范化提供了保证。

《中山王嚳铜方壶》

1974年出土于河北省平山县三汲公社中山王墓，同出有铁足大铜鼎和铜圆壶，因三件铜器器表均镌刻有美化性质的长篇铭文，一般通称"中山三器"。作器时间约为公元前313年。(图17)

《中山王嚳铜方壶》铭文450字，其中合文一，重文三，实刻446字，当是文章撰好以后经过精心计算，分行、分格镌刻到器表上的。镌刻者为使文字分格准确，排列时将"大夫"二字合文与重文均占一格，这种方法虽属当时的行文惯例，但镌刻者在计算字格时无疑是将这些因素考虑在内的。

铜方壶两侧有铺首（口中衔环的兽头）干扰的铭文布局尤其使人叹服：文字环绕铺首留出空间的时候，没有简单处理成6行3字的四方形，而是因形就势，在兽颊两侧各置一字，以使铺首周围空间相对均匀。

商周以来，青铜器铭文的结尾多为竖列满行，这在短篇铭文中一般问题不大。但是长篇铭文出现以后，文末满行就不易判断文章是否终结，如《即簋》铭文。(图18)

中山三器铭文均在文末刻有圆形的终结符号以示结束，较好地解决了这一问题。铜方壶铭文结尾除圆形符号之外，还另留一空格，再次强调了文章的终结。(图19)

《中山王嚳铜方壶》铭文末尾留空，意义深远。时至今日的标语、文章、书报，往往在文章结尾不作满行，以示结束，应该说已有悠久的历史了。

《中山王嚳铜方壶》铭文的镌刻者对铭文的整体筹划、精心计算与巧妙处理，似乎达到了一种随心所欲的状态，从而使这帧铭文具备了古代文字版面设计的意义。

■ 17 战国《中山王嚳铜方壶》

■ 18 西周《即簋》铭文

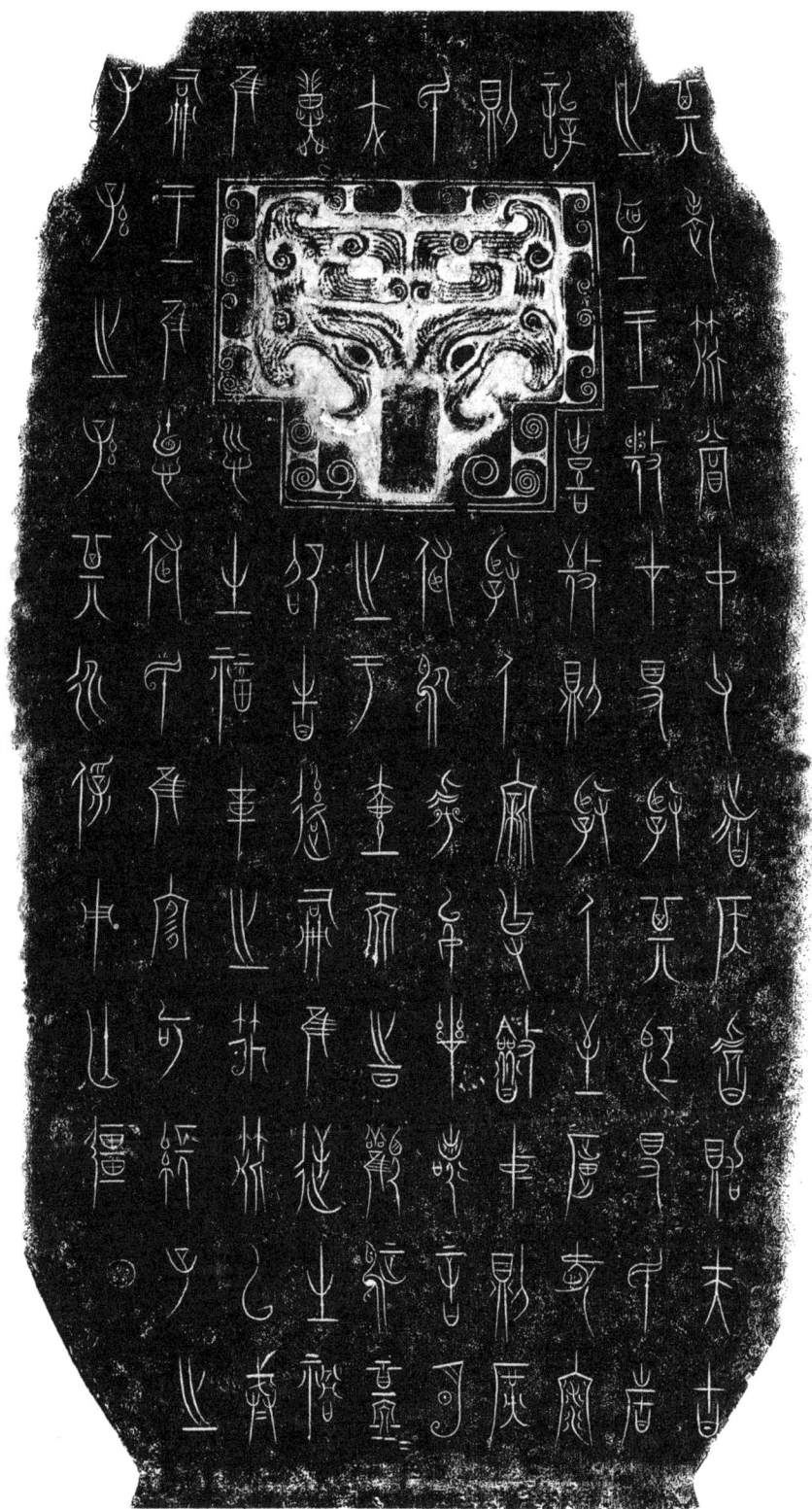

2. 青铜器铭文的装潢作用

春秋战国时期,青铜器上的铭文逐渐由器内隐蔽部位转向器表,文字也由单纯的表述意义转化为器物表面的装潢。这种功能的转化给文字在器物上的表现提出了装饰性的要求。

中山王墓《兆域图》铜版

中山王墓《兆域图》铜版与铜方壶同出于中山王墓。铜版长94、宽48、厚约1厘米,由于火烧略有变形。铜版一面是用金银镶嵌图案、文字的一幅《兆域图》,另一面有一对铺首。

"兆域"是古代墓地四旁的界限,即葬域平面图。中山王墓《兆域图》据铜版铭文记载应该是两件:一件从葬,一件存在王府。《兆域图》中最外一周和第二周代表宫垣和宫室的线均由银色的宽实线构成,墓丘底边亦由较细的银线表示其范围。而五个三大两小的堂位则用金色的宽实线构成,以突出其核心作用。图上标明宫垣、坟茔所在地点,建筑各

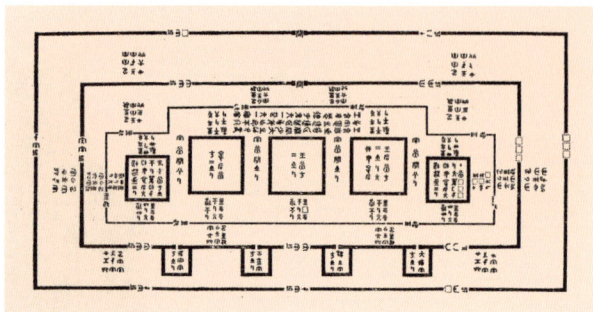

■ 21 中山王墓《兆域图》摹本

部分名称、大小、位置和中山王诏书的铭文均为黄金镶嵌。

中山王墓《兆域图》版制巨大,装潢精美,线条主次分明。图中文字排列有序,布局合理,除主体堂位文字外,其他文字方向均面向四周,为上下左右环视图版提供了便利。这是一件不可多见的金银镶嵌古代图版设计精品。(图20、21)

■ 20 中山王墓《兆域图》铜版

《鄂君启节》

1957 年出土于安徽省寿县,是战国后期用于水陆通行的铜质符节。同出铜节五件,分为两组:甲组现存两件舟节,为水陆通行证;乙组现存三件车节,为陆路通行证。此节是楚怀王时发给受封在湖北鄂城的"鄂君启"的,制于楚怀王六年(前323)。这种符节形似剖开有弧度的竹片,五片合成为一个完整的竹筒形。铜节上阴刻竖行界格 8 道。铭文 9 行,行密字疏,均做错金镶嵌,色泽璀璨。

这几枚铜节不但铸出竹片弧形,而且连竹节也铸的十分逼真,实属难能可贵。铭文的载体借寓竹牍形制,设计巧妙,造型独特,文字与形制结合,浑然一体。(图22)

■ 22《鄂君启节》
左舟节长 31、宽 7.1、厚 0.6 厘米
右车节长 29.6、宽 7.1、厚 0.6 厘米

三、玉、石器铭文

玉、石器铭文即先秦时期书写和镌刻在玉片和石头上的文字,这些文字载体与当时的简帛书籍并行于世,具备了记录史料的作用。先秦时期的玉、石器文字,现在已属珍贵的文献载体。

干支玉版

这片商代干支残玉版出土于河南省安阳市殷墟。玉版上残存有双刀阴刻的干支文字"庚寅辛",辛字下应缺一"卯"字。这三个字的边缘阴凹,中间微凸,属于刻字工艺中的阴包阳形式。玉在古代具有很高的价值,玉版上的干支镌刻精美,属于一种刻意美化的文字。(图23)

《侯马盟书》

1965~1966 年,山西省侯马市晋国遗址出土了多达 5000 多件的盟书。盟书书写在规整的圭形玉片和石片上,其中最大的长 32、宽 3.8、厚 0.9 厘米。小的一般长 18、宽 2.0、厚 0.2 厘米,石质多呈灰黑色、墨绿色和赭色。玉片形状以圭、璜形为主,形体较小。其中文字可以认读的有 650 余件。

"盟书"亦作"载书",是春秋战国时期各诸侯国或卿大夫之间订立盟誓过程中的记录文书。立盟时,参加者要按照盟书的内容进行宣读,然后将盟书连同动物牺牲埋于称作"坎"的土坑中。《侯马盟书》记载的是战国初年发生在赵国内部的一次历史事件,主盟人是春秋后期晋卿赵氏的主政者赵鞅。

盟书均用毛笔书写,一般用墨书,但宗盟、委质、纳室类的内容则用红色书写,可能在于这类内容比较典重。古人立盟时,先凿地为坎,杀牲于坎上,取血书盟,以示决诀。盟书红色,大概是以朱代血,这一点与甲骨卜辞中字痕涂朱似乎有着相同的意义。这种红字的盟书,使玉片上出现了鲜艳的色彩。

■ 23 商代干支玉版

■ 24 战国《侯马盟书》

盟书文字笔致舒展而有韵律，用笔提按而有变化，自然平和的书写中含有浓郁的书卷气。石简上的文字，少则三四十，最多者达 222 字，章句完备，叙事明晰，行列整齐，具有一般书籍的意义。盟书中还使用了标点符号，都写在字的右下角，比较原始、简单，它是我国文字使用标点符号较早的先例。郭沫若将侯马盟书称为"石简"，赋予其简册的意义。的确，如果将一片片盟书编联起来，即是一编石质的简册书籍。(图 24、25)

此外，《侯马盟书》中还有一些圆形的或方形的玉片上书写有宗盟类文字。玉片上文字直行排列，每行字数依玉片形状多少不等，甚为美观。这种玉片据说是制作玉璧时的边角料。(图 26)

■ 25 战国《侯马盟书》石简之一（正背）

■ 26 战国《侯马盟书》玉片

石 鼓 文

先秦石刻文字以石鼓文最为著名。石鼓文是刻在十个馒头状的圆顶平底石头上的十首一组的诗，每组约十八九句，原文 700 字以上，内容为记颂征旅渔猎的诗歌。因这十个石头像鼓形，历代称之为石鼓，是东周时的秦国刻石。文字在石鼓的上沿圆顶边际线直行排列在鼓腹，四字一句，两句一行，整饬美观，极有装饰感。(图 27)

石 经

在我国书籍发展史上，能称上所谓"石头的书"的，似乎只有东汉以后刻在石碑上的儒家经典和佛教经文。著名的石经有东汉熹平年间(172～178)立在洛阳学宫门前的《熹平石经》和刻于三国曹魏正始年间(240～249)的《正始石经》。《熹平石经》以隶书写刻儒家七种经典《易》、《书》、《诗》、《仪礼》、《春秋》、《公羊》、《论语》等于 46 块石碑上。(图 28)《正始石经》因以古文、篆书、隶书三种书体刊刻《尚书》、《春秋》，又称《三体石经》。这类石经的目的在于统一儒学经典，杜绝错讹，供学子作为抄写的范本。《三体石经》还含有对勘、校正、传承书体的作用。(图 29)

需要说明的是，这些石经只是书籍一种特殊的厘正形式，而不能称之为严格意义上的书籍。

■ 27 先秦石鼓之一

■ 28 东汉《熹平石经》残石拓本

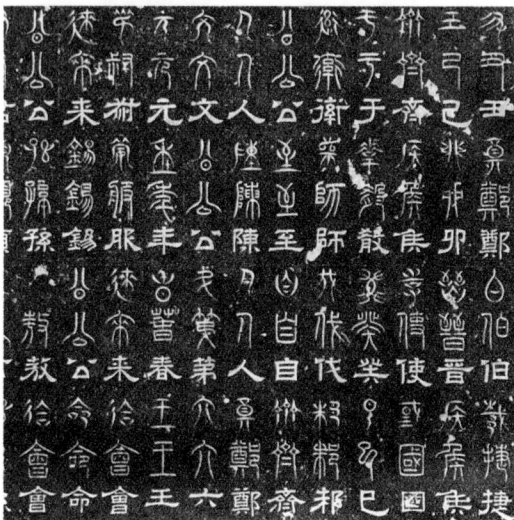

■ 29 魏《三体石经》残块拓本

唐代以后著名的石经有现存陕西省西安市碑林的唐《开成石经》和宋代刻于四川、现已损毁，仅有残块的《宋石经》（因其以篆、楷二体镌刻又称《二体石经》）。这些石经的目的在于以刻石这种永垂久远的形式弘扬儒学文化。(图30、31)

佛教石经的刊刻以北京市房山县云居寺的《房山石经》最为著名，它收藏着从隋代到明末刻造的大量石刻佛经，刻佛经约1025种，总计为15061石，900多部，3000多卷。《房山石经》的镌刻时代，书籍装帧已经发展到纸质的卷轴阶段，自然与书籍的载体无关。(图32)

■ 30 西安市碑林的唐代《开成石经》

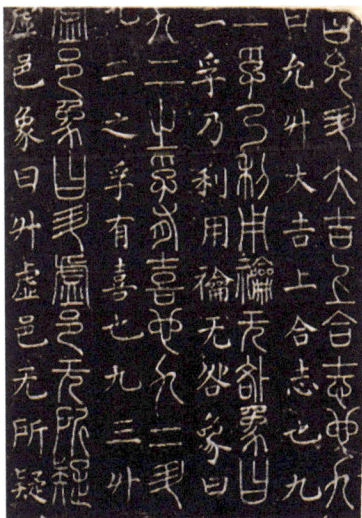

■ 31《宋石经》拓本

■ 32 北京市房山县云居寺石经

第三节 简帛书籍的记载、
发现与研究

一、简帛书籍的文献记载

简帛书籍作为我国古代记录知识、传播文化的载体，很早就在古代文献中有所反映。大约先秦就有定本的《尚书·多士》篇中曾有西周初年周公（姬姓，名旦）告诫殷遗民的话："惟尔知，惟殷先人，有册有典，殷革夏命"。

册是用简编成的书。《尚书·金縢》记述，周武王（姬姓，名发）生了重病，周公告神。"史乃册"，卜问三龟，均为吉兆，"启籥（yuè 锁）见书，乃并是吉"，"公归，乃纳册于金縢（téng 绳）之匮中。"

假如《尚书》的记载可靠，说明在殷商和西周初年就已经有成熟的简册书籍了。先秦的不少古籍也多次提到简册书籍的应用。《周礼·内史》中说："凡命诸侯及孤卿大夫，则策命之。"《礼记·王制》中说："太史典礼，执简记，奉讳恶。"这里的"简"是单支的供书写用的狭长形竹木札，策是多支简编连在一起的书，策是"册"的通假字。

在诸多文献中，以《墨子》的记载最为详细。《墨子·兼爱下》篇说："何知先圣六王之亲行之也？子墨子曰：'吾非与之并世同时，亲闻其声，见其色也。以其所书于竹帛，镂于金石，琢于槃盂，传遗后世子孙者知之。'"

这些文献记载在现代考古资料中可以得到印证。商代甲骨文中有不少"册"字，其形状像长短相间、中有两道编绳的简册。（图33）商末周初青铜器兵器铭文中也有一个图形文字，双龙纹中间置一"册"字，其简三长两短，中间亦有两道编绳。（图34）

■ 33 商代甲骨文"册"字

■ 34 商周器铭"册"字

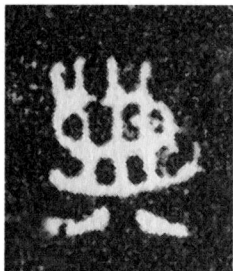
■ 35 周代器铭"典"字

■ 36 包山楚简"典"字

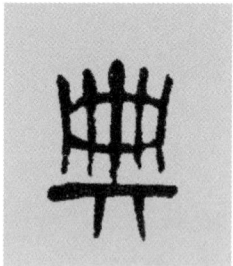
■ 37 秦汉小篆"典"字

■ 38 商代甲骨文"典"字

看来许慎《说文解字》中解释"册"字时说："像其札一长一短，中有二编之形"，当有所据，是否指已经编联尚未截齐的简册。只是考古出土和汉代画像砖中的简册两端均是平齐的。

典，许慎的解释是："五帝之书也。从册在丌（jī）上，尊阁之也。" 西周青铜器铭文和战国楚简及秦汉小篆"典"字的写法均像放在几案上的册书。（图35、36、37）甲骨文的"典"字则像双手捧册之形，较之"从册在丌上"的解释，"册"似乎更珍贵一些。（图38）

■ 39 山东省嘉祥武梁祠画像石"孔子见老子"中的执简者

■ 40 汉代画像砖中的捧简
册者

■ 41 嘉峪关魏晋画像砖中的简册

帛书的使用也有悠久的历史。帛是白色的丝织品，写上文字以后就称为帛书。帛书有时也叫缯书，缯是丝织品的统称。帛书在古代文献中多有记载。《晏子春秋》外篇第七云："昔吾先君桓公，予管仲狐与穀，其县十七，著之于帛，申之以策，通之诸侯，以为其子孙赏邑。"看来至迟在公元前7世纪的齐桓公（？～前643）时代，帛书就已经和简册并行于世了。王国维（1877～1927）在《简牍检署考》一文中也认为："以帛写书，至迟亦当在周季。"

由于缯帛书籍材料较之简册珍贵，因此在帛上书写一般要先以简册作底稿然后誊写，《国语·越语》中就有"越王以册书帛"的话。汉代刘向（约前77～前6）为汉成帝典校书籍二十年，也是先写在简上，到文本确定以后再誊写到缯帛上。

"缯贵而简重"，简册、帛书作为书籍的载体，随着社会的发展和文化传播的日渐广泛，必然会被新的更经济实用和轻便的材料所替代。东汉蔡伦（？～121）在前人造纸的基础上，创造出了以树皮、鱼网等为材料的纸张加以普及推广。

史载东晋元兴三年（404），代晋自立为帝的桓玄（369～404）下令废除竹简，以黄纸代替。《初学记》卷二十一引《桓玄伪事》述桓玄之令曰："古无纸，故用简，非主于敬也。今诸用简者，皆以黄纸代之。"这是由政府下令以纸代简的时间，也是我国简册书籍自商周、春秋战国、历秦汉以迄魏晋使用1400多年的下限。

简册书籍的应用在古代艺术作品中时有发现，汉代的画像石和画像砖中就有执简人与捧册者。(图39、40) 甘肃省嘉峪关市魏晋壁画墓的画像砖上有一幅单独的简册画像，形象概括，只是绘画者仅强调了简册中间的编绳。(图41)

二、简帛书籍的考古发现与研究

1. 简册书籍的考古发现

简册书籍在我国古代就有发现。西汉末年,鲁恭王为了扩大宫室,拆毁了孔子(前551~前479)旧宅,在墙内夹层中发现了一批战国竹简,这批简册,后来称为"孔壁书"。晋武帝时,河南汲县魏襄王的坟墓遭人盗掘,出土了几十车竹简,这便是"汲冢竹书",其中有著名的《竹书纪年》《穆天子传》《师春》等。

清光绪二十五年(1899)以后,在我国新疆、甘肃一带,外国考察队曾多次发现了汉晋木简。我国学者罗振玉(1866~1940)、王国维根据法国汉学家沙畹博士(1865~1918)提供的图片,经过整理研究,在1914年由日本京都东山书社出版了《流沙坠简》一书。(图42)

20世纪20年代以后,现代考古学兴起,到20世纪末,陆续出土了大量有科学记录的简册书籍,重要的有以下资料:

1926年,中国和瑞典学者组成的西北科学考察团在内蒙古、甘肃、新疆、宁夏等地先后发掘得汉代简牍11000多枚,完整的由78枚简组成的《永元十五年器物簿》就是这次发现的。整理出版的资料有:1943年出版的《居延汉简考释·释文之部》线装四册石印本;1944年出版的《居延汉简考释·考证之部》线装两册石印本;1957年台湾省出版的《居延汉简·图版之部》;1960年出版的《居延汉简·考释之部》。中国社会科学院考古研究所1957年和1980年出版的《居延汉简甲编》(科学出版社1959年)(图43)、《居延汉简甲乙编》上、下,是国内出版的这次汉简发掘的资料汇编。

1956年,河南省信阳市长台关一号楚墓出土战

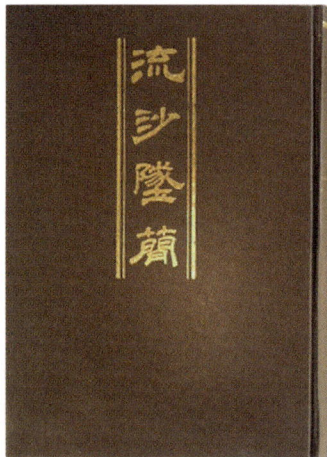

■ 42《流沙坠简》2000年版

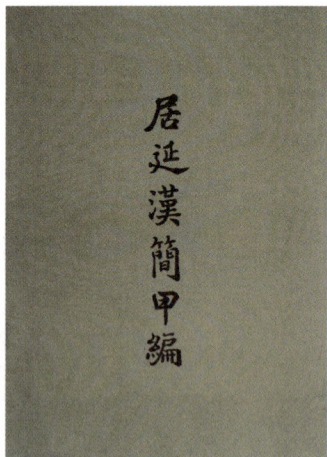

■ 43《居延汉简甲编》

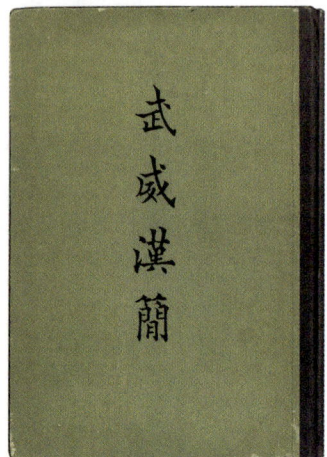

■ 44《武威汉简》

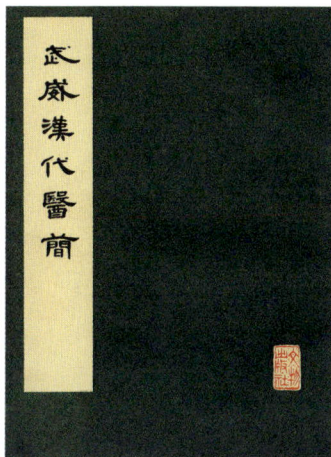
■ 45《武威汉代医简》

■ 46《银雀山汉墓竹简》

■ 47《长沙马王堆一号汉墓》

国早期竹木简 148 枚。其中一组断简 119 根,估计完整简长 40 厘米。二组 29 枚保存完整,最长的一根 69.5 厘米,部分竹简编连为 4 根一束。同时还出土了一套修治、书写简册的工具。出版有《信阳楚墓》(文物出版社 1986 年)。

1956 年,甘肃省武威县磨咀子六号汉墓出土竹木简 480 枚,内容有比较完整的《仪礼》九篇,一篇写于竹简,八篇写于木简。这批《仪礼》简,抄写工整,简册完整,属于简册书籍中的长篇大书,是研究简册书籍装帧的重要资料。 1957 年,甘肃省武威县磨咀子十八号汉墓出土竹简 10 枚,即著名的《王杖十简》,内容是皇帝颁发的保护七十岁以上老人的诏书。出版有陈梦家执笔的《武威汉简》(文物出版社 1964 年)。**(图44)**

1972 年,甘肃省武威县旱滩坡汉墓出土了 92 枚医药简牍,其中木简 78 枚,木牍 14 枚。从简的形式看,原来可能是分编为 3 册,其内容都是医方。这批医药简牍是研究汉代临床医学、药物学和针灸学的重要资料。出版有 8 开影印线装本及 16 开平装缩印本《武威汉代医简》(文物出版社 1975 年)。**(图45)**

1972 年,山东省临沂市银雀山一、二号汉墓出土竹简连同碎片共 7000 多号,估计整简有 2000 支。其中有《孙子兵法》、《孙膑兵法》、《六韬》、《尉缭子》、《晏子》等先秦古籍和西汉武帝时《元光元年历谱》等。这是古代简册书籍的一次大发现。出版有 8 开线装本及平装本《银雀山汉墓竹简》(一)(文物出版社 1975~1985 年)。**(图46)**

1972 ~ 1974 年,湖南省长沙市马王堆一号汉墓出土了 312 枚、3 号汉墓出土了 410 枚名为"遣策"的竹简,内容为逐件记录随葬物品名称、数量和各种物品的分类小计。这是同类竹简中最完整的两批。出版有《长沙马王堆一号汉墓》上、下（文物出版社 1973 年）。(图 47)

1973～1978 年，在甘肃省北部额济纳河以南的汉代居延屯戍地甲渠、第四燧、金关三地出土简牍 19637 枚。大约有 70 多件完整和较完整的簿册。简册出土时有的联缀成册，有的编绳虽朽但保持册形，有的虽散开但可合册，并且多数标有纪年，内容连贯。著名的完整简册有《候粟君所责寇恩事》、《劳边使者过界中费》等。居延出土的这批简牍，内容丰富，形式多样，是研究简册书籍装帧的珍贵资料。出版有《居延新简·甲渠候官》等（中华书局 1994 年）。(图 48)

1975～1976 年，湖北省云梦县睡虎地秦墓出土竹简 1150 多枚和木牍两件。竹简置于墓主身旁，堆放有序。其中有《编年记》、《语书》、《秦律十八种》、《效律》、《秦律杂抄》、《法律答问》、《封诊式》、《为吏之道》、《日书》等诸多秦代典籍。这是我国考古史上第一次发现的秦代简牍，其内容之丰富，简册之完整，书写形式之多样，均为罕见。而且简册中还绘有插图和表格。这批简牍是研究古代简册装帧、版式和插图、表格的珍贵资料。出版有《云梦睡虎地秦墓》（文物出版社 1981 年）、《睡虎地秦墓竹简》（文物出版社 1990 年）。(图 49)

1978 年，湖北省随县擂鼓墩曾侯乙墓出土楚简 240 余枚，是记载丧仪用兵甲与车马的遣策，书写年代定于公元前 433 年前后。这是我国现有考古发现的简册中时代最早的一批战国楚简，距今已有 2500 多年。出版有《曾侯乙墓》上、下（文物出版社 1989 年）。

1983 年，湖北省江陵张家山二四一号汉墓出土

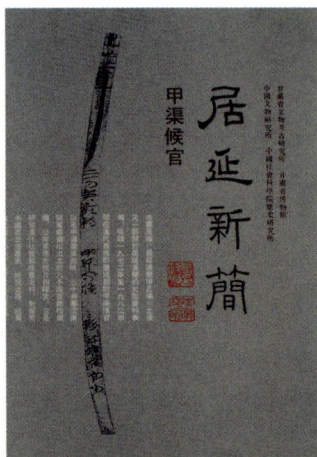

■ 48《居延新简·甲渠候官》

■ 49《睡虎地秦墓竹简》

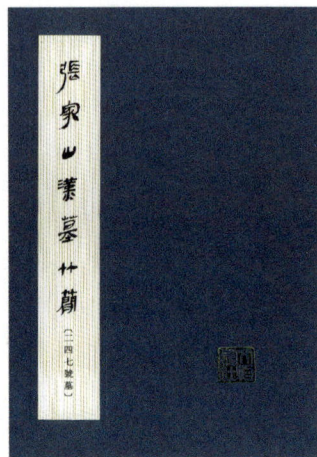

■ 50《张家山汉墓竹简》

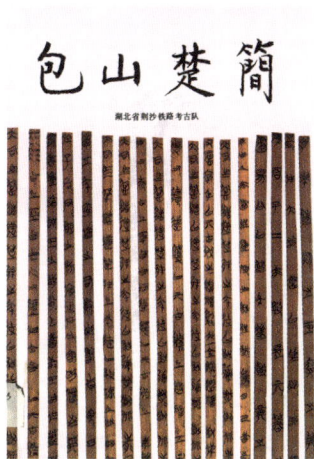

■ 51《包山楚简》

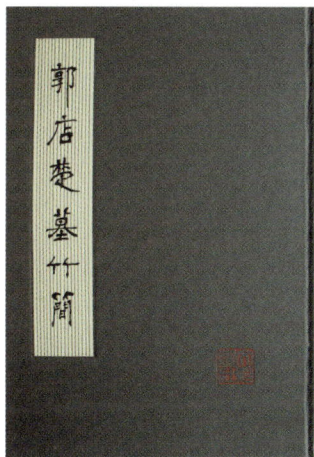

■ 52《郭店楚墓竹简》

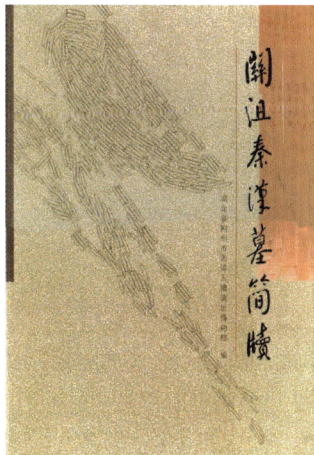

■ 53《关沮秦汉墓简牍》

大量竹简约 1200 多枚，竹简原置竹笥中，各自成卷。整理出汉代律令 500 多枚,《奏谳书》约 200 枚和填补数学史上空白的《算数书》。出版有《张家山汉墓竹简二四七号墓》(文物出版社 2001 年)。(图 50)

1986 年，湖北省荆门县包山二号楚墓出土竹简 448 枚，保存基本完好。其中西室出土 135 枚，除一支简背有字外，其他均为空白简。这批竹简的内容有卜巫祭祷记录简和遣策，另有 231 枚司法文书简。出版有《包山楚简》(文物出版社 1991 年)。(图 51)

1993 年，江苏省东海县尹湾汉墓出土木牍 24 方和竹简 133 枚。木牍基本完整，内容为集簿和吏员簿之类。版面文字排列形式多样，有些还绘有图形。竹简内容为历谱记事和一篇赋文。同出有毛笔 2 件。出版有《尹湾汉墓简牍》(中华书局 1997 年)。

1993 年秋，湖北省荆门市沙洋县郭店楚墓出土了 800 余枚竹简，确定为 16 篇先秦时期的文献。其中的一些册书，简的上下两端削成梯形，还有一些袖珍式的小型册书。出版有《郭店楚墓竹简》(文物出版社 1998 年)。(图 52)

1993 年，湖北省荆州市沙市区关沮乡的清河村周家台 30 号秦墓和岳桥村萧家草场 26 号汉墓共出竹简 416 枚，木牍 1 方。秦墓竹简 381 枚分甲、乙、丙三种，定名为《历谱》、《日书》、《病方及其它》。《日书》中的四幅占图在我国古代书籍插图中具有重要价值。萧家场 26 号汉墓出竹简 35 枚，记载随葬器物。出版有《关沮秦汉墓简牍》(中华书局 2001 年)。(图 53)

1996 年，湖南省长沙市走马楼古代遗址的古井（窨）群(J22)内出土了一大批三国孙吴的纪年简，总数估计在 10 万枚以上。竹木简牍多编联成册，内容大致为赋税、符券、户籍、仓库管理、钱粮出入、军民屯田、书檄、信札和其他杂类,涉及社会、经济、政治、法律等诸多方面。经过整理,先出版了《长沙走马楼三国吴简·嘉禾吏民田家莂》(文物出版社1999年)。(图54)

2002年,湖南省湘西龙山县里耶古城的古井内出土了大量秦简,估计数量达2万余枚,文字达数10万字。其内容多为当时的官署档案,涉及社会的各个方面,内容十分可观。新世纪发现的这批秦简的数量超出20世纪所出土秦简的总和。

上海博物馆藏战国楚竹书是简牍发现一百多年来战国简牍中数量最大,内容最为丰富的实物资料,被誉为"国之重宝"。首次整理出的简文共35000余字,内容80余种,全部是秦始皇"焚书坑儒"以前的第一手资料。由于是盗掘出境,这批竹简的出土地至今仍不清楚,不外是南方楚地之物。竹简与泥土胶结成一块,经过整理,由马承源主编、上海古籍出版社2001～2007年相继出版了《上海博物馆藏战国楚竹书》一至六辑。第一辑收集了《孔子论诗》、《缁衣》、《性情论》等三篇竹书,第二辑收辑了《子羔》、《鲁邦大旱》等册书,第三辑收集了《周易》、《恒先》等册书。第三辑《周易》中的一些符号用红、黑两色绘制,说明了我国书籍的双色书写在战国时代即已产生。(图55)

1999~2002年,内蒙古自治区文物考古研究所在额济纳河流域进行了三次调查发掘,新获简牍500多枚。这是自20世纪30年代、七八十年代之后居延汉简的第三次重大发现。所获的简牍形制有简、两行、牍、觚、揭、封检等,大致分为书檄、簿籍、律令、检、其他等五大类。令人欣喜的是发现了两件完整简册,其中一册尚系有编绳,保存了册书的原貌。出版有《额济纳汉简》(广西师范大学出版社

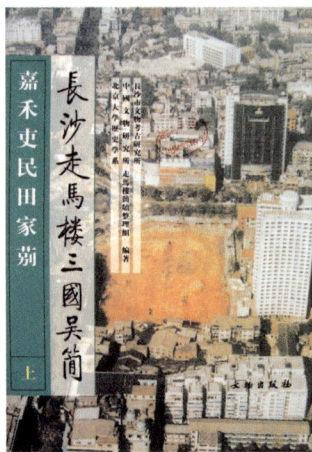

■ 54《长沙走马楼三国吴简》

■ 55《上海博物馆藏战国楚竹书》

■ 56《额济纳汉简》

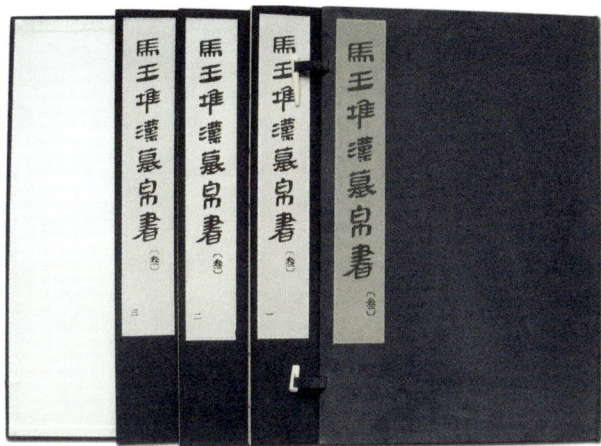

■ 57《马王堆汉墓帛书》(叁)

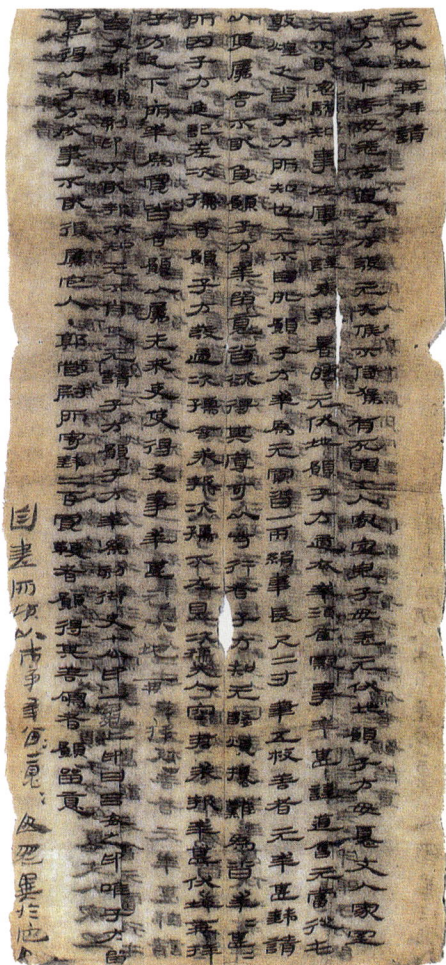

■ 58 敦煌汉代悬泉置遗址帛书

2005 年）。(图 56)

2. 缣帛书籍的考古发现

1942 年，湖南省长沙市东郊纸源冲子弹库因筑路动工发现一座战国墓，盗掘出土了一些战国中晚期的帛书。书用竹笥贮藏，折叠端正，可惜出土时盗墓者不知爱护，致使帛书破损过半，笥内残片甚多。惟——块完整无缺，尚可展视，帛书长 38.7、宽 47 厘米，计有 900 余字。帛书先为时人蔡季襄所得，1946 年左右流失到美国，几度易手，现藏美国华盛顿的赛克勒美术馆。

1973 年，湖南省长沙市马王堆三号汉墓出土了大批帛书。帛书放置在长方形大漆箱中，大部分写在宽 48 厘米的整幅帛上，折叠成长方形，少部分写在宽 24 厘米的半幅帛上。帛书出土时均严重破损，经整理共有 6 大类 44 种。其中还有几幅古地图。这批帛书是古代典籍的重大发现，对研究我国古代缣帛书籍的装帧具有重大的价值。出版有函套线装本《马王堆汉墓帛书》壹、叁、肆（文物出版社 1974~1985 年）(图 57)、《马王堆汉墓帛书·古地图》等（文物出版社 1977 年）。

1990~1992 年，甘肃省敦煌市悬泉置汉代遗址发现一件帛书信札，帛书长 18、宽 8 厘米，是一件关于边疆生活的书信。(图 58)

1991 年 12 月，在甘肃省高台县骆驼城遗址北 1.5 公里墓葬区一小沙丘的骆驼刺丛中发现一件魏晋时期的帛书，长 38、宽 26 厘米，楷书竖写 76 行，行 106 字、约 8000 多字，每平方厘米近 9 个字，是一篇论述恭、宽、信、敏、惠之道的文章。

以上出土的简册帛书，上至战国早期，下迄魏晋之末，地有东西南北，材有竹木缣帛，形制简、牍、觚、检、符皆全，其中完整的或可复原的册书时有所

25

■ 59 陈梦家像

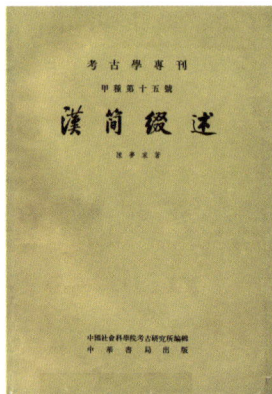

考古學專刊
甲種第十五號
漢简綴述
陳夢家著

中國社會科學院考古研究所編輯
中華書局出版

■ 60《汉简缀述》

见。简帛内容既有各种典籍和失传的古佚书,也有官私文书和簿籍名册;不但有日常信札、名刺,还有葬仪遣策、祭祷文书。这些珍贵的资料反映了古代简帛书籍的多种面貌和多种类型,为我们研究古代书籍装帧艺术提供了可贵的资料。

3. 简帛书籍的研究

简帛书籍的研究在我国很早就开始了。西汉末年,人们在孔子故宅的墙壁内发现了战国竹简,当时人多不认识简上的战国古文。著名学者孔安国做了辨识研究,"以今文(汉代通用的隶书)读之",整理出包括《尚书》、《礼记》、《论语》、《孝经》等在内的数十种古籍,这是我国古代第一次对出土简册的研究。

晋武帝太康二年(281),河南汲县魏襄王墓盗掘出土了几十车竹简,经当时学者荀勖(? ~289)、和峤(?~292)、束皙等人研究,整理出了历史、地理、卜巫、小说与杂类等五类书籍、佚书近 20 种。其中有《纪年》、《周语》、《国语》、《梁丘藏》、《易》、《穆天子传》、《大历》等,这是我国历史上对出土简册书籍第二次大的研究。

1900 年以后,外国考察队在我国西北沙漠地区发现的许多汉晋木简流出国外。我国著名学者罗振玉,王国维通过法国沙畹博士提供的资料,撰成《流沙坠简》一书,将这些资料归纳成小学、术数、方技书,屯戍丛残,简牍遗文等三类。王国维写的长序根据木简,参以古籍,把古代西北地理考证得明明白白。《流沙坠简》的出版,表明了中国近代简牍研究的开端。其后,我国学者劳干(1906~)、马衡(1881~1955)、陈直、张凤、黄文弼(1893~1966)等均对汉简研究做出过贡献。

陈梦家(1911~1966)在《武威汉简》和《汉简缀述》一书的《由实物所见汉代简册制度》一章中,依据考古实物和文献记载,从出土、材料、长度、刮治、编联、缮写、容字、题记、削改、收卷、错简、标号、文字等诸多方面,对汉代简册的制度做了详细的研究,具有廓清混沌的作用。(《汉简缀述》中华书局1980 年)(图 59、60)

20 世纪 60 年代以来,随着战备与大规模基本建设的进行,我国考古出土了大批战国至秦汉、三国的简帛书籍,这些地下资料翔实可靠,学者们据此研究取得了很大的成就。李学勤曾多次参与出土简帛的整理、注释、研究和编辑出版,因而对简帛的装帧尤其是装帧细节有较多的了解。他对简牍的形制、尺寸、装帧程序、编绳以及简面绘画、文章标题、标点符号等多方面的研究介绍,丰富了简帛书籍装帧的内涵。

第一节　简册书籍的构成与制度

一、简册书籍的构成材料

1. 简册材质的因地制宜与精粗之别

因地制宜,就地取材几乎是人类生存与发展的一个普遍规律,简册书籍的材质也明显地具有南竹北木的现象。我国地域辽阔,南北气候差异较大,自然界生长的植物有所不同：南方气候湿润多雨,适宜各类竹子生长;北方气候干燥少雨,适应各种耐旱树木的成活。反映在简册材质上,南方多见竹简而北方多见木札,这一点已为现代考古发掘材料所证实。

由于制作工艺和文书性质的差别,无论竹木简牍都有精细与粗糙的不同,简册的质量也有优劣之分。例如甘肃省武威县磨咀子汉墓出土的《仪礼》简,属儒家典籍,木质纤细坚实,经久不蛀,简材长短宽窄一致,至今大部不弯。而汉代西北边塞屯戍文书《劳边使者过界中费》的木简则取材细小,以树枝削成,简上且有节疤,甚至连树皮都没有刮削。南方竹简,有些极佳,简材挺直修长,精工细作,如上海博物馆藏的战国竹书。有些则仅削竹黄以供写字,背面竹节犹在。如湖北省随县出土的战国曾侯乙墓竹简和长沙马王堆出土的汉代竹简,背面青皮皆未加修整。比较起来,南方竹简窄而修长,北方木简则宽而偏短。

2. 简册的形制

简、札 单支的用竹、木制成的细窄长条形竹木片通称为简札。现代一般简、札不分，但在古代，简特指竹简，札特指木简。汉代对木简就称札而不称简，如居延汉简中就常见"札二百"、"札五十"、"札一比"等文句。简札在古代又称"牒"，如东汉许慎《说文解字》就说："简，牒也"，"牒，札也"。

简札比较窄，大多数竹木简的宽度在 0.5～1 厘米之间，也有一些窄的，宽仅 0.3～0.4 厘米。简札的长度，较长的有五六十厘米乃至七十多厘米，短的一般二十三四厘米，约合汉代一尺（23.1～23.3 厘米），其宽度和长度之间没有必然的联系。简札的厚度：木札一般厚 0.3～0.4 厘米左右；竹简则因材质柔韧结实，较薄一些，多在 0.1～0.2 厘米之间。

简札上的字数因简之长短和书籍内容性质不同而无定数。例如湖北省包山楚简，大部分简长在 62～69.5 厘米之间，一般每简 50 字左右，最多达 92 字。而甘肃省武威《仪礼》简，因属经传性质，简长 55.5～55.6 厘米，整简大多容 60 字。（图 61）日常应用的一尺多长的尺籍，字数通常在二十三四字左右。

简札上一般只写一行字。（图 62、63）特殊情况下也有写两行字的，如历谱、簿籍类简札，除简端大字外，记时的干支和记事的文字均作两行小字排列，图 67《传车簿》中的简扎即是此例。

湖南省长沙市走马楼出土三国孙吴的长大木简 2548 枚，简长 49.8～56 厘米，宽 2.6～5.5 厘米，厚 0.3～2.7 厘米，文字书写自上而下分为若干栏，三行两行均有，做左右分券破莂之用，是简册中的独特者。（图 64）

两行 木简的一种专名，因其比一般简札要宽

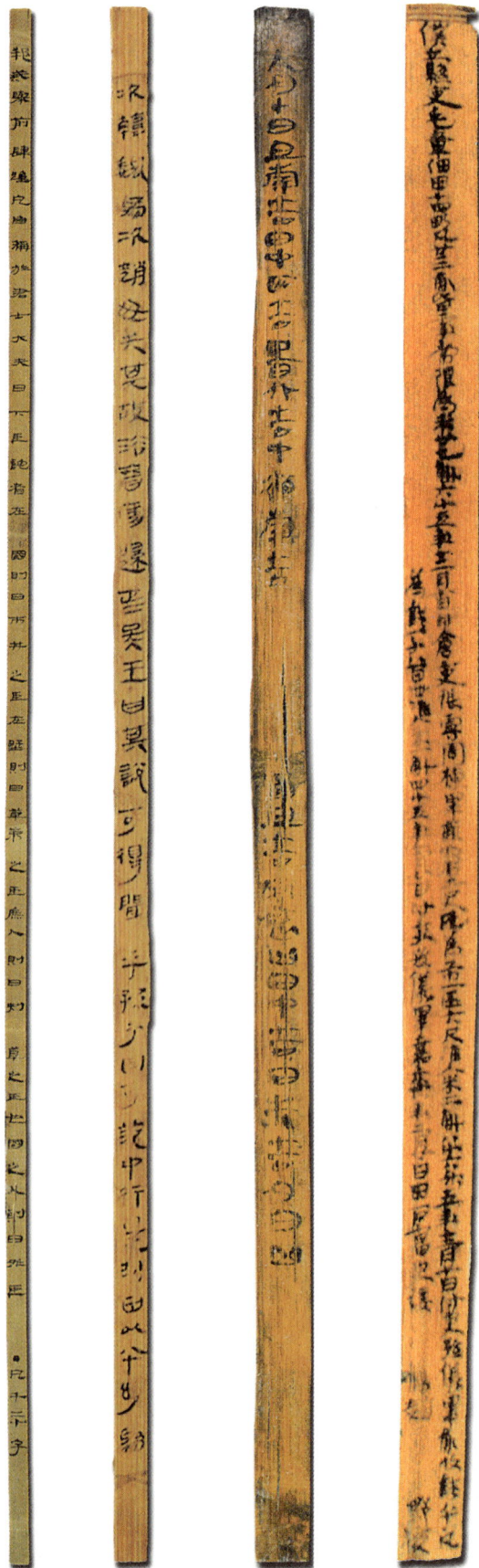

■ 61　　■ 62　　■ 63　　■ 64

■ 65 两行简

■ 66 居延汉简中的两行文句

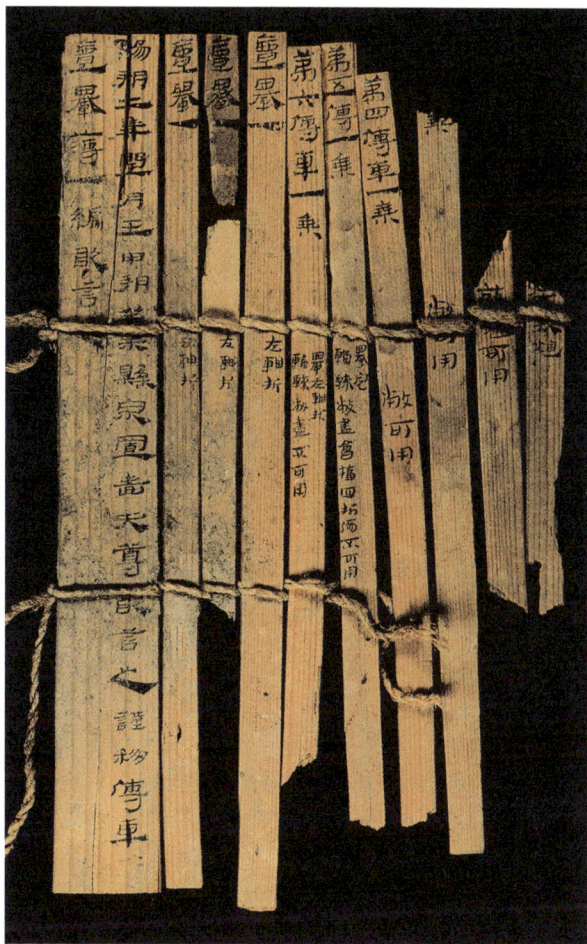

■ 67 敦煌汉简《传车簿》

一些,约 2 厘米左右,多书两行字,故名"两行"。(图65)史籍中早有关于"两行"的记载,如蔡邕《独断》即谓:"而隶书以尺一木,两行","表……多用编两行,文少的五行"。

两行在我国西北汉简中发现较多,居延汉简多见有关两行的文句:"骦(欢)喜燧两行册(四十),札一比,绳十丈,橛三,八月酉输"(《居延汉简甲编》五一),"禽(擒)寇燧札二百,两行五十,绳十丈"(《居延汉简甲编》七七)等。(图66)

两行上有时也写三四行字,它同简札一样是编册用的,是简册的构成单位。两行有时和简札混编,如甘肃省敦煌县出土的册书《传车簿》。(图67)有时则单独成编,如居延遗址出土的编册《候粟君所责寇恩事》中的两行。

牍、版、方 是与简札形制有异的一种书写材料的不同名称,竹木皆有,一般称牍。

牍的形制比简要宽许多,上面可写多行文字,能够完整地书写字数较多的文章。汉代王充(27~约97)在《论衡·效力》中有所谓的"五行之牍",即是能写五行字宽的版牍。东汉光武帝刘秀(前6~57)以手迹赐方国,为示民以俭,特地"一札十行"。湖南省湘西里耶古城出土的秦代简牍,"一简一事,构成一完整公文",是牍的典型特征。江苏省东海县尹湾汉墓出土的木牍上,正背文字均在十行以上,是一种比较特殊的现象。

牍的长度一般为汉代一尺左右,以木长一尺为牍,因此后世称书札为"尺牍"。考古发现的竹木版牍的长度大约在23~24厘米之间,与汉代一尺相近。牍的宽度多在6~9厘米之间,似乎也无定制。

牍亦称"版"。王充《论衡·卜筮》中就有:"如著龟为若版牍,兆数为若书字,象类人君出教令乎?"

"方"是牍的另一种名称。《仪礼·聘礼》中说:"束帛加书将命,百名以上书于策,不及百名书于方"。"名"即铭,就是字。意为不够一百字写在版上,超过百字的,版上写不下,则可写在简册上。

西晋学者杜预(222~284)也说过意思相近的话:"大事书之于策,小事简牍而已"。(图68、69)

江西省南昌市东湖区晋代古墓出土方一枚,长26.2、宽15.1厘米,内容记述随葬衣物清单,是木方中较宽的一种。

牍、版、方均是单独的不需编联的书写材料。但

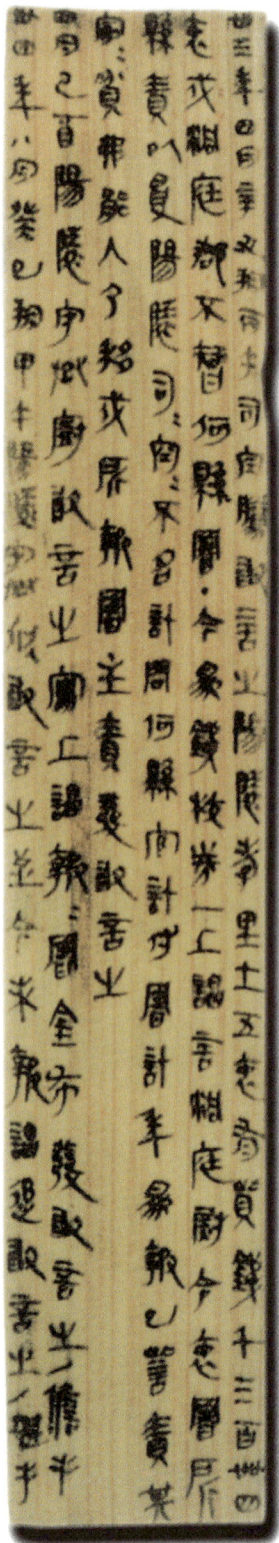

■ 68 里耶秦代木牍

■ 69 武威汉代医药牍

是也有例外，如湖南省长沙市走马楼木牍上就有上下两道编绳编联的痕迹。

牍亦有竹制的。竹牍制作时要对竹片的弧形加以修整，刮削成几个平面，以便写字。竹牍一般不会太宽。

1974 年，湖北省江陵凤凰山一六八号墓出土 1 件竹牍，长 23.2、宽 4.1 ~ 4.4、厚 0.3 厘米。正面削成五行长条形平面，自右而左书写四行共 67 字。内容是祈求阴间官吏保护死者的文书，书写者为江陵县丞。(图 70)

1986 年，湖北省荆门县包山楚墓出土一枚竹牍，上有 3 行 154 字。牍依竹筒弧形削成三个平面书写文字，形制较为独特。(图 71)

■ 70 江陵凤凰山汉代竹牍

■ 71 包山楚墓竹牍

木觚（gū） 是一种用圆木棒削制成的三棱、四棱或多棱的书写材料。木觚至少有三个面，多的达六七个面，长度短的在 30 厘米以上，长的有 80 多厘米，也能容纳较多的文字。木觚是汉代简牍的一种。

木觚在战国时期是学生的书籍材料，一般多书写启蒙类读物，在汉代有时还作为文告形式。甘肃省玉门市花海汉代烽燧遗址出土的木觚一件，长 37 厘米，七棱八面，墨书 212 字。觚文为汉武帝重病临危时对太子的遗诏，内容涉及朝代兴亡的诸事。（图 72）

我国西北居延、敦煌发现的木觚，多用以抄写檄书、小学字书或作临时记事起草之用，有时也用以练习写字。（图 73）

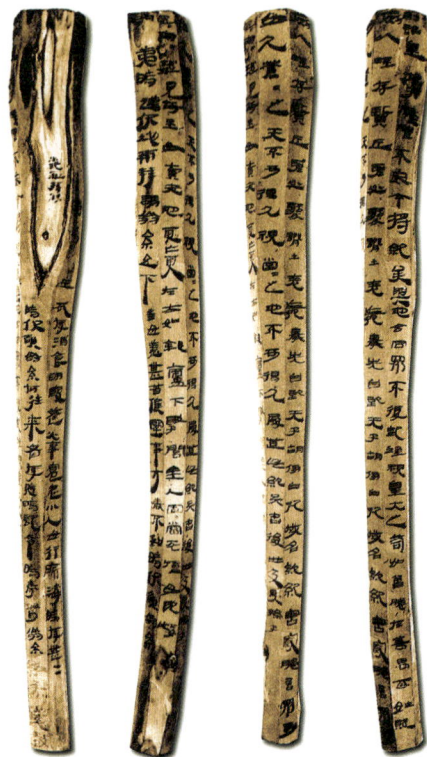

■ 73 敦煌市马圈湾烽燧遗址出土的四面习字觚

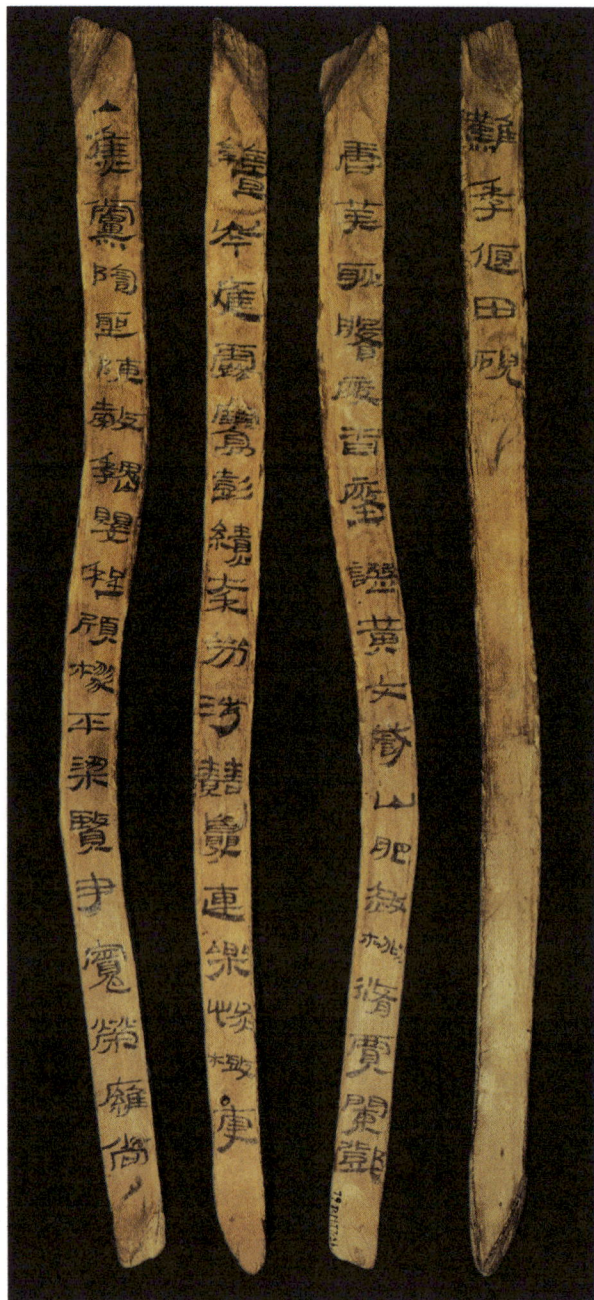

■ 72 玉门市花海出土的六面觚

二、简册书籍的整治程序

竹木的简牍在作为书写材料之前,都要经过较为复杂的整治过程。

1. 片解

王充曾对竹木简的制作有过详细的叙述:"夫竹生于山,木生于林,未知所入。截竹为筒,破以为牒,加笔墨之迹,乃成文字,大者为经,小者为传记。断木为椠,析之为板,力加刮削,乃成奏牍。"(王充《论衡·量知篇》)是说竹木简牍在制作过程中都要先将原材料切割成长短一致,竹成筒,木成椠,然后片解成宽窄一致的札条,才能写字。

竹简不但要修平竹节,还要刮去竹外的青皮层(即竹青)。竹简写字的一面一般在竹里(即竹黄),不写字的一面叫竹青。也有正背都写字的竹简,例如湖北省云梦县睡虎地秦简《日书》甲种共 166 简,正面写满后,又在背面书写近满。

木简的制作亦很复杂,先要将木头解成三尺长的木板(称椠),再片解成札条。比较短的简札还好做,而像武威《仪礼》简那样长达五六十厘米,宽不足 1 厘米、厚仅 0.3 厘米的木简,其整治技术就比较复杂。武威《仪礼》简经过近两千年的地下埋藏,出土后绝大部分仍挺直不弯,棱角方正,说明其制作技术十分精到。

2. 烘干

竹木简的制作都要经过烘干的程序,以防止简札受潮变形和虫蛀,只是竹简的烘干过程更为复杂和更有代表意义。

杀青、汗青和汗简都是竹简烘干过程的不同称呼。《太平御览》卷六〇六引《风俗通》曰:刘向《别录》"杀青者,直治竹作简书之耳,新竹有汁,善折蠹,凡作简者皆于火上炙乾之,陈楚之间谓之汗,汗者去其汁也。吴越曰杀,亦治也。"是说竹简制作中要将青竹经过火炙烘干,去其潮气水份,使其快速干燥。这种烘干的过程,谓之"杀青",也叫"汗简"。

由于这道书籍材料的制作程序比较典型,因此后来人们将"杀青"泛称为著作的完成与写定。而"汗青"一词经过引伸也具有了"史册"的含义,如文天祥(1236~1283)《正气歌》诗句中的"留取丹心照汗青"。

3. 刮光打磨

竹木简牍在制作中都要经过"力加刮削"的打磨过程。竹木简都要先剔去毛刺,刮平两面,特别是写字的一面还要打磨光滑,以便书写。由目前出土的竹木简册来看,大多数简材长短统一,宽窄一致,两端平齐,简面光洁,为文字的书写提供了良好的条件。一些北方和南方的经典类书籍简册,简材修整的更为挺直整齐。

4. 涂胶

竹木简面上涂布胶质液体的程序不见文献记载,是著名考古学家陈梦家在研究武威汗简时发现的。他观察到《仪礼·燕礼》的若干支简,写字的一面光亮有色泽,与背面不同。还发现简上原写的字,笔画清晰分明,而经过修改刮削后重写的字,墨痕则有洇晕现象。陈梦家研究分析后认为这些简在书写前经过了一道涂胶的程序,以便封住木纹使其易于受墨而不使墨迹渗入化晕。此外,长沙走马楼三国孙吴简的赋税类竹简在清洗时也发现简的表层有一层薄薄的漆状物,可能是涂了一层油漆类物质。

简札面上的涂胶工艺,为文字的书写质量提供了保证。这一发现补充了文献记载中简册整治程序的不足。

三、简册书籍的文具与削改

1. 简册的书写工具

书写工具是实现书籍缮写的一个重要条件,据考古发现证实,战国时期简册书籍的书写工具就已经相当完备了。河南省信阳市楚墓、湖北省荆州市关沮秦汉墓先后出土装有各种修治、书写简册文具的工具箱。汉晋墓中的木牍或木方上也有记录各种文具的文字。

简册的书写工具主要由毛笔、墨、砚、书刀、杯、盘等组成。

毛笔 这种以柔软兽毛制成的书写工具是我国特有的,在我国有着悠久的发展历史。它的使用可以追溯到新石器时代彩陶纹样的绘制,这些陶器上绘制的纹样、人物、动物、线条细腻、圆润、流畅,且有轻重粗细的变化,这是除毛笔之外其它任何工具无法实现的。(图74)

商代的甲骨文中已有与笔有关的文字,甲骨卜辞也多是先写后刻。青铜器铭文中的文字笔画已经体现了波磔而有姿态的书写笔致。(图75、76)

毛笔在战国时代已经是相当精美了,荆州包山楚墓出土的毛笔装在竹筒内,筒口一端填有木塞。

现代考古出土了不少秦汉时代的毛笔。湖北省云梦县睡虎地秦墓出土毛笔三支,均有细竹制成的笔套。江苏省东海县尹湾汉墓出土的毛笔尤其令人惊叹:一副两支对笔,同时套入一个由双管组成并分为两截的木胎漆管内,套管一截长10厘米,另一截长9.5厘米,两截套管抽取处皆有槽,便于抽取毛笔。收套的方法由笔杆末端顺毫套入,笔头不易倒毛。毛笔杆长23、直径1.6厘米,由兔箭毛做的笔毫嵌入杆腔中再以生漆粘牢并加线缠绕捆扎。这对笔的笔套双管髹黑漆、绘朱纹,装潢精美,当是一种

■ 74 彩陶上绘制的纹样

■ 75 甲骨文中与笔有关的字

■ 76 青铜器铭文中的笔触

■ 77 武威汉墓毛笔

■ 78 广州汉墓出土的石砚及墨丸

■ 79 徐州汉墓出土的鎏金铜砚

上好的笔。此笔历经两千多年，至今毫尖如锥，将笔插入水中提起，毫尖立即收拢，圆润尖利。无怪乎同时出土的木牍能在不大的版面正背书写了 3000 多字，而字仅 2 毫米大小。

甘肃省武威县汉墓出土的两支毛笔，笔杆上分别刻有"史虎乍（作）"、"白马乍（作）"的笔铭。（图 77）史虎、白马大概是制笔工匠的名字。

以前有些书籍说汉时无笔，以刀在简札上刻字。这种说法不但缺乏实物依据，而且用刀在简册上刻写大量的文字亦是难以做到的。

墨 在我国古代使用很早，起先是用天然矿物质颜料，后来发展到人工制造。较早的墨出现在春秋战国之际，考古发现战国时期的墨，形状呈扁圆丸状。不少秦汉墓中也都发现了墨，湖北省关沮秦汉墓中不但发现了墨块，而且还伴出有竹墨盒。

汉晋时的墨多是丸状。汉代赵壹在《非草书》中有"十日一笔，月散丸墨"的说法，晋代木牍中也有"故墨一丸"的文句。1983 年，广州市象岗山西汉南越王墓伴随石砚出土了大小不一的扁圆形墨丸数粒。（图 78）山东省临沂银雀山汉墓出土的墨，是形

如芝麻大小的墨粒。惟有云梦睡虎地秦墓发现的墨块，呈圆柱体，径 2.1 厘米，残高 1.4 厘米，可以手执。汉以前的墨很多时候还须借助研磨石来研磨。

汉晋时代，著名书法家韦诞制作的"韦诞墨"与"张芝笔"、"索靖纸"三者齐名，人称"仲将之墨，一点如漆"。仲将是韦诞的表字，三国时人。墨在古代亦称为漆。《释名·释车》中有"墨车，漆之正黑无文饰，大夫所乘也。"古代文献中有"兰台漆书"之谓，前人误以为汉时无笔墨，以竹梃蘸漆写字，还演绎出头粗尾细的"蝌蚪文"，这是一种误解。这里的漆是指墨的质量好，写出的字迹墨黑如漆。

砚 是古代研墨和其他颜料的石质用具，由研磨器演变而成。砚在古代又同研，义取研磨。砚墨和毛笔几乎同时诞生。砚的使用可以追溯到新石器时代，如甘肃省秦安县大地湾文化遗址中就出土了用于研墨的砚石和研磨棒。

现代考古中发现了不少古代石砚。1969 年江苏省徐州市东汉墓出土的鎏金铜砚，为四足伏兽形，兽首有双角，通体鎏金并镶嵌绿松石。砚体分底、盖两部分，内嵌砚石，整体造型精美独特，金光璀璨，

诚为至宝。（图79）

江苏省邗江县姚庄西汉墓和东海县尹湾汉墓相继出土了有精美砚盒的板砚。姚庄汉墓出土的板砚为楠木刻成的圆角长方形，由底、盖两部分组成，盒内置砚石和研磨石。砚盒髹以漆面，内外颜色有别，盒内为朱漆黑纹，盒外为黑漆朱纹，均以纤细的火焰纹为主体，并加绘锦鸡、喜鹊、兽首、羚羊等动物形象，砚盒的设计合理，装潢华美。（图80）

汉代以后，墨的制作和砚的材质日趋精良，研磨石逐渐消失。

文具箱 盛放文具的工具箱在考古发现中比较突出的是河南省信阳楚墓出土的一件木质工具箱。箱呈长立方体，长35.9、宽16.1、高14.7厘米，小巧玲珑。箱内装有成套修治和书写竹简用的铜锯、铜锥、铜锛、铜刻刀、铜削、夹刻刀和毛笔等12件工具。墓主大概是一个钟情书写的读书人。（图81、82）

秦汉有些文具箱为竹篾编的竹笥。湖北省关沮周家台三十号秦墓出土的一件竹笥，采用人字形花纹编篾，清理前竹笥残长38、残宽16厘米。笥中除装有竹简外，还有竹笔杆，竹笔套，竹墨盒，块墨，铁削刀等书写、削改工具。

2. 简册的修改与书刀

简册书籍在书写抄录中，难免会出现错误，书籍文稿的写作过程中亦需要修改，这就出现了特殊的用于修改简册文句的叫书刀的工具。书刀的使用可以追溯到殷商时代，河南安阳殷墟曾出土铜刀两把，各具特别形制，其中一把凸背曲刃带柄，柄端有环，与汉代书刀有相同之处。这两柄铜刀是否与削治甲骨的工作有关，亦可推测这种铜刀也可用来削治简牍。《考工记》中说："筑氏为削"。郑玄（127～

■ 80 邗江汉墓出土的髹漆板砚

■ 81 信阳楚墓出土的木质工具箱

■ 82 信阳楚墓出土的书写、修治简册的工具

■ 83 战国书刀

■ 84 汉画像砖人物腰带上穿挂的书刀

200)注谓：即今书刀，为刊削书簿札之刀。汉晋以前的书写工具，刀、笔并用，密不可分，笔是书写，刀是修改，即古人所说的"削则削，笔则笔"。书刀又称削。由于竹木简札上写错的字，墨迹难以消除，因此修改时，便用书刀将简札上的错字削去薄薄的一层带有字迹的表皮后再重新写字，这种改错方法即称削改。旧简上削下来的带字的薄片，称为"削衣"。

考古发掘中常有铜制的刀削出土，有些书刀上还铸有文字和精致的花纹。(图 83)湖北省江陵雨台山出土的战国铜削，通长 14 厘米，背脊厚实，刀部锋利，刀身饰云纹，小巧精美。刀削作为修改简册的常备工具，要带在身边以备随时使用。四川省出土的汉代画像砖《传经讲学图》中，一位手捧简册的读书人，腰带上即穿挂着书刀。(图 84)

古时由于刀笔并用，因此人们把有关文牍的事叫做"刀笔"，将从事这种工作的官吏、文秘和讼师称为"刀笔吏"。

第二节　简册书籍的装帧

一、简册书籍的编连、缮写与等齐

1. 编连

古人曾说："单执一札谓之简，连编诸简乃名为策"(《春秋左传序》孔疏)。意思是说简札是单支的，若干简札编联、缀合在一起才叫策。"策"是册的通假字，它的本字应当是甲骨文中早就出现的"册"字。作为书籍载体或书写的材料，只有将诸多单支的简札编联成册，才能够记录较多的文字内容，具备阅读、保存和传播文化的功能。因此，简册的编联是简册书籍装帧的一个重要环节。

书绳　是编联诸简必不可少的材料，也是简册装饰美化的重要因素之一。从考古发现的简册编绳及其痕迹来看，西北地区出土的编绳多为细麻绳，而南方出土的战国至秦汉竹简上则多为丝质带子。居延汉简中屡见有关书绳的简文，如"安汉燧札二百，两行五十，绳十丈，五月输"(《居延汉简甲编》782)"……绳十丈，札二百，两行五十"(《居延汉简甲编》67)。据研究者计算，书绳配给的长度定数与需编联的简札数是相称的。

简册书绳的编简方法因出土书绳大多朽腐而难以窥见，只有我国西北地区出土的汉简因其地干燥少雨，利于保存，有编联比较完好的册书可供研究。据考古发现的简册实物分析，简册编联多是采用十分简便的正背交叉的方法。

过去有人认为简册的编联是在简札上下两端钻孔穿绳成册，这是缺乏根据的。考古发现中，汉以前及汉代的简册上有钻孔的实物是极少见的。倒是新疆出土的吐蕃时期(7～9世纪古代藏族建立的政权）的藏文简牍有在简的一端钻孔，用绳子穿联在一起的现象。但这似乎是受古代印度贝叶经影响的一种编联形式，而非秦汉时代简册书籍的编简制度。

编纶 即书绳在简册上编连以后的名称。纶是青色的丝带。编纶又叫韦编，史称孔子晚年读《易》，"韦编三绝"。是说孔子阅读《易》经，看的次数太多，舒卷频繁，致使编简的书绳断了三次。过去释"韦"为熟牛皮。然而，一则牛皮编简不易绝断，二则现代考古至今也未发现牛皮做的编绳或痕迹。这里的"韦"，大概是"经纬"之纬。纬的本意是纺织品的横丝，称简册横的编绳为"纬"，与简札竖条状的"经"是相符的。

编纶的道数 以前古文献中多言简册编纶上下两道，亦有"札长三尺当三编"的说法。据考古发现，根据简札的长度或者文体的特殊要求，简册上的编纶有两道、三道乃至四五道之多。两道编纶，编在简的两端，上下距离相等，多道编纶一般根据道数的多少等距离确定。（图85）

简册编纶的道数，一般似乎应该是长简多而短简少。长简多编，比较牢靠，短简少编，也不致散乱。然而考古发现，一些二三十厘米长的书籍简册，编纬多是三道，甚至一些15厘米的短小简册也是三道。反而一些长达六七十厘米的遣策，仅有两道编纶。但是，同样六七十厘米长的武威《仪礼》简却多达四五道编纶。（图86）这种现象说明编纶的道数与简册长短之间的关系不成正比，而与书籍的性质关系较大：书籍类简册，用于学习，时常舒卷，需要牢靠；葬仪类遣策，记录随葬物品，宣读完毕后随即入土随葬，两道编绳足矣。

考古发现的简册编纶道数可补文献记载之不足。

■ 85 敦煌悬泉置出土残存四支简的编册

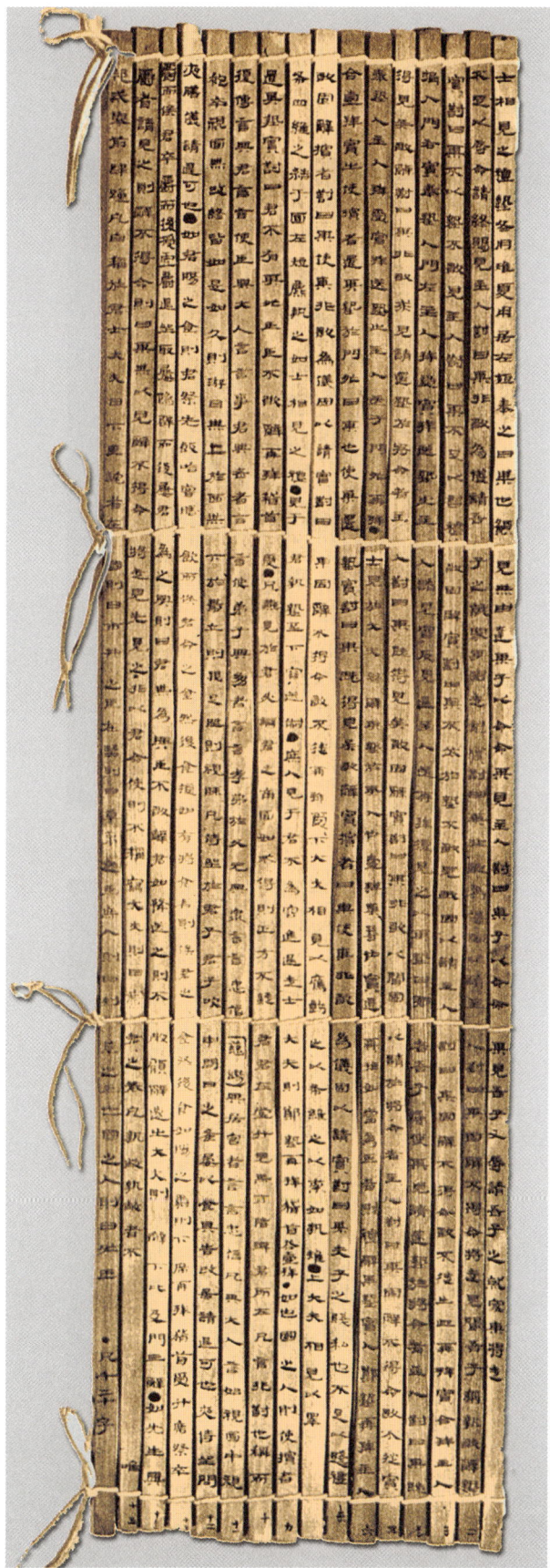

■ 86 武威《仪礼》简的四道编纶（复原）

编联的起首　简册编联时绳结起首从右往左和从左往右的现象都有，并无定式，这在考古研究中已得到证实。编成收卷时一般末尾在内，首简在外，在前几支简的背面题写书名和标题。

编　编联在一起的简册除称"策"（即册）外又称编。许慎《说文解字》解释"编"的意思为："次简也"。次是按顺序排列，次简即是将简札按先后顺序编联成册。编同时又是简册的量词，如《汉书·张良传》中就有"出一编书"的文句。居延汉简中也多见"出入簿一编"（《居延汉简甲编》1606），"谨移卒名籍一编敢言之"（《居延汉简甲编》2052A）等简文。

通　汉代简册的量词有时又称通。通是量词，表示一编或是一卷。居延汉简中即有"札五通，凡九通以箧封"的简文。

先编后写与先写后编　简册的编联有先编后写和先写后编两种类型。区别的方法是看简册文句的编纶处有无空间，有空间的一般为先编后写，因为有编绳处不便写字。但是也有例外，例如有些简册就在书写前事先划线留出编绳的空间。

先编后写的简册大多是一些儒家经传或者典重的官方文书。

先写后编的多是一些簿籍文书：书写者先在单支简札上写成，积累多了以后再分类成编，西北边陲的屯戍文书大多是这种情况。还有一些长大的簿册如《永元十五年器物簿》75简，便是将同类的五个月的五编兵器簿册再次编联到一起，归类成编。

还有一些先写后编的简册，为防止成组简札的次序混乱，事先在简背用刀或用笔划出横贯的斜线，以作记号，相邻的简札可以据此依次编联，如湖北包山楚简中即有这种现象。

契口　是编简时为防止简札编绳松动脱落，以

利紧固,而在简侧用刀契刻的三角形小缺口。契口在竹木简札上均有,是简册书籍装帧的一个必要的程序。(图87)

《汉书·艺文志》和其他文献多次讲到过简册书籍在保存、流传过程中常有"经或脱简,传或间编"的现象,其原因即在于简册的编绳断损或者编结不牢而使简札脱落,以致文句、章节舛乱。编简上刻划契口,则是防止脱简的有效措施。由此我们还弄清了古代书籍文句的讹错为什么往往恰好是一根简的字数。如汉代刘向以中古文校欧阳、大小夏侯三家经文,一简25字,脱文亦25字,一简22字者,脱文亦22字。脱文正好是一支简的字数,说明脱文系某一支简札编结不牢脱落后所致。

2. 简册的缮写者

我国古代在雕版印刷技术发明之前,书籍的复制传播主要靠人工抄写。史籍记载早在战国时期就出现了"佣书"的活动,受雇替人抄写书籍而获取一定佣金的人称"书佣"。我国历史上靠佣书为业的名人很多,据说战国著名的政治活动家苏秦、张仪(?~前310)在发迹前都有过"佣力写书"的经历。东汉名将班超(32~102),年轻时因家贫无资,常"为官写书,受值以养老母"。

西汉时期,汉武帝开献书之策,置写书之官。东汉以后,不但出现了职业抄书人"书佣",并且还有了经营销售书籍的店铺——"书肆"。

"书佣"一般有这样几类人:

一类是为官府和有钱人抄书获取佣金,如长沙马王堆汉墓帛书的抄写者。这类以抄书为职业的人,即是后来人们所说的"抄手"、"书工"、"经生书手"等。这类人历代都有,只是汉晋以前在简帛上书写,魏晋以后在纸张上书写,唐宋以后在木版上书

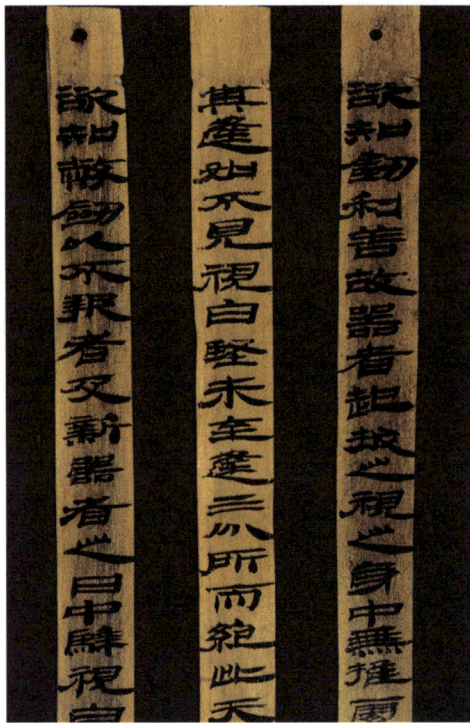

■ 87 天水放马滩汉简编册的契口

■ 88 长沙出土西晋青瓷对书佣

■ 89 山东省望都 2 号汉墓壁画中的主簿

■ 90 等齐后的武威《仪礼》简下端

写以供雕刻的区别。1985 年湖南省长沙市金盆岭 9 号墓出土一件西晋青瓷对书俑，高 17.2 厘米。两俑相对而坐，中间置书案，案上有笔、砚、简册及手提箱，一人手执版，另一人执笔在版上书写，是当时以简作书的真实写照。（图 88）

另一类人是自己选择好的或有销路的书，抄好后在市场上出售，还有个别人因善于抄书和营销书籍而发了财的。

这两类人都工于书写，他们抄写的书有保存和出售价值。这些人大多是家境贫寒的读书人，难以入仕，靠佣书为生。

除此之外，历代各级官府中还有一些专司文牍的"书佐"。汉制，州郡及诸曹（分科办事的官署）皆有书佐、主簿，干办文书，他们也都是简册书籍的缮写者。（图 89）

3. 简册的等齐

诸多的简札缮写完毕或编联成册以后，还有一道等齐的程序。这是因为简札制作时，锯断的简札总是有些误差，长短不可能完全一致。因此成册以后要把简册卷成一束，将天头一端放在一个平面上，等而齐之，然后用利刃切去下端参差不齐的部分，以使全册简札长短整齐如一。这道工序，与今天印刷装订裁切书籍毛坯的天头地脚类似。

许慎《说文解字》解释"等"字的意思是："齐简也"，即"等"字的本义其实原为简册装帧中的等齐削平程序。陈梦家在研究武威《仪礼》简时，发现各篇简的下端最末表示简次的数字往往被切去一部分，指出这便是简册的等齐削平现象。（图 90）

二、简册书籍的收卷、封缄与保存

简册的收卷、封缄与保存是简册书籍装帧的完成阶段,它的每一道程序都是简册书籍装帧重要的组成部分。由于书籍性质的差异,有些简册的装帧程序可能完备一些,有些则或有缺失。以下是综合的简册书籍装帧程序。

1. 收卷

卷 缮写完毕的简册平时存放是成卷的,因此成编的简册也叫卷。《居延汉简》八·一及四六·七两册簿书的检署上即有"吏病及视事书卷"的文字。这种成卷的简册打开后像横展的竹帘,因为文章连接成册,学术界又叫"册书"。(图91)

成卷的简册长短或者说简札的多少是根据书籍内容而定的。据考古发现,册书少者三四简一册,一般十数简到二十多简不等,多者四五十枚乃至二百多简一册。云梦睡虎地出土的秦简:《秦律杂抄》42 简,《编年记》53 简,《效律》60 简,《封诊式》98 简,而《秦律十八种》及《法律答问》则都在 200 支简以上,这些都是很长大的册书了。

简册收卷的形式,虽然考古发现从左到右和从右到左都有,还是以从左往右即从后往前卷的形式比较多见。卷起的簿册,以简册首尾的一简为中轴,有字的一面朝里,无字的简背朝外,以利于版面文字的保护。(图92) 册书卷起后,显露在外的是开头或者末尾几支简的简背,因此文章的书名或篇题一般写在起首或末尾几简的简背以便检寻。总之,要在简册收卷以后能看得见书名或篇题。

裹束 成卷的简册要加以裹束。裹束的方法据考古发现有三种情况:

一种是加绳捆结,如武威《仪礼》简的《士相见》和《服传》简册,在首简的二三道编纬处有双重编绳的痕迹,推测当是简册卷起后在首简上另外加绳以捆扎成束的。

另一种是在武威磨咀子汉墓的考古发掘中,曾发现有数个薄狭的竹条,外缠以丝绸物,似是竹圈的残余,此物可能是套在简册之外用以裹束木简卷子的。

还有一种情况是在河南信阳楚墓中发现的,简

■ 91 复原的居延《永元十五年器物簿》编册

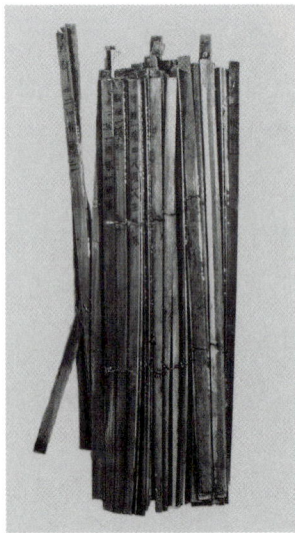

■ 92 长沙马王堆出土的简册

■ 93 敦煌出土的文书检

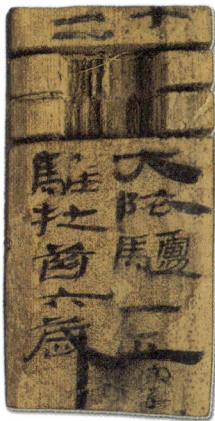

■ 94 封检上的绳沟、封泥匣

■ 95 敦煌出土的封检

■ 96 马王堆出土的封泥匣

册每束四根,每束先用帛包裹,再以丝带捆缚。

甘肃省天水放马滩的秦简出土时也是卷成一捆,外层是《墓主记》和乙种《日书》,最中间是甲种《日书》,简的两端留有残存的丝帛痕迹。有论者说是简端用丝帛包裹的装帧现象。笔者推测大概是将几种册书合在一起用丝帛裹束后丝帛在简端的残存。

2. 封缄

作为一般日常应用的簿册,经过捆扎和裹束之后,本身的装帧程序应该说就已经完成了。然而作为书籍整体构成部分的各种官方文书,为了有效地保证政府意志贯彻和行政职能实施的机密性,它还有一道重要的封缄保护程序,以防无关人员私窥文书,这就是简牍研究中的重要课题——检署封缄的研究。

对此问题首先进行研究是近代国学大师王国维,他根据奥雷尔·斯坦因(1862~1943)在我国西部获得的简牍资料,写下了著名的《简牍检署考》。其后陆续有学者结合陆续发现的简牍资料,亦做了深入的研究。这些研究不但扩充了简牍研究的范畴,也为我们探讨简册书籍装帧提供了有益的帮助。

封检 是一种捆缚在简册和封装物品上,起保密作用的木制品。一类是实物封缄,捆扎在物品上,为物品检。

另一类是文书检,有些在木简上书写简册内容和名称,直接捆插在简册上,这种检有着简册文书的封面意义。(图93)有些则比较庄重,用封检严密封缄,以防无关人员私拆。

封检是一个综合体,由封和检组成。仅在木简上书写名称者为检;有方孔、填泥、捺印、系绳者为封。合起来称为封检。封检上横刻的沟槽叫绳沟,是

■ 97 行者走封检

方便绳子缠捆的。中间方形的凹孔叫封泥匣或封泥孔。

绳子经绳沟在封泥匣内扣结后，在方孔中填入黏性较强的青泥，以胶结绳扣，然后趁湿押上封装者的印章，以示郑重和负责。封泥干后即很坚固，物品和文书送达过程中，只有收件人方可启封，其他人要私窥文书内容，除剪断捆绳或弄破封泥外别无他法。若文书的简札较多，还可把简册贮放在纺织品缝制的书囊之内，封口用绳扎住后再加封检。此外装在笥箧内的文书和物品亦可用封检封缄。（图94、95）

简册和物品捆扎封缄后，封检上按规定还要书写记录性文字，叫题署。一般封检中央的文字是收件人的官职姓名，右侧抄写封泥印文，左侧记录到达日期和传达者的姓名。

汉代对公文的传送、封检有严格的管理和惩罚制度，张家山汉简《二年律令·行书律》规定："邮人行书，……诸行书而毁封者，皆罚金一两。"并需对文书重新封缄，说明情况，还要加盖当地县令或县丞的印章。

封泥是印章的副产品。魏晋、秦汉暨前印章的主要用途在于示信、表明身份和用于封检。（图96）

印章钤盖红色印泥是唐宋以后的事。

居延汉简中有不少记载着"一事一封"、"二事一封"的检。这枚"行者走"封检，是内蒙古额济纳旗汉代烽燧出土的一种派专人送信、传递的封检。（图97）

木楬　又叫签牌，是简册书籍封缄以后为便于寻检而悬挂的小木牌。木楬的形状为长方形，上部变化较多，下部均为方正。木楬大致有三种形式：一种圆首形。（图98）另一种平首切角形：长沙走马楼出土的三国吴简中的平首切角形木楬在上部两侧加刻了对称的三角形契口，不但形状有所改变，而且文字排列也有变化。（图99）第三种为圭首形。（图100）这三种形状构成了木楬的基本形状。

木楬有的上部画有花纹，以简便易画的网格纹为多，亦有个别的正背纹样有异。（图101）木楬有的上部涂黑，多用于兵器、什物和守御器物等的封装，楬上书写所封实物。

木楬钻孔系绳，悬挂在封装起来的简册上，上面书写公文和器物内容，多用于诏书令、文书、文档、簿籍等，它们应该是我国古代书籍装帧中书名标签的最早形式。

3. 装囊

简册成卷之后，有些还要装入纺织品做的书囊包裹，以免损坏和散失。书囊古时又叫袠（zhì），与帙通，《说文解字》的释义是："袠，书衣也"。书囊起着保护书籍及归类的作用，是简帛书籍装帧的一道程序。

书囊在我国使用很早。考古发现证明，湖南省长沙杨家湾六号墓出土的战国竹简上，就存有绸布包裹的残迹。

据史书记载，古代重要的文书都要装入书囊，

■ 98 敦煌圆首楬

■ 99 走马楼平首楬

■ 100 敦煌尖首楬

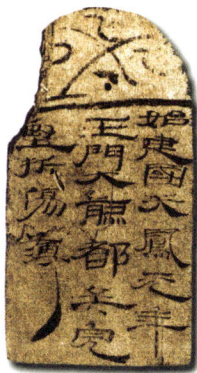

■ 101 西北汉简圆首木楬（正背）

"书囊为方底，四角底，天子诏书入青色或绿色丝囊，臣下密奏入黑色丝囊，边境变异之讯入红色或白色之囊"。说明根据文书的性质，书囊有了以色区别，归类存放，以便检寻的作用。

书囊除了保护书籍之外，还具有统计书籍数量的作用。《西京杂记》述刘歆(约公元前53～公元23)欲撰《汉书》，编录汉事，只成杂记，"为十帙，帙十卷，合为百卷。"大概汉代时期，一个书帙一般盛装十卷书。

4. 入箧

箧（qiè） 即书箧，是用竹篾编织成的盛放书籍和文具的方形竹器，古时也叫笥。我国南方的书箧多为竹制，北方多为木制。书箧有时也叫"书箱"。

古代文献中关于书箧的记载很多，如：

《战国策》卷四记甘茂之言说，魏国大将乐羊"攻中山，三年而拔之。乐羊反（返），而语功。（魏）文侯示之谤书一箧"。

《汉书·张安世传》说："上（武帝）行幸河东，尝亡书三箧。"是说汉武帝巡幸河东时，曾丢失了三箧书。

《汉书·贾谊传》曰："俗吏之所务，在于刀笔筐箧，而不知大体。"

《后汉书·刘盆子传》："乃书札为符曰'上将军'，又以两空札置笥中"。

上述记载明确说明刀笔和简札是装在箧（笥）中的。

现代考古发掘中亦有书箧的记录和发现。

湖北省荆州关沮30号秦墓的一组简册出土时为竹笥所包裹，编席有内外两层。1973年冬发掘的河北省定县八角廊村四十号汉墓，墓内发现盛满竹简的竹笥。1977年秋发掘的安徽省阜阳双古堆一号汉墓，竹简也贮放在木笥内。

《居延汉简甲编》的第18简中有"札五通，凡九通以箧封"。居延汉简的器物簿中还有"书箧一"的记载。

湖南省长沙市走马楼三国吴简的一枚封检卜书："长沙安成（城）录簿笥"。显然这枚封检是用在盛装简册档案文书的竹笥上的。

江西省南昌市东湖一号晋墓出土的一枚木方上有"故书箱一枚"的文句，表明随葬的这个书箱是墓主生前使用的故物。

由此可知，书箧是简册书籍的存放性包装。

三、简册书籍的装帧美化

简册书籍的装帧美化主要表现在以下几个方面。

1. 简材的美化

我们前已说过,简牍在制作过程中要经过"力加刮削"的刮光打磨程序,其中就包含了简材的美化。例如武威《仪礼》简上下两端的横剖面四方而有棱角,且均为90度正角,显然经过了精细的加工。

简端的形状,从目前看到的战国到魏晋的简材来看,绝大多数是两端平齐的方正形式。

但是简端的形状也有例外,在考古出土的简册书籍中,出现一些较为特殊的现象。

一是湖北省荆门市沙洋县郭店楚墓出土的战国楚竹书,内容多为经书。其中的《老子》、《缁衣》、《成之闻之》、《五行》等册书,简材上下两端全部削成斜角,呈梯形平头。(图102、104)

二是上海博物馆藏战国楚竹书中的《子羔》、《鲁邦大旱》两册书,简的上下两端则均削制成半圆弧形。(图103、105)

这两种简端经过精心削制的竹简,编联成册以后,简册上下边缘形成了很美的平头或半圆的齿形,殊为少见,与一般的简册相比,增加了强烈的美化意识。刻意美化的简册边缘加上秀美精致的文字,使这类书籍充溢着高雅的文化气息。古代简册书籍两端的装帧之美,真是匪夷所思,令人叹服。

两千多年前的楚国人民在简册书籍装帧美化方面表现出的奇思遐想,不由得使人想起了我国古代南方楚文化区域的浪漫主义精神。看来楚地人民不但在建筑环境、器物装潢、服饰佩戴等方面爱美求善,而且在书籍的装帧上也求美求异,表达强烈

■ 102 荆门市郭店楚简

■ 103 上博楚竹书

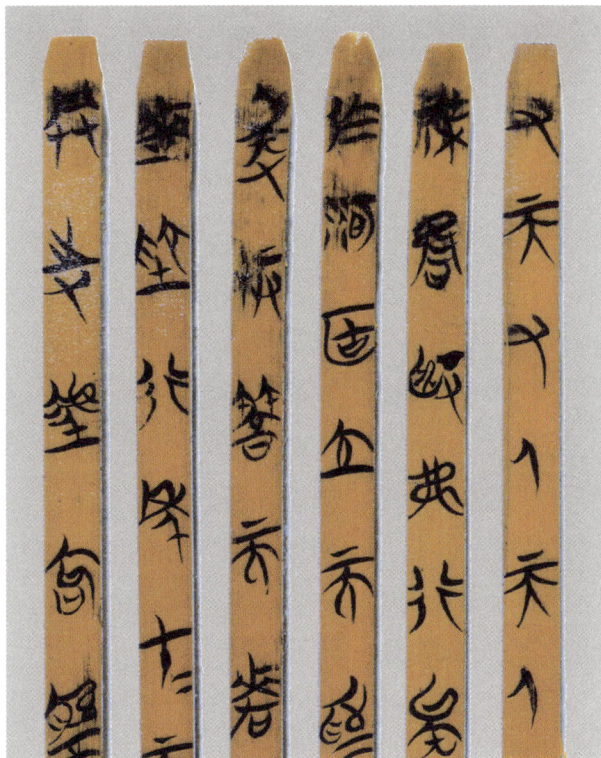

■ 104 荆门市郭店楚简梯形简端

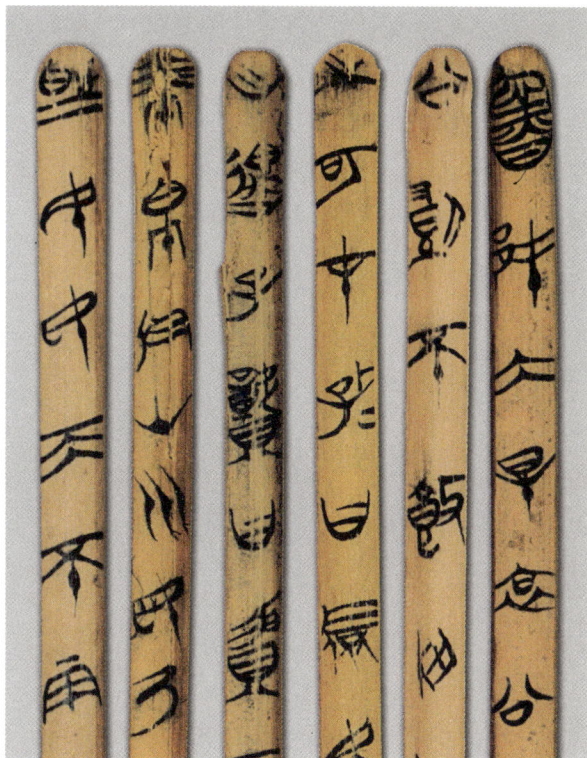

■ 105 上海博物馆藏楚竹书半圆形简端

的个性意识，显示了一种整体的浪漫主义文化氛围。

2. 编纶的美化

简册编联中书绳的质地和颜色也是简册书籍美化的重要形式。朴素的竹木简材，加上两道或三四道编绳，就已经具备了装潢效果。而书绳的质地和颜色，更使简册书籍平添了装饰的色彩。

《北堂书抄》引刘向别录云："《孙子》书以杂青简，编以缥丝绳。"《南史·王僧虔传》曰："楚王冢书青丝编。"说明这些书绳是青白色和青色的。

在河南省信阳长台关楚墓发掘出的简册中，有一组竹书，估计长约45厘米，三道编绳用的是黄色丝线。另一组记载随葬品的遣策，简长近70厘米，两道编纶，用的是0.4厘米宽的黑色丝带。在我国

西北边陲的居延汉简中，还曾发现过新莽时期的一些简册编绳用的是红色丝带，甚为稀见。

这些青色、青白色、黑色、黄色，红色的绳或带状的书绳编联在简册上，呈现了很美的色彩效果，较之普通的细麻绳，具有一定的装帧美化作用。

3. 栏线的美化

栏线是简册书籍版面上用于规范文字行列的横线，同时还具有版面栏次分割的作用。在编绳少而栏次多的情况下，文字排列的整齐非得借助于栏线。

云梦睡虎地秦简中的《为吏之道》，编册简数51枚，版面上分为五栏，简多、册长、栏密。仔细观察，可以看到版面上有着事先在每栏文字上端用锋刃划出的细线，说明简册版面的布局经过了细心的

47

筹划,这些细线是为了保证版面的整饬而刻划的。

较之刻划的栏线,安徽省阜阳双古堆汉墓出土简册版面上发现的用红色绘制的栏线,就属于一种更加明显的版面美化意识:黑色的文字、红色的栏线和编绳相互衬托,构成了美观的版面效果。

4. 符号的美化

上海博物馆藏战国楚竹书,经过整理的《周易》,在简长 44、宽 0.6、厚 0.12 厘米的竹简上,首次发现了六种特殊的符号。这些符号红、黑两色,由 ■、■ 单独或组合表示,分别为 ▢、▢、▢、▢。符号出现在每一卦的首简和尾简。首简上,居于卦画、卦名之后,称为首符。尾简上,居卦辞、爻辞之后,称为尾符。尾符之后余简空白,不接书写下一卦内容。这里的红色表示阳盛,黑色表现阴盛,红黑符号的变化,完成了一个由阳转阴,由阴转阳的过程。

这些符号用毛笔直接绘画在竹简上,红黑两色,鲜艳醒目。符号绘制认真,由于年代久远,有些红色稍褪,但仍可看出很美的装饰感。(图106、107)

战国楚简《周易》上发现的红黑符号,将我国古代书籍中朱墨的双色效果提前到了战国时代。

这些符号既不见于出土文献,也不见于传本《周易》,在汉代马王堆帛书《周易》中也不曾见到。它的形式和内涵有着特殊的意义,是现代考古发现提供的厚礼,为我们研究古代简册书籍的版面艺术投射了一线新的光明。

5. 款式的精巧

简册书籍的形制有大有小,简材长的有四五十厘米乃至六七十厘米,一般常见的二三十厘米。现代考古新发现为我们研究简册的形制款式提供了新的资料。

■ 106 上海博物馆藏楚竹书《周易》中红黑符号(复原)

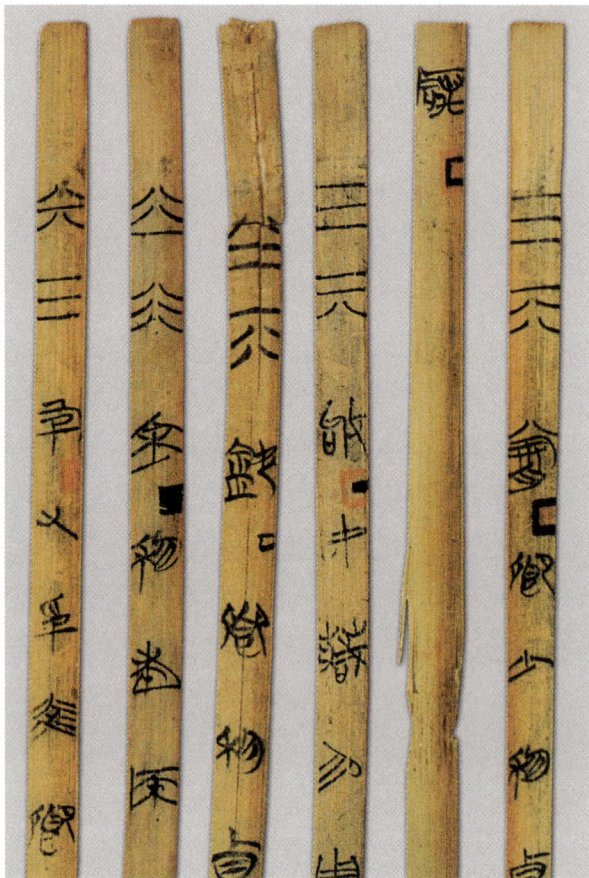

■ 107 上海博物馆藏楚竹书《周易》红黑符号

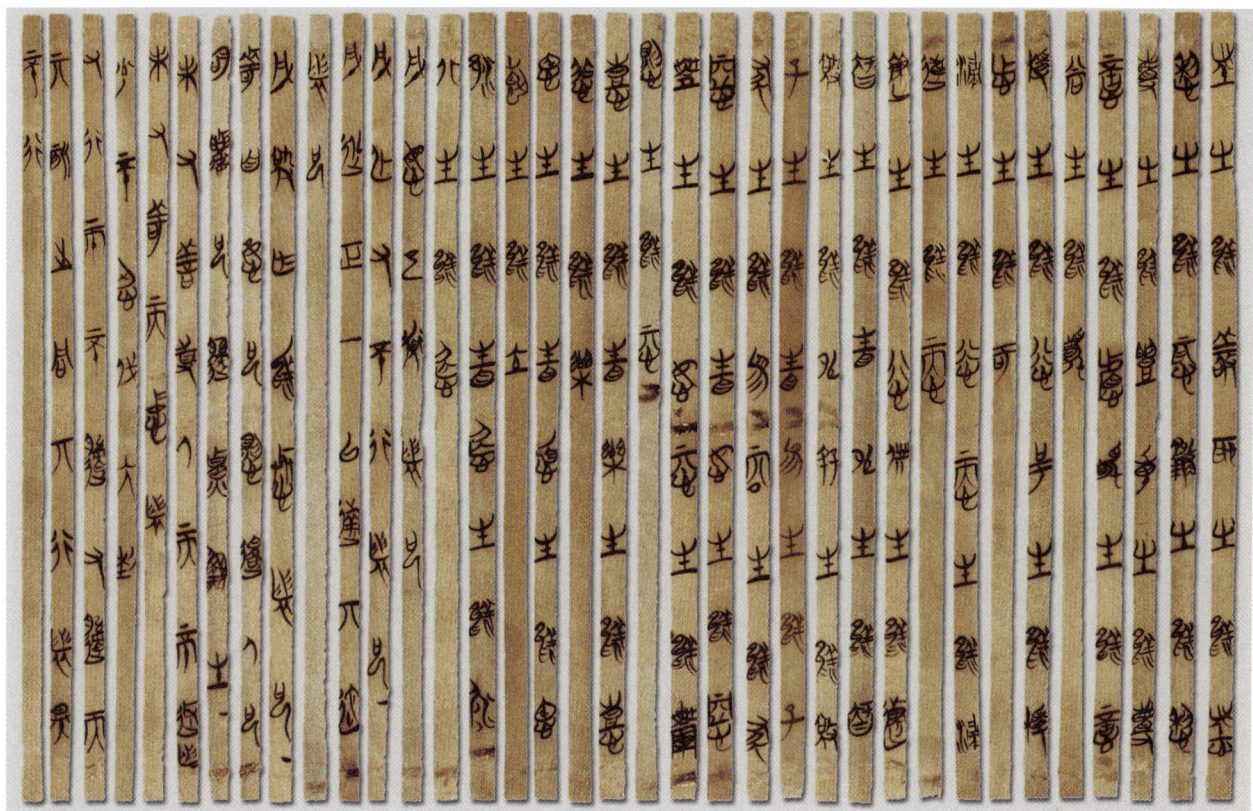

■ 108 荆门市郭店楚简《语丛》

东汉许慎在《说文解字》中记载了一种称之"專"的简："專，六寸簿也。"專即传记之传，大概汉代书写传记用的是六寸长的短简。1954年，湖南省长沙市杨家湾古墓出土战国竹简72枚，长度仅13.5厘米，约当汉尺六寸，与文献记载相符。

1993年，湖北省荆门市郭店楚墓出土了一大批简册书籍，其中大多数为先秦时期的儒家经典。在这些典籍中，有一种简长15厘米，编以三道编绳的《语丛》册书。其文句多为格言式的四字短句，每简两句八字，中间以编绳间隔。编联成册的版面上，行密字疏，书写精致，节奏明快，阅读感十分舒适。这种简册书籍小巧玲珑，便于随身携带、随时阅读，也便于收藏保存。（图108）

这种短简书籍，玲珑精巧，是我国古代简册书籍中最早的袖珍书籍，有着阅读和珍赏的双重作用。它的面世亦将我国袖珍书籍的产生年代提前到了战国时代，较之南齐王萧均的卷轴装巾箱本更早，具有重要的研究价值。

四、古代简册制度与现代考古实证

1. 古代文献中的简册制度

简册制度在秦代以前史无明载,汉以后的文献记载说,根据书籍内容、性质和文书规格,简册长度有着一定的制度。例如:

王充《论衡·谢短篇》曰:简长"二尺四寸,圣人文语。"

《后汉书·周磐传》记周磐遗命曰:"编二尺四寸简,写《尧典》一篇,并刀笔各一,以置棺前,示不忘圣道。"

《后汉书·曹褒传》曰:"撰次天子至于庶人冠婚吉凶终始制度,以为百五十篇,写以二尺四寸简。"

《仪礼·聘礼》贾疏引郑玄《论语序》曰:"《易》、《诗》、《书》、《礼》、《乐》、《春秋》策皆二尺四寸。"

《太平御览》卷六六五曰:"又得汲冢竹简,亦长二尺四寸。"

由此可知,汉人所书的儒家经典,简册长度应是二尺四寸。

现代考古发现,部分地支持了文献的记载。

1959 年甘肃省武威磨咀子东汉墓出土的《仪礼》简,甲本长度在 55.5～56 厘米之间,丙本的缀合摹本长度在 56.5 厘米左右,以汉代一尺合今 23.1～23.3 厘米之间计算,二尺四寸当今 55.92 厘米,则《仪礼》简的长度与汉代二尺四寸相近,与文献记载的"圣人文语"简册制度基本吻合。

又,唐章怀太子李贤在《后汉书·光武纪》注中引《汉制》云:皇帝策命诸侯王的策书是"编简也,其制长二尺,短者半之,篆书"。其他的诏书则是一尺一寸长的"两行简","三公以罪免,亦赐策,而以隶书,用尺一木,两行"。

《汉书·匈奴列传》云:"汉遗(wèi)单于书以尺一牍"。

《后汉书·陈蕃传》云:"尺一选举,委尚书三公"。

《后汉书·李云传》云:"尺一拜用,不经御省"。

这里的"尺一木"、"尺一牍"、"尺一",即是汉代一尺一寸的简牍,用于平常的诏书。这种尺一长的简册,应该是皇帝的诏书制度。

另外,古代文献中关于汉代律令方面的简册长度据说应为三尺,合今 69～70 厘米。如:

《汉书·朱博传》曰:"如太守汉吏,奉三尺律令以从事耳"。又云:"三尺律令,人事出其中"。

《史记·酷吏列传》杜周传有"不循三尺法"之说,裴骃集解《汉书音义》曰:"以三尺竹简书法律也。"

2. 现代考古发现的实证

尺一诏 在考古发现的汉代诏书中目前尚未发现一尺一寸的诏书。如武威汉墓出土的《王杖十简》、《王杖诏令书》和甘谷汉墓出土的《诏书律令》,长度均在 23～23.7 之间,约当汉代一尺。居延出土的诏书简也有长至 36.5 厘米,合汉尺一尺五寸的。

这一点倒与王充在《论衡·谢短篇》中"汉事未载于经,各为尺籍短书"的说法比较符合。尺籍短书就是所谓的"尺牍",即一尺长的简牍。

据考古发现,大量的简牍以汉代一尺为多,如:

甘肃省居延甲渠候官遗址出土的汉代简牍,1930 年和 1973～1974 年,两次共计 33500 余枚,其中占比例为多的公文簿籍简牍长度大致都在 22.5～23 厘米之间。

甘肃省武威汉墓出土的汉代日忌、杂占、簿籍、医方等简牍,长度均在 23.2～23.7 厘米之间。

江苏省东海县尹湾汉墓出土的简牍，内容为文书档案、六甲阴阳书，共计160多件，长度也在23~24厘米之间。

湖北省荆州关沮汉墓出土的简册，内容为"遣策"，长度在23.7～24.2厘米。

湖南省长沙马王堆西汉墓出土的《合阴阳》简32支，长23厘米左右。

山东省临沂银雀山一号汉墓出土竹简4942枚，内容为诸子、兵书等，分长短简两种，长简27.5厘米，短简18厘米。

以上各地出土的简牍，不论是诏书、策令、诸子、兵书、簿籍、档案、医书、遣策、文书等，除个别或长或短外，其长度多在汉代一尺出头，证明汉代简册的长度除经传外，大都是一尺左右的"尺籍短书"。原因是否以一尺为单位便于截量简札，或者说便于书写所致。而皇帝的诏书规定一尺一寸，则要求比寻常书籍略大一些，以示尊崇，如同现代书籍中的大规格开本。

三尺律令　关于三尺律令的说法，现代考古出土资料太少，所出律令简册很多都不足三尺，如：睡虎地秦律令简长度多在1.1~1.2尺之间；云梦龙岗秦律令简长度在1.2尺余；江陵王家台汉律令简长45厘米，约当二尺多一点。居延出土中的诏书目录简，长达67.5厘米，合汉尺三尺，有学者认为是"三尺律令"，似嫌勉强。

看来"三尺律令"之说，还有待于新的考古发现来证实。

综合考古发现，汉以前战国至秦的简册都很比较长。例如：

湖北省随县曾侯乙墓出土竹简240余枚，内容系遣策，长度为72～75厘米。

湖北省荆州包山楚墓二号墓出土竹简448枚，内容为祭祷文书、司法文书和遣策。部分遣策最长，一般在72.3～72.6厘米之间。另有卜筮祭祷简，长在67.1～69.5厘米之间。文书简则大部分没有超出62~69.5厘米的范围。

湖北省江陵望山二号楚墓出土竹简13枚，内容为遣策，完整长度在64厘米。

河南省信阳长台关出土的战国竹木楚简，长简68.6厘米，短简58.5厘米，是赗册。

看来战国时期随葬入土的丧仪类遣策一般比较长大。

湖北省荆门市郭店楚墓出土的《五行》简50枚，长32.5厘米。

湖北省江陵王家台秦墓出土的秦简800余枚，内容为《归藏》、《效律》、《日书》等，竹简长的45厘米，短的23厘米。湖北省荆州关沮周家台秦墓出土的竹简三组共387枚，甲乙组长29.3～29.6厘米，丙组长21.7～23厘米。

甘肃省天水市放马滩秦墓出土的秦简《日书》长27.5厘米。

综合以上战国至秦的南方楚文化区域的简册长度可知，秦统一前各类文书简册的长度似乎并无定制，有些很长，达75厘米，较短的也有30多厘米。至秦以后，逐渐趋短，有些已与汉简尺籍相近，比较适宜阅读和便于保存了。

战国长大竹简多出南方楚地，竹材纤维长而顺，柔韧耐折，不易断损，是长简较多的原因。而木质简札做长则有较大的困难。

第三节 简册书籍的版面艺术

简牍的发现曾被王国维称为 19 世纪末 20 世纪初我国学术领域的四大发现之一（其他为甲骨文、敦煌遗书、清宫档案）。现代考古学在我国兴起以后，简牍的发现无论从数量上和价值上都超过了以前。尤其是考古出土的完整简册，给我们探讨简册书籍的版面艺术提供了珍贵的资料。研究分析我国这种最早的书籍版面艺术，会给现代书籍版面设计带来很多有益的启示。

一、适应文体的排列格式

我国古代的典籍十分浩繁，出现在简册中，根据内容和性质，大致上可分为书籍和官私文书两大类别。这些书籍和文书，由于性质不同，文体有别，文章结构、文句节奏都有很大的差别。因此，它们构成了简册书籍丰富多彩的版面文字排列格式。

1. 书籍

书籍的版面形式

《为吏之道》

1975 年出土于湖北省云梦县睡虎地 11 号秦墓墓主的腹下，全册由 51 枚简构成。据专家研究推定是供学习做吏的人使用的识字课本，内容反映了秦朝政府对官吏的严格要求。（图109）

《为吏之道》简长 27.5 厘米，宽 0.6 厘米，简册分上、中、下三道编纶。简文分上下五栏书写，阅读顺序自右而左，上栏读完再从下一栏依次自右往左。下栏承接上栏，栏目整饬，秩序井然。文中段落之前均有高出文字的圆形着重点加以提示，如"●凡为吏云道"、"● 吏有五失"等。

■ 109 睡虎地秦简《为吏之道》

《为吏之道》的版面布局经过仔细的筹划。由于书写者考虑到简文基本上是以四言体为主，并夹有三言短句的短促而有节奏的韵文，其中"●凡治事"，是做 3＋3＋3＋7＋4＋7 式的长短句，因此上四栏的栏距都比较窄，相对一致。第五栏有韵文八

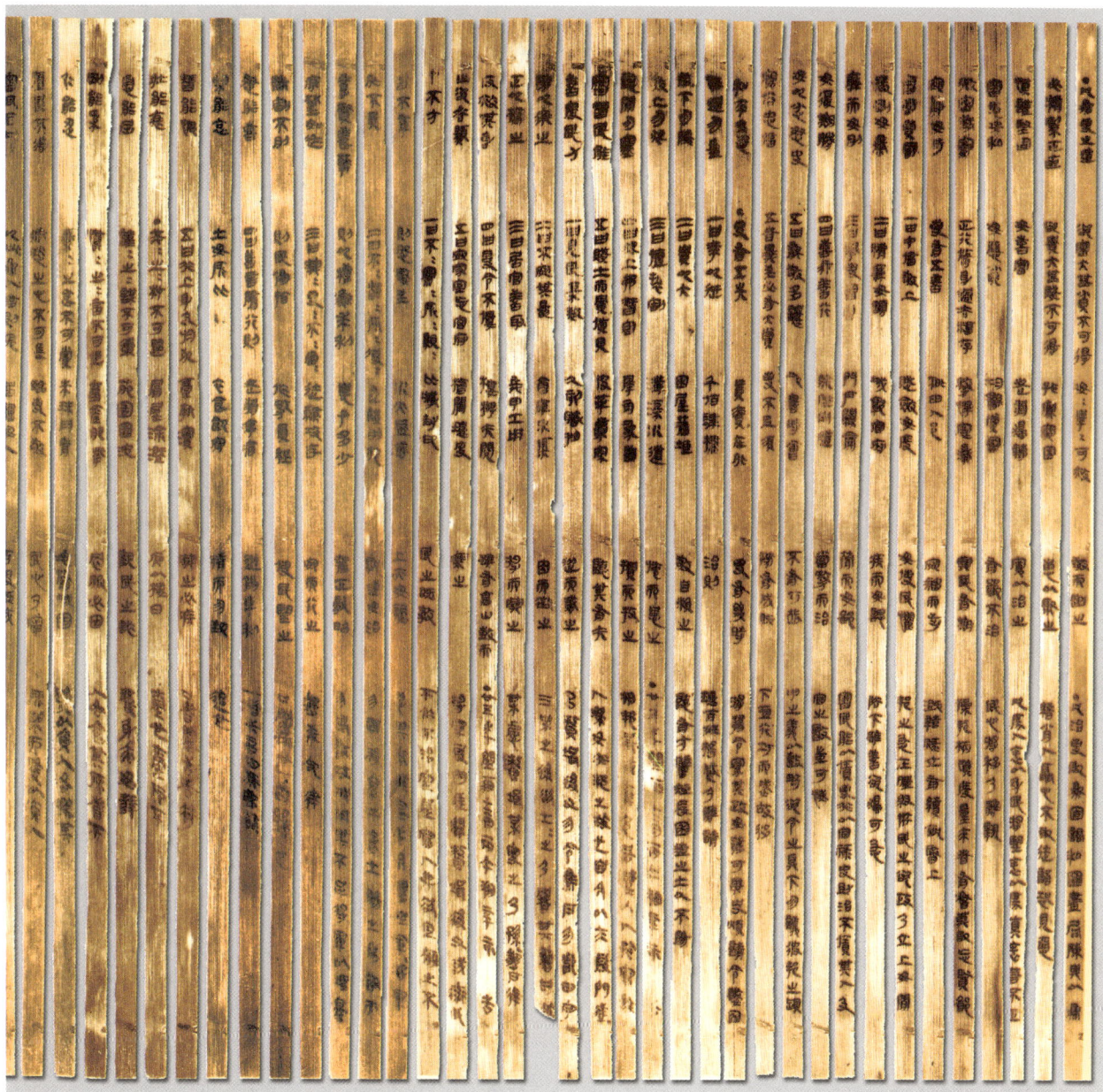

首，属当时人舂米劳作时唱的一种称为"相"的曲调，另外在末尾还附抄了两条魏国的法律。因为文句较长，故第四栏最末一简空白，而另从第五栏右端首简开始占两栏位置书写。这种灵活大胆，不拘陈规的栏目处理使版面文字出现了一种长短自如、同中有异的变化。

《为吏之道》的排列格式秩序感强，节奏明快，颂读方便，整个版面给人以轻松活泼的感受。

53

《仪礼》简

1959 年 7 月出土于甘肃省武威县磨咀子 6 号汉墓，现存 398 简。其中甲本木简，存七篇，字大简宽，平均长度在 55.5～56 厘米之间，简宽 0.75、厚 0.28 厘米。乙本木简，仅《服传》一篇，字小简窄，由断简接合完整后，长 50.5、宽 0.5 厘米。丙本为竹简，仅《丧服》一篇，竹简残坏折断，且多弯曲，无一完整者。由其中一枚缀合完整者度量，长 56.5、宽 0.9 厘米。简册编纶木简四道，竹简五道，编绳已朽烂无存。武威《仪礼》简为典型的长大简册。（图 110）

武威《仪礼》简是简册书籍中册书完整、简数较多的儒家经典之一，其内容为古代诸侯、士大夫的仪礼。《仪礼》作为典重的书籍，简窄字宽，排列疏朗，文字书写精湛，格调高雅，有着浓郁的书卷气息。

《仪礼》简简长册阔，行长字多，排列格式采用了一行直下的通栏形式。除有些段落以圆点提示，另简起首外，大部分不同仪礼的章节之间仅以圆点"章号"予以间隔提示，不留字空，不另转行，保证了阅读的流畅和版面的均匀。这种正规的、常见的排列格式自然朴素，给人以稳定的感觉。欣赏这类简册，如同面对一位学问渊博的高年硕儒，不由得使人肃然起敬。

《武威医药简》

1972 年 11 月出土于甘肃省武威县旱滩坡东汉早期墓，据说木简原为一束，置于尸骨顶部。原简册已散乱，现存简 78 枚，牍 14 枚。简长 23～23.4 厘米，由三道编纶缀联成册，编绳已腐朽，仅留残痕。这 92 枚简牍保存了比较完整的古代医方 30 余个。医方中所列药物近 100 味，详细地记载了病名、病

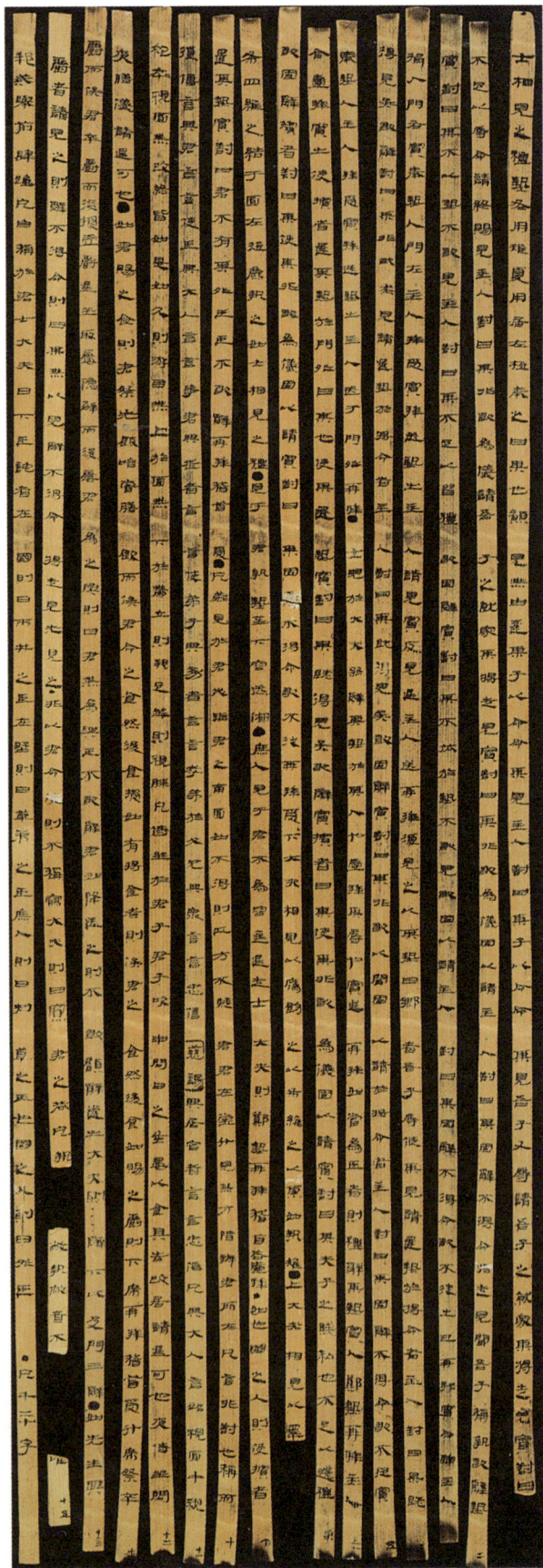

■ 110 武威汉墓《仪礼》简

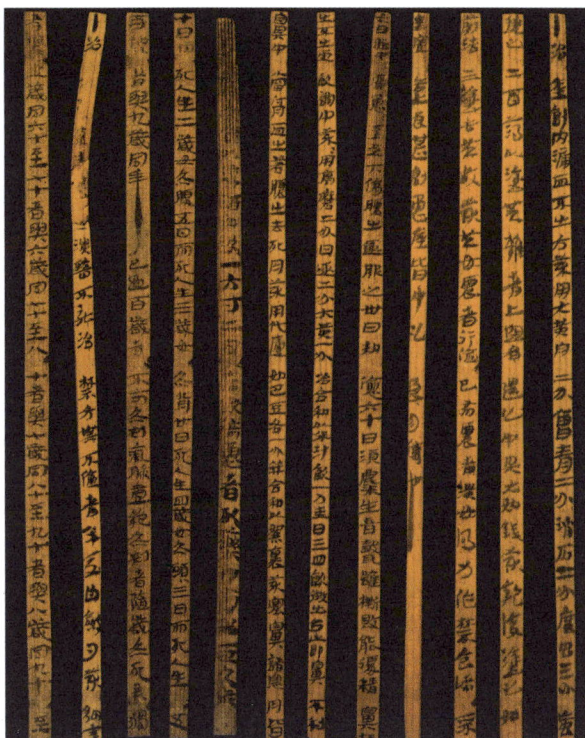

■ 111 武威汉墓医药简

状、药物、剂量、制药方法、服药时间以及不同的用药方式。这批医药简是我国古代医家长期实践所取得的重要成果和经验结晶。根据墓中伴出有鸠杖及成批医药简牍随葬分析，墓主很可能是一个从医多年的七十岁以上的老人。

这批医药简采用了直排通栏的形式，每一医方起首时在简端均以撇形标号作提示。每一医方简末留空，间以长垂笔补空，另简起首，不做接续。医方根据内容多少，一简、两简、四简或多简书写不等。由于简册属先编后写，上下编纶的简端都写有文字。末简的上端画有圆形标号，下书"右治百病方"，应是这一组简的尾题。（图111、112）

由于这类简册属于民间医方，因此文字的排列和书写显得自然而随意。观赏这帧简册，能使人感受到一位老年儒医的平和与朴实。

■ 112 武威汉墓医药简

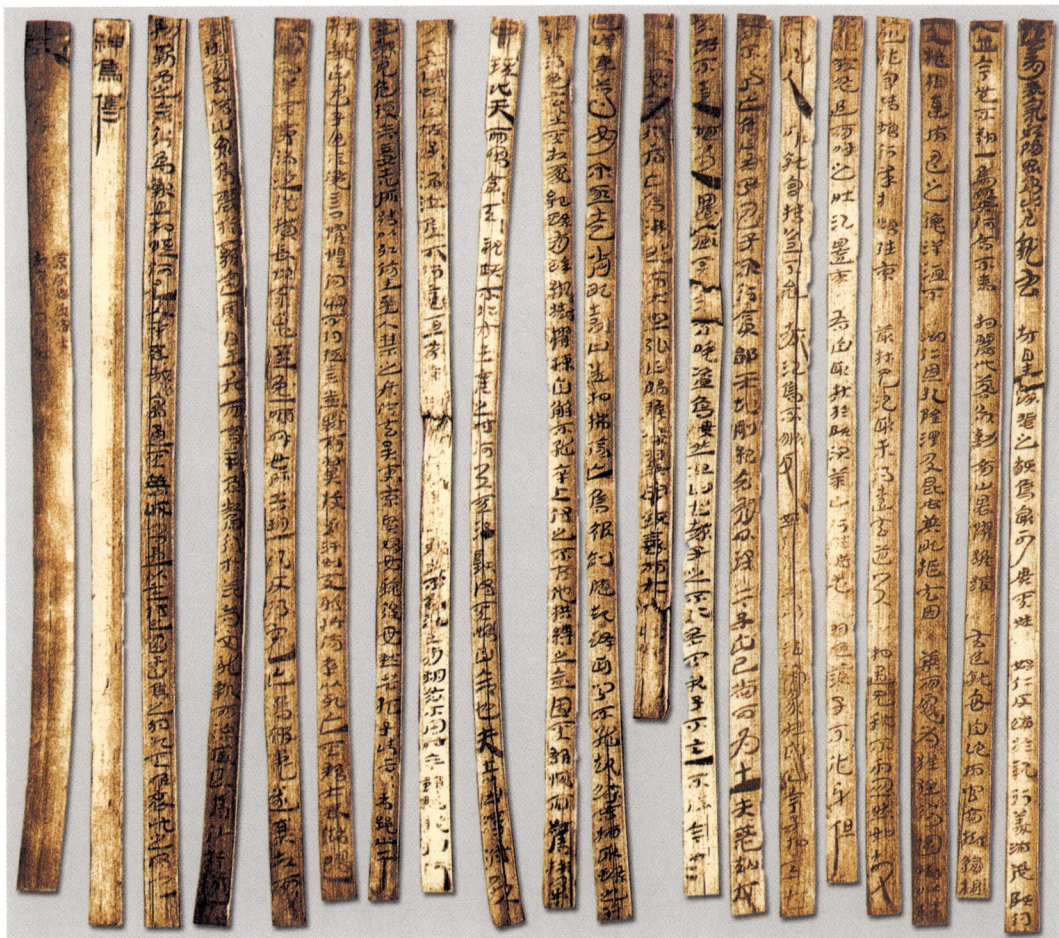

■ 113 尹湾汉简《神乌傅(赋)》

《神乌傅(赋)》

1993年4月出土于江苏省东海县温泉镇尹湾村汉墓,是一篇西汉晚期采取拟人化手法写的一个哀婉动人、寓意深刻的民间文学故事。

说的是阳春三月,万物一片生机,一对雌雄乌双双营造巢房。有一盗乌趁它们外出时前去偷窃筑巢材料,雌乌碰上与其争斗而受重伤。雌乌临死前与雄乌诀别,嘱咐雄乌要善自生活,"更索贤妇",但又希望雄乌"毋所后母,愁苦孤子"。雄乌悲恸呼号,绝望中逐弃故处,高翔而去。故事以"鸟兽且相忧,何况人乎",点出全赋寓意。

由于此简为文赋作品,简文以章草书写,精熟流利,挥洒自如,笔画轻重富有变化,较好的表达了文学作品的散淡性。惟末简"神乌傅"三字以凝重工整的隶书写出,显示了标题的庄重。傅是赋的通假字。(图113)

■ 114 敦煌出土《元康三年历谱》

历谱的版面形式

历谱是一种特殊的书籍，在商代的甲骨卜辞中即广泛应用，属于术数和方技类。《汉书·艺文志序》云："历谱者，序四时之位，正分至之节，会日月五星之辰，以考寒暑杀生之实。"

历谱类简册在考古中发现较多，除《流沙坠简》中所收的《神爵三年历谱》《元康三年历谱》外，湖北省荆州市周家台秦墓、江苏省东海县尹湾汉墓、山东省临沂市银雀山汉墓都出土了历谱，给我们研究这种独特的版式提供了有价值的材料。历谱多以编简成册，有着比较稳定的排列格式。

历谱除了记述、查考时日节气外，还具有记事的功能，在简册历谱中，就有不少记事的现象。历谱记事代有流传，苏东坡在《修身历》中说："子宜置一卷历，昼日之所为，莫（暮）夜必记之。"这种历谱等同今天的日历记事本。

《元康三年历谱》

元康三年（前 63 年）历谱 1907 年出土于敦煌，存简 15 枚，简长 36、宽 1 厘米，为编册横读式历谱。这种历谱一年日历用 30 支简组成，一简为一日，每简自上至下分为十三横栏。第一栏为日数，即一至三十日，直书。第二至第十三栏自右至左为正月至十二月干支，横列，字极小。干支下记八节等事项，直书，文字单占一行。（图 114）

这种将版面分为十三横栏的形式在其他书籍中很难见到，惟有历谱这类特殊的书籍才采用这种排列格式。

《元延二年历谱》

1993 年 4 月出土于江苏省东海县温泉镇尹湾村汉墓，原编绳已朽，经过拼接缀合与重新编排。

此册历谱将大小月分开排列，应由 62 简组成，其中一支为写有"元延二年"（前 11）的标题简。分记大月月名和小月月名的简 2 枚，记日的干支简 59 枚（大月用 30 枚，小月用 29 枚）。现仅存完整和缀合的整简 46 枚。（图 115）

《元延二年历谱》版面分为六栏，简端第一栏为月数，大字书写第 x 日，紧接为干支，双字并列，其下等距分为五栏，栏间空白很大，具有记事的功能。某日有需记之事，就在此日干支或所记节气下的空白处加以记录。记事文字大都为何时出发，至何地住宿以及其他公私事务，极类似现代的记事日记或台历。如果当日事繁字多写不下，则在当日干

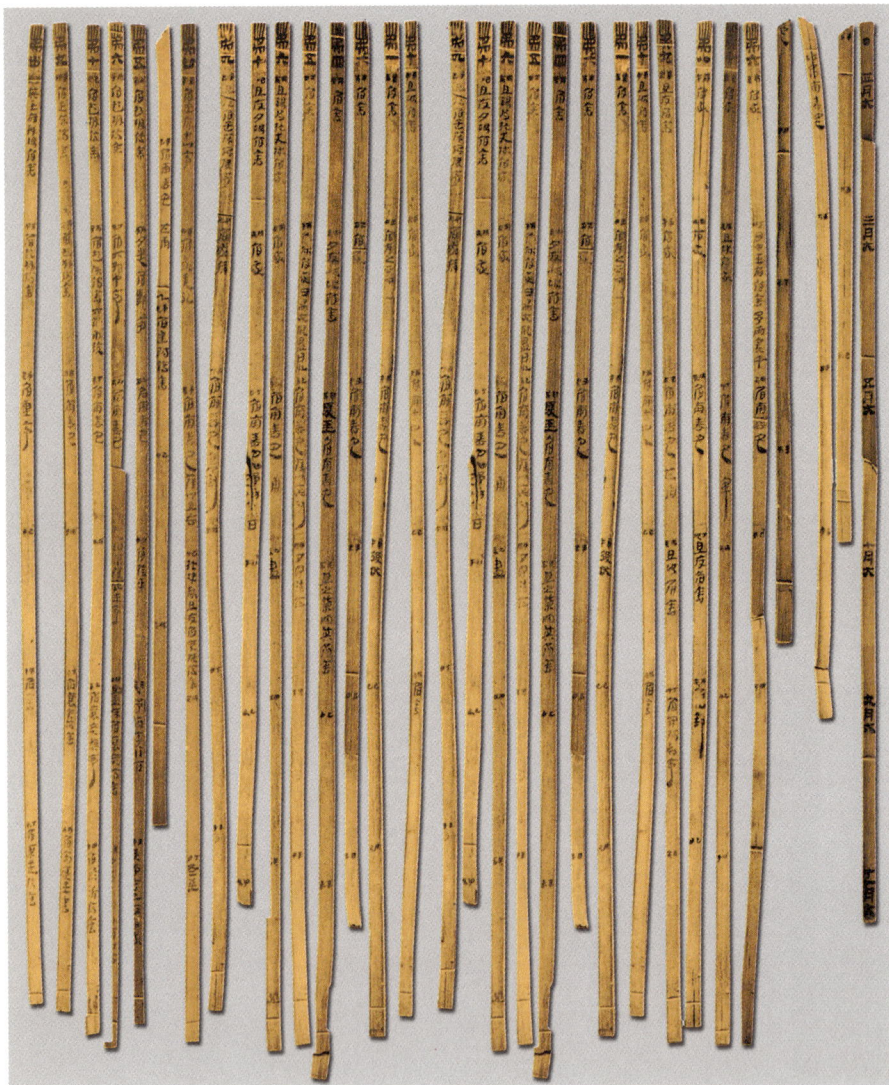

■ 115 尹湾出土的《元延二年历谱》

■ 116 建武六～七年历谱

支的另一端倒写记录，以与其他日事区别。现代竖排版的《史记》，其中的《六国年表》、《十二诸侯年表》等年表中有些文字的倒置排列应该就属于这种格式。

《元延二年历谱》简上的标题、月份、以及所有干支简的日序和节气都用端庄的隶书书写，而干支下的记事，则为草书。明显的书体差异，表示了两者之间作用的不同与书写时间的先后。

《建武六～七年历谱》

建武六～七年历谱（30～31 年）1974 年出土于甘肃省居延破城子汉代遗址，共存三简，简长 27.8、宽 1.5 厘米。这册编册横读式历谱比较别致，一册书上记两年历谱，正面是建武六年，背面是建武七年，简册设计合理，查验方便，使用期长。

特别是简首的日数，字大且壮，占满简宽，鲜明醒目，与简身细小的双行干支文字产生较大的反差，具有良好的视觉效果。图示是"一日"简的正背。（图 116）

2. 官方文书

诏书的版面形式

官方文书以皇帝的诏书制度最为严格。秦统一以前,各类文书定制不严。秦统一天下后,中央政府规定,凡以皇帝名义下达的文书,"命为制,令为诏",即所谓的"制"、"诏"。蔡邕《独断》云:"制书,帝者制度之命也,其文曰制。诏,诏书,诏告也。"又云:"制者,王者之言,必为法制者也。"

汉代对皇帝下达的文书不但有统一的名称:"帝之下书四:一曰策书,二曰制书,三曰诏书,四曰诫敕"。而且还规定了诏书简册的长短、字体乃至行文的称呼等。

我们目前看到的汉代诏书多出土于我国西北地区,比较著名的有:《元康五年诏书》(前65)、《王杖十简》、《永始三年诏书》和《王杖诏书令》等。

《元康五年诏书》

这个简册是日本著名汉简学者大庭脩从居延所出的大量散乱汉简中披沙拣金、研究考证复原的。册书共8简,除第3简皇帝的批复命令"制曰可"是

■ 117《元康五年诏书》

较窄的简外,其他均为较宽的"两行"简。起首两简四行字是御史大夫丙吉和丞相魏相等人的奏书,4~8简是诏书规定的"诏后行下之辞。"(图117)

《王杖十简》和《王杖诏书令》

这两册书均是汉代皇帝优待老年人的诏书。诏书规定:年届七十的老年人,赐给杖端饰有鸠鸟的王杖,使大家一望而知,其作用与符节相同。有敢辱骂、殴打受王杖者,视为犯"逆不道"罪,处"弃市之刑"。受王杖节者允许出入官府郎第,入宫廷不必倾身快走,可以在驰道的旁道上行车。在市场开店经商时,免去租税。诏书还规定了其他扶弱制度。并有几个侵辱受王杖者的处断实例,以皇帝批复的诏书下发。王杖的杖端饰有鸠鸟,鸠鸟吃东西不噎,欲老年人食饭不噎。(图119)王杖诏书证明我国在汉代就有了比较完善的尊老养老、抚恤鳏寡的制度。注

《王杖十简》 1959年秋于武威县磨咀子18号汉墓出土,因简有10枚,故名。简长23.2~23.3厘米不等,简宽1厘米。由于出土时简的编绳已朽,次序打乱,因此简的排列顺序,学者们之间多有分歧。简上存有上、中、下三道编纶的痕迹。(图118)

《王杖诏书令》 又称"王杖二十六简"。1981年春出土于武威县磨咀子汉墓,当年9月由农民手中收购入藏。据简背编号得知该册书应为27简,现存26简,缺第15简。简长23.2~23.7厘米不等,宽0.9~1.1厘米之间。编纶两道趋近简中。诏书令分为三部分:

第一部分1~6简,包括两个诏书

第二部分7~26简,缺第15简。

注:《续汉书·礼仪志》称:"仲秋之月,县、道皆案户比民,年始七十者,授之以玉杖哺之糜粥。八十、九十礼有加赐。玉杖长九尺,端以鸠鸟为饰。鸠者,不噎之鸟也,欲老人不噎。"

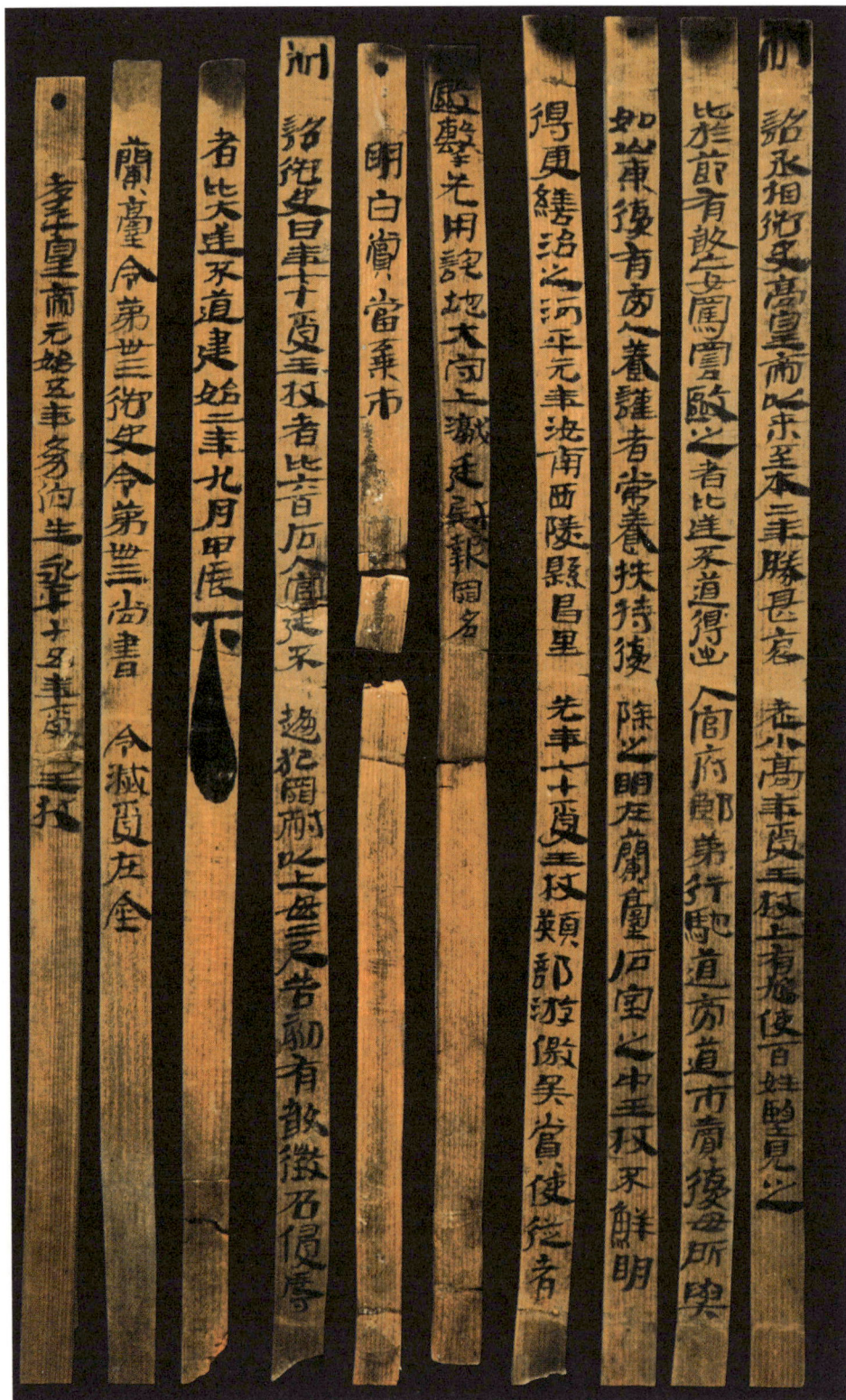

■ 118 武威汉墓出土的《王杖十简》

■ 119 武威汉墓出土的鸠杖

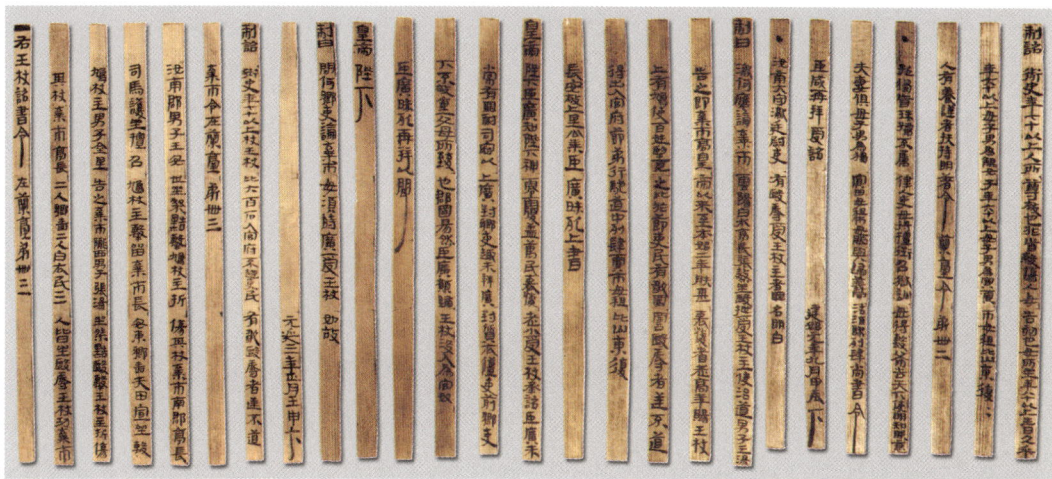

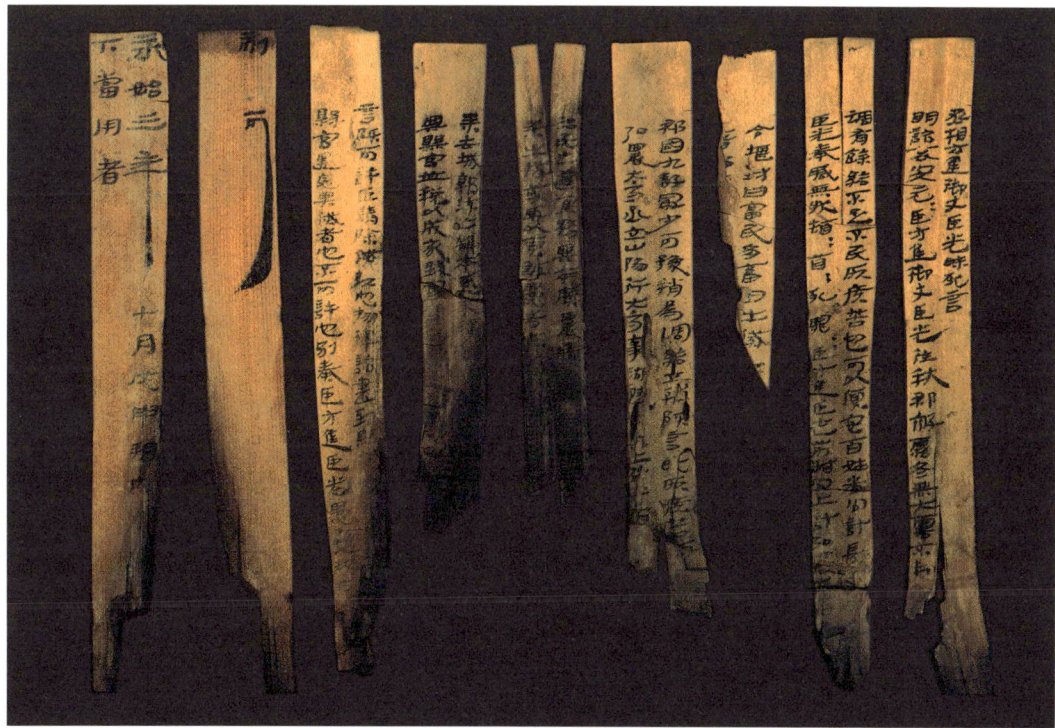

第三部分是第 27 简，为检署号，"右王杖诏书令……"是上述诏书的题名。（图 120）

《永始三年诏》

1974 年甘肃省金塔县肩水金关汉代遗址出土。册书的编简为"两行"，共 13 枚。简的下端因火烧残

渤，上端完好，文字清晰。编纶应为上下两道。此简册的前 8 简为永始三年（前 14）诏书，其中 1~7 简是丞相翟方进、御史大夫孔光的联名奏书，第八简是皇帝批准的命令："制可"。其后各简是命令执行诏书的"诏后行下之辞"。（图 121）

永始三年诏书的首简首行是联名奏书的格式化称谓，单占一行。皇帝的批复"制可"单占一简，"可"字且以重笔引长强调。

以上四件皇帝的命令，以官方特定的诏书格式发布。蔡邕(132～192)在《独断》中谓诏书云："群臣有所奏请，尚书令奏之，下有司曰'制'，天子答之曰'可'，若下某官，云云，亦曰诏书。"

这几件诏书有着严格、固定的文书规格，在版面上形成了独特的诏书格式。如：

凡皇帝批复的命令和诏书，则为"制可"、"制曰可"和"制诏"。

其在版面上有如下特点：

一、臣下奏文和诏书内容皆空出简首，低两字格，以使皇帝的批复"制可"高出奏文。这段简首空出的部位称为"需头"。蔡邕在《独断》中说："奏者亦需头"。明代杨慎《谭苑醍醐》卷五中说："所谓需头者，盖空其首一幅，以俟诏肯批答，陈请之奏用之。"

二、皇帝的批复命令的"制"、"制可"、"制曰可""制诏"、"制曰"、"皇帝"等字皆需顶格抬头，高出奏文两字，以示尊崇。

三、其他诏后行下之辞和检署简，因皇帝已批复，再无须需头，因此顶格书写，简首不留空白。

四、诏令的来源如"兰台令第册三"等皆承在文末，而发布年月如"建始元年九月甲辰下"等则书写在简的下端。

五、《王杖诏书令》的末简检署号"右王杖诏书令"简首涂黑，以总括其上内容。

汉代诏书规范的文书格式，特别是对皇帝名号的尊崇，奠定了封建统治阶级最高规格文书的制度。自此之后，历代沿袭，直到清末，亦无大变。

簿籍的版面形式
《劳边使者过界中费》

1973 年出土于甘肃省金塔县肩水金关遗址，是一件由上下两道编绳联缀而成、反映西北边塞屯戍生活的完整簿籍。其内容是某一边塞机构接待上级慰劳人员过境时，所支出食品的明细和汇总账簿。

此简册的右起第一简是这一册书的标题。简 2～7 的上段记载了各种需用食品的名称和数量，中段记载食品的金额。简 8 是劳边使者"往来过费"所支出食品费用的合计金额。有意思的是简 9，"肩水见(现)吏廿七人，率人五十五"，为劳边使者所花的费用，以驻地二十七人分摊，平均每人五十五钱。

《劳边使者过界中费》簿册，简札完整，编绳完好，文字清晰，在出土的众多散乱残简中甚为罕见。它的版式也很有特点，账目内容分为两栏，上列食品，下记钱数，类别清楚，一目了然。所记账目除米、羊、酒等大宗食品外，连盐、豉(豆酱)、生姜等少量调味品与所值金额及合计金额，甚至"肩水见(现)吏"的平均钱数也计算的一清二楚。其中标题简、"往来过费"简和"肩水见吏廿七人"简，并以圆形标号加以提示，足见这位下级文吏是一个对工作认真负责的人。（图 122）

这件簿册，从编绳压在文字上来看，显然是先写后编，书写者事先在简上做了大致的栏目划分，以求整饬。

此简册材质细小、粗糙、结疤多且未削树皮，但简面平整光洁，反映了边塞艰苦的生活风貌。

《建武三年候粟君所责寇恩事》

1972 年至 1976 年出土于甘肃省额济纳旗汉代居延甲渠候官遗址编号 F22 的房址内。房址不足 6 平方米，可能是当时的文书档案室。室内发现近 900 枚木简，清理出约 40 余册完整和基本完整的文书简册。此簿册共 36 枚简，出土时呈卷状，文字面朝里，分两部分卷在一起：1~20 号为一束，裹在里面；21~35 号为一编，卷在外面；36 号出于附近，原编绳已朽烂脱落。

这件簿册是一份"治狱"簿书，说的是一个叫寇恩的老百姓，因甲渠候粟君无理扣押了他的车器，并抵赖他为粟君买米所出的钱而告发了粟君。可是粟君非但不给这笔工钱的余额，反而致书居延县廷，反诬寇恩卖掉他的牛不赔偿。上级要求查明此事，都乡啬夫官便将两次口供上报，再由居延县批转。全册内容包括爰书、都乡啬夫报告和居延县所下文书。看来候粟君的官司最后是输了，居延县廷的论决是："须以政不直者法"。"不直"即不公正。

《建武三年候粟君所责寇恩事》是一个完整的判决案例，诉讼程序和公文呈式规范完备。其中寇恩的第一次口供即第 1 ~ 20 简书写时用的是简，属先写后编。简长 22.8、宽 1.2 厘米。起首为"建武三年十二月癸丑朔乙卯"（十二月初三日乙卯）。第二次口供为第 21 ~ 28 简，用的是两道编绳的"两行"，长 22.5、宽 2 厘米。简和两行的长度基本一致。录口供的时间为"建武三年十二月癸丑朔戊辰"（十二月十六日戊辰）。都乡啬夫给上级的复核报告为简 29 ~ 32，紧承寇恩的第二次口供，编在一起，时在"建武三年十二月癸丑朔辛未（十二月十九日辛未）。居延县于"十二月己卯"（十二月二十七日己卯）写移甲渠候官的抄件是简第 33-35，亦是编在

一起。"右爰书"是尾题简，以总括以上内容，简首加点，表示强调。爰书的爰字是"换也"，即以文书代替口供或口辞。

第 36 为木楬，是系在全件文书上的标题签，楬首画有网目格，意在美化。楬上的"建武三年十二月候粟君所责寇恩事"文字，当是简册绳封以后题上的。《建武三年候粟君所责寇恩事》，属于一份装帧程序完备的官方简册文书。（图 123、124）

这件治狱簿书虽然用的简材宽窄有别，编纬各异，书体风格不同，但整个文书段落清晰、层次分明、整体感很强，是独特的官方文书版式。

■ 123 《建武三年候粟君所责寇恩事》编册前部分编简
■ 124 《建武三年候粟君所责寇恩事》编册后部分两行和木楬

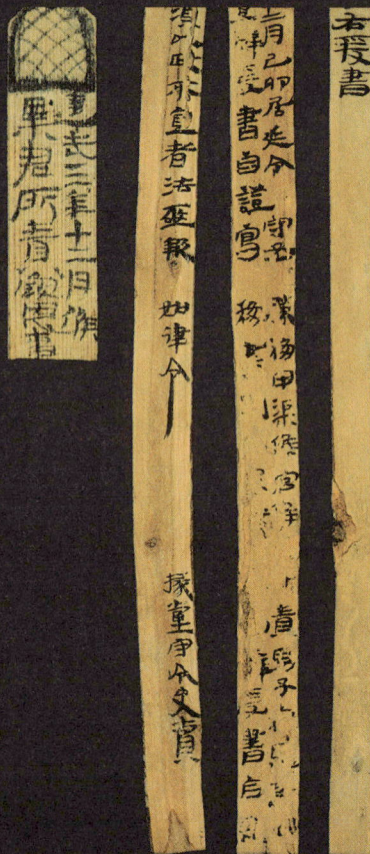

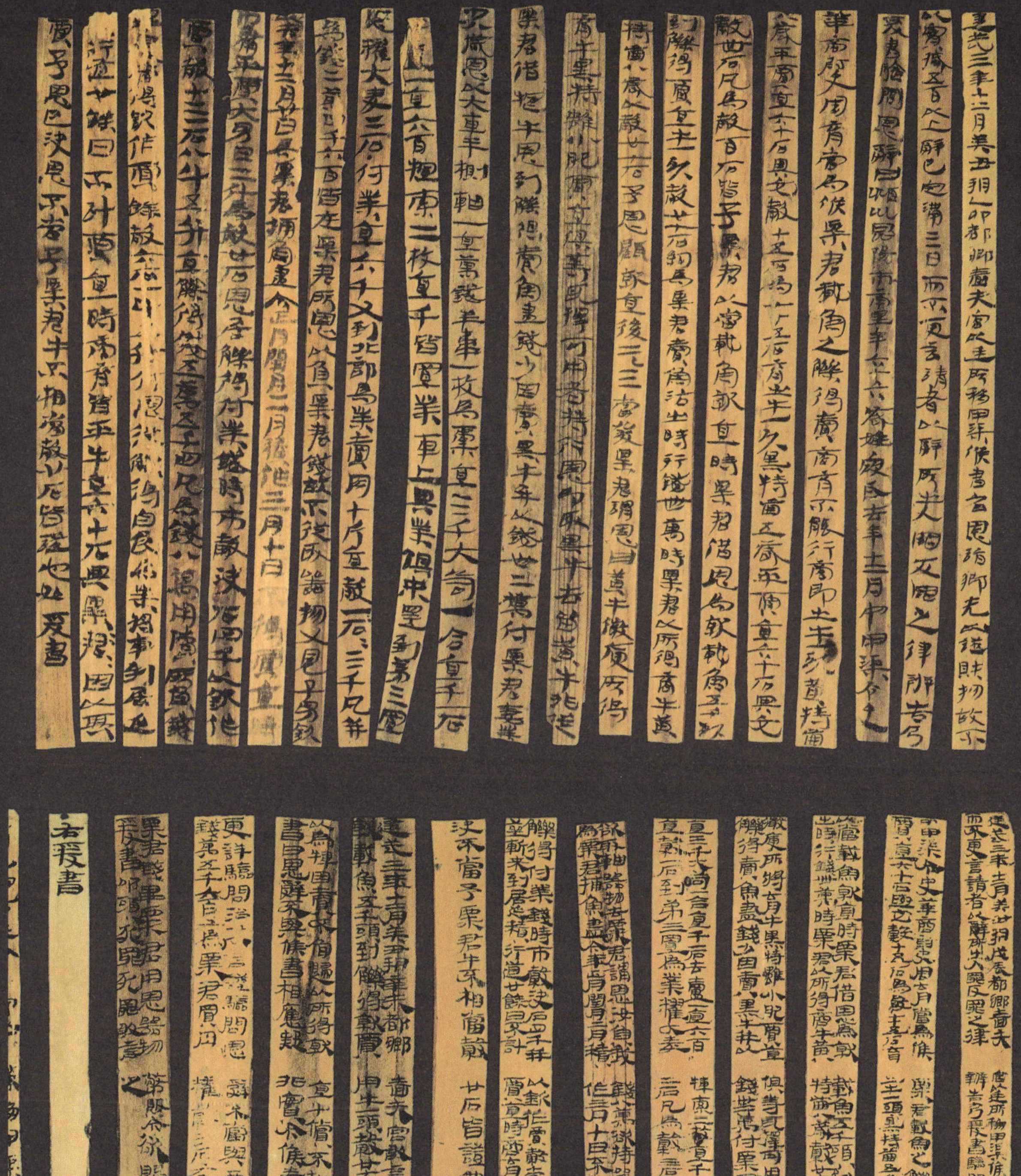

《专部士吏典趣辄》

1999 年出土于汉代居延遗址第十六隧,位于今内蒙古自治区额济纳旗所在地达来库布镇南约 6 公里处的伊肯河西岸戈壁滩上。

册书由 8 枚简构成,明显为先写后编,编绳两道,编连方法为自然交叉式。经过两千多年的地下埋藏,简册完整,简文清晰,编绳完好无损,至今牢靠结实,实为难得,显然是得益于西北大漠的干燥少雨。(图 125)

册书为汉代的行政规范类文书,内容为边塞机构依照法律并结合实地情况颁布的行政规范。

《专部士吏典趣辄》开列了士吏的诸种责任,主要是对所驻部候长、候史及隧卒的监督。文书内容分为两类:一类为顶端有圆点者,是士吏必须完成的督察工作;第二类为文首有“告”字者,是士吏所要完成的提醒工作。从首简编绳结有环扣来分析,此册书可以在墙壁上悬挂,以便警示,似乎与现代办公、工作场所张贴的规章制度相类同。

简文内容大致如下:

首简为标题,其“専”字或释“専”,《说文》:“専,布也”。注:“布以法度也。”有布告之意。部是候官之下一级组织,每部辖若干烽隧。士吏为候官属吏,由候派驻各部,职司偏重于监督。

第 2 简为告,“(毋)坏亭隧外内”,是说要保持亭隧内外的完整无损,以利防御。

第 3 简为告,“平斗所毋侵”,是告诉要公平称量,不侵犯服务对象利益。

第 4 简为扁书,“胡虏講(购)赏”,是指奖赏作战有功人员。

第 5 简为察,是对脱岗吏卒的惩罚条款,对不同身份人处罚不同。候长三次脱岗,候史、隧长五次脱岗即免职。戍卒屡次脱岗,将被调往条件更艰苦的塞外工作。

第 6 简为察,“多省卒给为它事者”,是指利用调集省卒的机会假公营私,以其劳力为个人工作,皆为违法。

第 7 简为告,“谨昼夜候,有尘若警块外,谨备之”。是要求士吏日夜加强警戒,一旦发现有烟尘或其他情况,即做好准备。

第 8 简为察,“虽毋马廪之”,乃指候长候史无马而冒领饲料的行为,故在审查范围。

这编册书说明我国在汉代就有了相当完备边防行政规范管理制度,并且以告示的方式落实到边防机构。

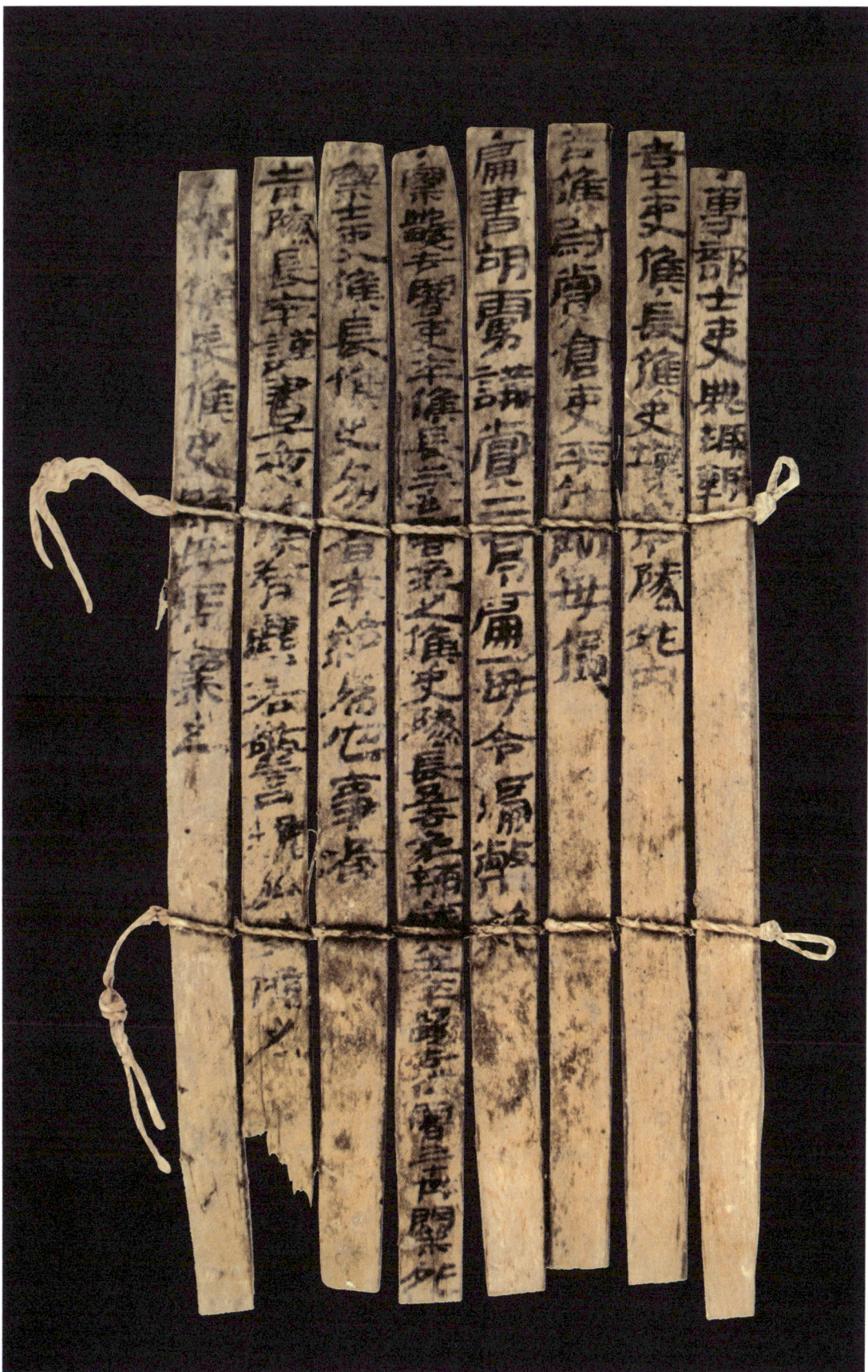

■ 125 额济纳旗汉代遗址所出的《专部士吏典趣辄》

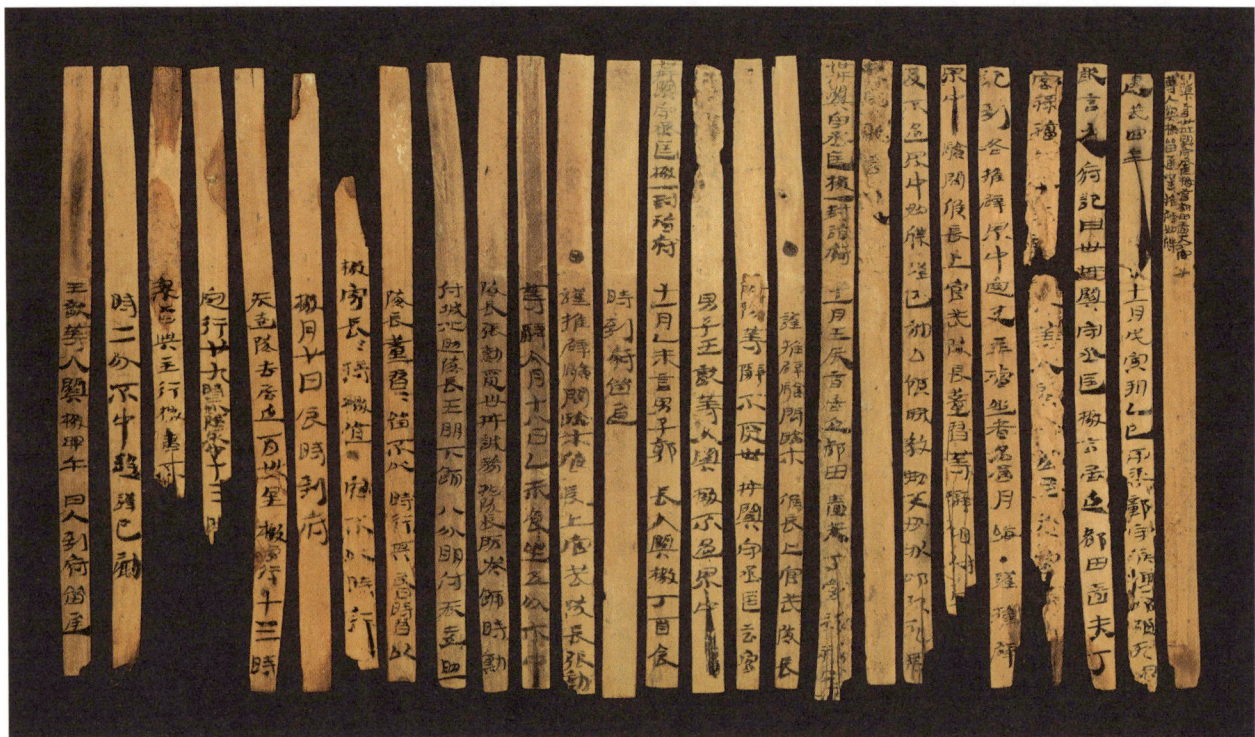

■ 126 居延汉代遗址出土的《推辟书》

《推辟书》

1973～1974 年出土于甘肃省额济纳旗破城子居延甲渠候官遗址。册书共 26 简，简长 23 厘米，间有断简和下部残泐者。简文基本完整，编绳朽烂无存，似为先编后写，有位置近中的两道编纶。（图126）简册右侧第 1 简根据完整简册的编联通例，似乎应该排在册书左侧最后，因为它是简册成书后文书内容的总括。

第 2～8 简为叙事，说明缘由。此段文字属主题性质，满行足字做通栏排列，起着提纲挈领的作用。

第 9～26 简为推辟事宜，文字分为两个段落，每段起首顶格通栏，以示着重。两段推辟文依编纶分为大小两栏，首行"谨推辟"之上均用圆点加以强调。由于上栏空白的衬托，下栏文字显的非常整齐。

《推辟书》的版面段落清晰，层次分明，空间疏朗。疏密得宜的版面骨格，使人很难想象这种富有现代设计风格的版面是出自两千多年前的边塞簿籍。

遣　策

遣策是简册书籍中用于葬仪的一种特殊文书，主要用来记录死者随葬时的物品，犹如物品登记簿。这些物品都是死者生前亲友所赠送，古时称作赗（fèng）赠或赙（fù）赠。赗赠原本是我国古代家中有丧时乡邻的一种互助形式，后来成为一种稳定的葬仪延续至今。随着统治阶级"生则厚养，死则厚葬"的盛行，赙赠逐渐流于奢侈和炫耀。

遣是送的意思，策即册。当死者入葬之时，"主人之史"（葬仪记录者）要把亲友所赠的物品记录在册上，并向送葬人宣读，当时称作"读赗"，然后将简册与物品一同入葬。通过遣策，可以部分了解墓主的生前地位和当时的社会经济。

马王堆汉墓遣策

长沙马王堆一号汉墓出土的遣策共有 312 枚。竹简长 27.6、宽约 0.7 厘米，系用细竹劈开制成，简面呈黄褐色，背面多为绿色青皮。竹简系书写好以后再以细麻绳分上下两道编纶按顺序组编成册。

简上文字墨迹清晰，书体工整，修长俊美，书卷气息浓郁。每简字数少者仅两字，多者 25 字，系一册随葬物品的清单。简文所记随葬物品甚为丰富，每简详记赗赠品的名称、品质、数量、重量、容量和规格。分类小结的简首涂黑，以示提要。

遣策的排列每简只记一物，上端平齐顶格，下部依文句长短而自然参差，虚实对比，版面整体空间感觉甚好。（图 127）

二、形式多样的文章标题

标题是一篇文章提纲契领性的简短文字,它可以揭示书籍或文章的内容,突出主题。标题根据文章的结构,有大有小,形成了文章的层次关系。由于古代简册书籍中的标题文字与正文字大小一致,不像现代书籍有字体和字号大小的区别,因此标题文字的处理形式多样。

简册的标题包括书题、篇题、章题和小标题,它们的书写形式,归纳起来,大约有以下几种:

1. 书题

书题一般是一卷书的总名,古书多以单篇流行,篇题就是书题或一篇文章的标题,大多在简册收卷缚扎以后题写。由于简册收卷时文字面朝里,因此书题一般写在卷外几简的简背以便辨认或寻检。像包山楚简中的《受期》(图128)、上海博物馆藏简中的《互先》(图129)、银雀山汉简中的《威王问》(图130)以及武威《仪礼》简都属这种现象。(图131)

至于写在那支简的简背,要看简册是怎样卷的。从考古发现的简册来看,从前卷和从后卷的情况都有,原则上是写在卷最外面那几支简上。

例如江陵张家山汉简中的《奏谳书》书题在第228简的简背,这册书显然是从前往后卷的。而《算数术》共190简,书题在第6支简的简背,显然是从后往前卷的。

题写在简背的标题,有些字形较大,以示醒目,如包山楚简中的《受期》和张家山汉简中的《引书》。有些题写简称,以示扼要,如睡虎地秦简,《效律》在简背仅题一"效"字。

2. 末简尾题

末简尾题是简册书籍中的主流标题,这是一种

■ 128　　■ 129　　■ 130　　■ 131

古老的标题形式,源于古代文书一般都是开篇即写,直奔主题,最后才在末尾题写篇名和章名,或者以"右×××"总括其前的内容。书籍的篇名是这样,文书簿籍的题署亦是如此。

末简尾题的形式大致有两种:

一种形式比较庄重,标题文字顶格书写,单占一简。如尹湾汉简《神乌傅(赋)》的标题简(图132),《王杖诏书令》中的"右王杖诏书令"标题简,文书簿籍简中的"●右爱书"、"●右槎良种五人"标题简等。(图133)

另一种篇名标题写的文末空简处,不另占行,如睡虎地秦简《秦律十八种》每条律文的末尾都题写律名或律名的简称,以示扼要。如《仓律》径称《仓》,《金布律》径称《金布》。

3. 首简标题

这一类标题写在首简,一目了然,比较突出的例子如居延汉简《劳边使者过界中费》,标题单占一简,简的上端且加黑圆点提示。此简册编绳完整,不会有次序上的颠倒。(图134)张家山汉简中的律名,单占一简,简首涂黑至编纶处。律名文字较正文大而且呈长方,格外突出。(图135)

银雀山汉简上也有篇题单占一简的实例。

4. 简首小标题

这一类标题大部分是文内的小标题,写在简端,以示醒目。例如武威医药简的医方,均在简首,提行另起。

睡虎地秦简《封诊式》的小标题、《日书》乙的"日忌"标题均属于一种刻意设计的形式,突出地写在简首的编纶之上,正文在编纶之下。

张家山汉简中这种现象亦常见。(图136)

■ 137 居延汉简《守御器簿》的首尾标题

5. 首尾标题

这一类标题出现在简册的首尾两只简上，起着前后呼应的作用。例如汉肩水金关遗址出土的《守御器簿》册的前后就各有一枚"橐他莫当燧始建国二年五月守御器簿"标题。（图 137）

三、个性鲜明的标点与符号

标点符号是文字记录的辅助性符号，是书面语言的有机组成部分，用来表示停顿、语气以及词汇的性质和作用。有了标点符号，文章的阅读会更加流畅，含意更加明确。我国古代书籍中的标点符号早在春秋战国时就已经出现，给人们的阅读、断句带来了很大的帮助，只是这些标号与今日完善的标点符号相比，还显得幼稚。

简册书籍中的标点符号出现在各类文书中，没有统一的格式，仅属书写者个人的习惯，或者一些约定俗成的形式。并且这些标点符号在书籍中还有一个有趣的现象，即西北地区的多见圆点，而东南地区的多见方块。简册上标注出这种方块或圆点符号之后，版面上出现了一种活泼的轻松感，能给读者加深印象。

简册书籍中的标点符号归纳起来，主要有以下

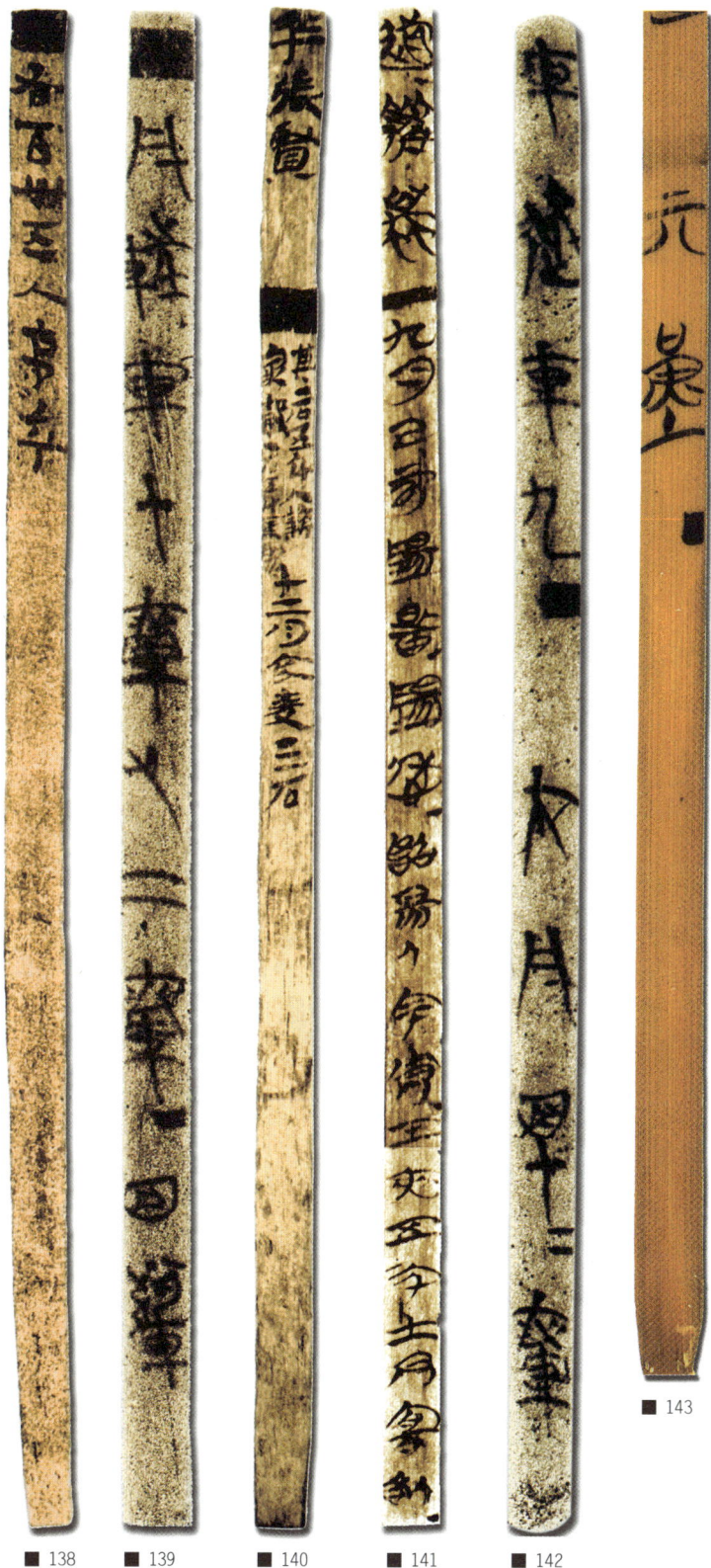

■ 138　■ 139　■ 140　■ 141　■ 142

■ 143

几种形式：

1. 黑方块

（1）简端涂黑：这种简端涂黑的标号一般为检署简和类似尾题简，以总括之前的内容。书名和标题中也有简端涂黑的现象，例如敦煌汉简中的标题简。（图138）

（2）简中涂黑：这种黑方块有些很大，如曾侯乙墓出土的遣策，黑块横涂至简的两侧。（图139）敦煌汉简中也有这种符号，一般用在小结简文的开头，有时也用在一段文字的末尾，表示结束。（图140）

还有一种标号横贯简身，为段落标记，显得精致疏朗，如包山楚简、信阳楚简即是如此。（图141）

（3）简侧涂标：这种标号出现在曾侯乙墓楚简和郭店楚简中。标号涂于简的左右两侧，用于随葬物类别的间隔和文中的断句提示。（图142、143）

2．黑圆点

（1）大圆点：这种标号是简册书籍中最常见的现象，用法甚多，大凡书名、篇名和需要着重提示以及分清类别处均可使用，有些还有装饰的性质。称为"章号"的大圆点一般用在文章章节的开头以作点题，有了它，文章的标题就可一目了然。（图144）

另一种多用在文章的尾题上端，以示着重。

（2）小圆点：这种圆点一般在句中，作段落标记或句与句的间隔。像睡虎地秦简《法律答问》中，问句与答句之间用圆点间隔以区分问答的不同。（图145）

天水放马滩秦简《日书》和居延汉简《相刀剑》中的圆点，用在句首，居栏上编纬和中编纬之上，除了点题之外，还有着装饰意趣。

3．竖撇号

这种标号用毛笔随手画出，极类书法中的竖撇，在我国西北汉代简牍中多见，一般多在简首和尾题文字的上面。例如《永元十五年器物簿》在每组器物类别上、武威医药简在每种医方上均以竖撇号加以提示。（图146）

4．三角号

这种三角标号一般在简文的中间，起着停顿、断句的作用，位置在简的右侧，如曾侯乙墓遣策简。（图147）

5．小短横

■144　　■145　　■146　　■147　　■148

74

这些小短横出现在郭店楚简、信阳楚简中，均在简右侧，一般很小，起着如同现代句逗号的作用。(图148)

6. 简册顺序号

简册顺序号是简册书籍中对书写和编联起重要作用的数字标号，可以视作我国古代书籍页码的雏形。简册有了顺序号，就可避免错简现象。简册顺序号最初不是一篇简册从头至尾的顺序，而只是每一书手为他所写简册编的顺序。因此顺序号多为书手所加，目的在于：一为顺序易检，二为防止编联错简。顺序号有的写在简的正面或背面下部简端，如武威《仪礼》简，有的写在简的背面上端或下端，如武威《王杖诏书令》(图149)、甘谷《延熹元年诏书》、居延《劳边使者过界中费》、《建武三年候粟君所责寇恩事》等简册，在简背均有汉字顺序号。

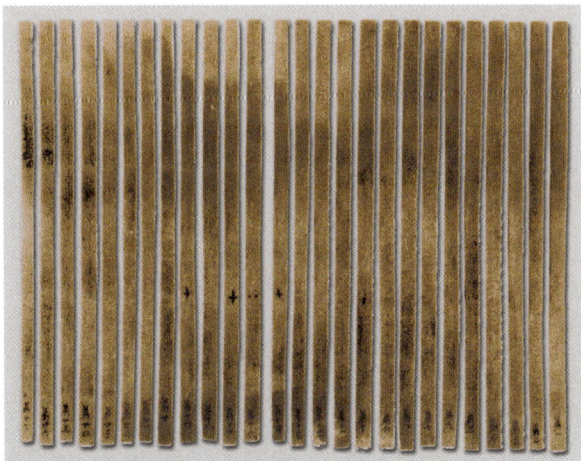

■ 149 武威《王杖诏书令》简背的顺序号

四、独出心裁的插图与表格

在简册、版牍上绘制插图与表格，是现代考古发现给我们提供的重要资料。市面上有些书籍断言：现存简牍形式的书籍中，还没有插图本的存在，原因在于"细窄的简上自然难以绘制插图；而编连起来的简与简之间，又必须有着空隙，难以构成完整的画面。"

现代考古出土简册书籍上的插图和表格，修正了这些臆测，填补了我国古代简册书籍这一方面的空白。

1. 插图

较之文字的叙说，插图以具体直观的形象既说明了问题，又美化了版面。由江苏省东海县尹湾汉代简牍中发现的东海郡太守属橡史的设置中有"画图一人"、"写图一人"的记载，可以知道当时地方政府中即置有常设的图绘人员。尹湾简牍中的插图也证明了这一点。

简册版牍书籍中的插图主要有以下几方面的资料：

睡虎地秦简《日书》中的插图

《日书》是古代日者据以预测祸福、选择吉凶的书，属于古代术数类书籍。日者是战国时代即已存在的一种以"占候卜筮"为职业的人。

《日书》简册在我国考古中发现不少，比较著名的有湖北省江陵九店战国楚简《日书》、甘肃省天水放马滩秦简《日书》、河北省定县八角廊汉简《日书》等。

湖北省云梦睡虎地秦墓发现《日书》两种：甲种存166简，简长25、宽0.6厘米，三道编纶；乙种存257简，简长23、宽0.6厘米，在最末简的背面有"日书"标题。

■ 151 睡虎地秦简《艮山》图

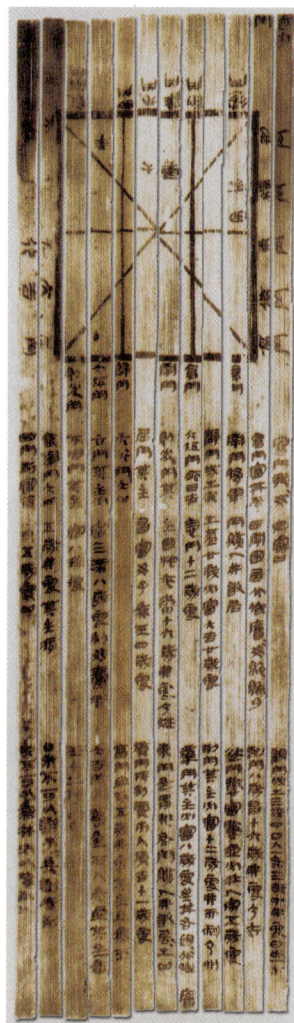

■ 152 睡虎地秦简《直（置）门》图

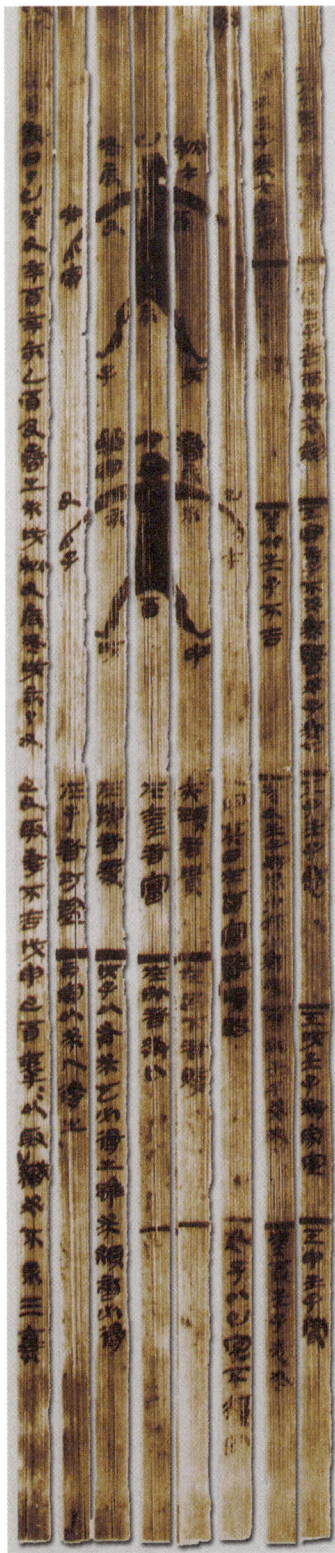

■ 150 睡虎地秦简《人字》图

《日书》甲种简文先在正面书写，正面写满，反过来再在背面书写，像这种正背都写的简册殊不多见。插图和表格主要在甲种《日书》上。甲种《日书》的内容十分丰富，文体复杂，全篇栏目根据内容有通栏、两栏、三栏、六栏、八栏不等。此外还有较多的栏线、插图和表格。这些错综交织的文体，构成了《日书》条块分明，段落清晰，繁而不琐，杂而不乱的版面效果。

《日书》甲种中绘有三帧插图，即《人字》图、《艮山》图和《直(置)门》图。

《人字》图

《人字》图在编号为 879~883 的 5 根竹简的上栏，绘有上下并列的两个人形，人物躯干占一简，手臂左右手各占两简，腿部左右各占一简。人物两臂旁伸，手部回挽，双腿作马步蹲跨式，显得很有气势。这种原始社会和商周艺术中常见的人体造型在秦代简册中得到了很好的延续和传承。人形右侧有图版说明"人字"。(图 150)

《艮山》图

《艮山》图在编号为 776~786 的 11 支简的下栏。图的上下分五栏，从中心起左右各五行竖排小圆圈，由上到下依次递减，左右斜线将图框为一个倒梯形。图右侧有"此所胃(谓)艮山，禹之离日也"等十数字。艮是八卦之一，代表山。(图 151)

《直(置)门》图

《直(置)门》图占十支简的上栏。图为正方形，竖列三等分，横列二等分，斜十字交叉。四周放射性书有各门的位置和名称。

《直(置)门》图是我国古代一般城镇或村落中关于门的设置方位的建筑布局图。(图 152)

关沮周家台秦简的插图

1993 年出土于湖北省荆州关沮周家台 30 号秦墓，竹简分甲、乙、丙三种。四幅占图均在甲组简中，简长 29.3 ~ 29.6、宽 0.5 ~ 0.7、厚 0.08 ~ 0.09 厘米。简册为先编后写，上、中、下三道编绳已朽。"占"的意思为占卜。所附四图是文物工作者根据竹简照片拼合而成的。

《二十八宿占》

此图由 26 支简拼合，由两个大小不等的同心圆构成。在大圆外侧的上下左右分别标以"东""西"、"北"、"南"表示四方。在大小两圆之间的圆环部分，用 28 条直线分割成 28 块扇面，每块扇面由内向外书有文字，从内容上看，可以分为内、中、外三圈。

内圈文字顺时针方向依次记有 28 个时称，如"夜半"、"夜过半"、"鸡未鸣"、"前鸣"、"鸡后鸣"……等等，这种将一天时间平分为 28 个时分的"一日分时之制"，乃是迄今为止关于 28 时称的最早记录。中圈逆时针依次列有 28 宿名，即东、北、西、南各七宿。

外圈在上、下、左、右四个方位标有木、金、水、火，与大圆外所书"东"、"西"、"北"、"南"相对应。

此图中央的小圆内绘有"井"形图，以十二地支按顺序分布于图形四面的十二个端点，其间内侧除"戊"、"己"以外的八天干，"戊"、"己"二天干则记于中心部位。《淮南子·天文》云："子午、卯酉为二绳，丑寅、辰巳、未申、戌亥为四钩。"所谓"二绳"系指位于图形中心互相垂直交叉的二线，"四钩"则指图形四角所示的"乚"。(图 153)

《五时段占》

本图与《二十八占》中心的"二绳"、"四钩"图基

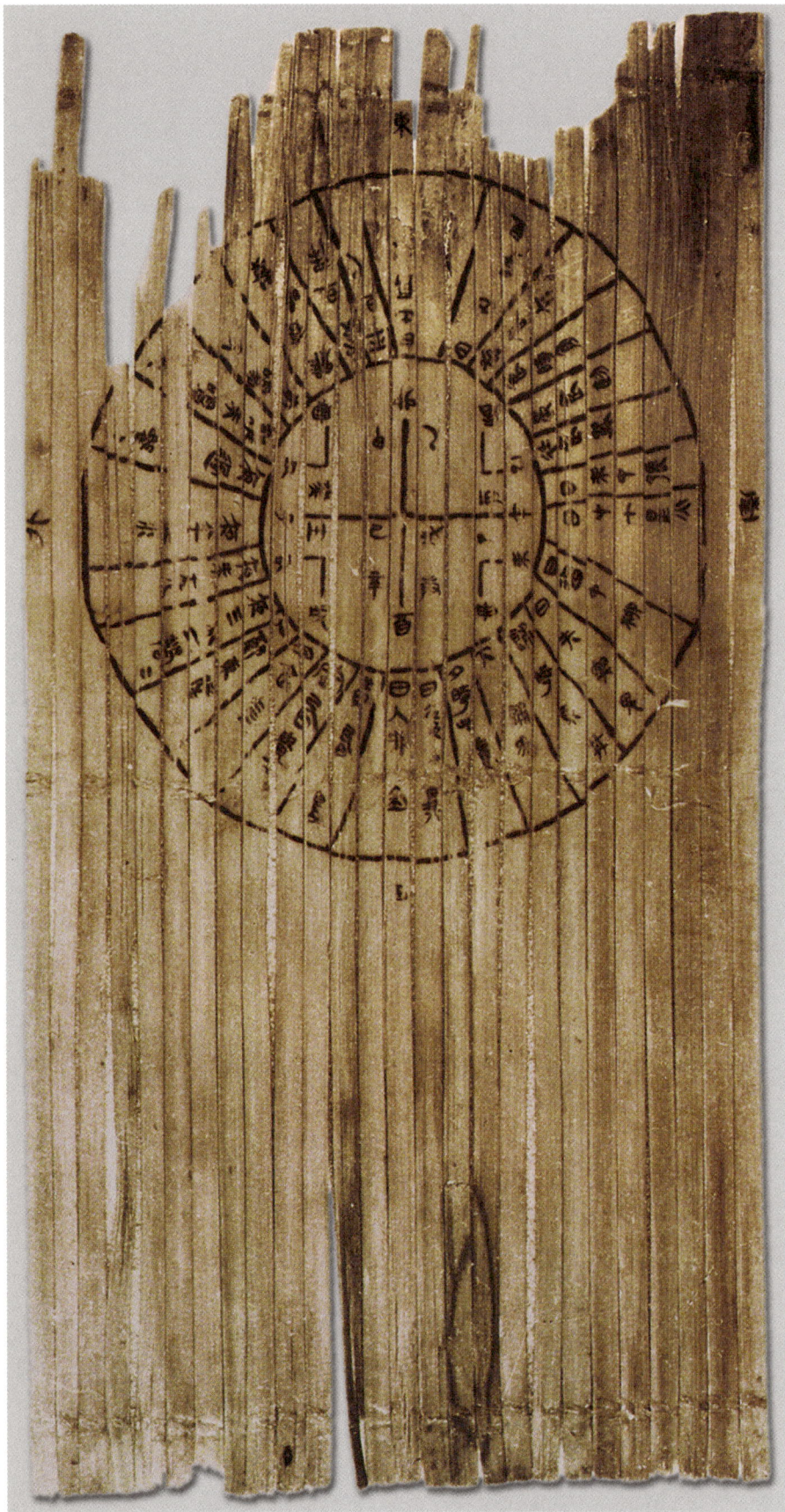

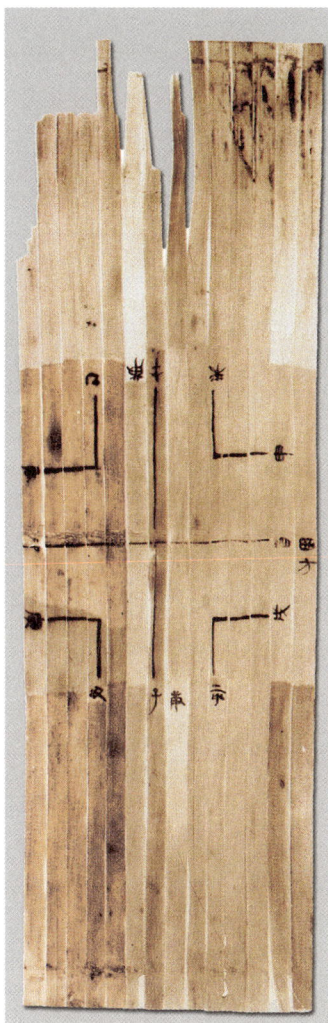

■ 154　周家台秦简《五时段占》

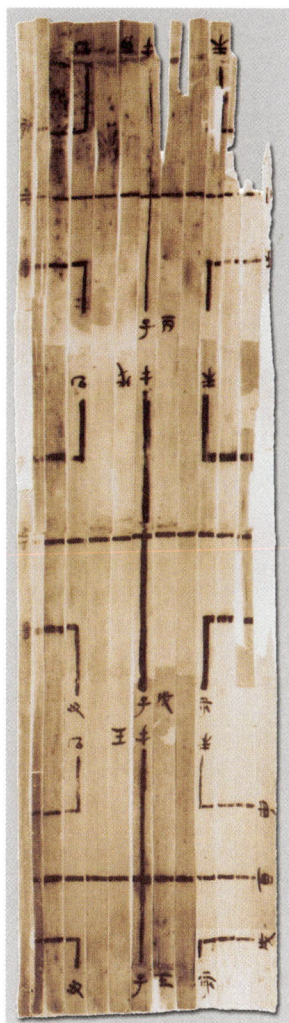

■ 155　周家台秦简《戎磨日占》

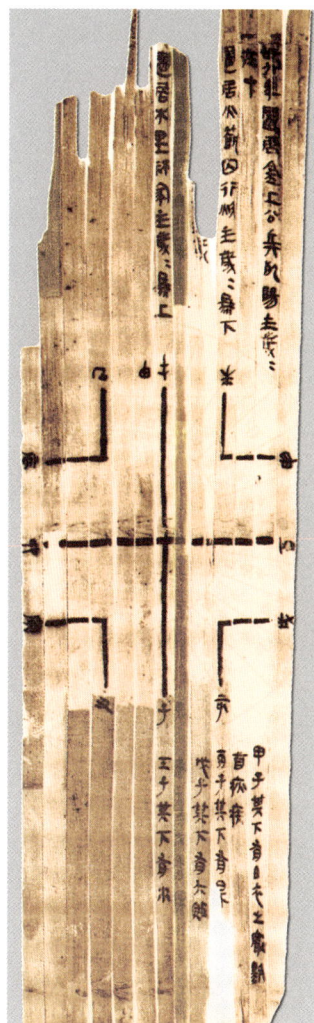

■ 156　周家台秦简《五行占》

本相同,居版面中心,由 14 根竹简拼合。（图 154）

《戎磨日占》

本图由三个竖排的"二绳"、"四钩"形线图组成,用 13 根竹简拼合而成。（图 155）

《五行占》

本图亦由 13 根简拼合,由一个处于简册中段的"二绳"、"四钩"形线图组成,依中心偏右侧,上下各有两组文字。（图 156）

从竹简的编联次序看,这四个图原来是按次序编联在一起的一个整体,图与图之间仅为空白简所间隔。《五行占》中的简文亦标明这三图应是相互联系的一个整体。

睡虎地秦简和关沮秦简上的插图证明:编联整齐、制作精好的简册,简面密接成片后,简与简之间缝隙较小,在其上能够绘制一定的图画,尽管这些插图看起来尚有粗简的不足。

尹湾简牍的图绘

尹湾简牍《神龟占》、《六甲雨占》和《博局占》1993 年 3 月出土于江苏省东海县温泉镇尹湾村西南约 2 公里的高岭上。墓为西汉中晚期到王莽时期。这三个占图均绘制在一件木牍上，木牍长 23～23.5、宽 6～9、厚 0.3～0.6 厘米。

《神龟占》

这方牍正面的上、中段内容为《神龟占》。上段九行为占的说明文字，占卜财物丢失以后，是否能找回或从何方向去寻找。也可占卜窃贼的姓氏和名字。

中段绘一神龟图形，龟的头尾四足俱全，背甲纹理形象，表现手法纯熟。（图 157）

占测时从后左足标明的"以此右行"起始，以后左足（东北）、尾（正北）、后右足（西北）、右肋（正西）、前右足（东南）、头（正南）、前左足（西南）、左肋（正东）代表八个方位。

《六甲雨占》

此图绘于牍的下栏，将六十甲子按六甲排列在方格组成的菱形图上，图下标有"●占雨"二字。因无说明文字，具体占法不详。

图的绘制呈菱形状以十字分割，甲子依次递增和递减，规范整齐。（图 158）

《博局占》

《博局占》绘制在这方牍的背面上栏，图的上端标有指示方位的"南方"二字。图的下面是栏目整齐的五栏与图相配的文字，所书为五种占卜之事，标题分别为"●占取（娶）妇嫁女"、"●问行者"、"●问毂者"、"●问病者"、"●问亡者"。占测时，根据当日干支在博局图上的位置，到相应的文字栏中去查验占测结果。

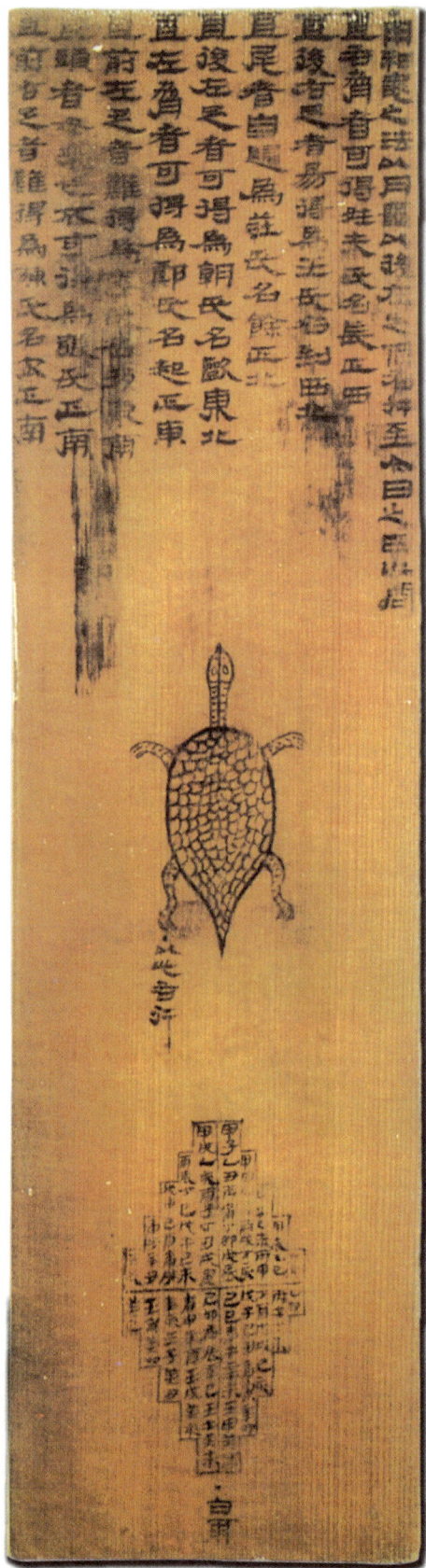

■ 157 尹湾汉简牍《神龟占》、《六甲雨占》

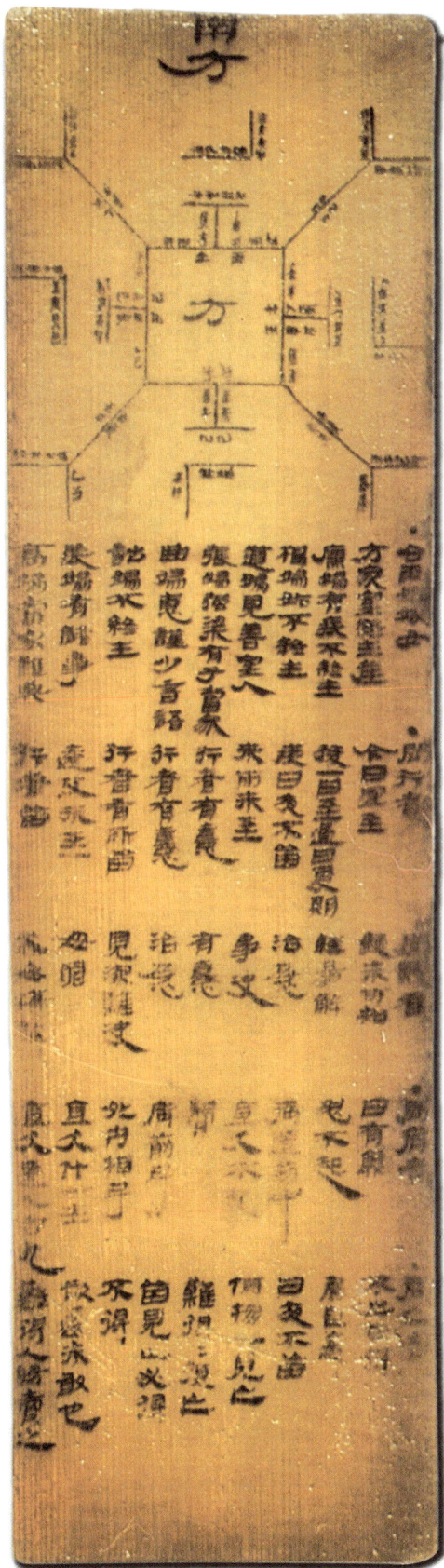

■ 158 尹湾汉简牍《博局占》

《博局图》这种古老的图案在汉代的石日晷和铜镜图纹中多有表现，是我国古代象征天地构造的图形。图正中标写"方"字的方框象征大地，即天圆地方。方框四周代表东、西、南、北 4 个 T 形和四隅代表东北、西北、东南、西南的线表示八极。"八极，八方之极，田中四角是也。"（《鹖冠子·天则第四》注）古代的六博局体现着我国先民的宇宙观念。

《博局图》的绘制中规中矩，线条精细，方位准确。图中各部位标注的干支文字因形就势、整齐规范，具有很好的阅览效果。全图的布局疏朗清晰，查验十分方便。（图 158）

以上这些不同地区出土简牍书籍上的插图多为徒手绘画，所绘形象概括，所绘图形方位准确，排列整齐。特别是关沮秦简的《二十八宿占》圆形，似乎先由圆规划痕以后再用毛笔描绘的。这些插图出现在简册中，以直观具体的形象，替代了繁琐的文字说明或难以由文字说明的意义。它们在简册书籍中与文字结合，图文并茂，美化了版面，构成了我国古代书籍插图的早期面貌。

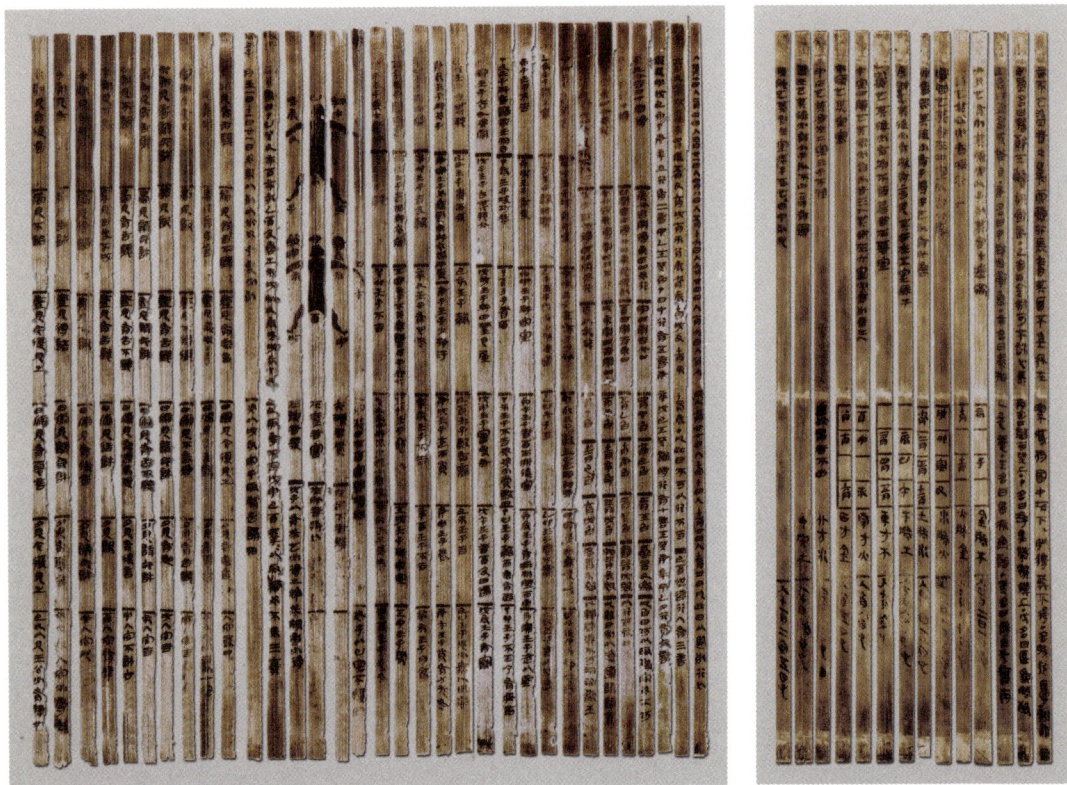

■ 159 睡虎地秦简《日书》中的表格

3．表格

表是一种经过综合分析、列记事件、分类排列，按项目画成格子以后分别填入文字的版面形式。古人对于纷杂的、不容易用文辞来理清的事物，便用列表的方法来以简驭繁。表的使用始于古老的历谱，司马迁的《史记》根据历代之谱，运用表格形式将三代世系、十二诸侯系年、六国系年及其他历史事件、历史人物排列的一清二楚。较之文字的叙述，表格的排列使文字内容更加简明，类别更加清晰而更便于阅读。

蔡邕《独断》云："表……多用编两行，文少以五行。"即是说文字多者用"两行"编册，文少者以单版的"五行"之牍书写。从现代竖排繁体字版《史记》中的表格来看，尽管经过两千多年的传抄和加添注释，仍然可以看出简札编连，竖列横读的表格渊源。

简册书籍中的表格由于是以简与简之间形成的缝隙为竖格，因此通常仅画横栏线，一简为一竖格，一栏为一横格。简册中的《年表》、《历谱》都是采用表格形式书写的。表格在睡虎地秦简《日书》中表现的极有特点，各种表格在简册上或上或下，线条或粗或细，丰富多样。表格中的文字上下、左右、内外穿插，井然有序，充分发挥了线条界定文字区域、位置的特长。（图159）

古代简册中的表格是现代文书表格的滥觞，它与现代表格的区别仅限于表格方向的不同，假如我们将古代简册逆时针旋转90度，即是一幅很标准的现代表格。

五、版牍文书的版面艺术

版牍是简册中的一种长方形的木质书写材料，长度大约汉代一尺，故又称"尺牍"。版牍因为版面宽阔，所以可以书写较多的文字和完整地记录一份文书。版牍的正背都可书写，一般单独存放，不作编联。但也有些较窄的或较特殊的文书，亦有编联的情况。

考古出土中牍的文书形式较多，它们构成了版牍书籍丰富的版面艺术。尤其是官方文书，为版牍中的大宗，文体复杂，类别多样，版面美观。

《东海郡属县乡吏员定簿》

出土于江苏省东海县尹湾西汉中晚期墓。牍的正背皆有文字，通栏直书正面21行，背面25行。第1行顶头皆书东海郡所属县名。整个版面上隶书文字极为细小，密密麻麻而极整饬。据统计全牍正背字数达3000多字，可能是目前发现版牍中字数最多的一件。簿的文字书写工整，结体方正，笔力遒劲，是一件少见的官方簿籍，其书写者无疑是一位书法功力极好的下级文吏。

此牍的内容为东海郡的郡官及属县乡吏员的定员编制，出土时原有标题，出土后泡在水桶中保养时，被一位无知者用手捏去，致使这件珍贵的文物除留下"（郡）属县乡"数字外，而永远失去了完整的标题信息。

吏员定簿的长度和其他牍一样，在长23～23.5、宽6～9、厚0.3～0.6厘米之间。（图160）

《元延元年历谱》

元延元年(公元前 12)历谱书于尹湾汉墓出土的这件木牍的正面。该年正月大己亥朔,每间月一小月,因此大月排一端,小月排另一端。两端只排十二干支。六十干支排成梯形,两长边各二十四干支,四边共六十干支,把一年的历日浓缩在一块木牍上。元延元年历谱记有二至、二分、四立八节,记三伏及腊日。

元延元年历谱在版牍版面中可谓别开生面,六十干支正好按顺序围成一个长方形,四边顶齐后向中心辐凑,文字长短参差有致,排列布局巧妙,规整中寓以变化,整个版面极似一幅现代科学图案,在古代简牍版面中实属少见。(图 161)

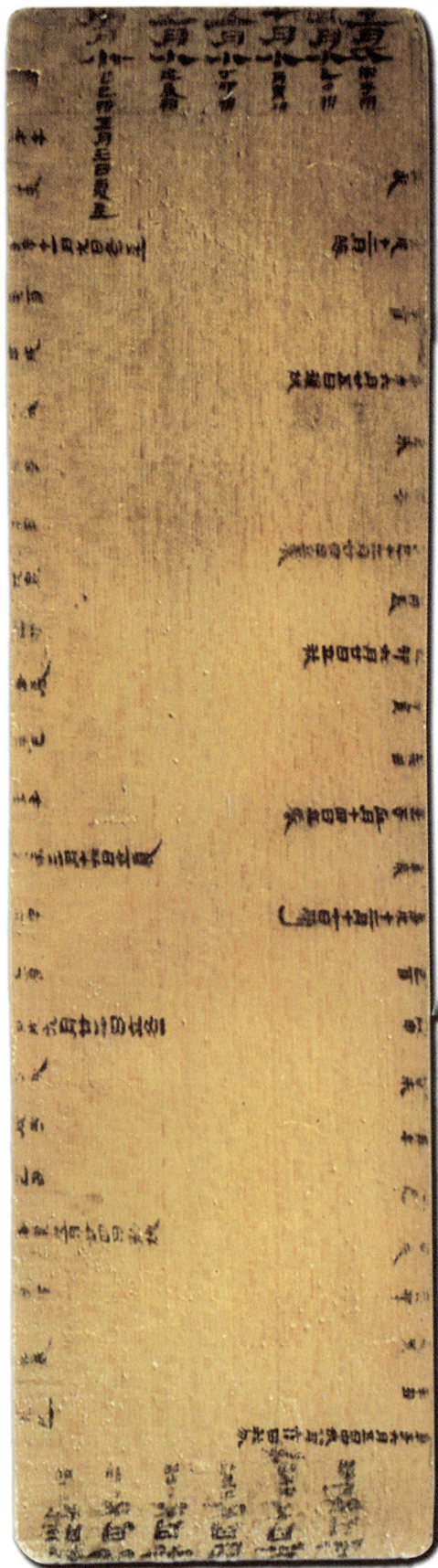

■ 161 元延元年历谱

84

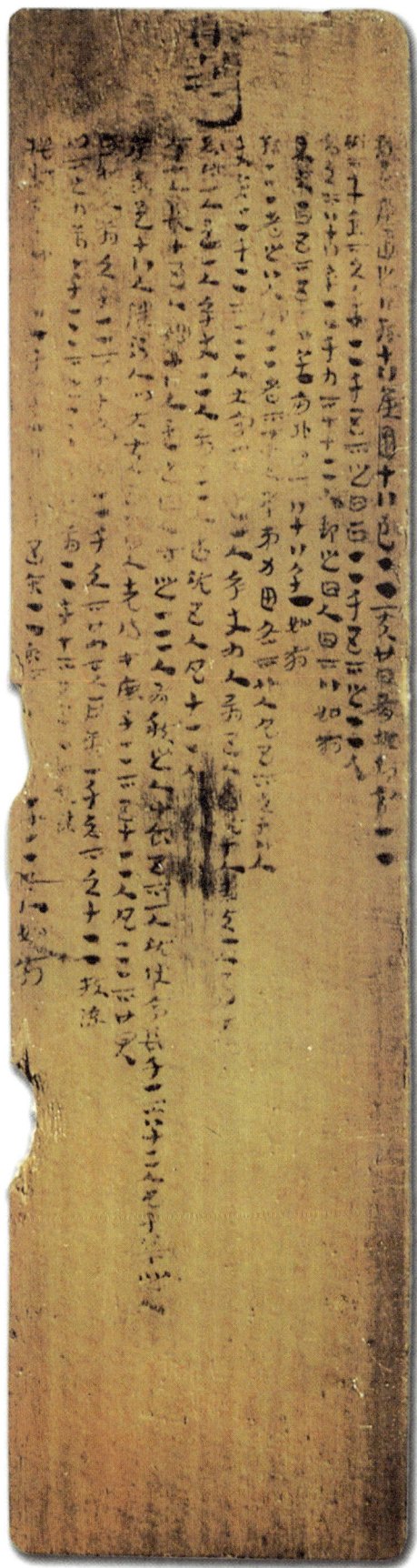

《东海郡集簿》

这是一件东海郡上计用集簿,木牍正面上部有隶书标题"集簿"两个大字,其他正文各条均为小字草书。它是郡国向朝廷呈报的上计簿,包括数十个项目的综合统计,如东海郡的行政建置情况、县乡三老和孝弟力田的员数、郡县两级各类吏员设置的详情、人口性别和年龄的构成情况、春季种树、秋种过冬小麦以及"以春令"新增户口和用谷数等,均不见于文献记载,尹湾汉简填补了这一空白。

簿文正面 12 行,背面 10 行,每行内容自成一条。这件牍的书写字体为典型的汉代章草,书写流畅,点画间时见重笔。版面排列上端平齐而下端依文句长短参差不齐。(图 162)

这件集簿与东海郡属县乡吏员定簿相比较而风格各异,一密集、一疏朗,一谨严、一散淡,可谓各有千秋。

■ 162 东海郡集簿

长沙走马楼文书牍

1996 年 7～12 月在湖南省长沙市走马楼遗址 J 22 古井内发现，共出三国孙吴时期的官方文书简牍约 10 万枚。这件牍是一份基本完整的考实文书，字数超过 230 字。内容是一个叫温琬的"录事掾"（当为临湘县属官），奉督邮之命复核审问案件情况的报告。木牍左上方草书大字"曹"字，应为长沙郡有关官署和部门收到后的批示。

版牍上的文字竖列八行，书写自然，笔致沉稳，是一方典型的官方记录文书。(图 163)

长沙走马楼户籍

这件户籍出土于湖南省长沙市走马楼 J 22 古井。户籍木牍一般长 23～23.5、宽 4～5、厚 0.4～0.8 厘米。这类木牍的上端多画有黑色的线条，应是破莂(bié)合符的符号，合符时观看线条连接情形，即可判断真伪。注 木牍一侧有用薄金属划切的痕迹，牍文结语常有"破莂保据"的文字，显然是为剖莂分券使用的。这类木牍上有上下两道编绳的痕迹，当是先写后编，以便保存的户籍簿册。

木牍所记均为经官吏调查核实后的某户家属成员的情况。(图 164)

注：《释名释书契》：莂，别也，大书中央，中破别之也。

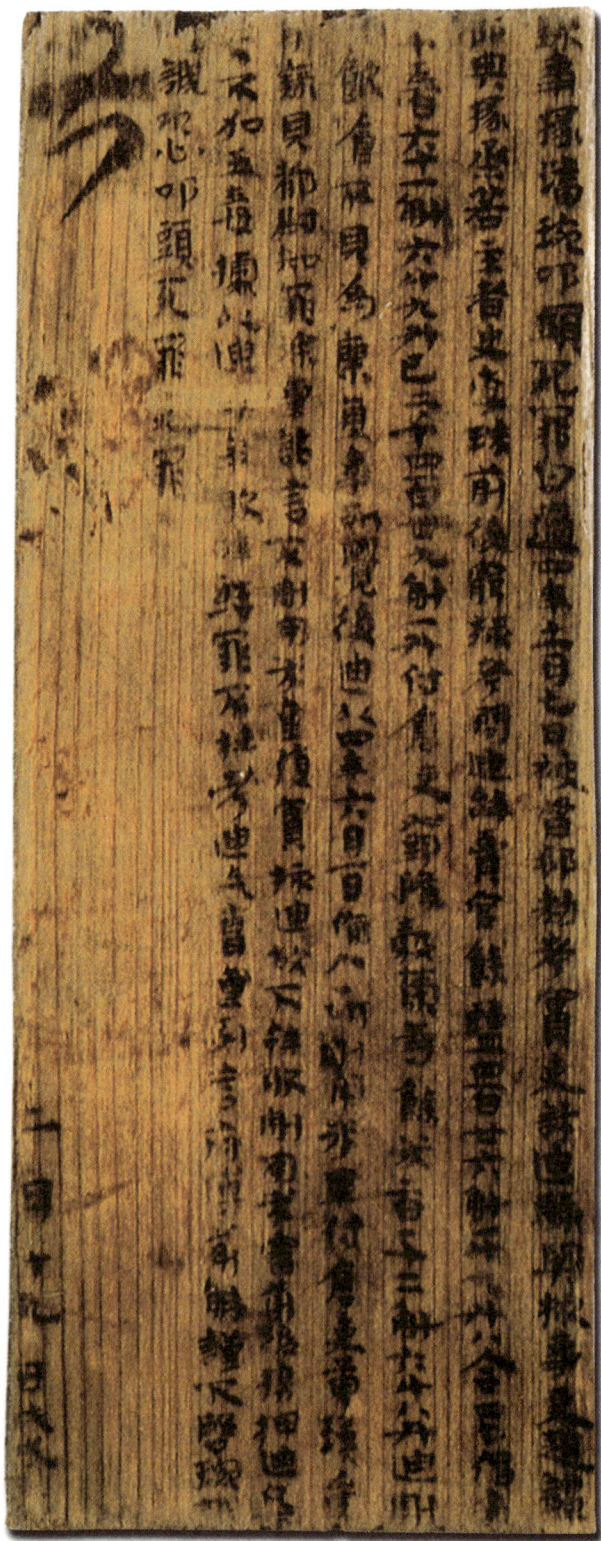

■ 163 长沙走马楼文书牍

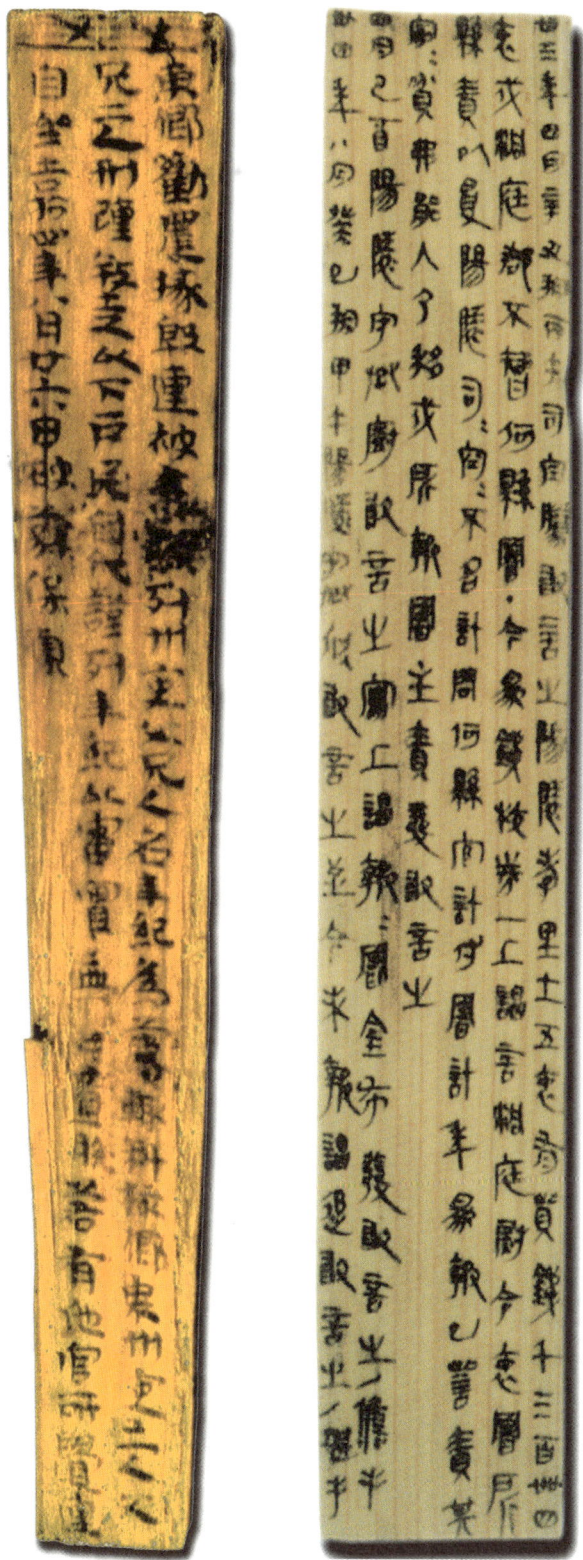

里耶秦代木牍

2002 年 5～6 月，湖南省湘西龙山县里耶镇战国古城中的 1 号井中出土了一大批文物，其中 36000 枚简牍备受人们关注。这些秦代简牍出土的数量超过了以往全国各地发现的秦代简牍的总和。简牍文字均为秦隶，简牍纪年都是秦始皇二十五年至秦二世二年（前 222-208）。由这些简牍完备的公文记录、细致的记时方式和对乡一级吏员严格的任免过程，可以看出秦代行政管理的高效率。它们是研究秦代政治、军事、经济的重要资料。

里耶简牍以牍为多，绝大多数为木质，最多见的长度为 23 厘米，宽度窄些的在 1.4~2.8 厘米之间，宽的在 3.4~5 厘米。也有宽达 10 厘米或长 46 厘米以上的异形简牍。其宽窄与内容的多少有关，一般一简一事，构成一完整公文。

编联的简牍系先写后编，有两道编绳。简牍上的文字，一牍每面三行、五六行不等，还有多至八行者。文字书写通栏直下，行列整饬。每件文件右上前有年月时日，左下后署抄手名字，是当时行文的固定格式。简牍正背皆书，体例统一。（图 165）

■ 164 长沙走马楼户籍簿

■ 165 里耶秦代木牍

第四节　简册书籍的典重
形式及其影响

简册书籍除了文化的传播和日常应用之外，还具有多种典重的形式，这些形式大多表现在统治阶级上层集团诸如封禅、盟誓、郊庙祭祝和敕封等重大的活动中。由于这些邦国大典事关社稷，仪式隆重，因此简册所用的材质及其装帧形式也与日常书籍有着较大的区别。

首先，这些活动所用的简材一般都为金、玉。金玉重宝，质性坚贞，特别是玉，在原始社会晚期就被神秘化、神圣化并被赋予各种美德。

其次是简册制度力求完美，符合古制，尤其是封国大典，将简册的装帧制度运用到极致，仪式极其隆重，材质极尽豪华，装帧也极为完备。

一、封禅玉册

封禅是古代帝王祭祀天地的典礼，起源于人们对大自然的崇拜。在泰山上筑土为坛祭天，据天之功为封；在泰山下的梁父山上辟场祭地，据地之功称禅。

史载，"秦始皇平天下，三年，东巡郡县……至于泰山下。……有金册石函金泥玉检之事焉"。（《通志二十略·封禅》）是说秦始皇在泰山封禅时以金质的册书装入石函内，然后以金汁调和的封泥和玉制的封检加以封固。

这种采用简册进行神圣的活动在东汉光武帝建武三年（27）泰山封禅中筹划的更为具体："当用方石再累置坛中，皆方五尺，厚一尺，用玉牒书藏方石。牒厚五寸，长尺三寸，宽五寸，有玉检。又用石检

十枚，列于石旁，东西各三，南北各二，皆长三尺，广一尺，厚七寸。检中刻三处，深四寸，方五寸，有盖。检用金缕五周，以水银和金以为泥。……"（《通志二十略·封禅》）

汉光武帝刘秀泰山封禅，先用方石垒成石函，再将长一尺三寸、宽五寸、厚五寸的刻好的玉牒书置于函中，然后用十枚玉检四周封上，缠绕玉检五周的绳为金缕合成，封检匣内的封泥是用水银调和金粉而制成的金泥，然后捺压印玺加盖封固。

自秦至唐宋，共有六次帝王（秦始皇、汉武帝、汉光武帝、唐高宗、唐玄宗、宋真宗）封禅，其制度皆沿袭旧制，一如前朝，基本上没有什么大的改变。封禅活动中编以金绳，盛以玉匮，封以玉检，不但简册制度的简、编、检、封、函、印玺、加盖，一应俱全，甚至连规格、尺寸、数量也承袭秦汉，保留了古代简册制度的全部过程。玉牒、玉检、金绳，式韫灵奇，传之无穷，永存不朽。

由于年代久远，秦汉帝王封禅时所用的金册玉牒我们已很难见到，但是现代考古成果却让我们幸运地见到了其他一些珍贵的资料。

唐玄宗泰山禅地玉册

此为唐玄宗在开元十三年（725）上泰山禅地时宣读的祝祷玉册。玉册用汉白玉磨制而成，其上阴刻文辞，书体隶书，惟独唐玄宗名讳"隆基"二字为手书恭楷，以示他对地神的恭敬。玉册的编联在每简的上下两头侧边，钻有横穿孔，五简一编，银丝连贯，全册共十五简。玉册1931年出土于山东省泰安一座五色土祭坛内。（图166）

宋真宗泰山禅地玉册

宋真宗禅地玉册1931年与唐玄宗禅地玉册同出土于山东省泰安的五色土祭坛内。盛放在玉匮中

的玉册仿简册形式,用温润的和阗玉琢成。册分 16 简,简长 29.5~29.8、宽 2 厘米。每简上琢字一行,满行 16 字,楷书体,全册共 228 字。玉册字口涂以金漆。每一简上下两侧各有横穿的孔洞,简间以涂有金漆的线绳串联。(图 167)

二、盟誓玉简

盟誓是古代诸侯、卿大夫之间举行盟誓时的约信文书，又称载书。《周礼·司盟》"掌盟载之法"注："载，盟辞也。盟者书其辞于策，杀牲取血，坎其牲，加书于上而埋之，谓之载书。"当时的诸侯、卿大夫为了巩固内部团结，打击敌对势力，经常举行盟誓活动。现代考古在陕西、山西、河南都发现了东周时期的盟书，尤以山西省侯马市出土的"侯马盟书"最引人瞩目。

"侯马盟书"为玉石质片状，绝大多数呈尖首圭形，用朱色和黑色书写文字，属于一种庄严的取信鬼神的形式。盟书一式二份，一份藏在盟府，一份埋入地下或沉在河里。从盟书的形制和规格来看，它是简册制度中较早的一种典重形式。

三、敕封册命

有关玉册的记载最早见于《后汉书·郎顗传》："书玉板之策"，实物见于唐代之后。《旧五代史·礼志》言："魏、晋郊庙祝文书于册，唐初悉用祝版。惟陵庙用玉册，玄宗亲祭郊庙，用玉为册。"

册命之礼是我国古代的一种舆服制度，立皇后、皇太子时，以敕书命之。

唐哀帝玉册

1990年发现于隋唐洛阳城宫城遗址，出土时共10枚，玉质温润洁白，册文镌刻后字口内涂以金浆，联缀在一起如同简册。这件玉册是唐哀帝李祝即位时的册文。哀帝是唐代的末代皇帝，于公元904年即位，在位期间大权由朱全忠独揽。907年朱全忠篡唐建立后梁，次年将17岁的哀帝鸩杀。（图168）

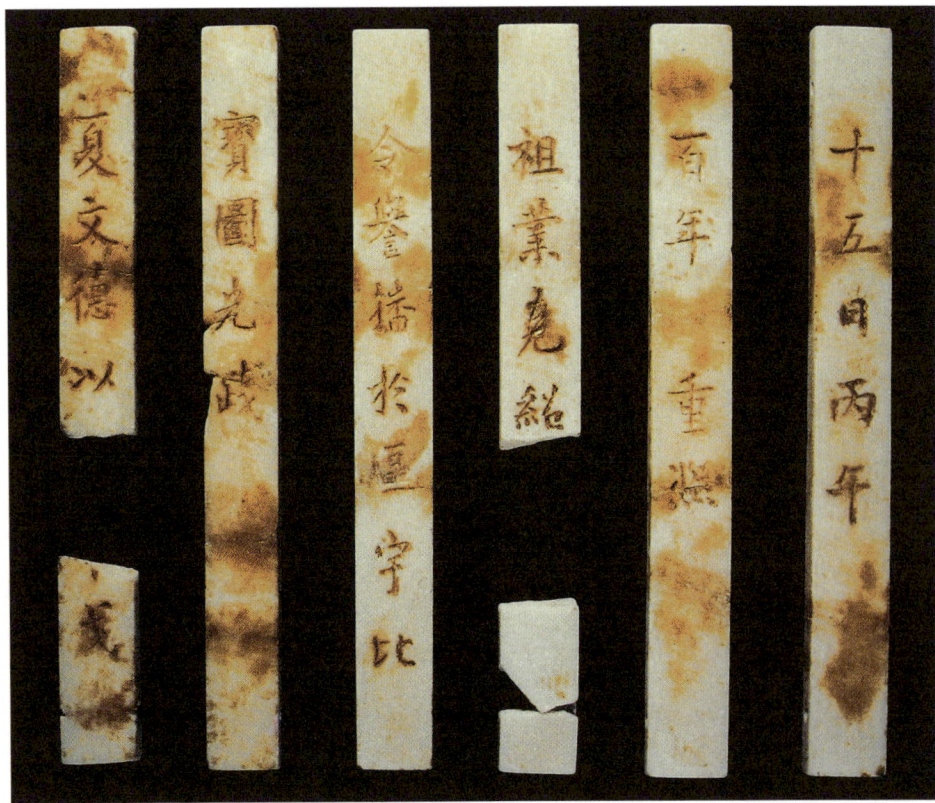

■ 168 唐哀帝玉册

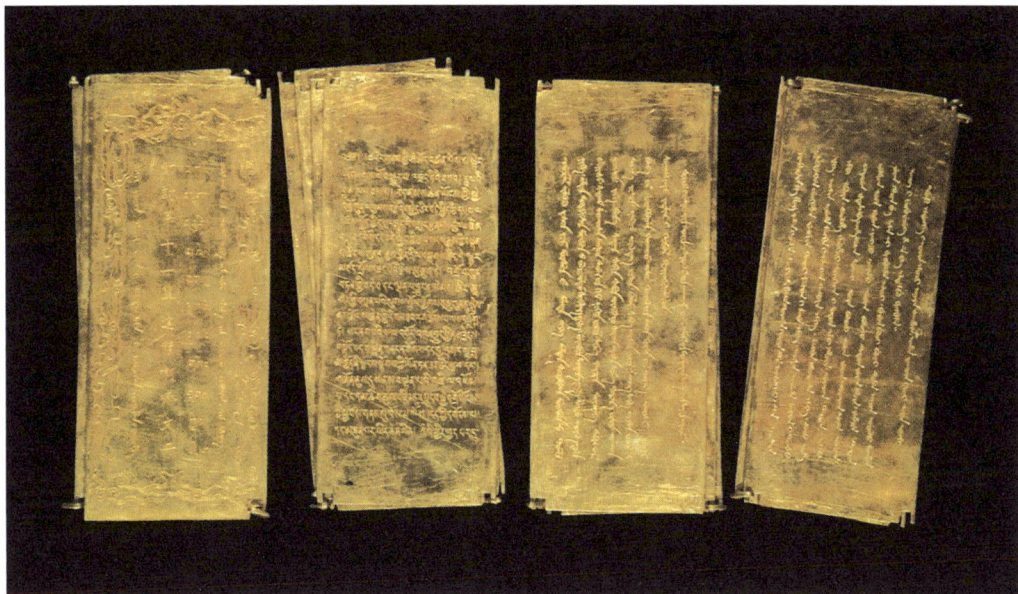

这是我国唐代历史上唯一得以传世的皇帝即位玉册。

《宋史·舆服志》记载宋代的册命制度：

"册制。用珉玉，简长一尺二寸，阔一寸二分；简数从字之多少。联以金绳，首尾结带。前后褾首四枚，二枚画神，二枚刻龙镂金，若奉护之状。藉以锦褥，覆以绯罗泥金夹帊。册匣长广取容册，涂以朱漆，金镂百花凸起行龙，金镖、粉镈。覆以红罗绣盘龙戁金帊，承以金装长竿床，金龙首，金鱼钩，又以红丝为绦紫匣。册案涂朱漆，以销金红罗覆之。

后册，用珉，或以象。镂文以凤，尺寸制度同帝册。皇太子册，用珉简六十枚，乾道中，用七十五枚，每枚高尺二寸，博一寸二分。前后褾首四枚，长随简，博四寸，其二刻神，其二刻龙，为奉护状。贯以金丝，首尾结为金花，饰以粉镈。衬以红罗泥金夹帊，藉以锦褥，盛以黝漆匣，锦拓里，以金涂银叶段五明装，隐起百花凤。……"（《宋史·舆服志六》）

宋代的册命之制，事关国家大典，以上好的玉石为简材，编联以金绳，首尾挽花结，在册书的前后还各有两枚较宽的褾首简，两枚刻神，两枚刻龙或凤，加以镂金，起着奉护玉册的作用。玉册还要上覆下衬精美的锦缎后，才盛装在精雕细刻的册匣之中。敕封册命的玉册规格谨严，形式庄重，装饰华贵，是典重简册中的极品。

清敕封达赖金册

册封的典重形式在封建社会末期得到继承，不过其形制已发生了变化，清政府敕封西藏地区达赖、班禅时采用黄金打造的金册。金册上阴刻文字，形制长方如版牍，满文竖排，藏文横排，文字秀丽，排列整齐。首页以花纹装饰，分别镌刻"敕封第十一辈达赖喇嘛文册"和"敕封第七辈班禅额尔德尼文册"四种文体。金册数片以旋扣编联装帧为一册，活动自如，阅读方便。这种华贵的敕封形式反映了清政府对国家统一的高度重视。（**图169**）

■ 171 唐史思明墓出土玉册

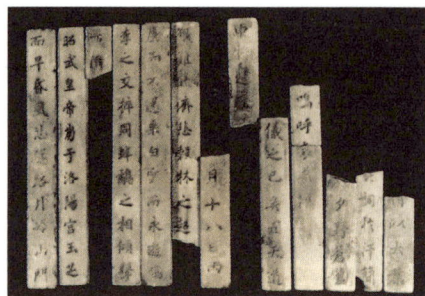

■ 170 唐节愍太子哀册

四、谥册、哀册

谥册和哀册是古代帝王死后埋葬在墓中的用玉石制作的册书，以记录死者生前行迹及祝祷文词。

现代考古发现的谥册和哀册比较丰富，如北京市丰台出土的唐代史思明谥册、哀册，陕西省富平县出土的唐节愍太子谥册、哀册，还有江苏省江宁县出土的南唐二陵，四川省成都市出土的前蜀王建墓哀册等。

这些谥册和哀册均为玉质，文字阴刻，大多字口内填金，间有绿色。长短多在 28.5 厘米左右，属于一种典重的祭祀文书。

唐节愍太子哀册、谥册

1995 年陕西省富平县唐节愍太子墓出土，哀册完整者 4 简。谥册文字完整者 6 简。册书为汉白玉，

长 28.1、宽 3、厚 0.7 厘米。每片将字阴刻其上，内填绿色，每行 9 字，书体皆为楷书。（图 170）

唐史思明玉册

唐代史思明与安禄山一起策动了历史上有名的"安史之乱"。他的墓在北京丰台区王佐乡林家坟西约 100 米。1966 年春发现玉册等文物。玉册共 44 枚（段），包含谥册、哀册各一套，其中 8 枚完整，汉白玉制，形制规整，均为长条形。玉册长 28.4～28.6、宽 2.8～3.2、厚 1.2～2.1 厘米。玉册中 7 枚背后刻划浅细的"哀"字，1 枚背后有磨痕，尚可辨识出一个"七"字，这几枚当属哀册。（图 171）

玉册上每枚均刻字，满行为 11 字，行书体，字口填金。每枚简上下两侧 1.5 厘米处均有直径 0.3 厘米的小孔，以便穿绳联缀。

■ 172 武则天降罪金简

五、沉埋投放简牍

古代封建帝王宣扬君权神授,畏天敬命,经常向上天陈醮祈愿,祭祀山川,以向神灵传递并沟通信息。祭祀山川惯用沉埋形式,"沉"是沉于水中,"埋"是埋于坎中。沉埋在唐代逐渐形成了沉埋金、银、铜和玉简的固定形式。目前看到的唐宋及其后的投简有:河南省登封县嵩山峻极峰发现的唐代武则天(624~705)所投金简,湖南省南岳衡山发现的唐玄宗所投铜简,江苏省苏州市发现的吴越王所投玉简和银简,河南省济源县济渎庙所出的北宋玉简等。其中济渎庙碑刻所记元代在济渎投放龙简就有九次之多。

武则天降罪金简

1982 年 5 月发现于河南省登封县嵩山峻极峰北侧的石缝中,长 36.3、宽 7.8 厘米,重 225.3 克。上刻双钩楷书铭文三行 63 字,意为:武则天自表喜欢神仙之道,派小使臣胡超向中岳嵩山山门投金简一通,乞求三官九府免除其罪名。(图 172)

这是武周久视元年(700)七月初七,武则天派太监胡超到中岳嵩山向三官(天、地、水)九府(泛指各方神仙洞府)替武则天投放的。这枚金简严格地说应该是牍,完整的记录了一篇短文,作为典重的形式,制成金质简牍投放峻极峰,以示虔诚。

济渎庙玉简

河南省济源县济渎庙新发现的北宋玉简呈长方形,下部略残,残长 18.1、宽 8.1、厚 1.8 厘米,重 540 克。玉质为乳白色真玉,表面有模糊云水纹。玉简整面镌刻楷书七行,铭文中有"大宋嗣天子……水府投送金龙玉简"等文句。从铭文内容看,此玉简为北宋熙宁元年(1068)宋神宗赵顼登基之后,派遣专官诏告济水神时在济水源头投沉的。

秦汉之后，由于时过境迁，这些玉册已与古代简册书籍的装帧制度方式有所不同，其编简法或在简侧上下横穿孔洞，或在简的上下两端打孔穿洞，以作联缀。这些玉册的编联改进，使得一些人误认为古代简册是穿孔编联，而在普及性读物中加以介绍。

随着历史的发展，简册这种古老的文书载体形式逐渐演变为多种典重的文书形式，简册装帧的历史价值日渐凸现，致使一些其他的活动也加以效仿。旧题王嘉《拾遗记·周灵王》中记载"浮提之国献神通善书二人，……佐老子撰《道德经》，垂十万言，写以玉牒，编以金绳，贮以玉函。"连《道德经》这种道家经典也用玉牒、金编并贮于玉函，由此可见简册书籍装帧艺术之魅力。

第三章 缣帛书籍的装帧艺术

第一节 缣帛书籍概说

缣帛书籍是我国古代书籍发展史上的一个重要组成部分，它的出现稍晚于简册，与简册并行于春秋战国以迄秦汉、魏晋时期，因此与简册合称为"简帛"、"竹帛"或"竹素"。缣帛书籍又叫"缣书"、"帛书"、"缯书"或"素书"，都是以丝织品作为文字书写的载体。帛、缣、缯、素都是古代丝织品的名称，质量有别，实为一类，现代通称为帛书。

我国是最早养蚕和织造丝绸的国家，丝织品制作有着悠久的历史。早在新石器时代，我们的先民们就已经掌握了纺织技术。浙江省余姚县河姆渡遗址（约为前5000～前3300）就发现有苘麻双股线。同时出土了纺车和纺机零件，在出土的牙雕盅上还刻划着蚕纹。江苏省吴兴钱山漾遗址（约为前3300～前2600）还出土了精致的丝织残片。

商周时代，社会经济发展很快，周代曾设"织染署"，掌管纺织品的生产和征收事宜。商周的纺织品在考古发掘中出现较多，河北省藁城台西遗址出土的青铜器上，就见到用以包裹或覆盖器物的丝织品的部分痕迹。河南省安阳殷墟妇好墓青铜器上所附的纺织品种类繁多。

进入春秋战国时期，纺织品更加丰富。战国的纺织业主要是个体农业、家庭手工作业和手工作坊，所织的布帛除自用外，剩余部分还拿到市场上出售。湖南省长沙市楚墓和湖北省江陵楚墓都出土了大批精细的纺织品。

秦汉时代，我国的纺织品制造在取得高度成就的基础上，通过"丝绸之路"传至西域，远播欧洲，对世界纺织品的生产与繁荣产生了深远的影响。（图173）

纺织技术的成熟和纺织品的大量生产，为缣帛书籍的产生提供了物质基础。春秋时期，我国缣帛书籍就已经相当成熟了。

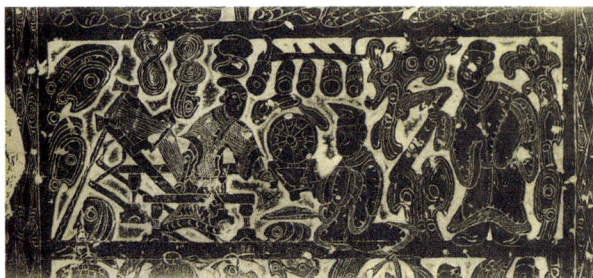

■ 173 汉代石刻《纺织图》

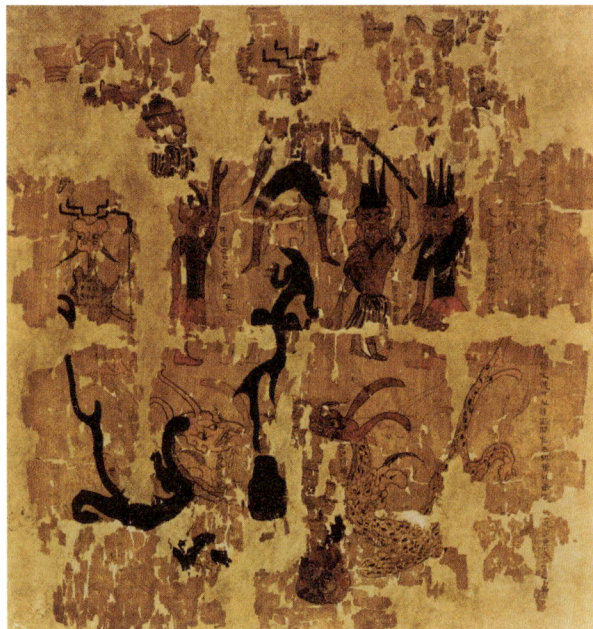

■ 174 马王堆帛书《社神图》

一、缣帛书籍是一种高档的图书

缣帛书籍的出现是我国古代书籍载体的一大变革，开启了书籍载体由笨重向轻柔发展的先河。与简册书籍相比，缣帛书籍有着更多的优越：帛质轻薄柔软，便于书写绘画，便于携带存放。它可以在一幅帛上完整地书写一篇或几篇文章，不用拼接，没有缝隙，文字含量大大超过简册；它还可以根据书籍文字的多少对缣帛裁长截短，保持文章的完整性。较之简册，缣帛书籍没有因编绳松动简札脱落而造成的文章舛乱现象。并且它更便于阅读，舒卷自如，开合便利。

缣帛在古代制作不易，史载河北巨鹿陈宝光之妻善织绫，"须六十日成一匹，每一日不超过六寸余"。丝绸价格亦不便宜，东汉时一匹白素值八百钱，折合当时通用米价，一匹缣素相当六石（汉代720斤）米的价格。《初学记》卷二十七页十六引《范子计然书》曰："能绣细文，出齐，上价匹二万，中万，下五千。"缣帛之贵重由此可知。文献记载当时规定，人年过五十，才可以穿丝绸衣服。汉代商人尤禁止穿丝绸。

以缣帛作为书籍载体和文化传播的媒介，产量有限，成本甚高，一般读书人都用不起，难以在民间推广。虞世南《北堂书钞》引崔瑗《与葛元甫书》："今遣送《许子》十卷，贫不及素，但以纸耳。"看来只有朝廷或豪富人家才能用缣帛书写贵重的或有长久保存价值的图书。丝帛昂贵的价值，使它始终未能成为我国书籍材料的主体。

帛书在春秋时期就已经出现，《国语·越语》中记载:"越王以册书帛"。大概就是越王以简册作为底本,将文字誊抄在缣帛材料上。东汉学者刘向为孝成皇帝典校书籍二十余年,"皆先书竹,改易刊定,可缮写者,以上素也。"即是先写在简册上,经过修改定稿以后,方才缮写在素帛上。古人笃信鬼神,有关占卜星相、谶纬的书也用缣帛书写,以示神秘。因此,可以认为:在古代,帛书是一种珍贵、高档的书籍材料。叶德辉(1864~1927)认为:"帛之为书,便于舒卷,故一书谓之几卷。"又说:"《汉书·艺文志》有称若干篇者,竹也。有称若干卷者,帛也。"(叶德辉《书林清话》)《汉书·艺文志》中称卷者尚不及称篇者一半,是否说明汉代简册多而帛书少,帛书比较珍贵。

二、缣帛书籍的图绘优势

前面我们说过简册书籍的图绘和表格,与帛书一比较,它们就显得粗陋而效果欠佳。特别是绘制一些精细,幅面宽大的图画,简册就有较大的局限。而缣帛书籍则因为幅面宽阔、平整,延展度很长,又没有接缝干扰,可以完整地表现比较长大、比较繁复的画面并便于连续绘画。加之缣帛色白质细,适宜渲染上色,具有丰富的色彩表现能力。因此,要表现复杂的图绘效果,缣帛具有简册不可替代的优势。

第二节 缣帛书籍的装帧特点

缣帛书籍在汉代相当丰富,《文献通考》说东汉初年"光武迁都洛阳,其经牒秘书,载之二千余辆。自此以后,参(三)倍于前。"但到东汉末年董卓移都之时,军民扰乱,所藏典策文章"竞相剖散。其缣帛图书大者连为帷盖,小者制为縢囊,所收而西者,仅七十余乘。道路艰远,复弃其半。"(《后汉书·儒林传》)珍贵的帛书被乱军当作帐篷和提囊口袋,任意毁弃。

《后汉书·襄楷传》中也说,东汉时方士宫崇献给汉顺帝一部《太平清领书》,达170卷。证明了汉代缣帛书籍数量相当可观。

古代的帛书,由于年代久远和历代损毁,在20世纪现代考古兴起之前基本上没有什么大的发现。

1942年,湖南省长沙子弹库《楚帛书》的出土揭开了现代帛书研究的序幕。

1973年,湖南省长沙市马王堆三号汉墓出土的大批帛书,使帛书研究进入了一个新的历史阶段。长沙马王堆汉墓帛书的年代属西汉初年,墓主是第二代轪侯叫利豨,死时30多岁。根据墓中纪年木牍断定葬于汉文帝十二年(前168)。这些帛书的抄写年代早的抄于刘邦称帝之前,晚的抄于惠帝、文帝时期,距今已经两千多年了。

马王堆帛书出自三号墓东边厢的一个长60、宽30、高20厘米的盝顶髹漆大木箱中。原书无书名,专家们在整理时根据书的内容,按照汉代图书分类方法共有6大类44种书籍:

一是六艺方面的书,有1.《周易》2.《二三子门》3.《系辞》4.《易之义》5.《要》6.《缪和》

■ 175 马王堆帛书《老子》甲

7.《昭力》8.《春秋事语》9.《战国纵横家书》10.《丧服图》；

二是诸子，有 1.《老子》甲本（图175）2.《五行》3.《九主》4.《明君》5.《德圣》6.《经法》7.《经》8.《称》9.《道原》10.《老子》乙本；（图179）

三是兵书类，有：1.《刑德》甲本 2.《刑德》乙本 3.《刑德》丙本三种；

第四类为术数类，计有：1.《阴阳五行》甲本 2.《阴阳五行》乙本 3.《五星占》（图180）4.《天文气象杂占》5.《相马经》6.《杂占图》7.《社神图》；（图174）

第五是方术类书籍，计有：1.《足臂十一脉灸经》2.《阴阳十一脉灸经》甲本 3.《阴阳十一脉灸经》乙本 4.《脉法》5.《阴阳脉死候》6.《五十二病方》7.《胎产书》8.《养生方》9.《杂疗方》10.《却谷食气》11.《导引图》；

第六类为地图三幅：1.《长沙国南部地形图》2.《驻军图》3.《城市建设设计图》。注

马王堆汉墓曾被称为"地下图书馆"，于此发现的这批帛书，为我们探讨古代缣帛书籍的装帧艺术提供了极为珍贵的资料。

一、缣帛书籍的材料与规格

帛书以丝织品为载体，种类较多：用双丝织成的细绢，色黄、不透水，称缣帛，是书写的最佳材料；用生丝织成的绢，不经漂染，色白质薄，称素帛，适于书写和绘画；由粗丝加工织成的"缯"，质厚而色暗，经久耐用，也可用来写书，称"缯书"。

帛书的宽度根据丝织品的幅宽而定，既可以是整幅的缣帛，也可以裁成半幅书写。汉代丝帛和其他织物的幅宽都有一定的规格。1906年英国考古学家斯坦因在敦煌以西一座废弃的烽燧发现两条未染的丝绸，其中一件上面有墨书题字："任城国亢父丝一卷，幅广二尺二寸，长四丈，重廿五两，值六百一十八钱。"题字中的任城国，建于东汉章帝元和元年（公元84），位于山东省。汉代二尺二寸相当现在的51厘米左右。东汉郑玄引《钩命决》云："《春秋》策皆二尺四寸，《孝经》缣半之，一尺二寸。"春秋时期一尺二寸约合今27.6厘米，缣的幅宽约在55厘米左右。马王堆汉墓出土的帛书幅宽多在50厘米以上。我国古代帛书根据书籍内容性质和书写绘制的需要，或用整幅，或裁半幅，其长度则视需要而裁长截短。

二、缣帛书籍的折边与缝纫

缣帛书籍以整幅或半幅的帛组成，帛质柔软，经纬线疏松，书籍长期舒卷翻阅，边缘容易开线起毛。马王堆汉墓中出土的地图，有些帛片上发现有宽约5毫米的折边形成的深色痕迹，有的折边上还可以看到用线缝的针脚。这种卷折帛书边缘加以缝纫的措施，既保证了书籍的牢固耐磨，又增加了书籍的平整和美观。

注：陈松长：《帛书史话》中国大百科全书出版社 2000 年版

三、缣帛书籍的折叠与轴卷

长期以来，人们一般认为缣帛书籍收卷、存放采用的是轴卷形式，而马王堆汉墓帛书却为我们展示了另一种收卷形式。据考古发现，这些帛书大多是将整幅帛和半幅帛先对折为双幅，再对折为四幅的方法，次第折叠成竖约24厘米，宽约10厘米左右的长方形一沓，然后平放在漆箱内。

由于帛书行细字密，一幅帛上可以容纳很多字，因此帛书幅面一般不大，随手折叠存放是一种简便易行的收卷方法。但是有些较长的帛书，也采取折叠：如《战国纵横家书》用半幅绢，首尾基本完整，后面留有余绢。绢宽约23厘米，长192厘米，文字325行，行三四十字不等，折叠为24层。《五十二病方》估计全长达430厘米，应该算是大书了，入藏时叠为30多层。

另外，1942年盗掘出土的长沙子弹库缯书据说也是折叠为八折，整齐地放在竹笥内的。看来折叠收卷也是缣帛书籍的一种存放方式。马王堆帛书的折叠存放大约与装箱随葬有关。

只是帛书折叠存放的形式固然简便，但是较多的书放在一起，则有辨别、寻检的不便。

帛书晚于简册，简册的舒卷开合是帛书装帧增加轴杆的启示。有学者认为：《汉书·艺文志》里，书曰篇，图曰卷。篇无疑为竹简。"至于卷，则缣帛固可卷，而编简编牍亦未尝不可卷。唯图绘之作，竹简窄小，不适于用，实以缣帛为宜。然则《志》于原目曰篇者，竹简。于图则曰卷者，缣帛也。"（陈槃《先秦两汉帛书考》）

长沙马王堆汉墓帛书《春秋事语》，绢宽约23厘米，长约74厘米，前部残损较重，不知卷首多长。后部较完整，尚有余绢。出土时卷在一块约3厘米宽的木片上，约十二三周。这块木片，起着这幅帛书的轴杆作用。联想到汉代帛书誊抄时是以简札为底本，这块木片是否就是抄书人顺手拿起的空白木简以代轴卷。这卷以木片轴卷帛书的现象虽是出于偶然，但由此也可使人部分地了解缣帛书籍的装帧形式。

当然，缣帛书籍的轴卷还是以圆杆形较为适宜。帛质柔软，难以平整，在缣帛的一端加上轴杆，使其平顺挺括，舒卷自如，无疑是一种很好的装帧形式。出土的地下文物给我们提供了佐证。

1942年，湖南省长沙孤儿院的一座楚墓盗掘出土一轴束帛，长35厘米，直径七八厘米。束帛中有木轴，朱漆两端，长44厘米。时人蔡季襄得到后十分高兴，以为帛上有文字。然而，归家揭取时束帛脆碎如糠屑脱落。无奈之下，又浸以酒精，期望泡软后好揭，谁知也揭不开。不到一天时间，帛质颜色变褐，束帛因水干抽缩而与轴杆分离，终无所获。注 由于揭取和保护方法不当，不但不知帛书内容，而且还毁损了一件罕见的轴卷书籍，使人长叹。此件轴卷帛书虽属孤例，我们是否可以推测当时的帛书应该是有轴杆的，抑或可以大胆推测轴卷是缣帛书籍装帧的主流形式。

缣帛书籍的轴卷装帧具有承前启后的历史意义，它是其后纸质卷轴书籍装帧的滥觞。

注：商承祚《长沙古物闻见记·续编》中华书局 1996 年版

■ 176 马王堆汉墓出土的竹笥

■ 177 马王堆汉墓出土的竹笥吊牌

四、缣帛书籍的盛装与存放

汉代以前的缣帛书籍发现很少，就目前所知，缣帛书籍存放方式有：

一是长沙子弹库楚缯书。据说出土时，"书用竹笈贮藏，折叠端正"，"竹笈有盖，高寸有半（器盖并同），纵长八寸，横长四寸半。器盖及底均用竹丝编成人字纹样，四周则作六棱孔状，内糊以薄绢，工极精巧"（竹笈即竹笥）。

长沙马王堆三号汉墓曾出土竹笥和挂在竹笥上的木吊牌。（图176、177）吊牌上墨书"锦缯笥"、"帛缯笥"，显然这些竹笥是分装不同丝织物的。马王堆三号汉墓的大批帛书，全都折叠整齐盛放在长方形盝顶漆箱中。（图178）帛书的盛装显然比其他丝织品要精心。

另一种是根据帛质柔软，无轴不便舒卷开合的实际情况，证以1942年长沙孤儿院楚墓出土轴卷束帛后推测：大量的缣帛书籍其存放方式还是以插架比较适宜。书籍插架，便于层累叠放，便于分类寻检，利于帛书平整，避免了相互叠压成折影响阅读的不足。

■ 178 马王堆三号汉墓出土的同类盝顶大木箱

■ 179 马王堆帛书《老子》乙

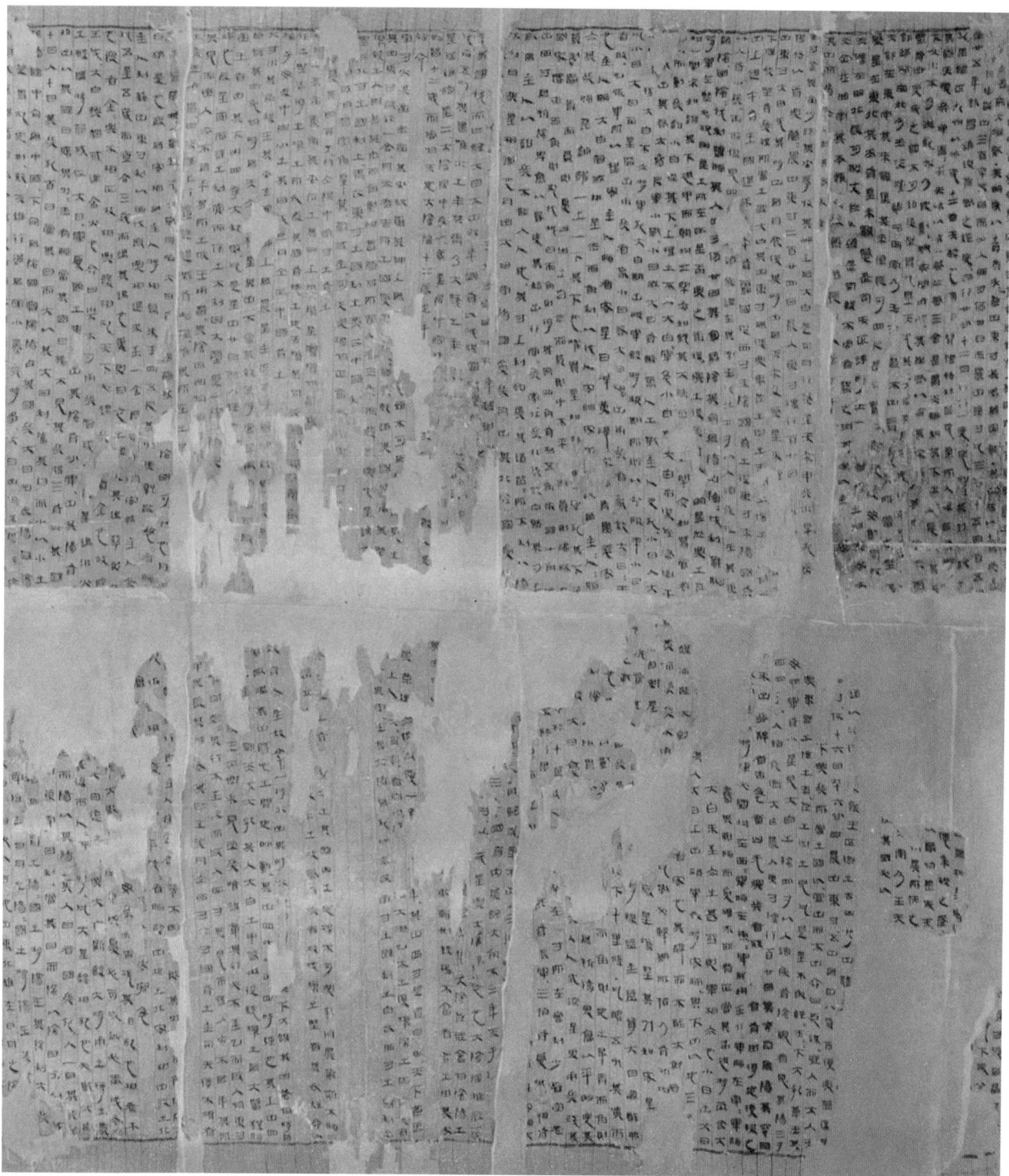

■ 180 马王堆帛书《五星占》

第三节　缣帛书籍的版面艺术

缣帛书籍的出现晚于简册书籍,在春秋战国到秦汉时代与简册并行于世,作为一种幅面宽阔、文章完整的新型软质书籍,它的版面形式在受简册书籍影响之外,无疑还具有独特的艺术风格。

一、承前启后的界格与栏线

界格是在书籍版面上用界尺（画直线的木尺）画的竖行细格线,划线时以界尺辅助,故称界格。界格也称栏,黑色的叫乌丝栏,红色的叫朱丝栏。栏线是缣帛书籍版面上的上下两道粗横线。文献记载东汉顺帝时,宫崇给皇上献《太平清领书》一百七十卷,"皆缥白素朱介,青首朱目"。就是在白绢上画红界格、写红色小标题,加上青色的缥首。马王堆帛书上的界格和栏线是我们目前看到的最早的书籍版面界格、栏线。

马王堆帛书的版面上,有用红色或黑色画出的0.7～0.8厘米宽的界格。帛书上的界格可能来源于简札条与条之间缝隙的模仿,其宽度与简札的宽度基本相近。版面上下的横栏线则可以看作简册编纶的模仿。较之简册上道数较多、位置不定的编纶,帛书的上下栏线位置确定,线条粗重,形式庄重,是版面书写的界限。帛书上有了界格和栏线,使书写者在誊抄时有栏可依,有行可循,整齐规范。特别在幅面宽大、字数很多的时候,更可以有效地控制版面和方便书写。（图181）

例如帛书《战国纵横家书》,写在半幅帛上,现存27章,11000余字,画了325行界格;帛书《老子》甲本和卷后佚书4篇,现存13000多字,画了

■ 181 马王堆帛书《五星占》的黑栏红界格

464行界格。假如没有界格、栏线,这些文字的排列是很难把握整齐的。

帛书一般是先画好界格、栏线然后才写字的。马王堆汉墓帛书中有些文章写完后,后面还空出了相当一段仅有界格而无文字的余帛。帛书的上下栏线一般是在界格画好后才画的。由于界格在帛书上面上下贯通,所以栏线重重地压在界格之上。

马王堆汉墓帛书的界格粗细均匀,纤细挺直,画线技术十分纯熟。在柔软的丝织品上用毛笔画出这么多的界格,其技术要求一定很高,工作量也是不小的。由汉代东海郡太守掾吏的设置中有"画图"、"写图"人员和《太平清领书》170卷"皆缥白素朱介"来推测,可能当时有着专司画线的人员。

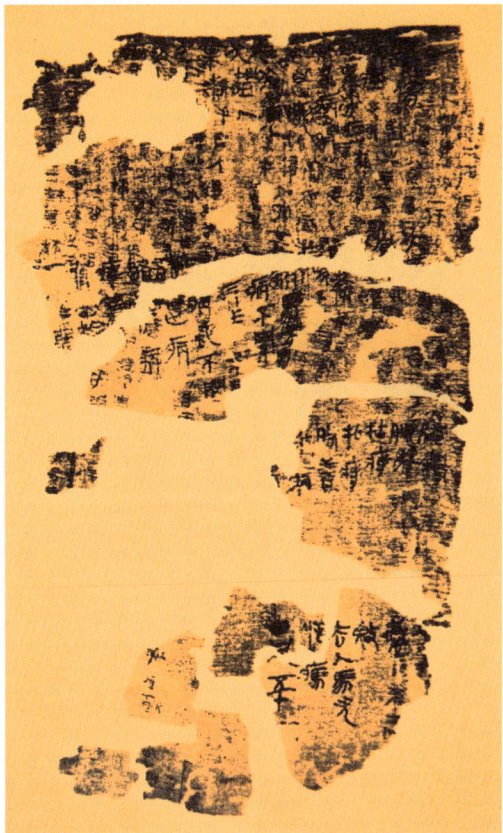

■ 182 马王堆帛书《五十二病方》的书前目录

帛书上有了界格栏线之后，红格黑字，朱墨灿然，赏心悦目。

古时候还有一些帛书上的界格是在纺织时用不同颜色的线织成的，那就是一种专制的丝织书籍材料了。注

马王堆汉墓帛书的界格、栏线在我国书籍版面艺术史上具有重要的开拓意义，它奠定了我国书籍版面上界格栏线的基础。从此之后的两千多年中，除了书籍的材质和装帧形式有所变化外，版面上的界格、栏线基本上是一脉相承和逐步完善的。

注: 唐李肇《国史补》:"宋亳间有织成界道绢素，谓之乌丝栏朱丝栏，又有茧纸。"

二、章法成熟的排列与布局

缣帛书籍的出现比简册书籍要晚一些，因此在文字排列和版面布局上较多地吸收了简册书籍的经验而又有所发展。较之简册，它的内容更丰富，类别更庞杂，文字数量更多，排列形式和版面布局也更灵活。

缣帛书籍的章法成熟主要表现在以下几点：

1. 书前有目录

目录是按一定次序开列的书籍的篇章名目，目是书名或篇名，录是对目的说明或编次。目录多放在正文之前。书籍有了目录，使人开篇即知全书内容。

马王堆汉墓帛书《五十二病方》的书前即编有目录，可惜目录位于帛书前端的破损部分。幸好由于帛书在墓中潮湿润渍，相对迭压，文字相互对印，形成了清晰的印痕，才使我们获得了帛书目录的宝贵信息。目录分四栏横读，有"诸伤"、"伤愈"等52个标题。这些目录与正文标题两者互相一致，正文的每种疾病前都有抬头的标题，恰如帛书所记，"凡五十二"种病方。(图182)

帛书《养生方》的图版自竖线以左"老不□□洒男"后，亦为本书的目录，分四栏横读。

帛书目录是我国书籍中比较早的目录实例。

2. 章前有标题、标号

马王堆汉墓帛书《养生方》的文章正文上齐排列，但"疾行"、"一曰"、"□语"、"食引"等小标题都作抬头书写，高出正文之上，突出了标题的作用。

马王堆汉墓帛书中的标号一般多为圆点，这些标号对于廓清篇目具有鲜明的提示作用。《胎产书》、《足臂十一脉灸经》在每个单独内容的首字之上必加黑圆点章号，另行起首。(图 183)

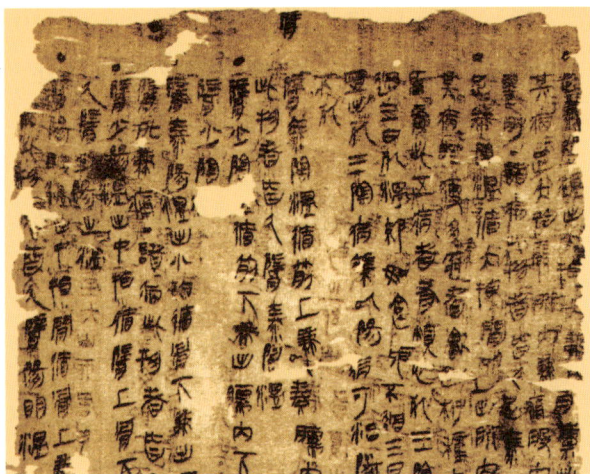
■ 183 马王堆帛书《足臂经》点题

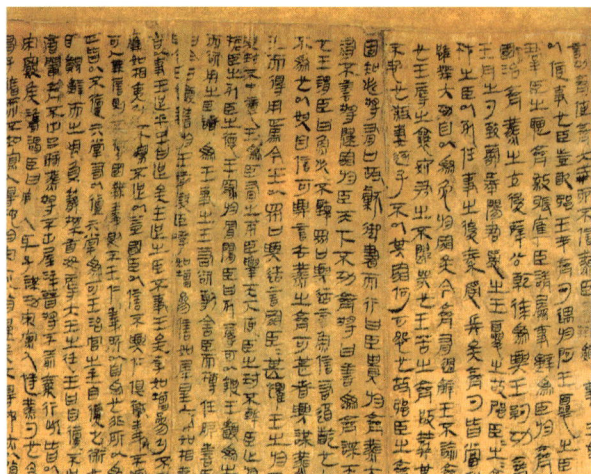
■ 184 马王堆帛书《战国纵横家书》中的圆点章号

《战国纵横家书》以半幅帛写成，长192厘米。全书分二十七篇，通栏排列，共325行，行三四十字不等。全文洋洋洒洒，连续不断，字数超过万余，每章开头均以圆点标号，不另起行。圆点在这里起着重要的分章点题作用。（图184）

3. 栏上有字符

帛书上的栏线主要起着规范版心的作用，文字一般都在栏线以内，而处在栏外的文字和符号，无疑就具有了强调的作用。帛书《阴阳五行》和《周易》为了强化一些类似标题的文字和符号，将它们提行或置于栏外，不但特殊、突出，而且还使版面出现了活泼的气氛。（图185、186、187）马王堆汉墓帛书的这种破栏处理，在睡虎地秦简和张家山汉简的版面中也可看到。

4. 断句有钩识

在战国中晚期的子弹库帛书和马王堆汉墓帛书《周易》、《老子》中都发现了用以断句的钩形符号，称之为钩识。这种符号对于阅读文章帮助很大，是我国书籍标点符号的雏形，类似今天的逗、句号。（图188）

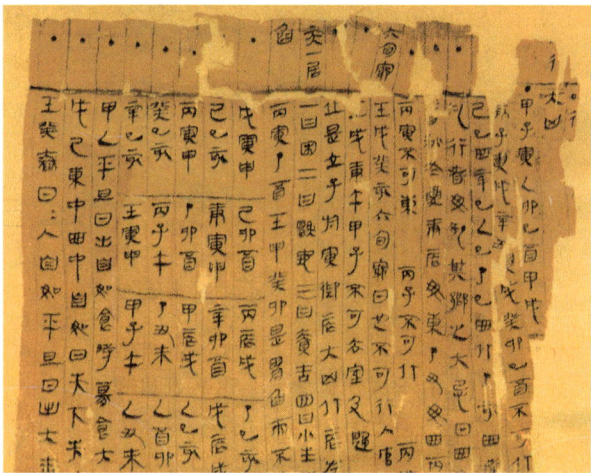
■ 185 马王堆帛书《阴阳五行》乙的栏外文字与圆点

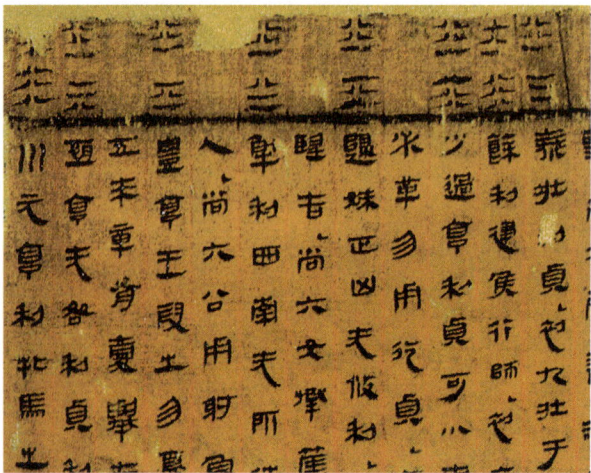
■ 186 马王堆帛书《周易》的栏外八卦符号

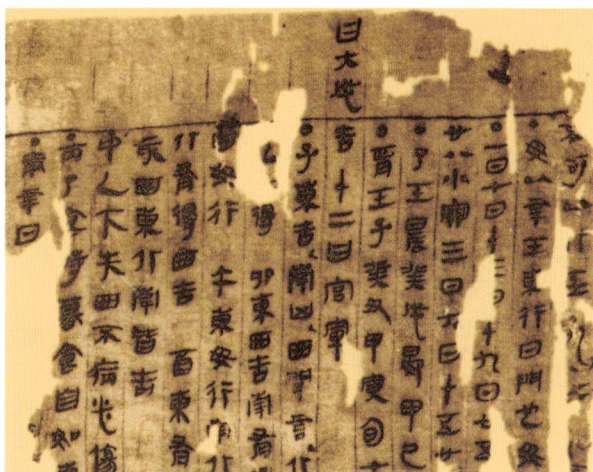

■ 187 马王堆帛书《阴阳五行》乙中的文字破栏

■ 188 马王堆帛书《周易》中的钩识

5. 文中有表格

帛书上的表格较之简册要完美的多。帛面平舒,宽阔无接缝,在其上绘制表格十分方便。表格与文字组合在一起,大小横竖随意,疏密相间,整齐规范。由于帛书事先画有界格,表格只需画出横线即可完成。有些帛书为了美观,还将表格画成红色,如《阴阳五行》甲篇、《五星占》中的表格,红色的表格与黑色的文字相映成趣。(图189、190)

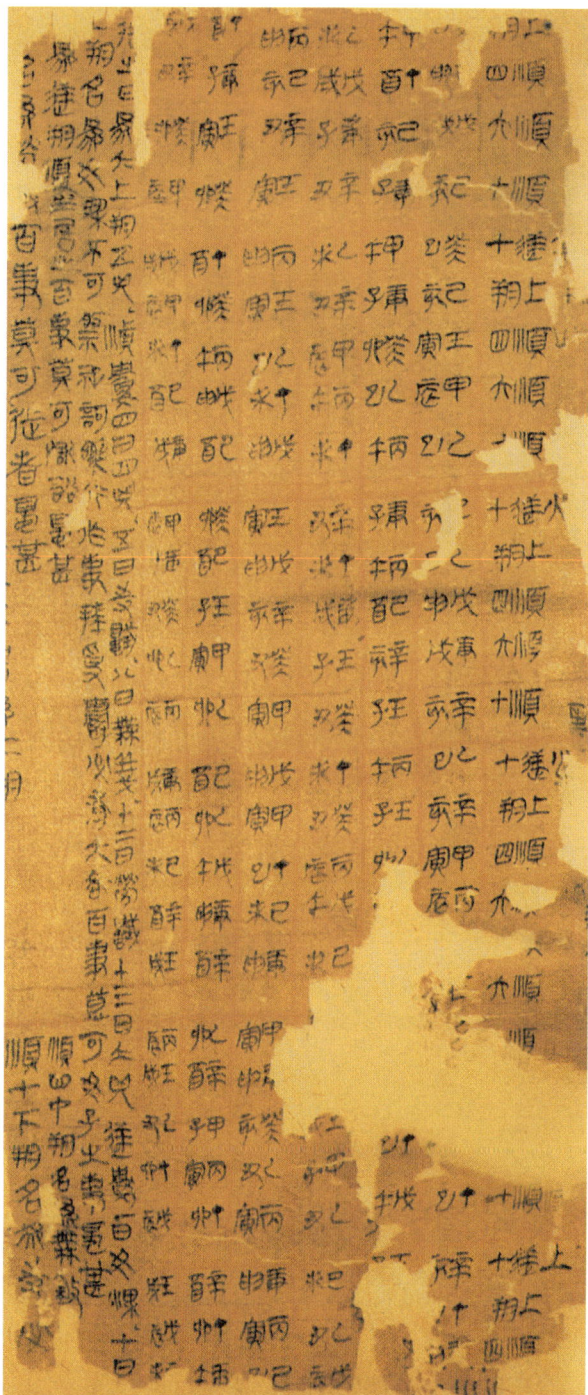

■ 189 马王堆帛书《阴阳五行》甲中的表格

■ 190 马王堆帛书《五星占》中的文字与表格

第四节　缣帛书籍的图绘艺术

我们前已说过,缣帛书籍与简册比较,除了其他长处之外,就书籍内容的表现来说,最大的优势就在于图绘。马王堆三号汉墓出土的帛书以其长于表现绘画的特点,给我们展示了缣帛书籍丰富的图绘艺术面貌。

这些图绘书籍基本可以分作以下三类:

一、图文错综的插图书籍

这类书以《胎产书》、《阴阳五行》、《刑德》为代表。书的内容以文字叙述为主,间有插图,所绘图形大多是用语言文字难以表述者。例如《阴阳五行》是古代根据阴阳五行占卜吉凶的书,《刑德》是古代关于刑德规律及星占、气占等占测战争胜败吉凶的书,这三种书中就插绘了相关的图形以助说解。这些图的绘制方圆皆备,规范标准,线条主次有别,文字书写工整。插图上的文字还有根据方位和阅览方向排列的特点。这类书籍插图比文字的叙述更加直观和易懂。

《胎产书》的插图

马王堆汉墓帛书《胎产书》是一篇专论有关胎产宜忌的书,类似古医书《产经》,内容古奥难懂。《胎产书》中附有红色线条绘制的"禹藏图"。图的意思是:禹在雷泽见一妇人悲哭而来,问其因由。答曰:生了几个儿子,相继夭亡,因此哀哭。禹教此法,妇人生子皆长寿,没有夭亡者。(《医心方》卷二十三行《产经》)由于这种方法托名于禹,故名"禹藏图"。

《胎产书》保留了古代的这个图。图为方形,共十二格,每边四分格,格中有标示方位的"二绳、四

■ 191 马王堆帛书《胎产书》中的"禹藏图"

钩"图,图上标有说明文字。图中央的空白处,大书"南方禹藏"四字。(图191)

《胎产书》的文字排于"禹藏图"的右下方,正文墨写,一段写完,另行起首。

由于帛书折叠存放,在墓中受潮后,图的红色线条与墨写的文字洇在帛书的相对面。从《胎产书》来看,插图在书中的位置是比较重要的。

《刑德》和《阴阳五行》的插图

帛书《刑德》有甲、乙、丙三种抄本,乙本有一幅"九宫图"。图的中宫为圆图,横线二分再五分圆面,黄色,代表土行。周围八宫则是四分再二分,各以方图标于米字线的八个方向:北方二宫,黑色,标"水"

■ 192 马王堆帛书《刑德》乙本 "九宫图"

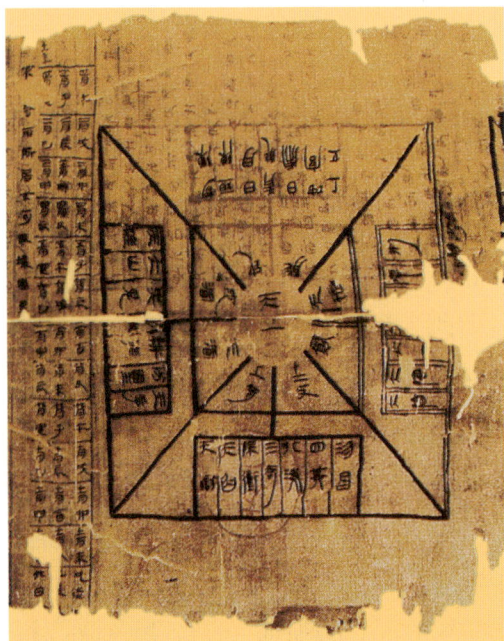

■ 193 马王堆帛书《阴阳五行》"九宫图"

字于子位;东方二宫,青色,标"木"字于卯位;南方二宫,赤色,标"火"字于午位;西方二宫,白色,标"金"字于酉位。其图配五帝、五神。这帧图的设计合理,构图别致,方圆搭配,审美感觉极好。(图192)

马王堆汉墓帛书《阴阳五行》有甲、乙两本,乙本局部为一幅"九宫图"。方形的"九宫图"以米字线表示九宫,"天一"居中,四周为八神和二十八神。图中界限以五色别之:东青、南赤、西白、北黑、中黄。整个图形呈方框,主线粗壮,有些线为细双线。图中的文字依方位排列,字形疏朗修长。(图193)

这两帧"九宫图"一圆一方,采用不同的绘图形式,以简约的图像,表示了复杂的文字意义,藏万于一,穷幽测奥,具有版面装饰的意义。

■ 194《楚帛书》(摹本)

二、直观实用的图绘书籍

这类书籍以长沙子弹库《楚帛书》和马王堆汉墓帛书《天文气象杂占》为代表,帛书充分发挥了图绘的优势,直观易懂,美观象形,图绘与文字的价值等量齐观,甚而过之。图文并茂的书籍视觉传达的意义较强,更易于为人们所理解。

《楚帛书》

1942 年 9 月出土于湖南省长沙市东郊纸源冲子弹库,因此也叫《子弹库帛书》。因属战国时楚地之物,又叫《战国缯书》或《楚帛书》。这件迄今发现最早的帛书,盗掘出土后曾归蔡季襄。蔡氏根据自己的摹本做了初步的文字考释。帛书长 38.7、宽 47厘米,因入土年久,呈深褐色,最初是叠为八折的,可以看出折叠的痕迹。1966 年,国外对帛书采用红外线摄影,在文字研究上取得了重大突破。1979 年经过去霉处理,帛书上又有新的字迹显露。

《楚帛书》四周平均分布绘有十二个形状怪异神像,有三首、鸟身、珥蛇等,用朱、绛、青三色颜料绘制。其画法先用墨笔勾出神像轮廓,然后依次敷上各种颜色。有学者认为十二神代表十二个月,神像之下或其旁文字记述了该月的神名、职司以及十二个月的宜忌。(图194)

由于帛书四周十二神像侧的文字顺时针方向环列,因此随着阅读的旋转,帛书中央一正一倒的两段长文便有了阅读上的合理性,足见其设计上的巧妙。

■ 195 马王堆帛书《天文气象杂占》部分

　　帛书四隅置有植物枝叶图形，分为青、红、白、黑四色，显然也与五行的方位有关。文字中用于标示段落的红色方块符号与战国楚简上的黑色方块符号有着相同的意义。

　　帛书的布局巧妙，设计完美。神像的绘制色彩绚丽，透射着战国楚地原始巫官文化的光芒。

《天文气象杂占》

　　原件为整幅帛，宽约 48 厘米，横长 150 厘米。帛书从上而下为六个横列，每列又从右往左分成若干条。全幅包括完整或残缺的占文共约 300 条。每条上面有用墨色、朱色或朱墨两色画成的图。图下是名称、解释及占文。《天文气象杂占》通篇以气象占为主，穿插天文范围的彗星和其他星相。

　　帛书中以云、气和彗星的描绘最值得称道，画中用人、动物、植物及多种器物代表云的各种形状，用笔凝重、形象生动。蜃气和月晕由一些树木和不知名的东西代表。（图195）

　　帛书中的彗星共 29 条，专讲彗星的形态亦涉及定名。各种各样的彗星，下部是彗头，上部是彗尾。有些彗尾只画单线，有些则添上不少类似枝叶似的笔划以表示云雾状态。在每个彗星图的下面，有一段解说性短文。

　　《天文气象杂占》属于兵家阴阳之书，从中能够看出古人研究天文学方面的成就。

■ 196 马王堆帛书《导引图》

三、纯粹的图绘类书籍

这类书籍以《导引图》、《地形图》、《驻军图》、《城邑图》和《城市建设设计图》为代表。

《导引图》

出土于湖南省长沙市马王堆三号汉墓。它是一幅古代导引养生的图谱，原图每个动作旁边都有榜题，说明运动的姿态或治疗某种疾病，以图为主，文字仅作点题或提示。（图196）

帛书高约53、长110厘米，图上绘有44个高9~12厘米的人像，有男有女，有老有少，或著衣或裸背，除个别人手持器物外，别无背景。人像均为工笔彩绘，先以墨色线条勾出轮廓，填以朱红或青灰带蓝。图中人像绘制分为四栏，每层10~12人不等，图侧附有墨书标题，字数多则五六字，少则一二字。

《导引图》的姿态大致为呼吸运动、器械运动和肢体运动的示意图。它是我国古代较早的体育健身和运动疗身图谱，其中还有一些题有动物形象，摹拟动物姿态以强身健体的导引图。导引就是导气令和及引体令柔，是我国古代呼吸运动和肢体运动相结合的一种医疗体育方法。

由于帛画残破断裂成碎片，虽然初步复原，全图已很难恢复原貌。

帛画《导引图》的出土是我国古代医学科学的新发现，它所记录的多种疾病和姿态名称以及运动形象是我国劳动人民在和疾病、衰老斗争过程中的实践总结。

地图和城市建设设计图

马王堆汉墓帛书中的《地形图》、《驻军图》、《城邑图》和《城市建设图》是古代纯粹的版图。我国地图最初是绘制在木板上的,如《周礼》即有:"司书掌邦中之版,土地之图"的记载,故而后来称国家疆域为版图,甘肃省天水市放马滩汉墓就出土了木板绘制的古代地图。缣帛书籍行盛以后,这类图就绘制在缣帛上,较之木板,既轻盈方便,又便于绘制,也能更细致、更完整地表达了地图的内容及其细节。从所看的帛书图绘中,我们能深切地感受到这一点。

《地形图》

原图采用折叠式收卷,由于入土过久,出土时断裂成 32 块彼此不相连接的碎片,经考古学家和文物工作者拼复而成。

《地形图》为正方形,纵横各 96 厘米,这是目前发现的世界上最早的一幅地图,绘制的是汉初长沙国南界即今湘水上游一大支流潇水流域、南岭、九嶷山及其附近的地区。地形图的方位与汉代其他图的方位一样,以上为南,下为北。该图的绘制技术达到了相当专业的程度,代表河流的潇水及其支流在图上起着骨架的作用。河流粗细变化自然、流畅生动,诸水的弯曲轮廓大体都接近于现今地图,有些几乎没有什么差别,应该是通过实测绘制的,可见当时的测量技术是多么地准确精密。

图中山脉的画法尤其值得赞赏,一般先勾出表现逶迤转曲的山麓轮廓线,线条粗细变化有致,然后在中间加画均匀的细线,大山则按山体勾出其盘亘范围。图上表示九嶷山的一部分更为精致,不仅以细密的线条画出层峦叠嶂的山体山形,还特地在山南画出九条柱状地物以表示舜庙前的九通石碑。

■ 197 马王堆帛书《地形图》局部

(图197)

《地形图》中道路的线条几乎是一笔绘成,看不出换笔的接头。居民点采用两种符号:县治以方框,乡里用图圈,居民点的注记都在符号之内。

整个地图构图饱满,绘制精细,主次分明。作为现代地图的山脉、水系、居民点、交通网等四大基本要素俱全。其中主区有了统一的大致比例,为十八万分之一,即古代的一寸折合十里,具有很好的实用效果。(图198)著名的历史地理学家谭其骧评价说,"这是一幅足以显示我国制图学早在二千多年前业已达到高度科学水平的地图"。注

注:谭其骧:《二千一百多年前的一幅地图》《文物》1975年 2 期

114

■ 198 马王堆帛书《地形图》

■ 199 马王堆帛书《驻军图》

《驻军图》

亦出土于长沙马王堆三号汉墓,入土前曾折叠成沓装入漆箱,出土后断裂成 32 残块,经装裱修复成长 98、宽 78 厘米的整图。

《驻军图》幅面阔大,图上一侧标有"东"字,显然表示方位。全图用黑、红、青三色绘制,图上的浅色表示河流山脉,深色标绘驻军营地和防区界线。其中的驻军营区和乡里居民点用黑、红两色双线或红色单线绘制。有个三角形营垒还画出城垛与敌楼。

图上的文字书写工整,标注方向随心适意。从四边上都可观看,具有较强的设计意识。(图199)

《驻军图》的绘制,浓淡相宜,主次分明,格调雅致。有意思的是,图的绘制者似乎不是在绘制地图,而是在描绘一幅精美的图案纹样。图中的防区界线柔韧有力,曲折有致,线的起始类似勾曲纹,富有装饰意趣。(图200)

■ 200 马王堆帛书《驻军图》局部

《城市建设设计图》

马王堆帛书图绘书籍中还有一幅《城市建设设计图》。这幅图刚出土时尚能看清是一幅小的城市平面图,平面近于方形,在城内外注有大量的文字。后残破成30多块大小不一的碎片,经过考古学家认真仔细地研究、拼对,始见其端倪。

经初步拼复,原图长宽各约30厘米,图中各处标记有文字说明,但多数已残破。由图中残存的碎片中有"城周二百九十步"、南北"长五十六步"、"池广一丈"、"深六尺"等建筑尺寸和"南雄门"、"东北隅楼"、"佐史侍舍"等建筑实体以及"瓦盖"、"秆盖"等建筑材料分析,这应该是一幅古代小城镇的建筑设计图纸,图纸为城镇建设提供了施工的规划方案。(图201)

这是一件很重要的西汉初年城市建设史料。

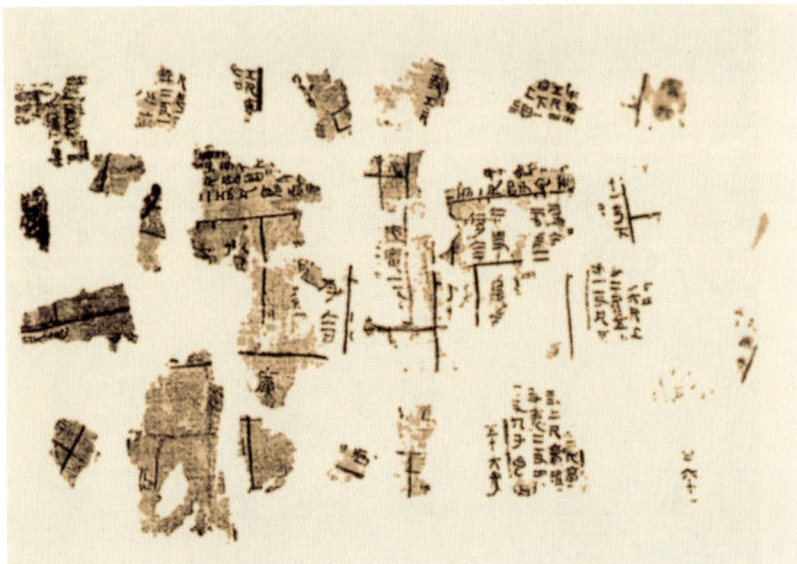

■ 201 马王堆帛书《城市建设设计图》

第四章 卷轴书籍的装帧艺术

第一节　卷轴书籍概说

　　我国书籍装帧在魏晋时期逐渐进入到卷轴装帧阶段。卷轴装又叫卷子装,是将许多单张的书页连续接裱起来,成为很长的书卷,然后在其末尾一端粘装上一根细圆的竹木轴杆,形成以轴杆为中心的骨架,收卷时将书从后往前卷起,使之成为卷状圆柱体。这种书籍装帧,由于书卷横展很长,幅面宽阔,版面完整,能够容纳较多的文字和图画。成书以后,开合便利,舒卷自如,展读舒适,紧固牢靠,便于存放。我们现在看到的较早的卷轴装是出于甘肃省敦煌县莫高窟藏经洞的《大般涅槃经》,卷上写有"永兴二年(305)二月七日"题记,为西晋时期写本。著名的晋写本《三国志·步骘传》也出于莫高窟藏经洞。

　　此外,20世纪六七十年代在我国新疆吐鲁番地区亦出土了不迟于两晋(265~420)和北凉(397~439)及同时代的卷轴装写本。

　　卷轴之名始于唐代。文献记载:唐玄奘从印度取经回国以后,在西安大慈恩寺翻译佛经,曾上书皇帝说:"所获经伦奉敕翻译,见成卷轴,未有铨序,伏惟陛下睿思。"大意是说经卷都已装帧成卷轴,请求皇上写一道序文。卷轴书籍前承简帛书籍的舒卷形式,萌发于魏晋,历南北朝、隋唐五代、宋辽达到高峰,延袤于元、明、清,历时一千四五百年,是我国古代书籍装帧一个重要的发展阶段。

卷轴装帧在现代社会里还可看到以书法、绘画及其他形式为内容的横卷、挂轴形式。

一、宗教、造纸、雕印与卷轴书籍的发展

1. 宗教文化传播的需要

佛教是世界三大宗教之一,在东汉明帝永平年间(58～75)传入我国。汉晋以后,战乱迭起,人民流离失所,生活异常困苦,在现实世界得不到安宁的情况下,人们祈望能以今生的苦难换取来生的幸福,佛教的"生死轮回"、"因果报应"之说正符合了这种时代背景。南北朝时期,统治阶级大力提倡佛教,崇敬佛法、尊崇和尚,有些人如南朝梁武帝萧衍不但定佛教为国教,而且还身体力行,几次出家当和尚,再由臣下花几万万钱将他赎出,以此资助佛教。当时仅南京一地,就有寺院 480 个,和尚、尼姑 10 万多。北朝的北魏末年,全境所建寺庙竟达 3 万多所,"僧尼大众,二百万矣"。

到了隋唐时期,崇佛之行愈加炽烈。隋文帝在位时曾度僧尼 23 万人,写佛经 46 藏 13 万卷,修治故经 400 部,造佛像 60 余万躯,修治故像 150 多万躯,营造寺塔 5000 余所。并且常招和尚杜顺入宫,奉之如佛。唐代武则天在咸亨三年(672)传曾"助脂粉钱二万贯",亲自营造洛阳龙门石窟奉先寺,历二十年始成。唐大历年间,各州都建起了寺庙,"十族之乡,百家之间,必有浮图(佛塔)为其粉黛。"这种滥尚佛教的行为,使得百姓劳弊,帑藏空竭,"天下十分之财,而佛有七八。"

在这种时代背景下,为了满足人们对佛教经典

■ 202 天水放马滩汉墓出土纸质地图

的需要,作为宗教文化传播媒体的佛经应运而盛。魏晋时期曾先后译经 702 部,1493 卷。隋朝"京师及并州、相州、洛州等诸大都邑之处,并官写一切经置于寺内,而又别写藏于秘阁。天下之人,从风而靡,竞相景慕,民间佛经多于(儒家)六经数十百倍"。注佛经的传播已远超儒家经典。

由于佛教盛行,佛经以数量多、写刻精、装帧美,成为我国书籍装帧史上卷轴装帧辉煌的一页。人们对佛教的信仰,表现在经卷上,态度异常虔诚:恭楷书写者有之,刺血书写者有之,金银刺绣者有之。迄至后来,以泥金泥银书写佛经、绘制扉画成为时尚。至于装帧,则极度豪华,尽善尽美。宗教文化对书籍装帧的影响于此可见一斑。

注:范文澜:《唐代佛教》 94、97、109、116、169 页人民出版社 1979 年版

■ 203 汉代造纸工艺操作流程图

2. 纸张的发明与普及

纸张的发明是我国劳动人民给世界文化发展做出的重大贡献之一。文献记载,早在汉代,我国就发明了纸张:东汉宦官蔡伦曾负责皇宫内的手工作坊,专门为皇帝制造刀、剑和其他玩好器物。他在担任尚方令期间,使用树皮、麻头、旧布及破旧鱼网等植物纤维为原料造出了纸张,于东汉和帝元兴元年(105)奏明皇上,进行推广。自此以后,简册、缣帛、纸张同时并用,直至晋代才废简帛,代之以纸。

对于蔡伦造纸之说,很早就有人提出不同看法。唐张怀瓘在《书断·下》中说:"左伯字子邑,东莱人,……尤甚能作纸,汉兴用纸代简,至和帝时蔡伦工为之,而子邑尤得其妙,……"。

宋陈槱(yǒu)在《负暄杂录》中说:"盖纸,旧亦有之,特蔡伦善造尔,非创也。"

现代考古发现支持了这种说法,近几十年来在我国的新疆、甘肃、陕西、内蒙古等地都相继发现了早于蔡伦造纸年代的西汉古纸。1986年甘肃省天水县放马滩汉墓出土纸质地图一幅,纸质薄而软,仅存不规则碎片,出土时呈黄色。纸面平整光滑,用细墨绘有山脉、河流、道路等图形,纸残长5.6、宽2.6厘米。墓葬时代在西汉文景时期。(图202)

1990年,甘肃省敦煌市悬泉置汉代遗址出土麻纸400余件,其中写有文字的黄、白色麻纸碎片共10件。诸多考古资料证明,在蔡伦造纸发明之前一个世纪,我国的造纸技术已经比较成熟了。

尽管如此,蔡伦造纸功不可没,他在民间已有造纸技术的基础上,改进、提高了造纸工艺,创造性地使用了废旧植物原料,开辟了新的造纸原料,并加以推广普及。

纸的发明和使用,使我国古代书籍装帧进入了一个崭新的历史阶段。(图203)

我国简册书籍从商周到秦汉,历时一千多年,竹木材质笨重,阅读收藏,多有不便。《史记·秦始皇本纪》里说秦始皇每天看的书要以秤来称,一天看一石,看不完不休息。一石相当现在30多公斤,简册数量当是不少。《史记·滑稽列传》说汉武帝的大臣东方朔初入长安,公车上书时,"凡用三千奏牍。公车令两人共持举其书,仅然能胜之。"这些书汉武帝用了两个多月才读完。由此可见简册作为书籍材料的笨重与不便。

与简册并行于世的帛书,固然有着柔软轻便,文字容量大的优势,但是昂贵的价格决定了它只能在小范围内使用,而不能作为普及的文化传播载体扩展到社会的各个阶层。"缣贵而简重",简帛书籍已经远远不能适应文化传播的需要。

在这种情况下,纸张的发明和普及无疑给书籍材料提供了广阔的发展空间。纸张轻便柔软,幅面大,重量轻,文字容量多,便于阅读、便于携带和便于存放。纸张的制造,资源丰富,技术简便,生产成本低,物美价廉,因此很快便得到普及。到了东晋安帝元兴三年(404),鉴于纸张的广泛应用,代晋自立为帝的桓玄下令臣下上奏时废除竹木简牍而以黄纸代替。这是由政府下令以纸代简正式废除简册的时间。

纸张的数量和质量随着造纸技术的提高而日益精良。东晋时制造的纸有青纸、赤纸、缥纸、绿纸和藤角纸、桃花纸、五花纸等。著名书法家王羲之向会稽谢安求笺纸,谢安一次就将库中的九万枚悉数给予。由此可见当时纸张品种之丰富及数量之多。

隋唐时代,政府规定官府文书用青、白、黄色藤纸,各有不同的用途:行政文书用白麻纸,军事文书用黄麻纸,朝廷致各少数民族地区文书用五色麻纸。此外还规定,凡公文文书和释、道、儒家经典也都用麻纸。有些规格典重的诏书、敕旨则用的是各色藤纸。民间用纸则不加约束,自行其便。

唐代纸的质量和品种大大增加,除了入潢防蛀、加蜡涂布,嗅之有特殊香味的"硬黄"纸外,还有将金银片和金银粉撒在各种色纸上的金花纸、银花纸或撒金、撒银纸。

水纹纸的制作工艺较为复杂:一种是在抄纸帘上用线编成纹理或图案,凸起于帘面,抄纸时纹理处浆薄,故发亮呈现于纸上。第二种是将雕有纹理和图案的模子用力压在纸上,迎光看时能显出纹理图案。敦煌莫高窟藏经洞发现的写经卷中,纸的加工有染色、加蜡、砑光和表面涂布等。由于书写佛典,故用良纸以示虔诚。

宋代造纸技术的一大成就是出现了各种美观的工艺纸。如四川的谢景初(1019~1084)曾创制出深红、粉红、明黄、浅青、深绿、浅绿、铜绿等十种颜色的十色书信笺。宋代金粟山寺的"金粟笺"和钤有"法善大藏"的黄色蜡笺更是名贵的纸张。这些高档的纸张用作卷轴的褾首,具有很好的装潢效果。

宋代造纸技术的另一成果是能制出三至五丈(约当9.4~15.6米)长的匹纸,这应该说是当时世界上幅面最大的纸了。大幅纸的出现对于书籍的应用颇为有益,如卷轴装、旋风装多可用作书写和裱衬。

造纸业的发展,促进了书籍的繁荣,官府和私人都以藏书为荣,据说隋朝的嘉则殿中藏书37万卷,唐代德宗时的邺侯李泌家藏图书也达3万多卷。唐代纸张多用于抄写,五代、宋元时期的纸张则大量地用于印刷,而且数量之巨也远非唐代可比。

3. 雕版印刷的盛行

雕版印刷是将文字、图版反向雕刻在木板上,然后刷墨、铺纸、施压,使印版上的图文转印到纸张上的工艺技术。它是我国文化传播史上的重大发明之一,不但给书籍的批量生产提供了技术上的保证,而且使我国的书籍装帧出现了重大的转折。

雕版印刷的起源和启示,有以下几个方面。

一、玺印的捺压

近代学者罗振玉在谈到活字版的发明时曾说:"印刷肇始于玺印"。注1 的确,通过压力将印章上阴凹阳凸的文字捺印在封泥和纸张上是印刷的原始启示。1925年日本人在朝鲜墓柩中发现一方刻有"五官椽王盱印"的木质印章,即是东汉明帝永平十二年(69)前物。东晋葛洪在《抱朴子》一书中记载了

■ 205 莫高窟捺印佛像木印版

■ 204 敦煌莫高窟发现的连续捺印的《千佛像》

当时一方"其广四寸,其字一百二十"的木质"黄越神章"符印,用于捺印封泥,这方符印其实已经有了小型印版的作用。注2 南北朝时的北齐,政府有一种木制的条印,上刻印文,称为"关防"。条印一尺一寸,宽二寸五分,用红色捺压在两张公文纸的连接处,这种条印对印刷的启示更为明显。

二、碑版的传拓

传拓是将碑石上的文字通过捶拓、施墨,将其转移到纸张上的技术。其做法是将韧度较强的宣纸喷潮以后平贴在碑石上,用毛刷捶打使宣纸与碑面阴凹的文字紧密结合,然后再用絮包蘸墨均匀地在纸面上捶打、拓墨,施墨以后,纸面墨黑如漆,而文字笔画由于凹陷于碑面,纸上无墨而空白清晰。稍干后揭下,即成一幅黑底白字的墨拓本。墨拓本上,碑版的文字、笔画、石花乃至极细的划痕都纤毫毕现。这是我国古代对不可移动或珍稀碑版文字化身千百的传统的复制手段之一。这种通过压力和施墨,将碑石上的文字转移到纸上的传拓方法,也是古代印刷技术发明的启示之一。

三、宗教和民间印刷品的传播

宗教文化是宗教信奉者精神生活的一项重要内容。人们为了祈求佛祖、菩萨的佑护,在生活环境周围供奉张贴佛像,有些人还出钱印制佛像、佛经广施四方,以结佛缘。这些佛像、佛经起先是绘制和手写的,随着用量的增加而采用雕刻印版,连续捺压,复制多份。经过长期实践,亦画亦字,品种增多,雕版印刷由此而生。英国大英博物馆藏有一轴我国敦煌莫高窟藏经洞发现的佛像手卷,长5米多,其上捺印的佛像多达468躯。(图204)莫高窟藏经洞中这类连续捺压印刷的佛像卷子较多,并且还发现了捺印佛像的雕刻木版。(图205)

注1:罗振玉:《辽居薆·徐氏古玺印谱序》
注2:《太平御览》卷六〇五引《语林》

123

此外，用于农业生产、掌握节气的历书和启蒙教育的小学字书以及阴阳、占梦、相宅、九宫、五纬、杂记等书，亦是较早出现的民间雕版印刷品。较多的事实证明，雕版印刷最早是从民间开始的。

四、雕版印刷形成年代试说

唐代出现雕版印刷技术，这是不容置疑的。然而诸多的文献记载和莫高窟藏经洞发现的唐咸通九年（868）《金刚经》，以其纯熟的雕印技术证明，这时的雕版印刷技术已经十分成熟了。事物的发展规律说明雕版印刷的初萌似乎应该更早一些，也就是说在唐代之前，它应该有一个较长的孕育阶段。

《后汉书·党锢传》和《后汉书·孔融传》中都有汉"灵帝诏刊章捕俭等"的记载，是说汉灵帝下诏"刊章"，讨捕受党锢事件之诬的山阳籍官员张俭等人。这里的"刊章"，元代的王幼学在《资治通鉴纲目集览》中认为："刊章，即印行之文，如今板榜"。也就是刊雕印刷的张贴公文。

现代考古发现部分地支持了汉代已有雕版的说法。1974年湖南省长沙市马王堆汉墓出土的大批丝织品中发现了几件印花纱绢。纱绢的印花技术采用了阳纹凸版或镂空版，其中四件金银印花纱是用三块不同花纹的凸版各印一种颜色，成为三色套版。另几件是五种纹样相似但色彩不同的印花敷彩纱，先用凸板印出藤蔓作为底纹，然后以六道工序用不同颜色的彩笔添绘叶、花、蓓蕾、苞片等细部。这几件印花纱绢的时代约在公元前2世纪末。（图206）

1959年，甘肃省武威县磨咀子汉墓中出土的三件草箧内有裱糊的印花绢，也是用三块镂空版套印成绛、绿、白三色云草纹的。

长沙马王堆和武威磨咀子汉墓出土的印花纱

■ 206 长沙马王堆汉墓出土印花纱绢

绢，在印染工艺史上是一个创举，证明了我国早在西汉时期就有了多色套凸版印花技术。我们设想：这些印花纱的印版与雕版印刷技术原理基本一致，印版幅面也很大，只是所印对象不同，当时是否就有了雕版印刷的迹象。汉灵帝对张俭等人的"刊章"讨捕，是否就是雕版印刷、广为张贴的海捕公文。聊备一说，以供讨论。

雕版印刷技术的发明和成熟，使我国古代书籍的生产进入了省力省时、注重效率和运用技术辅助的阶段。

我们现在看到的最早的雕版印刷品是出于敦煌莫高窟藏经洞——现藏英国伦敦的唐"咸通九年四月十五日王玠为二亲敬造普施"刊印的《金刚般若波罗蜜经》。此卷用七张纸连接，总长487.7厘米，框高25.6厘米。卷前有雕印的扉画，扉画后的经文每行19字。此件雕版印刷品，纪年明确、雕刻精细、字画俱佳，显然不是雕版印刷技术初始阶段

■ 207 唐咸通九年《金刚经》

■ 208 浙江省收藏的唐代经卷

的产物。(图207)

到了后唐长兴三年(932),国子监开始雕印儒家《九经》,出现了国家对雕版印刷的控制,印刷技术才走上了"播文德于有载,传世教以无穷"(《册府元龟》卷六○八田敏奏文)的发展道路。

二、卷轴是书籍舒卷的完美形式

我国古代的简册自商周到秦汉魏晋,历时一千四百多年,舒卷是它基本的装帧形式。缣帛作为高品质的书籍,轴卷也是一种主流装帧。

卷轴纸张书籍继承了简帛书籍舒卷横展的基本形态,将轴杆作为纸张舒卷依托的骨架,使之成为固定的形式,创造性地将手写的或印刷的书页依次粘接成为一个整体,使其"揽之则舒,合之则卷,可屈可伸,能幽能显"(晋·傅咸《纸赋》)。

卷轴书籍作为一种新型的装帧形式,较之简册,少了版面上的条状干扰,适应了文字和图绘连续排列的要求,具有阅读、观赏的流畅感和完整性。它翻阅经久,开合自如,收束紧固,存放方便,装潢工艺日臻完善,确实是书籍装帧一大进步。从这种意义来说,它既是简帛装帧的延伸和发展,亦是我国书籍舒卷装帧形式的高度完美。(图208)

现在人们常说的"著作等身"一词,其实就源自于卷轴。是说宋代一个叫贾黄中的人,幼年聪悟。五岁时父亲每天拿书卷等量他的身高,规定要他诵读同样长的书卷,谓之"等身书"。注此说后来演变成个人著述极多的代称。

注:《宋史·二六五·贾黄中传》

125

第二节　卷轴书籍的装帧形态

一、卷轴书籍的轴杆、轴头和牙签

轴杆　卷轴的骨架，构成卷轴书籍最有特点的装帧要素之一，缺它就不能称其为卷轴。轴杆一般是由一根细圆的竹竿或木杆制成，卷子末端的纸张裁成梯形粘缠在轴杆上。横长柔软的纸张中贯一轴，它的舒卷开合便有了支撑和依托。轴杆一般不太粗，敦煌莫高窟藏经洞发现的许多唐代经卷，轴装保存完好，轴杆直径大约 1 厘米多。（图209、210）

山西省高平县发现的两卷宋初《开宝藏》经卷，轴为原物，用直径 1 厘米的樟木制成，两端还涂以红漆。有些书籍的轴杆材料亦很普通，例如 1962 年山西省曲沃县广福院发现的北宋、金初刻经与写经，经卷有的长达 13 米和 17 米多，而轴杆皆为直径 3 毫米的苇杆制成。

古代卷轴书籍的轴杆较细较轻，在于轴杆主要起着卷子舒卷开合的支撑和依托作用，不像后来的书画挂轴、条屏中的轴杆，除了书画的舒卷开合之外，还有着画面平展的垂重作用，因而较粗。

有些轴材还有保护书籍的作用。米芾在《画史》中说："檀香辟湿气，画必用檀轴有益，开匣有香气而无潮气，又避蠹也。"说明檀香木轴杆有防潮防蛀的作用。

卷轴书籍与简册的区别除了材质之外，主要在于形成了以轴杆为依托的舒卷骨架并成为定制。

轴头　镶装在轴杆两端的卷轴书籍外部装潢之一，通常多为木制加涂油漆而成。而朝廷显贵、豪富殷实人家的珍贵藏书，其轴头则极尽豪华。

文献记载与出土文物证明，这些高档书籍的轴头：材质方面有玉、金、银、铜、犀角、象牙、玳瑁、珊瑚、玛瑙、琉璃、水晶、旃檀、牛角等珍贵之物；颜色方面有红、绀（黑红）、青白、黄、绿、紫、黑等以及这些材质的固有色；制作上则有髹漆、镂刻、雕琢、镶嵌、螺钿等工艺。真是五色斑斓，珍希俱备。这些精美的轴头，不但增加了书籍的美观，而且还是区别书籍种类和书品贵贱的重要标志。

晋代陆士衡在《要览》中说："二王暮年，书胜于少。其缣素以珊瑚为轴，纸书以金为轴，次玳瑁旃檀

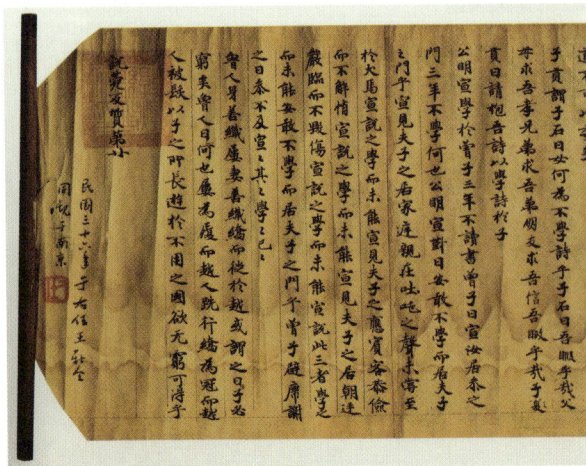

■ 209 敦煌莫高窟卷轴书籍轴杆

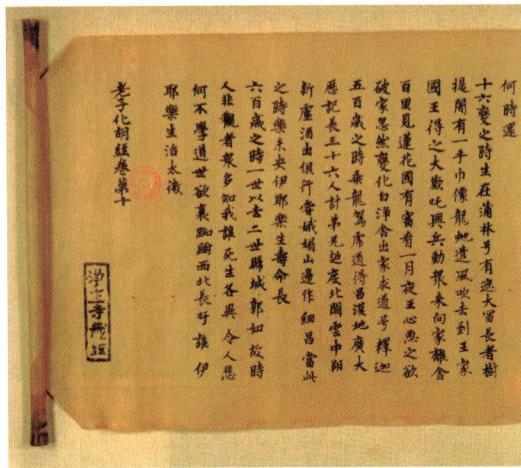

■ 210 敦煌莫高窟卷轴书籍轴杆

■ 211 浙江省藏敦煌唐代卷轴原装轴头

装的螺钿镶嵌轴头：新疆吐鲁番出土，写于南朝梁武帝普通四年（523）的《华严经第二十九》，长三丈四尺五寸，轴侧嵌有螺钿梅花纹；上海图书馆藏敦煌唐代经卷金银书《大般若波罗蜜多经卷》，轴头为铜质涂金，并且压有花卉纹；浙江省收藏的敦煌文献中存有的一轴唐代经卷，完好无损的轴头端面，用螺钿镶嵌着精美的八瓣莲花纹，历经千年至今仍熠熠生辉。（图 211）

不过由于珍贵的轴头材质珍稀难得，制作工艺复杂，而檀木香洁，又有防虫作用，因此唐代贞观、开元以后，内府图书一概用檀木做轴杆，紫檀做轴头，朴质大方，防虫防蠹。

在敦煌莫高窟藏经洞和其他地方发现的一些古代卷轴中，有些书卷的轴端与卷子宽窄一致，轴为平头，可能属于普通的书籍，或者是另外一种轴头装帧。这些平齐的轴头两端用锦缎或佳纸加以包裹和装潢。

以轴头这个显著部位的材料和颜色，来区分书籍类别及书品高下，给后来册页书籍的系列化装帧和官方文书产生了重大的影响。

宋代元丰五年（1082），官方重定《制授敕授奏授告身》规格。宋徽宗大观初，又详细规定了文武官员告身的裱带纲轴规格。

金代规定官诰的轴材是：亲王，宝装犀轴；一品，犀轴；二、三品，玳瑁轴；四、五品，银裹间镀轴，金镂角轴；六、七品，角轴。

清代规定诰命的轴材：凡轴端一品用玉，二品

为轴。"这是晋代一些卷轴的轴头装潢，以书籍材质差异施以不同材质的轴头。

《文献通考》中说，隋平陈后，经籍渐备。炀帝即位，重行诠次。得正御本三万七千余卷，"又写五十副本，为三品：上品红琉璃轴，中品绀琉璃轴、下品漆轴。……其正御书，皆装翦华净，宝轴锦标，……"。这是隋代根据书籍的档次，施以不同颜色和材质的轴头。

《玉海》一书记载唐代内库的卷轴书籍说："唐开元时，两京各聚书四部，列经史子集四库，以益州麻纸写，轴带帙签，皆异色以别之"。唐集贤院御书，经库用钿白牙轴，史库用钿青牙轴，子库用雕紫檀轴，集库用绿牙轴。书籍类别不同，轴头的颜色和材质亦有区别。以轴头为标志，分门别类，一目了然，检寻便利。

尤其是螺钿镶嵌工艺，以天然色泽的螺壳、贝壳碎片镶嵌在轴头表面，为书籍的装帧增加了华贵和璀璨的品貌。现代考古发现给我们提供了古代原

用犀,三、四品用裹金,五品以下用角。

于此可见轴头装帧之重要。

牙签 是穿系在轴头上的骨制和竹木制的图书标签,形似小吊牌,称为牙签是指这种吊牌以象牙制成最为精美。书籍插架存放以后,轴头一侧向外,为了便于识别书籍内容和便于寻检,在轴头上挂一牙签,写上书名、卷次,使人一望即知书的内容而免去翻检之劳。牙签是辨别书的内容与类别的重要标识。它是此前简帛书籍木楬吊牌的继承和发展。

唐代开元(713~741)时,内府四库的藏书的牙签制作精妙绝伦:经库用的是红牙签,史库是绿牙签,子库是碧牙签,而集库则用的是白牙签。红绿碧白,异色以别之。

唐代京兆人李泌(722~789),德宗时封为邺侯,家富藏书,有三万多卷。他仿内府藏书以牙签标示图书类别的方法,书架上的卷轴皆挂异色牙签以分门别类。

二、卷轴书籍的褾首

褾首 亦称包首或引首。古时也有称"玉池"的,米芾《书史》说:"隋唐藏书卷首贴绫谓之玉池。"

褾(biǎo)字的含义:一是袖子的前端;一是衣服的绳边。两种含义都比较符合卷轴书籍的褾首。褾首是卷轴书籍文字右端之前另加的一段纸或丝织品,收卷后裹在书卷的外面,起着保护书籍内容,防止书卷脏污、破损的作用。

古代书籍的褾首多以较厚实的纸张粘接而成,一般用黄麻纸,讲究的书籍则用碧纸和织有各种花纹的绫罗锦缎等装帧卷端。碧纸又叫瓷青纸,色泽幽蓝,类似瓷器上的青蓝色,是一种古气盎然的高

■ 212 唐代经卷织锦褾首残片

■ 213 瑞光寺塔金银书《妙法莲花经》褾首经名题签(展开)

档纸。这种纸质地坚韧,入水不濡,是装潢书籍的上好材料。

丝织品做的褾首,花色品种繁多,绫罗绸缎俱全,像黄绫褾、青绫褾、金缕红罗褾等褾首,用精美的丝绸做褾首,给卷轴书籍增加了华贵高雅的格调。(图212)其中有些卷子的褾首,正背丝织品的材料和花纹还有区别。如山东省青岛市发现的北宋金银书《妙法莲花经》七卷,为明代重装本,褾首外部用黄色及淡青色的云纹绫,内面用金色樗蒲纹印花绢,更显富丽堂皇。

褾首的长度一般根据书卷收卷后的直径,以裹住卷子数周不使内容受损为宜。

褾首上还贴着写有书籍名称、卷次的题签。题签普通为纸质,有些高档的图书则用锦缎,贴在褾

128

■ 214 瑞光寺塔金银书《妙法莲花经》褾首经名题签（收卷）

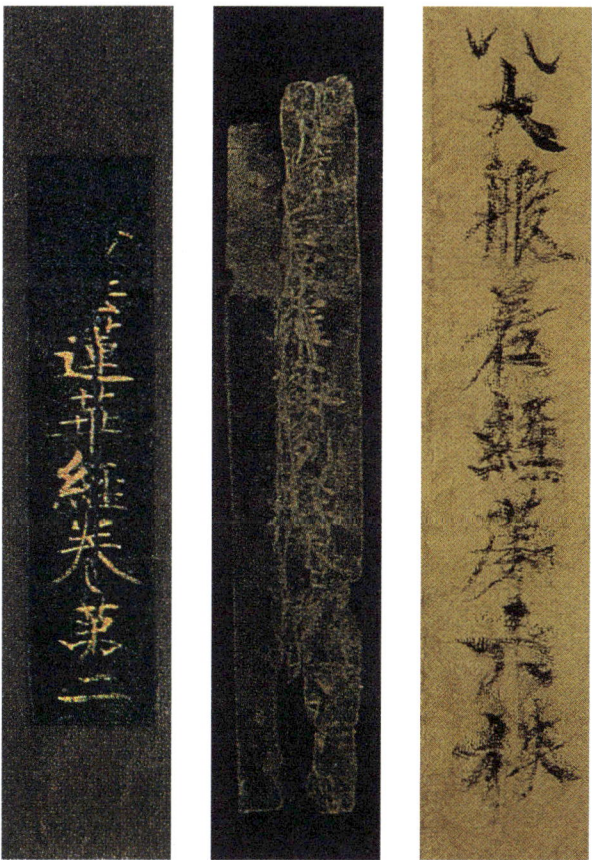

■ 215 唐代卷轴书籍褾首题签

首外前杆之侧靠上的部位。书籍收卷以后，书名在外，检索相当便利。苏州瑞光寺塔发现的五代金银书《妙法莲花经》一部七卷，褾首的外面用泥金绘制着有几何形边框的牡丹图案，在画面左上角近褾杆处，书写着加边框的泥金楷书经名题签。（图213、214）

在浙江省收藏的敦煌文献中，我们荣幸地看到了唐代卷轴书籍褾首上的题签：一件上书"妙法莲花经卷第二"，一件上书"大般若波罗蜜多经卷"，另一件为"大般若经第六帙"褾首的残片。这三件褾首题签均为织锦，可以想象唐代经卷褾首之华美。（图215）

卷轴书籍裱首题签既是简册卷外简背书名的继承，亦是后来册页书籍书衣题签的雏形。

三、卷轴书籍的褾杆、褾带和别签

褾杆 也叫前杆，是卷在褾首前端边缘的竹木制的细长杆，其作用是使书卷的起首平整服贴，便于卷装捆扎。褾杆装潢后裹在卷端的纸张或锦缎内，从外面看不出材质。敦煌莫高窟藏经洞发现的一些唐代卷子上，前杆至今犹存。苏州市瑞光寺塔发现的五代金银书经卷的前杆以扁形的细竹杆制成。

褾带 穿系在褾杆中间部位用以捆缚书卷的丝织品带子，是卷轴书籍外部装潢的重要组成部分。褾带有宽有窄，有厚有薄，有织有编，其长度以缠绕书卷几匝即可。山西省应县木塔内的释迦佛像内发现的经卷，卷首褾带为丝织品，上面织有绚丽的花纹。褾带同轴头一样，也是卷轴书籍区别书籍类别的重要标志。据文献记载，唐代内库藏卷轴书的褾带分为：经库黄褾带，史库褾（青白色）褾带，子库紫褾带，而集库则是朱褾带。色彩丰富，标识鲜明。

别签　是一种尾端有孔，穿系在缥带末端，由竹木、兽骨、象牙和玉石等多种材料制成的尖长形的别签，在缥带缠绕书卷后插别在卷上，起着固定书卷、防止散开的作用。别签小巧玲珑，有的上面还雕琢着精美的花纹，是卷轴装帧的点睛之处。（图216）

卷轴书籍完整的装帧以佛经为例，从首至尾，基本上由以下元素构成：1.别签　2.缥带　3.前杆　4.包首　5.扉画　6.正文　7.卷尾　8.轴杆　9.轴头。

卷轴书籍一般只写正面，极个别卷子正背两面都写。例如敦煌莫高窟发现的唐代《地志》，背面便绘制着《占云气书》。

四、卷轴书籍的书帙与书函

书帙　卷轴收卷以后，有些书卷还要用纺织品裹封，这种裹封对书卷的收藏起着重要的保护作用。敦煌莫高窟藏经洞发现的许多经卷、文书，均以纺织品经帙封装，有些还裹封了两层帙袱，每包十卷，这种封装称为书帙。（图217）古代书帙一般用普通的白布，也有的用绢绸，甚至还有用金襕缎子这类高档料子的。

内蒙古巴林右旗辽代庆州的白塔内，曾发现一件"红罗地联珠人物绣"的夹层经袱。经袱长27.5、宽28厘米，中心绣一戴胄、披甲、骑马，双手擎鹰的人物。经袱白绢衬里，一角有绢带，为包裹时打结所用。这件富有民族特色的经袱，以铺绣工艺表现书帙图案，极为精美。（图218）

书帙上一般还有书名题签。斯坦因在敦煌莫高窟藏经洞窃取经卷时，只要经卷的袋子还保存着，其助手蒋孝琬就能很容易读出该佛经的篇数、册数和卷子。看来这些书帙上写有便于识别的篇名、册

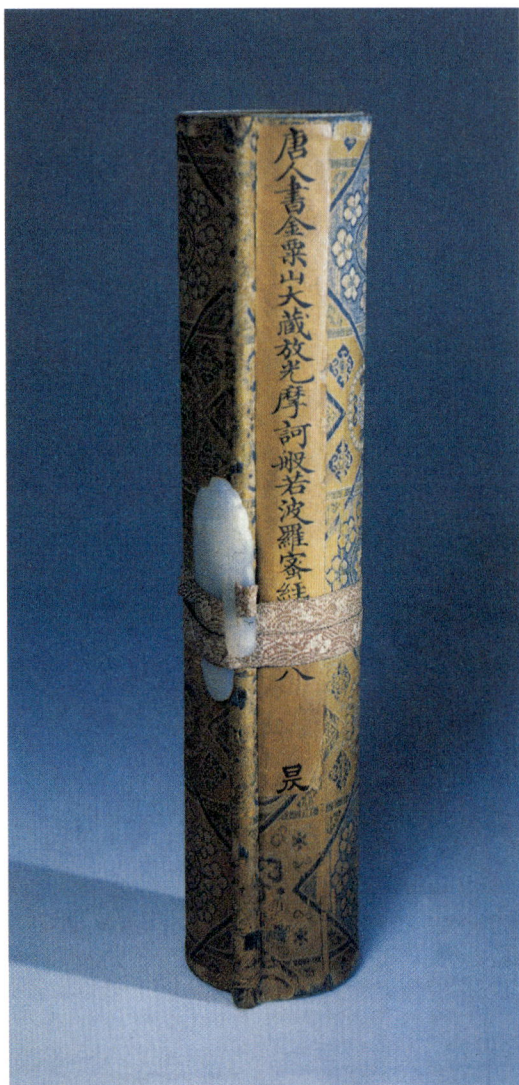

■ 216 题签、缥带、别签

■ 217 敦煌莫高窟藏经洞的书帙

■ 218 辽代庆州白塔内发现的"红罗地联珠人物绣"夹层经袱

数和卷号的题签。有些书帙上的篇名、册数和卷号很可能就写在或缝在书帙表面。

我们有幸在《俄藏敦煌艺术品》一书中看见了两件挂在书帙上的帙带：一件为湖蓝色菱形回纹格绫，上面用黄丝线刺绣出"大般若经第廿五袟"，文字刺绣后两边折合向内包缝，帙带下面还缀有黄色的线穗。另一件为紫红色绢制，绢面对缝后翻折成筒状再压扁，其上墨书"大般若经第四十四袟"。背面下端书写一"恩"字，应为当时的抱恩寺藏经所用。（图219）

这两件书帙帙带，署明书名、帙号，悬挂在书帙一端，取阅查检十分方便。书帙双层缝合以增加厚度，湖蓝色刺绣文字帙带当属精心制作的。

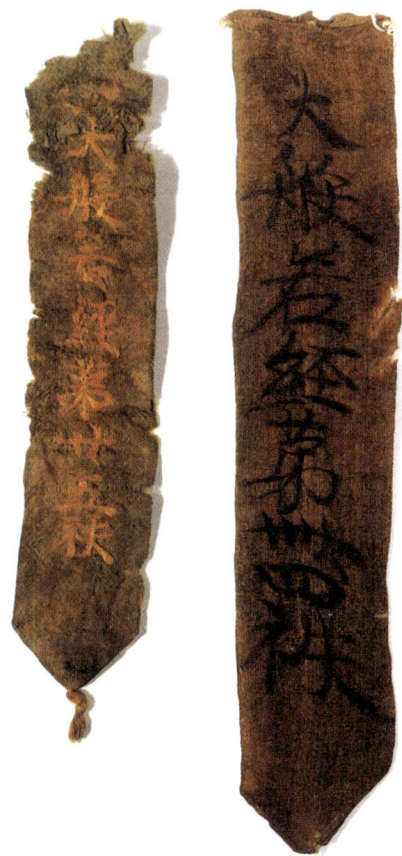

除此之外，我们还在该书中看到了两条缠扎经帙的帙绦，一条为绿色，一条为黄色，均为双层缝合，虽已褪色，依然能看出当时的绚丽色彩。（图220）

以上几件帙带、帙绦，均为唐代原物。

书帙盛放书卷据文献记载，大致一帙十卷左右。晋葛洪《西京杂记》二卷序云："刘子骏《汉书》一百卷，无首尾，始甲终癸，为十帙。帙十卷，合为百卷。"

除纺织品外，古代还有用细竹篾编织成的帘状书帙，内里衬以薄绢。由于竹篾硬挺柔韧，较之纺织品，

■ 219 俄罗斯藏敦煌书帙的绢制帙带

■ 220 俄罗斯藏敦煌书帙的帙绦

■ 221 敦煌莫高窟发现的竹制书帙

■ 222 苏州瑞光寺塔发现的五代嵌螺钿经函

对书卷的保护愈加妥善。梁昭明太子萧统曾对这种竹帙盛加赞扬："擢影兔园池，挺茎淇水侧。朝映出岭云，莫聚飞归翼。幸杂缃囊用，聊因班女织。一合轩羲曲，千龄如可即。"（《咏书帙诗》）斯坦因在敦煌藏经洞发现的经卷中，就有细竹篾编织加衬丝绸的卷轴书帙，长短与书卷尺寸相适。这些经卷皆为唐人所写，竹帙有可能也是唐代故物。（图221）苏州瑞光寺塔也发现了五代时裹装经卷的竹编经帙残物，竹丝精细，长30厘米。至于有些用斑竹制成的书帙，因竹面上有褐色的花斑，就更加美观。

1971年11月，浙江省绍兴县古墓出土了一座金涂塔，塔高约33厘米，内放一红色小木筒，长约10厘米，筒内藏经一卷。经卷首题"吴越王钱俶承造《宝箧印经》八万四千卷，永充供养，时乙丑岁时"，乙丑为宋太祖乾德三年(965)。吴越王钱俶刊印的佛教经典，质量和数量久负盛名。这个木筒中盛装的经卷历千年而至今纸质洁白，墨色如新，实为罕见。这个红色小木筒大概是金涂塔内专门用来盛装经卷的，它对书卷的保护很为完善。

书函 是盛装卷轴的盒匣。书籍装入硬质的函匣以后，保护条件更加完善。唐代武平一《徐氏法书记》云："切睹先后(武则天)阅法书数轴，将拓以赐蕃邸。时见宫人出六十余函于亿岁殿曝之，多装以镂牙轴，紫罗褾，云是太宗时所装。其中故有青绫褾，玳瑁轴者，云是梁朝旧迹。"唐时皇宫一次晾晒六十余函书，看来书函的使用比较普遍。

江苏省苏州市瑞光寺塔曾发现一只五代时盛放碧纸金书《妙法莲华经》的嵌螺钿经函，长35、宽12、高12.5厘米。经函木胎，木胎上漆灰，胶麻布，再经打磨后髹黑漆。经函通体还用700多片天然彩色贝片镶嵌成各种花卉图案，华美异常。（图222）

五、卷轴书籍的插架存放

卷轴书籍一般为插架存放，书卷裹封后叠放在书架上，轴头一侧向外，悬挂着写有书名、卷次的牙签，寻检抽取十分方便。(图223) 朱子诗云："老翁无物付儿孙，楼上牙签满架垂。"咏的便是插架存放、悬挂牙签的卷轴书籍。唐代邺侯李泌家富藏书，诗人韩愈曾赋诗盛赞其藏书之美："邺侯家多书，插架三万轴，一一悬牙签，新若手未触。"(《送诸葛觉往随州读书诗》)

插架三万轴的"邺侯插架"，现代已成为图书丰富的象征。清华大学老校歌的歌词中即有"左图右史，邺架巍巍"的词句，以邺架巍巍象征清华藏书之浩繁。

六、卷轴书籍的规格与袖珍装

卷轴书籍的幅宽是与纸张幅宽相联系的，纸张的幅宽基本上是卷轴的宽度。据文献记载和现代考古发现，我国卷轴书籍的幅宽与当时政府规定的尺子的长度单位关系密切，这大约是汉代简牍"尺籍"或"尺书"的遗制。王国维考证：我国历代"尺度之制，由短而长，殆成定例"。尤其是东晋至后魏三百年间增率达十分之三。这是由于"魏晋以后，以绢布

为调(征收纺织品的户税)，官吏惧其短耗，又欲多取于民，故(尺度)代有增益。"[注] 尺子加长了，纸张宽度随之增加，卷轴书籍的幅宽自然也呈加宽的趋势。

两晋南北朝时期，一尺合今24.2～24.7厘米，当时遗存的经卷宽度在23.5~25厘米之间。《隋书·律历志》记后魏前尺、中尺分别合今27.9、28.6厘米，北魏的经卷也在27~28厘米之间。隋唐时一尺合今29.7厘米左右，现在看到的隋唐经卷幅宽约在30厘米上下。到了宋辽时期，尺度加长，一尺合今31.4厘米，经卷的宽度也多在29~31厘米左右。

这种纸张和尺子长度相近的原因，除了古代文书"尺牍"的影响之外，大概还有造纸过程中以一尺为幅宽标准便于计量的技术因素。

卷轴书籍的长度则因书籍文字和图绘数量的多少而有所不同，二三米、五六米属一般，十七八米、二十几米的长卷也时有所见，斯坦因劫掠到英国的编号为s4052的《金刚经注》长达99英尺(30米)。

卷轴书籍的连接从敦煌藏经洞和苏州瑞光寺塔发现的经卷来观察，均是将数张或数十张经纸粘接而成，粘接缝的宽度大致为3毫米左右。(图224)古代粘接经纸的糨糊质量很好，粘接力很强，历千年而不脱落。元代陶宗仪在《南村辍耕录》中

注：王国维《观堂集林·宋三司布帛尺摹本跋》

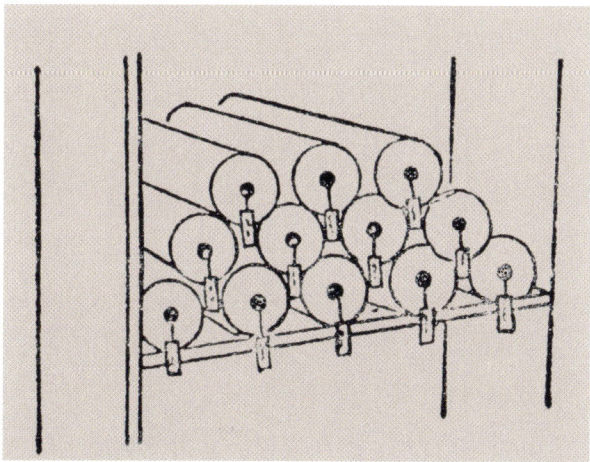

■ 223 卷轴书籍的插架与牙签

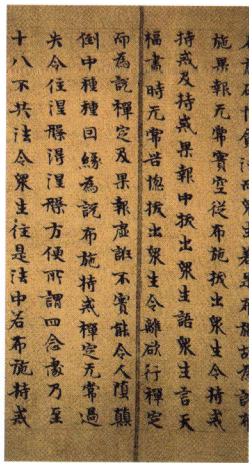

■ 224 敦煌经卷的接缝

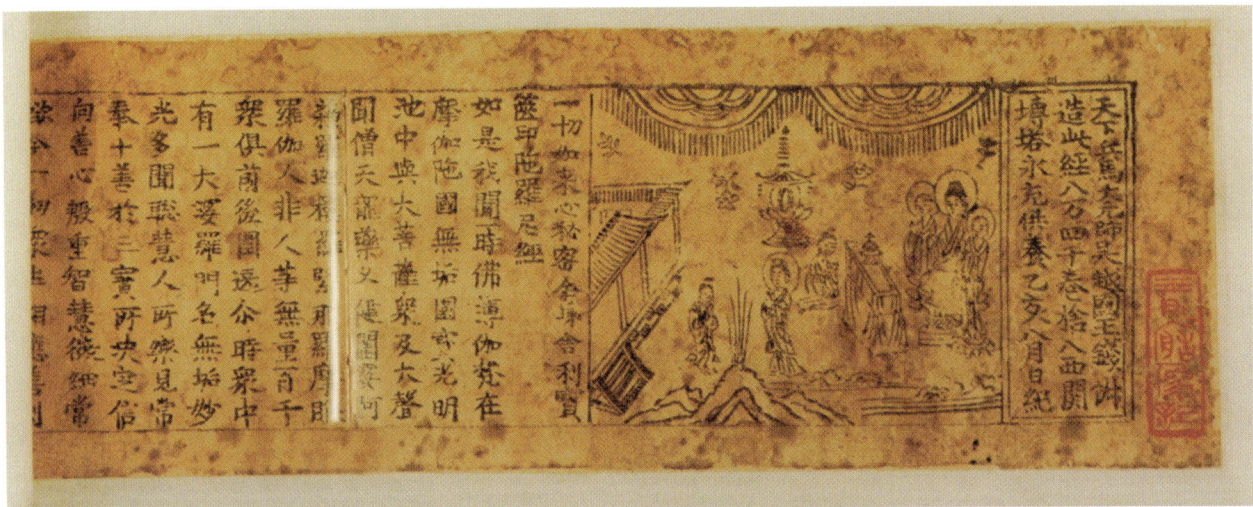

■ 225 杭州雷峰塔发现的吴越国雕印的宝箧印经(重装本)

曾记有古时的糨糊做法，有人问僧永光："前代藏经，接缝如一线，日久不脱，何也？光云：'古法用楮树汁、飞面、白芨末三物调和如糊，以之黏接纸缝，永不脱解，过如胶漆之坚。'"

卷轴书籍纸张厚的如硬黄纸、碧纸一般不用托裱，直接粘接即成。较薄的纸张则要覆托一层衬纸。如果在书卷上下裱上色纸或绫边，那就是更高档的装帧了。

卷轴书籍中还有一种袖珍的书籍值得我们关注。由于这种书籍版本狭小轻便，可以挟藏在古代宽袍博袖服装的袖内，故名袖珍装。袖珍书籍与我国古代的巾箱本有着密切的关系。巾箱是古代读书人放置头巾和书籍的小箱子，可以随身携带。晋代葛洪曾将刘子骏《汉书》一百卷"抄出为二卷，以裨《汉书》之阙"，名之为《西京杂记》，置于巾箱，随身携带，以便随时阅读。后葛洪家中失火，所有书籍都化成灰烬，惟此二卷书由于经常置于巾箱，尝以自随，得以幸免。又有南齐衡阳王萧均曾手写小字《五经》为一卷，置于巾箱，以备常用。更有人将《前汉》、

《后汉》、《史记》、《三国志》、《晋阳秋》、《庄子》、《老子》等书共六百三十四卷，刻成细字小帙，放在一个巾箱中，以便携带。这种书籍称为巾箱本，它是我国古代书籍袖珍本的发展。

此外，我国袖珍书籍另外还有一个来源，即佛教文化的引进。《大唐西域记》摩揭陀国条云："印度之俗，香末为泥，作小窣堵波，高五六寸，书写经文以置其中，谓之法舍利，数渐盈积，建大窣堵波，总聚于内，常修供养"(窣堵波即梵语塔)。就是说古代印度有将小规格的经卷放在佛塔内常修供养的习俗。

我国自 20 世纪以来，在寺庙佛塔内多次发现小型经卷：1917 年，浙江省湖州天宁寺的石刻经幢座大象鼻中填塞的石楔脱落，于象鼻中发现《一切如来心秘密全身舍利宝箧印陀罗尼经》刻本两三卷。卷高 8 厘米，版心高 6.2 厘米，行八九字，经文加题记共 342 行。经前有扉画，画上绘人拜塔状，画前有钱俶(929～988)印宝箧印经，在塔内供养的题记四行。此经卷轴极精，刻于后周显德年间。

1971 年 11 月，浙江省绍兴县出土吴越王钱俶

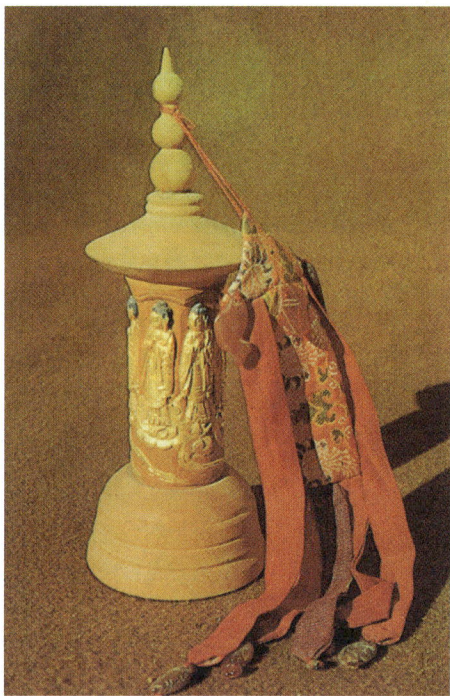

■ 226 辽代庆州发现的内藏经卷的法舍利塔之一

雕印的经卷,放在长约 10 厘米的小木筒内,其幅宽必定窄于小木筒。

1988 年,内蒙古巴林右旗辽代庆州白塔内发现的一百多卷雕版印刷经卷,幅宽多在 9~11.4 厘米之间,而长度则有一二米和三米多长的。其中《妙法莲华经》一卷,幅宽仅 19 厘米,而长度则达 20 多米。此外,1966 年韩国庆州佛阁寺释迦塔发现的《无垢净光大陀罗尼经》,经轴竹制,两端髹以光漆,经卷长 6.3 米,而幅宽仅 6 厘米,显然是小型经卷的最优者。

《宝箧印经》

1924 年,浙江省杭州市西湖的雷峰塔倒塌,从顶层的有孔藏经砖中发现此经卷,卷长 2 米,径高 7 厘米,版心高 6 厘米,黄绫包首,题《宝箧印经》,卷首双框内题刊三行:"天下兵马大元帅吴越国王钱俶造此经八万四千卷,舍入西关砖塔永充供养。乙亥八月日纪。"接着是扉画礼佛图,其后为经文,行 10 字,共 271 行,版面刻有上下栏线。北宋开宝八年(975)八月刻印。题记中的"西关砖塔"即杭州雷峰塔 。(图 225)

吴越国是钱镠(852~932)在后梁开平元年(907)创立的占据两浙十三州的偏安小朝廷。钱俶是吴越国的第三代王,在后周和北宋曾先后受"天下兵马都元帅"和"天下兵马大元帅"之称。他在位期间,崇尚佛教,曾雕印了很多经卷普施四方或藏入佛塔。这些经卷不但小巧玲珑,而且扉画、文字雕刻精细,印刷清晰悦目。

庆州白塔枨竿《陀罗尼经》

1988 年,内蒙古巴林右旗辽代的庆州白塔复修时,在塔刹的相轮樘五室中发现了内藏经卷的 106 座法舍利塔。这些佛塔除一座为 28.5 厘米高外,其余均高 23 厘米。塔为柏木制,或作彩绘,或为贴金,塔身各部件雕旋后互相插接而成,塔体中空呈筒形。(图 226)每座塔内入藏一卷由长 18、宽 9.5、厚 0.035 厘米的紫铜(或铜捶金)制成、且镌刻有《相轮樘中陀罗尼咒》经文的铜版。铜版卷曲为轴杆,外面卷以用小字雕印的《佛像中安置法舍利记》和大字雕印的《根本陀罗尼》经卷各一卷。每三式一套,称为枨竿陀罗尼。这些经卷均为白麻纸,宽度在 8.7~9.5 厘米之间,长度短的有 98 厘米,较长的则达 334 厘米。版面雕有栏线,小字印本的栏线还作四周双边,内绘由金刚杵和圆形纹样组成的花纹。

这一大批经卷,中轴由镌字的铜制经版卷曲而成,外卷小字和大字经文,三式一套,白绢包袱,盛装在木制佛塔内。经卷装帧独特,制作精美,形制完备,实属佛教卷轴袖珍书中的珍品。

卷轴袖珍书为卷轴书籍的装帧增添了异彩。

第三节　卷轴书籍的版面艺术

卷轴书籍的版面排列继承了简帛书籍版面的传统，它既是简帛书籍版面高度总结，也是我国以舒卷展读为特征的古代书籍版面发展的最高阶段。卷轴书籍的版面艺术为其后册页书籍的版面排列提供了成功的经验。

卷轴书籍版面艺术集中表现在以下几个方面：

一、趋于稳定的排列通则

我国书籍的版面排列发展到唐宋时代，已经形成了比较稳定的版面排列通则，这些版面通则上承简帛之绪，下开册页书籍先河，以严密的结构形式，具备了承上启下的艺术面貌。

卷轴书籍的排列通则有以下几点：

1. 首尾呼应的题名之制

首尾呼应的题名在简册书籍时代已有表现，如前述汉代肩水金关遗址《守御器簿》就是首尾有题名的简册。

到了卷轴书籍时代，书籍题名制度逐渐完备，不但正文起首有了单占一行的书名、篇题，而且在文末卷尾再次书写书名、篇题，前后呼应，加深了读者的印象，免去了卷长幅广，读者检阅书名、篇章的不便。首尾呼应题名之制的另一个作用是：如果书籍卷前残破失去前题之后，卷后尾题即起着补充书名的作用。例如敦煌藏经洞遗书中许多卷前残破，失去前题的经卷名称，就是由卷后尾题得知的。（图227、228）

首尾题名之制是卷轴书籍对我国书籍版面题名制度和排列格式的重大贡献。自此之后，我国古

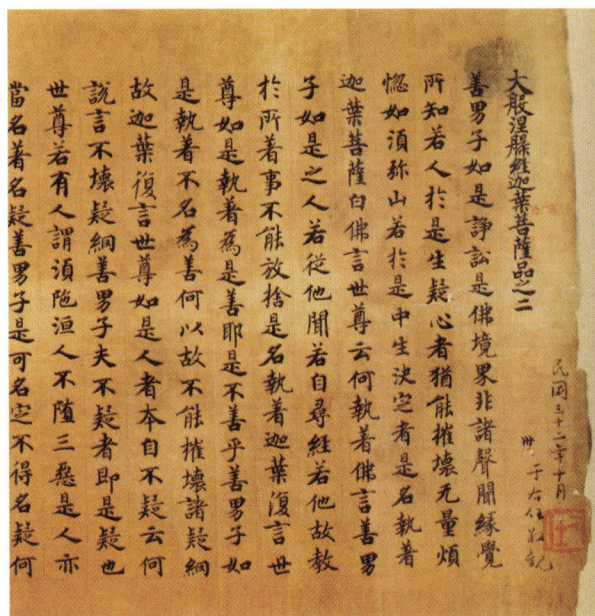

■ 227 经卷卷首题名

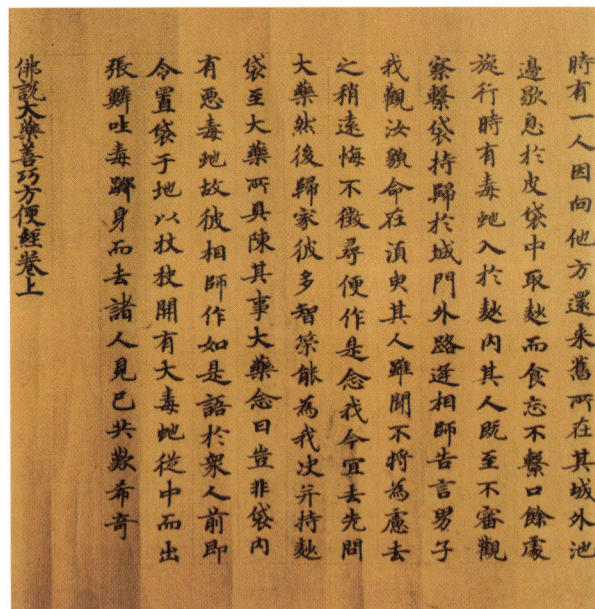

■ 228 经卷卷尾题名

代书籍版面排列就出现了规范、统一的标题格式。

2. 成书记录的题记之制

题记是正文结束之后的一种记录性文字，用以说明书籍成书过程中的一些情况。题记在简帛书籍中已有端绪，但很简单，仅以"右××"说明何种文章，或以"凡××字"说明正文的字数。

进入卷轴时代以后，书籍题记内容日趋丰富，逐渐成为书籍形成过程中稳定的记录性文字。书写也由早期比较随意的排列而形成为较为规范的格式。

卷轴书籍尾题的内容丰富，一般有纪年、书写人、校对人和佛经的发愿文。比较丰富的题记不但书有写经者、装潢手，而且还细列详阅者、初校、二校、三校及监制者的署衔、姓名，甚至连用纸张数等也一并题记，反映了写经记录制度的完善。这些题记不但文字内容丰富，而且在排列格式上也十分规范。由于题记属于附属性文字，在性质上次于正文，因此排列时一般低于正文，字的规格也较正文为小。

唐咸亨三年（672）王思谦书写的《妙法莲华经》这类在敦煌遗书中常见的题记，即是卷轴书籍卷尾题记的典范格式。（图229）后唐同光三年（925）王子通书写的《金光明最胜王经》题记则是另一种比较自由的格式。（图230）

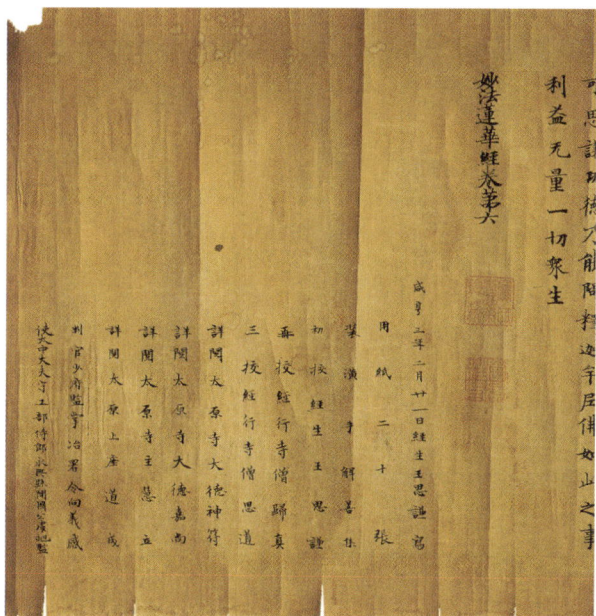

■ 229 唐咸亨三年《妙法莲华经》卷尾题记

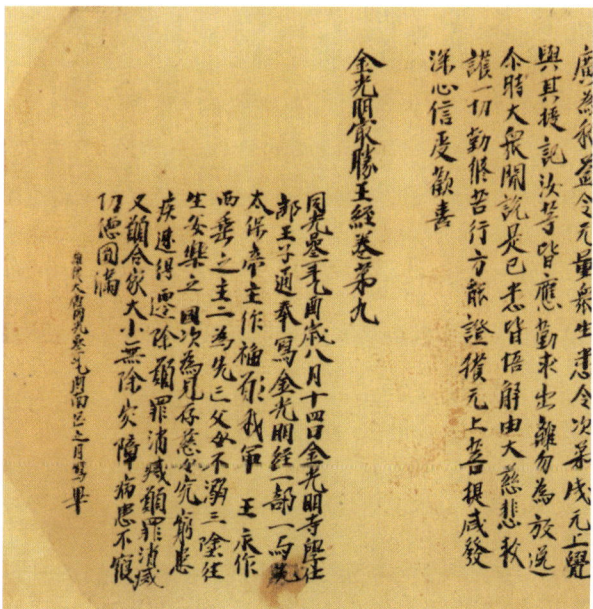

■ 230 后唐同光三年《金光明最胜王经》卷尾题记

3. 泾渭分明的注文之制

我国先秦古籍大多言简意赅,古奥难懂,由于去古已远,后人对前人著述中的文句多有不解。汉唐以后,有些学者以校勘、注疏为业,对古代文献中的人物、名物、语汇、事件、内容做一些校勘正误、诠释正文、阐述见解或补充正文之不足的工作。由于这些文字不是本文,因此应与本文有明显的区别。在简帛书籍中,我们从文献得知东汉初年,当时的学者贾逵(30~101)、董遇等人曾用朱墨两色分别书写《春秋》、《左氏传》的原文和传注,以示区别。两人分别还撰有《朱墨别》和《朱墨别异》。

南北朝时,陶弘景撰本草著作《名医别录》,将《神农本草经》的原文以朱笔书写,将后人批评文字以墨笔书写,反映了他对正、注文区别的重视。现在我们看到的较早的正、注文两色写本是发现于敦煌莫高窟的一帧题为"大唐天宝元年(742)五月 日白鹤观御注"的《金刚般若波罗蜜经注》册页书籍,页面上划有细而规整的黑色栏线、界格。书籍以朱笔书经文,墨笔书注释,朱墨相间,判然有别。

但是这种双色书写的形式在大量的书写和印刷书籍中难以推广。因此一些正、注文没有明显区别,注文与正文字体同样大小的书,后人阅读传抄时常有注文窜入正文的现象发生,以致对文义的理解产生歧义。

后来,人们尝试将注文写成小字,双行排列于正文大字之下,以强调两者差别。经过长期实践,成为一种区别正、注文的固定形式。(图231、232)

双行夹注的注文之制不但使正、注文两者泾渭分明,而且使书籍版面产生了文字的大小变化,从而逐渐成为书籍版面排列的一种通则。这种通则在其后的册页书籍版面中得到进一步的发展。

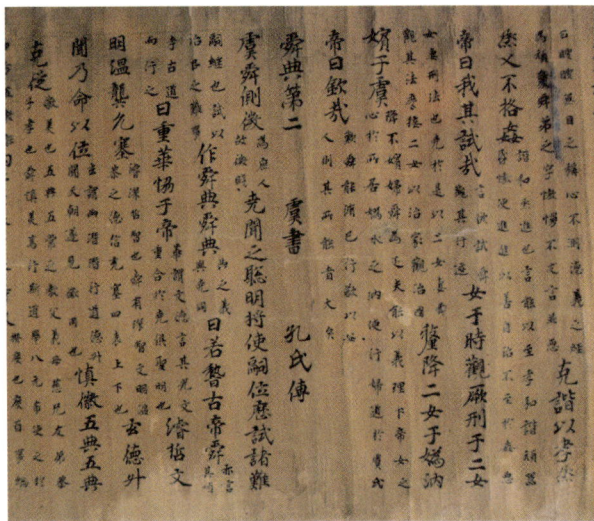

■ 231 敦煌莫高窟唐写本《尚书》中的双行注文

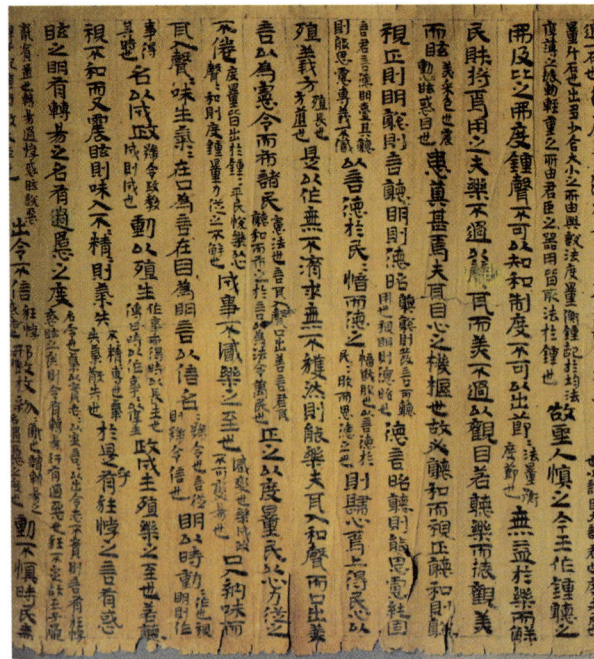

■ 232 《国语》双行注文

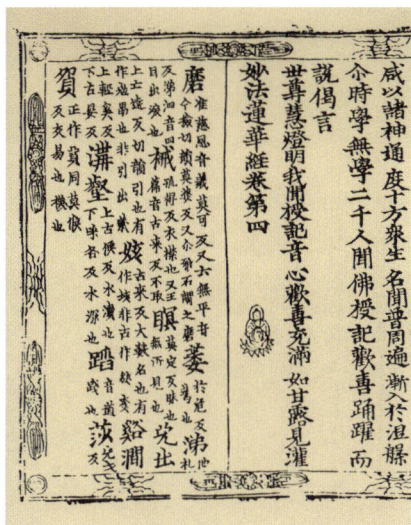

■ 233 应县释迦塔内所出经卷上的双线边栏

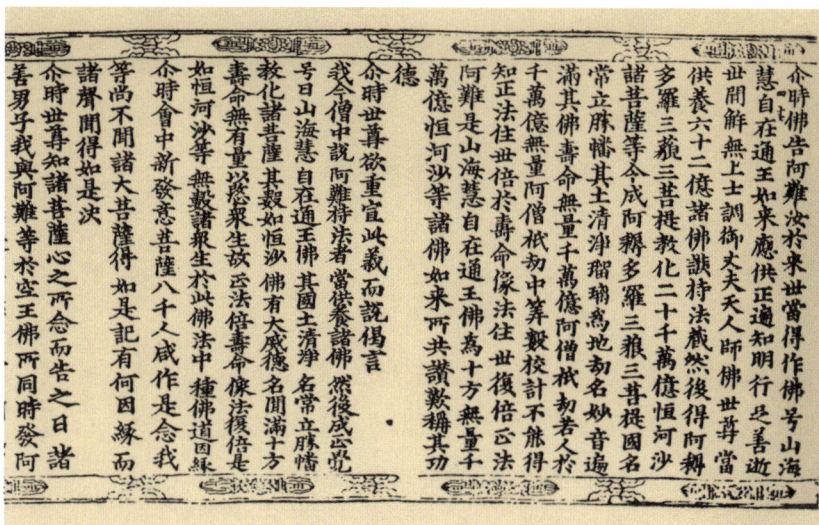

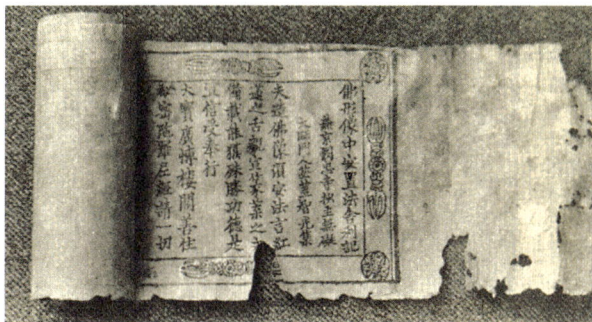

■ 234 辽代庆州白塔内所出经卷上的双线边栏

二、美观多样的版面栏目

1. 规范美观的界格栏线

在缣帛书籍中已经成熟的界格、栏线，发展到卷轴时代愈加显示了它规范版面的功能和艺术价值。卷轴书籍中的界栏多用铅条划线，所画线条纤细挺直，似隐似现，凸现了文字的效果。除了通栏界格外，北朝时期的佛经中还常常划有三四栏的横栏线。这些界格、栏线对于规范文字的书写具有良好的作用。

卷轴书籍中的栏线早期比较细，后来逐渐加粗。雕版印刷双线边栏的出现，是卷轴书籍版面边栏的一大贡献，它使边栏突破了单纯规范文字的作用，步入了版面装饰范畴。例如山西省应县木塔释迦像内和内蒙古辽代庆州白塔内发现的经卷都有双线边栏。双栏内刻绘着三股金刚杵和许多佛教文化的图案和花纹，起到了烘托宗教气氛和装饰美化版面的作用。（**图 233、234**）

此外，在金银泥书写的经卷中，有些栏线还划成金丝栏或银丝栏，采用金银色交相互用的方法,使版面出现了金银交辉的华贵效果。

2. 形式多样的栏目分割

卷轴书籍版面中的栏目丰富多样,通栏、两栏、三栏、四栏、五栏、六栏皆有。其中有的版面是通栏兼两栏或者四五栏,这些栏目的分割与书籍的内容有着密切关系。(图235、236、237)

多栏的文体,字数一般简短。例如佛经中供唱颂的偈语,多为四五字的短句,以栏分割以后,断句明快,唱颂方便,符合了书籍实用的需要。有些图文结合的书籍,版面也作两栏分割,形式更加活泼。

版面有了栏目的间隔,化解了呆板,增加了明快和节奏,使得版面更加清晰、更有条理和更为艺术化。

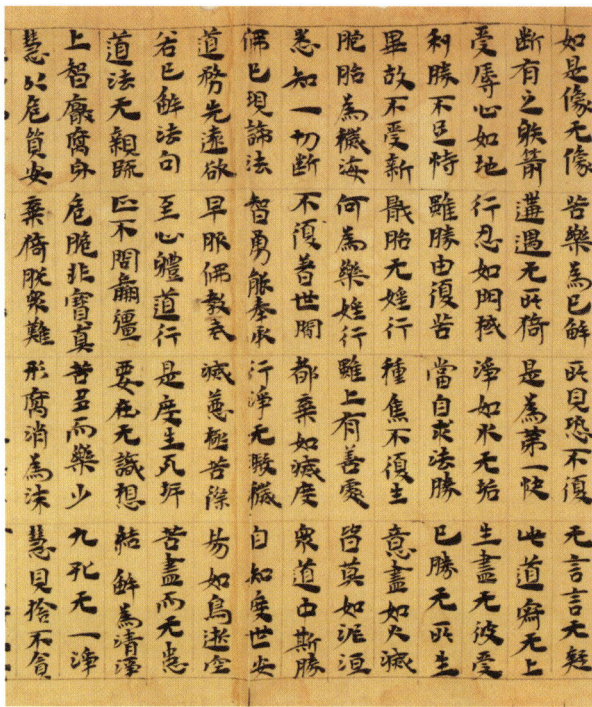

■ 236 浙江省藏敦煌经卷中的四栏排列

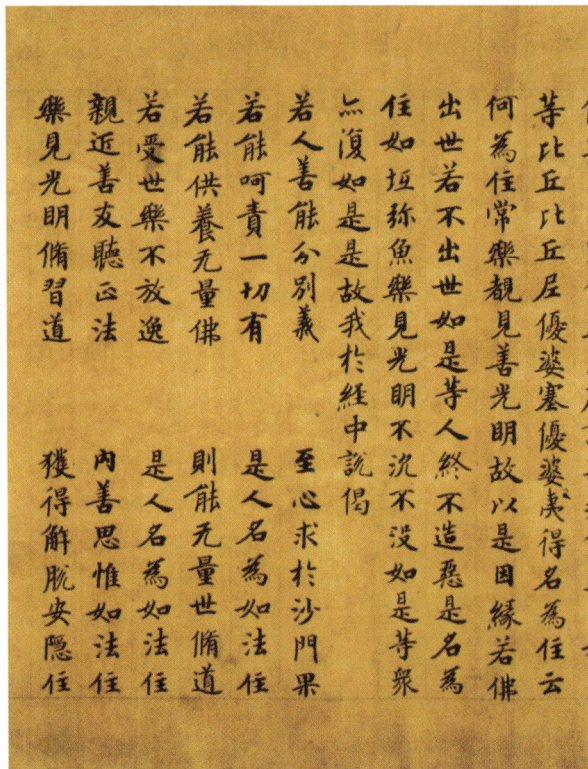

■ 235 敦煌经卷中的通栏兼两栏排列

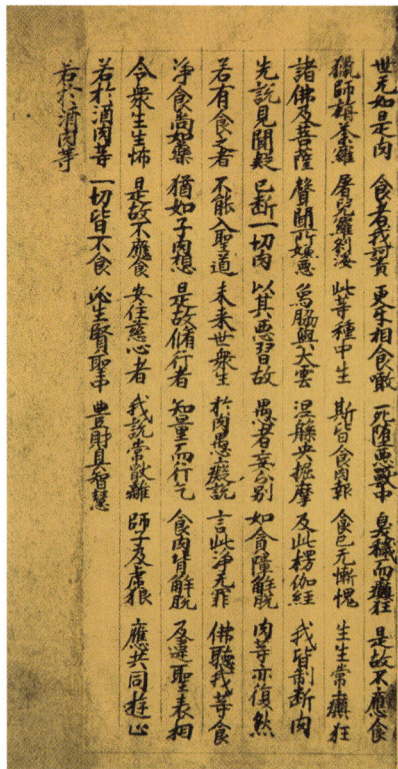

■ 237 浙江省藏敦煌经卷中的六栏排列

■ 238 浙江省藏敦煌经卷中的手绘卷首扉画

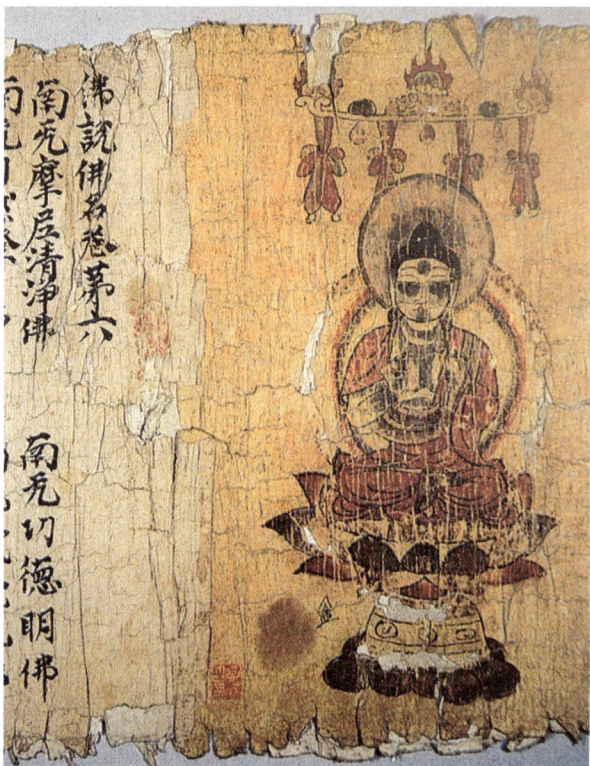

■ 239 上海博物馆藏敦煌经卷中的手绘卷首扉画

第四节　卷轴书籍的图绘艺术

一、开卷即见的卷首扉画

卷首扉画是卷轴书籍继承简帛书籍图绘艺术之后的创造性发展,揭开了我国古代书籍书前扉画的序幕。

卷首扉画位于卷轴书籍的缥首之后,正文之前,开卷既见,图绘美观,赏心悦目,具有审美上的意义。卷首扉画源于佛教经典,目的在于以扉画这种特殊的形式引起人们对佛教经典的兴趣,借以传播佛教经义,普及佛教知识,扩大佛教影响。卷首扉画与唐代以来兴起的单页佛画关系密切,史载唐"玄奘以回锋纸印普贤像,施于四众,每岁五驮无余"(冯挚:《云仙散录》引《僧园逸录》)。

佛经卷首扉画以佛教内容为主,一般包括护法神像、经变画、供养人像等,较多的表现题材是释迦说法图。扉画起初是手工绘制,早期的比较单纯,多为一尊佛像。在敦煌莫高窟藏经洞发现的唐写本经卷上我们看到了手工绘制的卷首扉画,设色艳丽,绘制精细。(图238、239)

雕版印刷发明以后,扉画采用印刷技术,较之手绘,速度更快,效率更高。我们目前见到的最早的雕版扉画即是唐咸通九年(868)的《金刚经》扉画。此扉画绘制释迦牟尼在弟子、菩萨和护法天王、天人簇拥下,为须菩提说法的情景,刻划细腻,雕印精细,是卷轴书籍扉画中的典型作品。这帧扉画的内容和形式是其后大多数佛教经卷扉画沿袭的范本之一,如辽代刻经扉画。(图240)

青岛市即墨、胶县两县博物馆分藏的金银书《妙法莲华经》七卷二十八品,经卷为碧纸,卷轴装,北宋庆历四年(1044)绘制于四川西充县。各卷卷前

■ 241 青岛北宋金银书《妙法莲华经》卷首扉画

均有金银泥绘制的扉画，扉画横长即达 150 多厘米，这应该是卷轴书籍扉画中的皇皇巨制了。各卷扉画一般包括护法神像、经变画、如来说法图等，同时各卷经变画的内容还与该卷各品经文内容相适应，具有形式和内容的统一性。

此经卷扉画以金银泥绘制，勾勒与平涂兼用，画中根据人物身份和情节需要，一般人物、背景、边框用银色，而有些需要特别强调的人物、器物和文字则用金色。经卷扉画的构图复杂，主次分明，人物表情庄重，姿态生动。绘制疏密得当，线条精丽，在碧纸的衬托下，金银交辉，美不胜收。（图241）

甘肃省张掖市大佛寺收藏的清代金银书《华严经》《报恩经》中，各有一卷的卷首扉画为金线构成，以石青、石绿、丹石、朱砂、白银粉设色，人称"八宝五彩佛画"，其艺术价值不可估量。

卷首扉画在五代、北宋以后有了长足的发展，产生了许多精美的艺术品。书籍装帧进入到册页装帧阶段以后，经折装和其他册页装书前均有丰富美观的扉画。

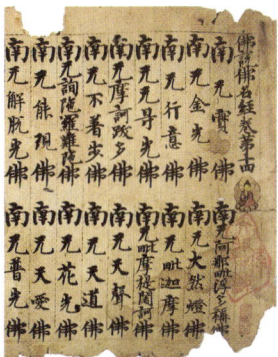

■ 242 《佛说佛名经》的卷首小佛像

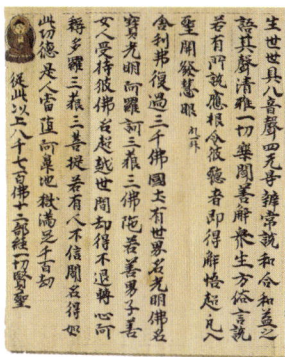

■ 243 《佛说佛名经》的卷尾小佛像

二、活跃版面的插图点缀

在一些卷轴书籍中，我们偶尔会看到书卷的字里行间插绘着彩色的佛像。这类佛像画法娴熟，造型简洁，色彩饱和艳丽，有的较大，能占好几行空间，有的较小，仅占一行字格。它们美化了版面，使佛教经文出现了活泼的气氛。

天津市艺术博物馆藏的《佛说佛名经卷第十四》在卷首标题下绘有一尊小佛像，（图242）敦煌县博物馆藏的《佛说佛名经》在卷尾末句上端绘有一尊小佛像。（图243）这类佛经以图绘点缀的形式美化了经卷的起首和结尾。

上海博物馆藏的《佛说佛名经卷第六》，除在卷首绘以单躯扉画外，另在"从此以上四千六百佛十二部经一切贤圣"以至"五千二百佛"之间的每一小节标题之上彩绘一尊小佛像。（图244）甘肃省藏的《佛名经卷第三》，共29纸565行，彩绘佛像14尊，亦属同类的版面现象。

而俄罗斯藏敦煌文献一件残卷版面上的佛画则是另一种形式。卷面上绘制着两尊彩色佛像，一尊为日曜菩萨、一尊为月净菩萨，图绘较大，占了七八行字的

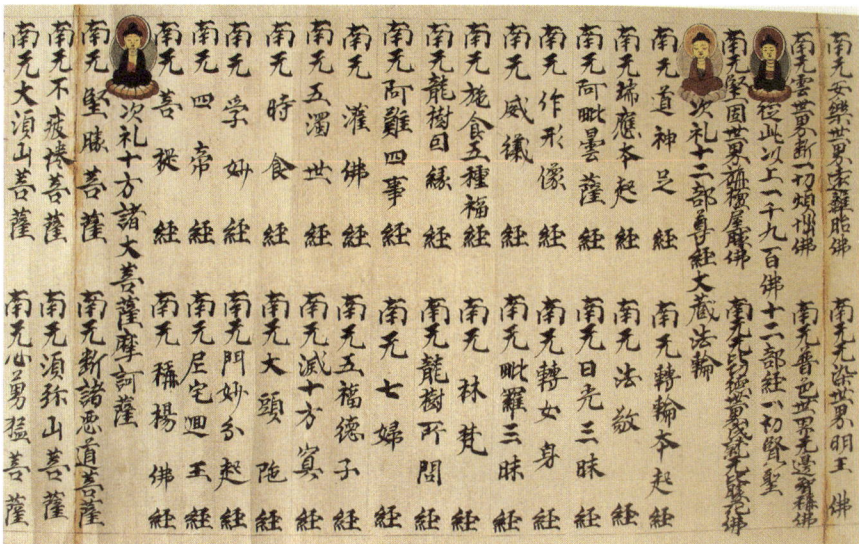

■ 244 上海博物馆藏《佛说佛名经》每节标题上的卷尾手绘小佛像

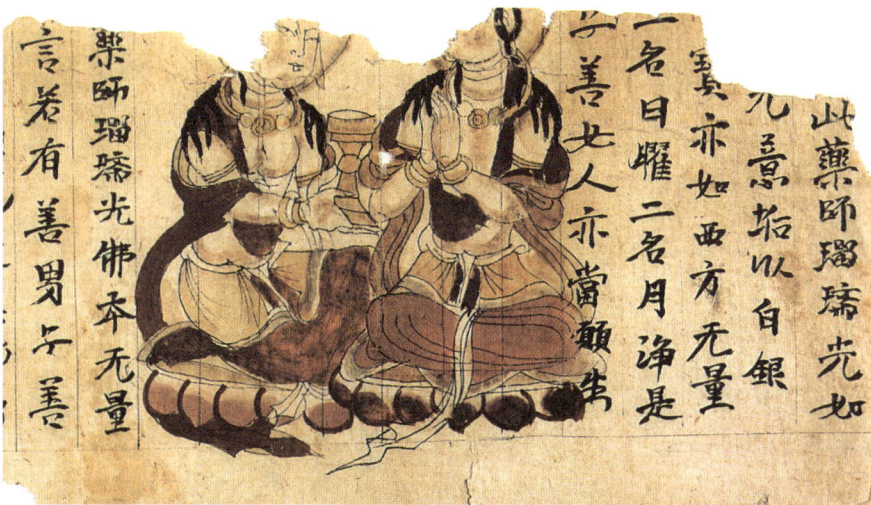

■ 245 俄罗斯藏敦煌文献残卷文中的插图

空间,从文字笔画压到图上来看,佛画应该是在书写前就画好的。(图245)

如果说卷首、卷尾的小佛像是佛经中用以活跃版面的点缀,那么俄藏敦煌经卷上的插图就属于一种预先的版面设计行为。它们的意图都是使经卷版面突破单调的黑白状态,出现色彩丰富的效果。

这些小佛像的绘制较为粗简,具有程式化的特点。大插画绘制的则比较精细:姿态自然,线条流畅,着色丰富,似乎是专业画匠所绘。看起来这类经卷是由写经者和绘画者共同完成的。

三、图文并茂的图绘书籍

国内现存的敦煌遗书中,我们看到的大多是纯文字书籍,彩绘书籍很少。这是因为当年到敦煌藏经洞窃取文物的斯坦因、伯希和均是卓越的学者,识见很高。尤其是法国人伯希和(1878-1945),精通中国文化和典籍。他曾点着油灯,在莫高窟藏经洞中翻阅了三个星期的经卷,挑选了数千卷经卷带回法国。(图248)正是因为他们学问渊博,因此劫走的多是敦煌遗书中的精华。所以精美的彩绘书籍只有在国外的图书馆、博物馆及出版物中才能看到。

这些彩绘书籍的内容以佛教经典和星占类书籍为主,内容图文并茂,具有良好的阅读与观赏效果。它们的版面排列大致有两种类型:

一种是版面分为上下两栏,上栏为图,下栏为字,如《观音经》、《占云气书》、《佛说佛名经》等,这些经卷的排列颇具程式化。如这卷五代后梁贞明六年(920)的《贤劫千佛名卷上》,与其他同类的《贤劫千佛名经》写本,版面均作两栏,在上下栏每位佛名之上均画一佛像,彩绘佛像红黑相间,大同小异,如同印刷。(图246、247)

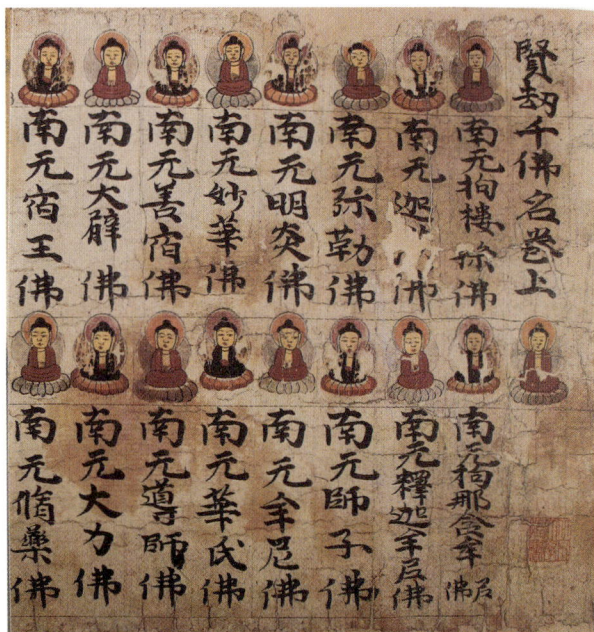

■ 246 敦煌经卷五代写本上的图绘

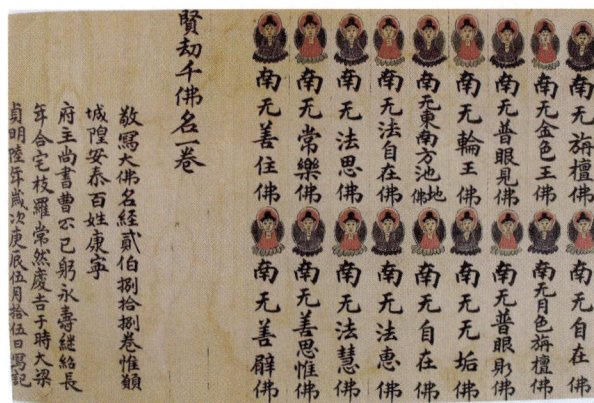

■ 247 敦煌经卷五代写本上的图绘

另一种版面为通栏,一图一文,图文相间,如《佛说灌顶拔除过罪生死得度经》、《佛说十王经》、《敦煌星图》等。

《观音经》(伯2010)

全名为《妙法莲华经观世音菩萨普门品》,为手绘长卷,上图下文。版面上栏为彩绘佛像,接绵不断,图画组与组间以线略加间距。经文为观音说法图,所绘人物形象各异,姿态生动,情节变化同中有异。版面下栏为字,画有精细的界格。文字有的字少,有的字多,排列紧靠图像,与内容相关。通栏两栏俱有。整个长卷,图文并茂,段落分明,上部色彩

■ 248 伯希和在藏经洞挑选经卷

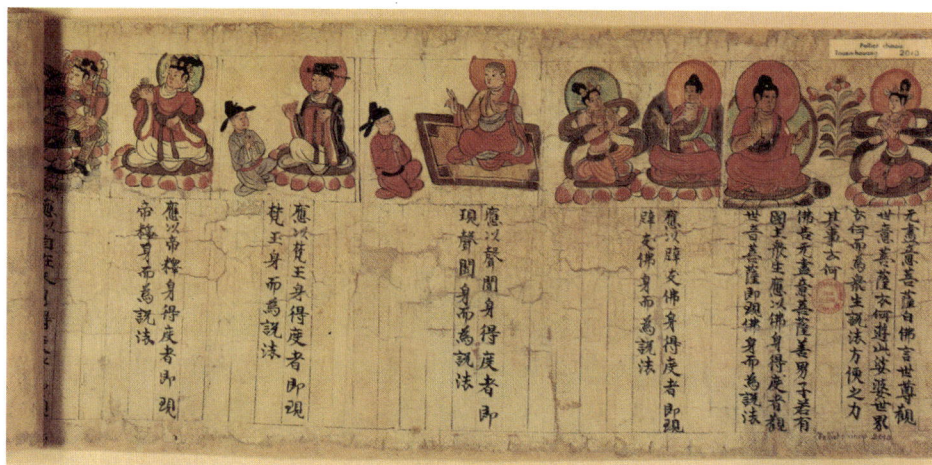

■ 249 敦煌经卷《观音经》图绘

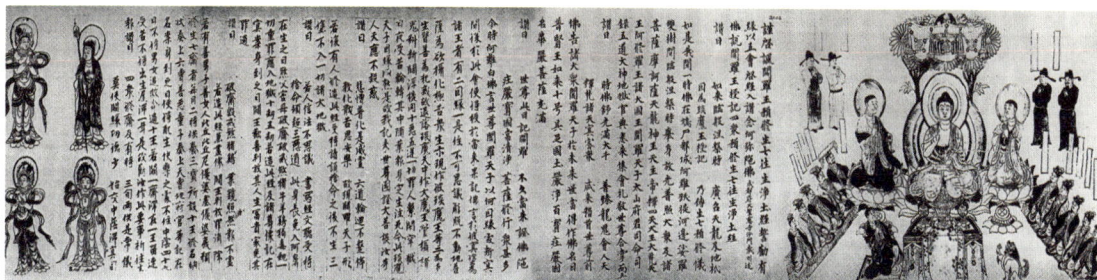

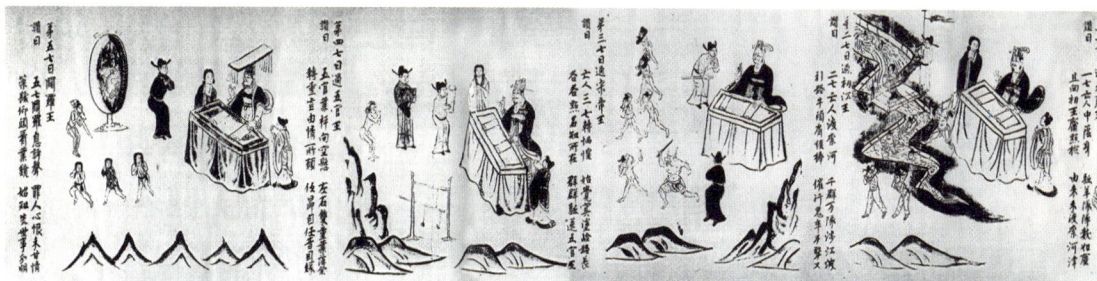

■ 250 敦煌经卷《佛说十王经》

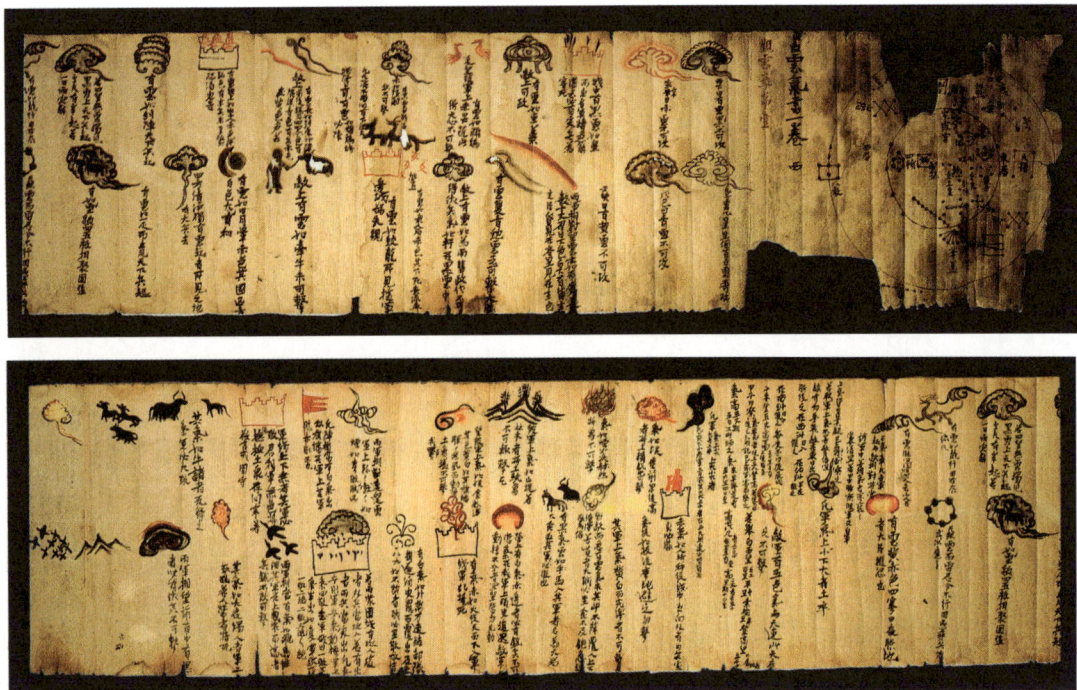

■ 251 敦煌遗书《占云气书》

绚丽,下部黑白分明,疏阔清朗。(图 249)

《佛说十王经》(伯 2003)

卷首有扉画"如来给阎罗说法图",卷前一段文字中夹有六尊菩萨像。卷中图文相间,一图绘,一赞文,图文意义相符。所绘菩萨端庄肃穆,众阎罗在佛前恭敬有加。阴司地界情节生动,环境恐怖,特别对阎罗的居高临下、牛头鬼面的凶悍和众亡魂的苦难,表现的十分形象,一如人间众生相。(图 250)

《占云气书》

为敦煌莫高窟藏经洞之物,现藏敦煌县博物馆。该卷用 7 张白麻纸拼接而成,首尾残缺,通高 31 厘米,残长 277 厘米。卷前有紫微垣图一幅,后书"占云气书一卷"。本图绘制在卷子的背面,正面是唐代地志。

《占云气书》是一卷讲述行军攻战时,从天空云气的形态、颜色、浓淡变化等现象,占卜吉凶成败的

兵家阴阳类书籍。它是一件未完成的抄本,已完成的部分据专家考证有观云章和占气章,卷后二十多图有图无文,显然没有抄完。书卷的版面分为上下两栏,均为上图下文,先以彩色绘出云气的各种图形,然后在图下附上解说性文字,一图一文,条理清晰。(图 251)

《占云气书》所画云气种类甚多,达七十多种。绘制者将自然现象中的云形雾气归纳描绘成多种复杂的形象,特别是给云气赋予了生动的情节,尤其难能可贵。这些图形,形象地表达了文字意义。

例如,图上画一红色的双鸡对峙相斗,其下文字解说曰:"遥望彼军上,有云如斗鸡,赤日下随形得天心,不可击"。图上画一人牵牛,其下文曰:"敌上有云如牵牛,未可击。"

《占云气书》的彩绘表现力很强,色彩丰富,形象生动,图形晕染浓淡得宜,具有很好的应用价值。

■ 252 敦煌遗书《唐乾符四年历书》

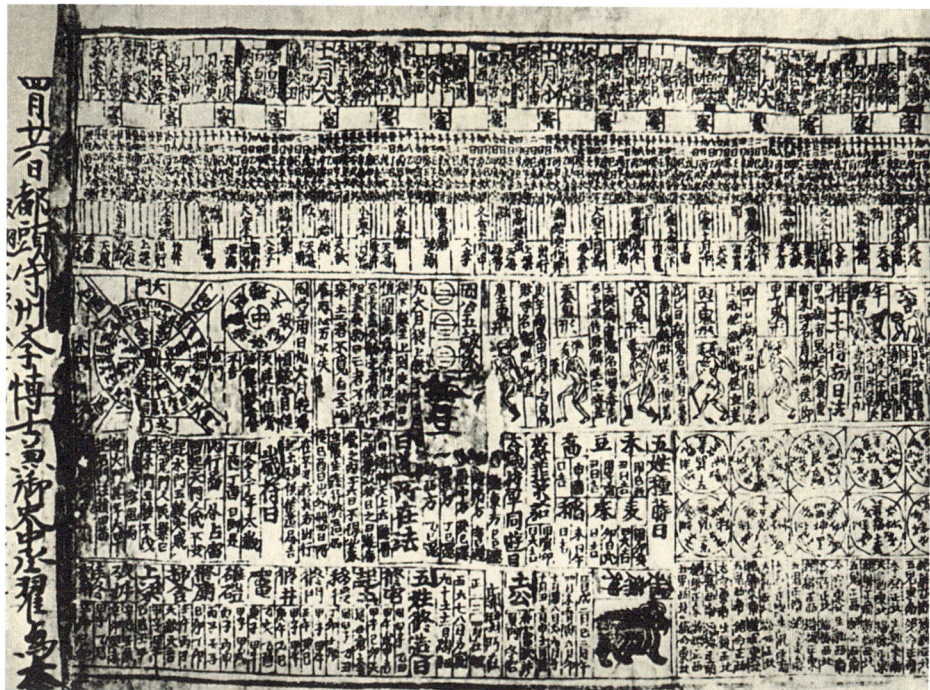

它们虽属术数类书籍,但仍部分地反映了古代人民对云气的观察和认识,以及自然现象与人们生活的密切关系。

《唐乾符四年历书》

1907 年出于敦煌莫高窟藏经洞,现藏英国大不列颠博物馆。历书为卷轴装,麻纸雕版印刷,卷首缺,无标题,框高 24.8 厘米,全长 96 厘米,是世界上现存最完整的早期雕版印刷历书。

历书镌有一粗一细的双边栏线,版面分上下两大栏:上栏较小,为历书,存二月二十日至十二月日。下栏为历注,有各种占卜的图表。这件唐代历书的雕印者将这些内容庞杂、大小参差的图表和文字组织在一个版面上,运用骨格线将其分为大小横竖不同的功能区域,使图表和文字达到高度的秩序化。历书的版面,层次分明,疏密得宜,各自成章,显示了周密的版面筹划能力。其中的各种图形,如《五

姓安置门口井灶图》、《十二属相步厄法》、《飞廉神》中,人物、动物、神鬼、建筑皆有,版面表格方圆俱备,图文并茂。(图 252)

这件历书的雕版工艺也是值得称道的,能将这么庞杂的内容雕刻的如此精细,确实需要熟练的雕刻技术。

历书是我国民间较早采用雕版印刷方式的书籍之一,这件历书雕印的时间为唐代乾符四年(877),比著名的唐咸通九年《金刚经》晚 9 年,应属同一时代之物。

四、华美的文字与珍贵的载体

卷轴书籍发展到唐宋时代，出现了华美别致的文字和珍贵的载体，使书籍突破了长期以来墨写形式和纸质材料的局限，呈现了华丽璀璨的面貌。

1. 金银书佛教经典

所谓的金银书是将金银研磨成粉末，调和成泥，用来书写佛教经文。这种金银泥的文字一般写在碧纸即瓷青纸上，也有一些是写在黑色或绀红色纸上。纸质色泽幽深沉着，金银文字璀璨光亮，永不褪色，两相对比，产生了极好的视觉效果，显得十分华贵。（图253、254）

我们目前看到的金银书有出于敦煌莫高窟藏经洞的唐及五代时期的多件佛教经文：江苏省苏州市瑞光寺塔发现的五代周大和辛卯年（931）的《妙法莲华经》一部七卷和《佛说阿弥陀经》一卷；浙江省博物馆藏的北宋明道二年（1033）的《妙法莲华经》；江苏省江阴县孙四娘子墓出土的北宋至和元年（1054）的《金刚般若波罗蜜经》一卷；山东省青岛市即墨、胶县两县博物馆收藏的北宋庆历四年（1044）《妙法莲华经》七卷等。至于元、明、清以后的金银书经卷则更丰富。

在这些金银书经卷中，苏州瑞光寺塔发现的和江阴孙四娘子墓出土的及青岛市即墨、胶县馆藏的金银书经最引人注目。

瑞光寺塔位于苏州市盘门内，1978年4月在第二层塔心的窨穴内发现了金银书经卷一部七卷，每纸高27~27.6厘米，横长43.2~49.8厘米，每卷22至28纸不等。版面行高21~22.4厘米，部分划有金丝栏，栏宽约1.96厘米。每卷除卷首部位略有破损外，基本完好。卷首有前杆，卷尾有轴杆，轴端有铜质雕花图案的轴头。褾首的丝织品已霉烂破碎。每

■ 253 上海图书馆藏敦煌泥金佛经

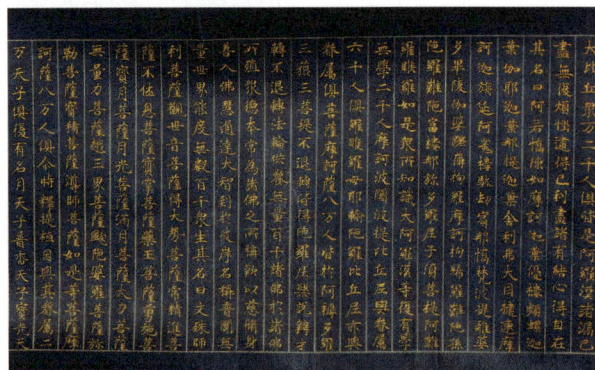

■ 254 敦煌泥金书经卷

■ 255 江阴孙四娘子墓金银书经卷

卷褾首有"经变"画一幅。画面为泥金绘制，略设色。褾首背面为泥金绘牡丹图案，画面左上角泥金楷书"妙法莲华经第×"题签。第二卷尾部有墨书题记"大和辛卯四月二十八日修补记"。

青岛即墨、胶县两县博物馆分藏的金银书，《妙

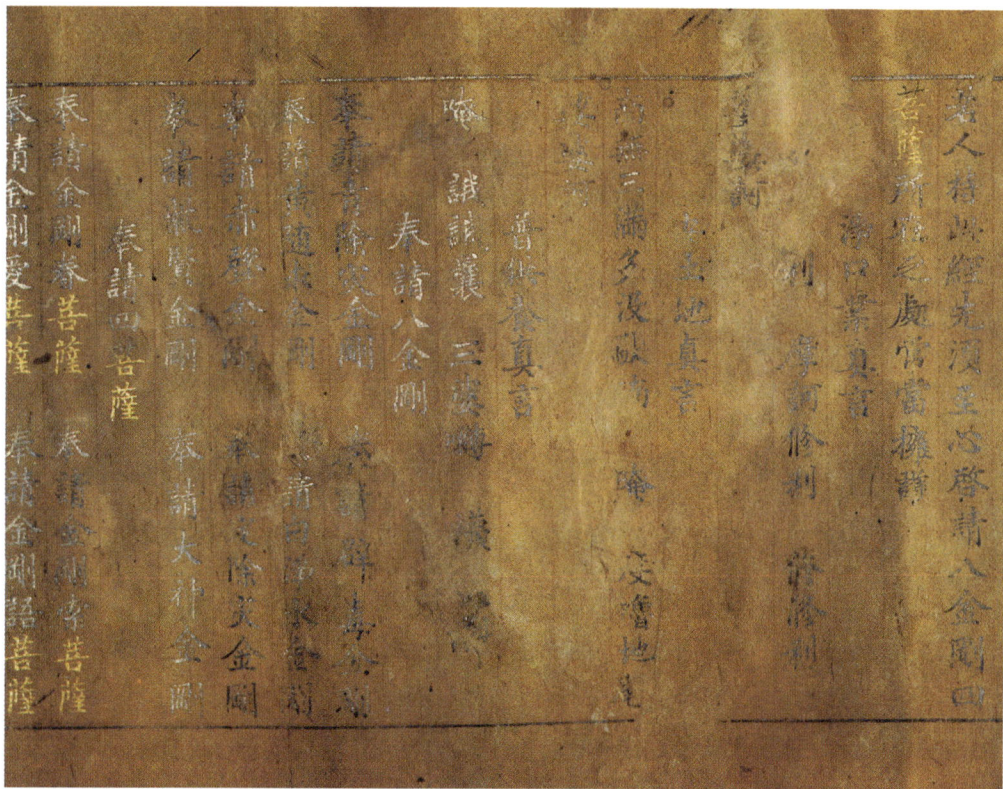

■ 256 江阴孙四娘子墓
金银书经卷（局部）

法莲华经》共七卷，绘制于四川西充县。经卷为卷轴装，各卷前均有金银泥绘制的扉画。每纸纵 30.5~31 厘米，横 51~52 厘米，每卷用纸 16.5~25 张不等。褾首用黄色及淡青色云纹绫，内面为金色樗蒲纹印花绢。

这些经卷的扉画均用金银泥绘制，场面宏大，佛像庄严，工细流畅。尤其令人叹服的是 1980 年江苏省江阴县孙四娘子墓出土的题有北宋"至和元年十一月"的金银书《金刚般若波罗蜜经》。经卷高 22.8 厘米，横长 780 厘米，纸为麻纸，经文中其他文字皆用银书，惟独经名"金刚般若波罗蜜经"和"佛"、"菩萨"等字用金书。扉画《释迦说法图》中的其余诸佛、神像和背景均用银线描绘，独有释迦、观世音端坐莲台用金线勾勒。（图 255、256）

青岛博物馆藏的《妙法莲华经》中，经文皆为银书，经名及"菩萨"、"如来"、"世尊"诸佛等名独为金书。有些金书的栏线还为金丝栏或银丝栏。

金银泥文字交相混写，版面文字中突出了经名、释迦、观音和诸佛，使经书、扉、画呈现了很美的双色效果。

金银泥文字混写，看似容易，其实难度颇大，书写时不但要聚精会神，掌握文句字词的正确，而且要不时根据内容换笔、换色或者留空后填，稍有疏忽，就会出错。

金银泥书写的书籍多见于佛教经典，书写者态度恭敬，书写认真，一笔不苟，显示了虔诚的宗教精神。

■ 257 日本奈良时代紫底金字《金光明最胜王经》

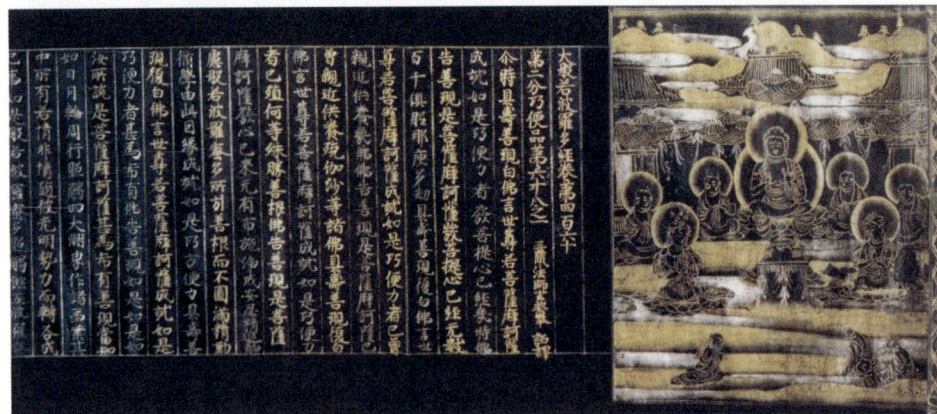

■ 258 日本平安时代蓝底金银交书《大般若经》

日本古代金银书经卷

唐宋时代用金银泥书写佛典的传统随着文化的交流还远播到海外,这里的两帧金银书就是日本奈良时代(8世纪,约当我国盛唐)和平安时代(12世纪,约当我国宋代)的作品。

紫底金字《金光明最胜王经》共十卷,每卷长7~8米不等。写经人用金泥(金粉溶于胶水中制成)画出细细的界格,再抄写经文。抄毕待字干后再以野猪牙砑磨金字,经过打磨的金字在紫色底纸上发出璀璨的金光。这是一件奈良国立博物馆收藏的国宝级文物。(图257)

蓝底金银相交书《大般若经》第460卷,长866.8厘米,宽25.7厘米。经文是在蓝色的纸上先用金泥划出界格,然后用金泥和银泥相隔一行,交替书写经文。卷首扉画用金银泥线并加渲染绘制《释迦说法图》。这部共有4311卷的写经也是日本的国宝级文物。(图258)

中日两国文化有着悠久的历史渊源,古代日本的遣唐使促进了中日两国人民的友好和中日文化的交流。日本的金银文字隔行交替书写与我国金银书经卷相比较,似乎纸的品质更高档,也更注重版面上的变化。

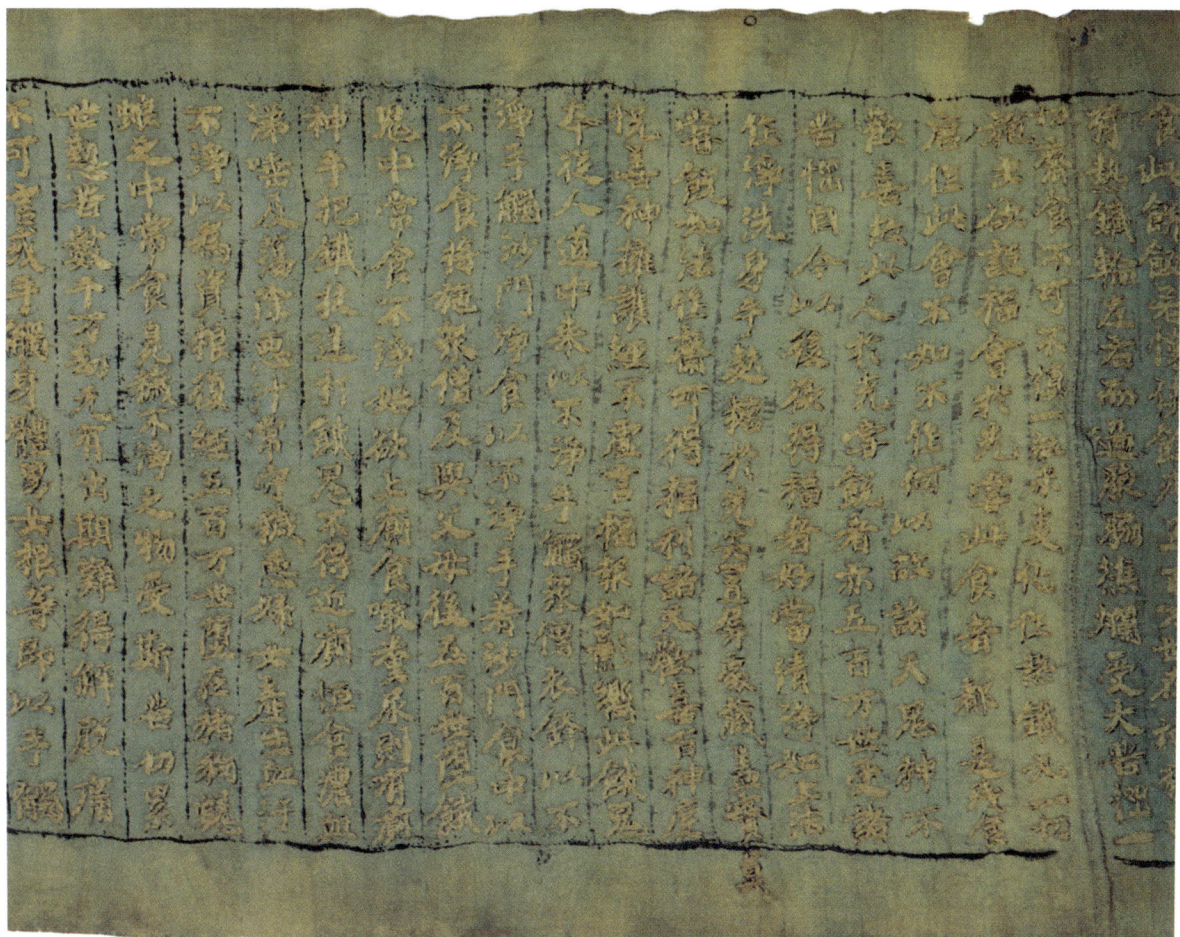

■ 259 法藏唐绢底金银线刺绣经

2. 纺织品刺绣佛经

刺绣是以针引线在纺织品上绣出字画。据说刺绣工艺在远古的唐虞时代即已出现。自汉以后，刺绣工艺达到很高水平，长沙马王堆汉墓就出土了不少汉代刺绣品。唐宋时代，刺绣工艺发展到鼎盛，丝织品中的刺绣多用来表现花鸟、山水、人物及各种纹样。用刺绣工艺表现文字在我国也早有记载。唐代苏鹗《杜阳杂编》中曾记：南海卢眉娘能在一尺绢上绣出《法华经》七卷，字径大小如粟米，点画分明细如毛发。

敦煌莫高窟藏经洞发现的现藏法国的一件唐代绢底金银线刺绣《佛说斋法清净经》，让我们看到了刺绣经文的华美瑰丽。

法藏唐绢底金银线刺绣经（伯 4500）

这件刺绣经文以薄而坚韧的蓝色绢做底，上面用金银丝线刺绣经文，存 48 行，每行 16～17 字。这件绢绣经文不但针脚密实，触摸微有凸感，而且对字的笔触波磔亦体现的十分精细。从字的边缘来观察，应该是先由毛笔写定后再用丝线刺绣的。由于绢质柔软较难平服，界格栏线以墨划成，比较草率。又因字多卷长，绢与绢之间有连接的缝痕。（图259）

此前我们已看到过出于敦煌现藏俄国的刺绣

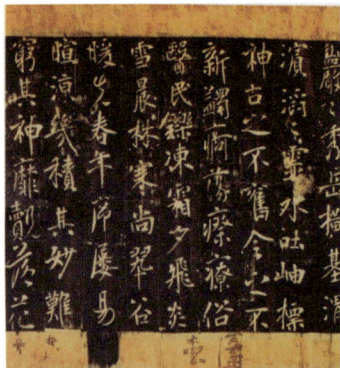

■ 260 法藏唐李世民书《温泉铭》拓本　　■ 261 法藏唐柳公权书《金刚经》拓本

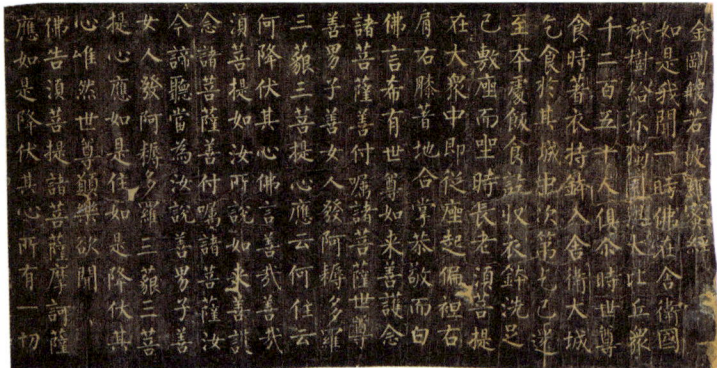

文字经帙帙带，如果说在帙带上刺绣少量文字，其工艺尚不算太难的话，那么要将字数极多的《佛说斋法清净经》刺绣成长卷，当是一个费力劳神、工作量极大的事情。

3. 金箔墨书经卷

黄金自古以来就十分珍贵，被称为诸金（金、银、铜、铅、铁）之首。以黄金作为文字载体古已有之。《隋书·赤土国传》中有赤土国："以铸金为多罗叶，隐起成文以为表，金函封之，令婆罗门以香花奏蠡鼓而送之"的记载。是说赤土国将黄金熔铸成薄薄的贝叶经书页，在其上铸成微凸的表文，用金函盛装，以奉隋炀帝。

将黄金经过反复锻捶，使之薄如叶片，叫做金叶或金箔。金箔既可用作贴金饰物，也可用来书写典重的文字。1985年河北省定州市开元寺塔的塔顶宝珠中发现一个长方形的金属经函，上有清雍正元年墨书题记。函内装有一卷以金箔为纸，墨书为字的《金刚经》。这卷金质经卷工艺绝佳，当是十分珍贵的书籍，可惜的是金箔太薄，粘连在一起无法揭开观览。

如同金银泥书经文、金银线刺绣的佛经一样，金箔墨书经卷也是宗教精神感召下的艺术作品。面对这些华美的文字和珍贵的书籍载体，我们不由得对前人的聪明智慧和辛勤劳动萌生出由衷的敬佩之心。

五、碑拓文字的裱装

在现代照相制版工艺诞生之前，传拓是将碑铭文字"化身千百"的一种有效的复制手段。传拓的拓片一般是整张，最能体现碑石铭刻的全貌。拓片剪裱成卷轴以后，既有阅览的连贯性和碑拓的整体性，又有便于保存、便于携带的特点。

我们现在看到的较早的碑拓剪裱卷轴装，是发现于敦煌莫高窟藏经洞——现藏法国的唐欧阳询书《化度寺故僧禅师舍利塔铭》、唐太宗李世民书《温泉铭》和唐柳公权书《金刚般若波罗蜜经》和无名氏书的《佛说大悲陀罗尼经》四种唐代拓本。（图260、261）

第五章 册页书籍的装帧艺术

第一节　册页书籍概说

　　册页书籍是我国古代书籍装帧发展的最后阶段，也是中国古代书籍中最有代表性的装帧艺术。册页书籍的"册"字我们已知原本是竹木简札编联后的称呼，亦称"策"。魏晋以后，简册消亡，"册"字经过长期演变，成为由单张书页装订以后的书本名称。唐代翻译印度传进的佛教经典贝叶经，即是由一片片的贝多罗树叶打孔穿绳成册的，写一张纸为一"葉"，制成册的书页叫作"葉子"。"葉"字即树叶之"葉"，这是书页称"葉"的起源。20世纪中期我国推行文字简化时，"葉"字同音简化成"叶"，又统以与葉相通的"页"字代表书册的纸页。

　　册页书籍的主要特征是由许多单张书页为单元集合装订成册。

　　册页书籍是商周以来的简帛和魏晋、隋唐以后的卷轴，在长期发展中形成的以舒卷展读为特征的书籍装帧形态的根本性转折，自此以后，我国书籍装帧便进入了逐页掀翻阅读的册页装帧阶段。册页书籍是我国书籍装帧史上的一次革命，开创了我国书籍装帧历史的新纪元，亦是我国现代书籍装帧的先声。

153

一、册页书籍形成的因素

1．阅读姿势与生活器具的改变

隋唐以前，我国人民在生活中的坐姿一般是席地而"坐"的，即所谓"两膝著地，以尻（屁股）著踵（脚后跟）而稍安者为坐"。（朱熹《跪坐拜说》）（图262）现代日本、朝鲜的人们还保持着这种坐姿。当时的日常生活器具亦是低矮的床榻和几案，这种坐姿和生活器具，与简帛、卷轴书籍的舒卷展读形式相对适应的。

然而这种"坐"姿很不舒服，时间长了双腿麻木，因此人们开始寻求比较舒服的坐姿和发明新的比较适合人体的坐具。根据现有的资料看，较高的坐具出现在西魏，敦煌莫高窟西魏时期的雕塑中就出现了菩萨垂足而坐的姿式。（图263）到了唐、五代以后，人们的起居方式产生了很大变化，垂足而坐传及民间。人们的坐姿逐渐向高发展，出现了较高的桌、椅、凳等器具，其高低尺度逐渐与人体的比例相协调。时至两宋，高型家具普遍出现，垂足而坐的生活方式在民间完全普及，结束了几千年来人们席地而坐的习惯。

人们坐姿和生活器具的改进，促进了书籍阅读方式的改变。较之长期以来跪坐伏案的阅读卷状书籍，垂足高坐的阅读是一种比较舒适的姿式。因此垂足高坐既符合人们的生理习惯，也更有利于阅读书籍。（图264）

2．阅读和携带方便的需要

卷轴书籍在展读时，为了方便舒卷开合，必须要有一个有一个平面物体做依托，否则很不方便，依赖几案展读是它的主要局限。（图265）同时卷轴的体积较大，分量也重一些，携带起来亦多有不便。

册页书籍将卷轴书籍长长的卷子改造成一张

■ 262 汉代人物的坐姿

■ 263 莫高窟285窟的菩萨坐姿

■ 264 宋代绘画《会昌九老图》的阅读坐姿

张折叠成册的长方形书本：体积缩小，便于手持；逐页掀揭，便于阅读；舍去轴杆，重量减轻，便于携带和叠放。这种装帧形式对文化的传播和知识的外延具有重大的改进作用，自从唐末五代出现以后，逐渐成为我国书籍装帧的主流形式。

■ 265 内蒙古宝山辽墓壁画《阅经图》

二、册页书籍的诸种类型

册页书籍从萌生到成熟经历了较长的发展历史,在这个发展过程中,它逐渐地由粗简走向精致,从初萌走向成熟,形成了具有中国特色和东方文化内涵的多种书籍装帧形式。

1. 梵夹装

梵夹装又叫贝叶装,是一种保存了古老贝叶经的书籍装帧形式。贝叶经是古代印度僧侣以贝多罗树叶为材料,在上面用硬笔刻写文字的经书。贝多罗树是生长在南亚热带地区的棕榈科木本植物,叶

■ 266 傣文贝叶经

片宽大厚实,经水煮后晒干,用重物压平,裁切成宽五六厘米,长六七十厘米的长条形,正反两面皆可刻写文字。贝叶经文字用硬笔刻写,横写右行,字小如豆粟,成书后经久耐用,不怕潮湿,不易磨损。因此不光佛教经典,凡是有价值的历史文献、医药典籍、天文历法以及文学作品也都在贝叶上刻写,以

留传后世。贝叶经装订时在叶片两侧靠边的部位打孔穿绳,少的十多叶成一册,多的几十叶成一册。一叶上刻写行数少则五六行,多则八九行。贝叶经成沓后,用木板上下夹住,用绳捆扎。

贝叶经的使用、传播已经有两千多年的历史了,我国古代南方傣族人民常用贝叶刻写有价值的经文,云南省西双版纳1949年以前保存在大佛寺里的贝叶经多达5万册。(图266)

古代印度僧侣常用贝叶经刻写梵文经书。《大唐西域记》卷十一茶建那补罗国(南印度境)条记载:那补罗国"城北不远有多罗树林,周三十余里。其叶长广,其色广润,诸国书写,莫不采用。"文献证明,古印度和南亚诸国都有用贝多罗树叶作为书写载体的历史。梵夹装的"梵"字是古代关于印度和佛教的专用语,梵文是古代印度的一种语言文字。梵夹装是佛教文化的一种册页书籍,它的装帧是将零散的书页串编成册,上下以夹板保护。上下夹板也称梵夹。

隋唐时代,梵夹装也称"贝编"、"贝多叶"或"贝叶",主要是指从印度传进来的梵文佛教经文。隋朝杜宝在《大业杂记》中,对梵夹装有过生动的描述,说东都(今洛阳)承福门,"门南洛水翊津桥,通翻经道场。新翻经本从外国来,用贝多树叶,形似枇杷叶而厚大,横行作书。约经多少,缀其一边,牒牒然今呼为梵荚。"不过到后来,梵夹装的书页已多是纸张了。

我们现在见到较早的汉文梵夹装是1900年出于敦煌莫高窟藏经洞的唐末五代写本《思益梵天所

问经》。全夹共 117 页，233 面，页面高 26.6、宽 8.8 厘米，仅存下夹板。页面竖写墨书经文 6 行，画有很细的隐约可见的栏线和界格。其装订的方法是在页面距上边三分之一处的中端孔洞中穿绳串联。从书写时洞眼留空来看，当是先打孔而后书写。(图 267) 这类梵夹装在敦煌藏经洞发现有好多件，形式类同，都是在页面上端三分之一处打孔穿绳，以供联缀。(图 268) 不过也有叶面上下打两个孔洞联缀的，如《敦煌遗书总目索引》s5532 号《禅门经》，用粗厚麻纸两面书写，共 19 叶 38 面。每叶距上下两端三分之一处各有一圆孔，用于穿绳。

梵夹装适宜手持，便于诵读，便于书写。文献记载唐懿宗"奉佛太过，怠于政事。……于禁中设讲席，自唱经，手录梵夹"。(《资治通鉴》卷二百五十唐纪唐懿宗咸通二年)

少数民族和外来宗教书籍中保存了这种古老的装帧形态，页面打孔穿绳的形式在藏族佛经中常见。也有一些少数民族梵夹装，书页散装不打洞，而以上下夹板保护。(图 269)

但在汉文书籍中，梵夹装仅保留了上下夹板和用绳捆缚的外在装帧，内页则是一般的经折装或线装书籍。

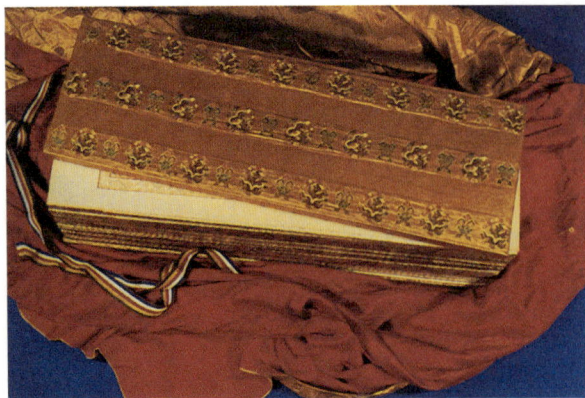

■ 267 唐末五代写本《思益梵天所问经》

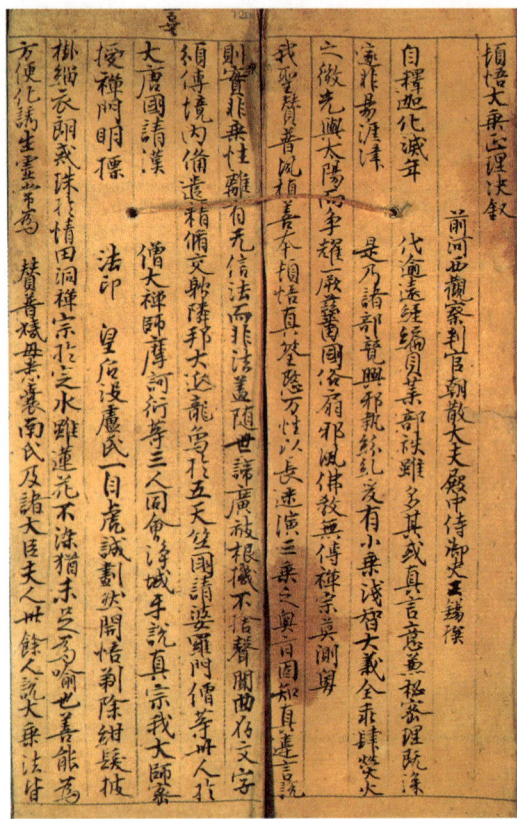

■ 269 清刻满文大藏经

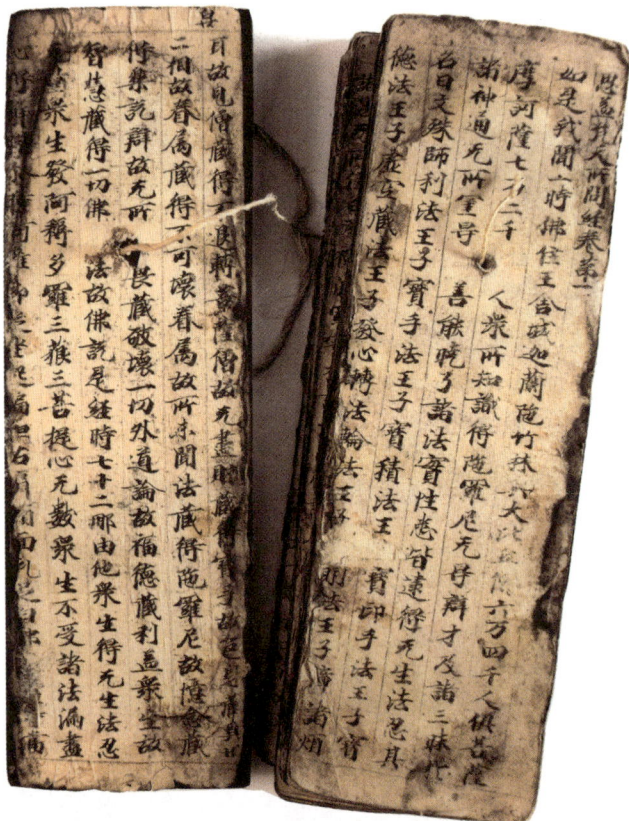

■ 268 法国藏唐代梵夹装

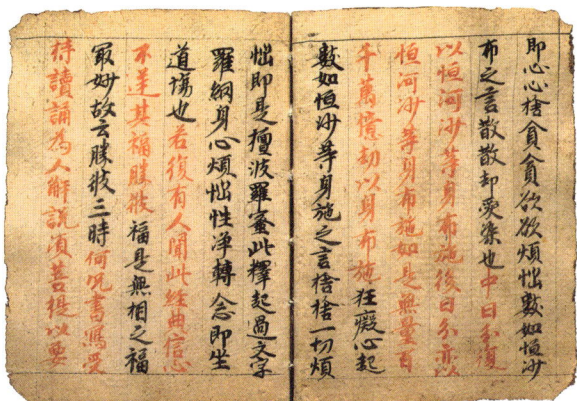

■ 270 唐朱墨写本《金刚般若波罗蜜经注》

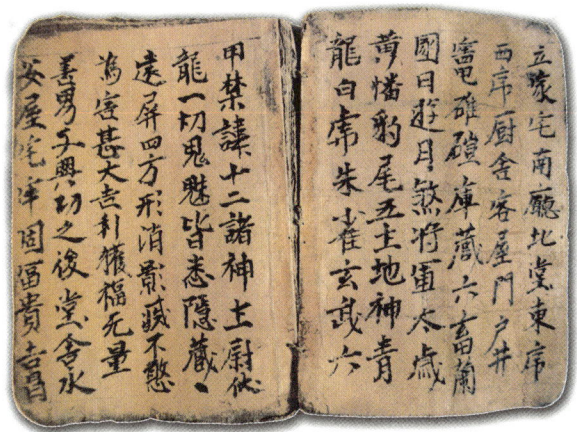

■ 271 唐末五代写本《八阳神咒经》

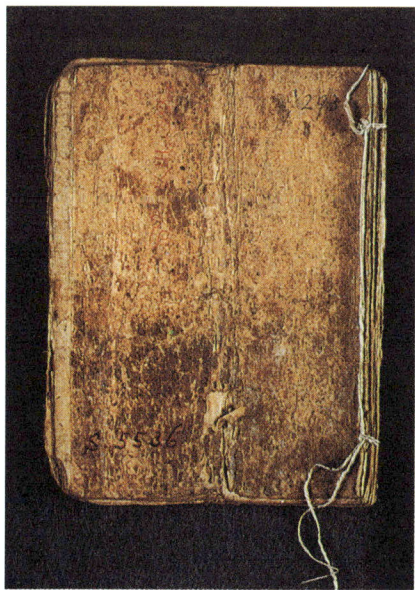

■ 272 唐末五代写本的封面

2. 缝缋装

宋代张邦基在其所著的《墨庄漫录·王原叔作书册粘叶》条中记王原叔的话,曾提到宋代一种用"缝缋"装订的书,并说"董氏《繁露》数册"即是用缝缋之法装订的。缝的意思是缝缀,缋的本义据《说文解字》的解释是织布时的余头,即俗话说的机头布。宋代的缝缋装目前尚未看到,但是敦煌莫高窟藏经洞发现的一些册页书籍使我们窥见了唐末五代时书籍用线装订的形式。

敦煌研究院藏有一帧题为"大唐天宝元年(742)五月 日白鹤观御注"的《金刚般若波罗蜜经注》的朱墨写本册页,书页对折,丝线六针眼装订,摊开后十分平整。(图270)

北京国家图书馆藏有一册莫高窟藏经洞所出唐末五代时的《八阳神咒经》写本,册高约14.5、宽约10.5厘米,共21页42面,也是用线缝缀。(图271)敦煌莫高窟藏经洞中,此类装帧的书籍较多,大部分尺寸与现代32开书相近或略小。

由于这种书籍的装订要用针线穿眼缝缀,因此书页多用较厚的粗麻纸正背两面书写,有些书册前后还配有封面。(图272)它们都是早期页册书籍的线装形态,这类用线联缀的册页书籍大约就是古代的缝缋装。

缝缋装是唐宋时期的一种书籍装帧形式,由于文献记载较少,长期以来未被人们所认识。缝缋装的大致形式是将两张以上多至七八张的书页撂在一起,整齐后对折为一帖,然后将若干帖用针线在折叠处反复联缀,缝在一起,使其牢固不散。

缝缋装的针眼在书页折叠处,针眼数量无定,有三眼、四眼、六眼和八眼之别。一般来说,针眼多了,书册自然牢固。这类书籍由于是若干帖组成,订线

■ 273 唐写本旋风装《刊谬补缺切韵》

从各帖的中间穿过与其他帖联缀,因此在各帖的中间页上能见到订线,在帖与帖之间还可以看见线的联缀,但在其他页中则看不见订线,这一点倒与现代书籍中的锁线装订相似。

唐宋时的缝缋装虽然也是用线缝缀书页,但它与后来元、明时期的线装书在装帧方法和外观形式上还是有较大的区别,它们应该是册页线装书的初萌。

3. 旋风装

旋风装有时也叫龙鳞装。它的装帧形式是用一幅比书页稍宽较厚的长条纸作底衬,将书写的或印刷的书页右侧鳞次粘贴在衬纸上,阅读时从右往左,逐页翻掀形如旋风,故曰"旋风装"。又因书卷摊展后书页鳞次相错,状如龙鳞,又称"龙鳞装"。旋风装收卷时,从前向后卷起缚扎,与卷轴装刚好相反。

旋风装改变了卷轴装书页整张两端续接的工艺,在一张衬纸上鳞次粘贴书页,使书卷在不变的长度中容纳了更多的书页和文字,提高了书页本身的价值。因此,旋风装形态上似乎保留了卷轴装的外壳,但是在本质上已经步入了逐页翻阅的阶段,待到书页脱离裱衬底纸以后,册页装便真正地产生了。旋风装是卷轴装向册页装演化、过渡的一种装帧方式。

册页书籍的"叶"首先是从旋风装来的,北宋欧阳修在《归田录》卷二中说:"唐人藏书,皆作卷轴,其后有叶子,其制似今策子。凡文字有备检用者,卷轴难数卷舒,故以叶子写之。如吴彩鸾《唐韵》、李郃《彩选》之类是也"。以前人们对旋风装的装帧形态认识很不统一。经学者们反复研究,证之以文献记载,基本认为北京故宫博物院收藏的唐写本《刊谬补缺切韵》,即相传唐代吴彩鸾写的《唐韵》,就是唐代的旋风装。图(273)据此来看旋风装应该说在唐代就出现了。

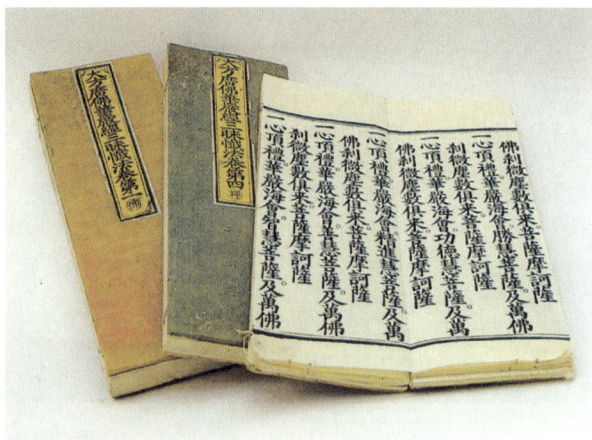

■ 274 经折装

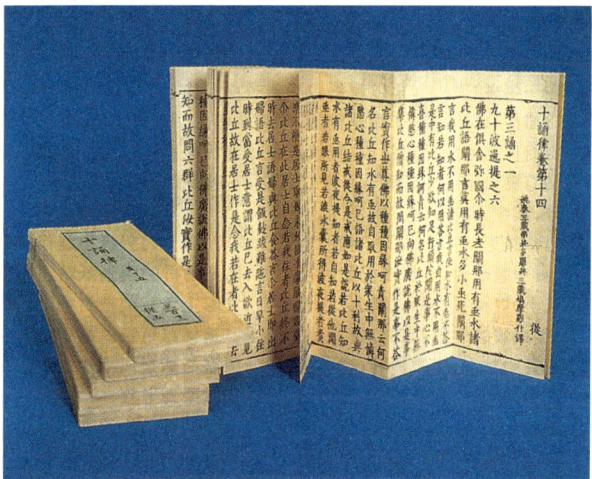

■ 275 经折装

4．经折装

经折装是一种将很长的经卷一正一反，折叠成竖长条书本的装帧形式。它既保持了卷轴书籍横展阅览的完整性，又有册页书籍折叠方正，能开能合，可伸可缩的灵活性。经折装展开以后是一帧连续完整的幅面，合起来则是一幅幅具有独立价值的册页单元。折叠以后，可以任意翻到要阅览的那一页，避免了卷轴装观看某部分内容时要将全卷打开的弊病。

经折装是卷轴书籍向册页书籍过渡的一种最直接的装帧形式。其起因大概是僧侣诵经时须盘禅

入定，正襟危坐。双手持经，缺乏依托，舒卷不便，实太疲劳。故发奇想，将书卷折叠成册以使手持便捷，诵读轻松。这种僧人诵经时偶尔取巧的做法，无意中促成了我国书籍装帧史上的一种变革。

1907 年在敦煌莫高窟藏经洞，斯坦因即发现有唐末五代的经折装书册。他记录说："又有一册佛经，印刷简陋，然颇足见自旧型转移以至新式书籍之迹。书非卷子本，而为折叠而成，盖此种形式之第一部也。……折叠本书籍，长幅接连不断，加以折叠，最后将其它一端悉行粘稳，于是展开之后，甚似近世书籍。"（斯坦因《敦煌取书记》）由此看来唐末五代时，经折装即有雏形出现。但正规的经折装则流行于北宋时期，尤以佛教经典为甚。

经折装的纸张经过裱褙，页面厚实，文字面相对，书页一正折，一反折，连续不断，延展很长。它起初大概是没有封面的，后来在书本的前后增加了软质或硬质壳面，以便保护书芯。（图 274、275）

经折装的成书形式是前后封壳不相连，书籍打开以后，书页如手风琴一样可以拉的很长，上下为裁口，左右为折口。

以前有些辞书认为"梵夹装即经折装"或"经折装即梵夹装"，这是不对的。首先梵夹装和经折装来源不同，材质有异：早期的梵夹装从西域传来，大多刻写在贝多罗树叶上，称贝叶经；而经折装则是我国卷轴装的演进，纯粹的纸质。其次，两者的装帧方法各异：梵夹装是在叠成一沓的贝叶或书页上打孔穿绳，书的上下护以硬质的夹板加以捆扎，书籍的构成是单张的书页；而经折装则是在长卷的基础上正反折叠成册，护以软或硬的书衣，书籍是许多折叠单元构成的一个长的整幅。

1988～1992 年，内蒙古巴林右旗辽代庆州白塔

内曾发现两册佛经：各包有软硬书皮，一册长5.2、宽3、厚1.5厘米，另一册长5.5、宽4、厚0.5厘米，皆为蝇头小楷手抄经文，是经折装中的袖珍本。

经折装从古到今，延续不绝。现代许多横幅画册、书画折页和金石拓片，乃至企业简介、产品说明书，仍多采用这种形式。

5. 蝴蝶装

蝴蝶装是册页书籍之一。它的做法是将书写和印有文字、图画的许多书页相对而折，于折口处粘连成册。蝴蝶装在唐末五代即已出现，敦煌莫高窟藏经洞曾有数件具备蝴蝶装特征的书，这些书均是将书页对折以后，以折边为准整齐，然后将各页彼此粘连在一起，形成书脊。有些书还专门留出前后半页不写字，以作封面、封底。这些书的纸张多为粗厚的白麻纸，可以两面写字。

宋以后印本书籍的纸张较薄，文字印刷后背面透印，因此只能单面印刷。后来人们将蝴蝶装两张空白的书页粘合在一起，阅读起来就方便多了。这种装订的书籍，书页粘连成册，书背无订线，书页掀开时如蝴蝶展翅，故此人们形象地将其称为蝴蝶装。蝴蝶装风靡于宋元时代。（图276、277）

蝴蝶装是册页装的早期形式之一。它的贡献是：首次将书页分成若干独立的单元，然后折页粘连成册。其次是版心集中在页面中心，版心四周留有较宽阔的空白，利于保护版心文字，鼠啮不能损。蝴蝶装的缺点是版心对折以后，书籍长时间开合翻阅，中缝文字易受磨损。假如糨糊质量不好，粘连不牢，书页还容易脱落。蝴蝶装裁切的是书的上下和左侧一边，书口的书页是裁开的。

蝴蝶装书背的粘连全靠书页细细的对折缝，因此对糨糊质量的要求很高，古人掌握了一套成功的

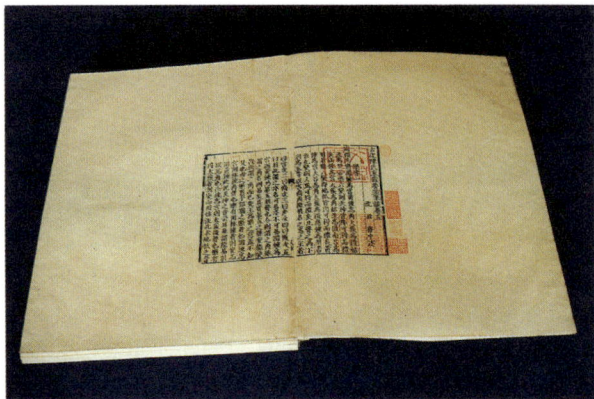

■ 276 元大德年间刻本蝴蝶装《梦溪笔谈》

■ 277 蝴蝶装书籍

粘连经验，使书页牢固不散。

宋代的蝴蝶装，书衣多为硬壳，书籍上架后一般书口向下，书背向上直立插架存放。北京国家图书馆藏的《册府元龟》、《文苑英华》等书皆为宋代蝴蝶装。

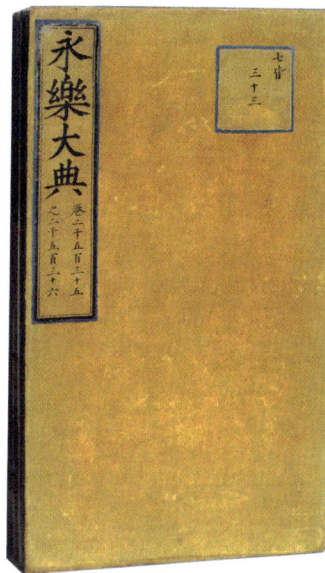

■ 278 硬质书壳包背装

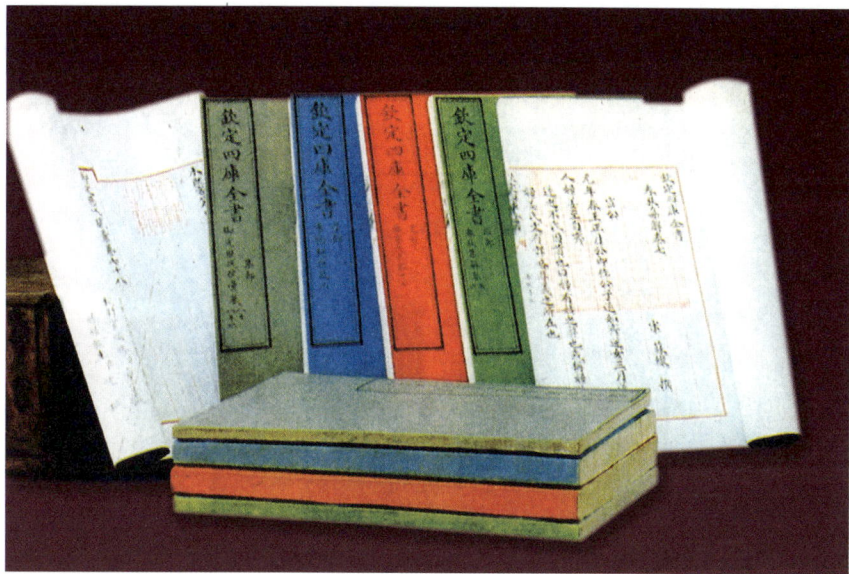

■ 279 包背装软质书衣

6．包背装

包背装的特点是书衣绕背裹装，故称"包背装"。包背装在敦煌莫高窟藏经洞的藏书中已见端倪。其中一册北宋初年的《大悲心真言卷下》，书的宽窄与现代的 32 开本差不多，书高只有 32 开的三分之二，粗麻纸双面写字，存 26 页，52 面。这本书的装订类似现代书籍的骑马订，用杏黄色丝线从书脊处五针眼横锁，而用另一张较宽的整纸对折后粘包在书脊上作前后封面。这册书封面、封底的做法应该是南宋以后包背装的雏形。

包背装是对蝴蝶装的改进。由于蝴蝶装在阅读过程中，时时会遇到两面无文字的空白页，需连续掀页，中断阅读。因此人们在实践中，将原来文字面相对的正折书页，改进为无字面相对的反面折叠。书页反折，正背都有文字，成册以后，保证了阅读的连续性。同时，反折之后，空白的书页中间还可加进衬纸，既解决了纸薄文字透印的现象，又增加了书页的强度。另外版面靠近书口，版框外内侧的纸边

作为订口，给装订留出了较大的余地。包背装的书页反折是册页书籍装帧发展的一次重大改进，显示了册页装帧的成熟。包背装裁切的是书的上下和订口三面，书口是对折的囫囵口，这一点与蝴蝶装正好相反。

包背装的装订是将页面对折口裁齐，以绵性纸捻扎眼装订，糨糊粘背成册。它的封皮用比较厚实的纸张或纺织品前后绕背粘裹，其作法与今日书籍封面相同。包背装的书衣有硬质和软质两种。

包背装大约出现于南宋，历元代，一直到明代中叶，流行了较长一段时期。

北京国家图书馆藏的明代《永乐大典》和清代的《四库全书》，均系包背装。明代内府的包背装，多以绫衣包背，黄绫最多，蓝绫次之。《永乐大典》册高 56、宽 33 厘米，册幅宽大，黄绫包背，黄签黑字，甚为大气。(图 278) 清代《四库全书》，经、史、子、集四部以绫衣包背，分为绿、红、蓝、灰四色，包背精致，类别分明。(图 279)

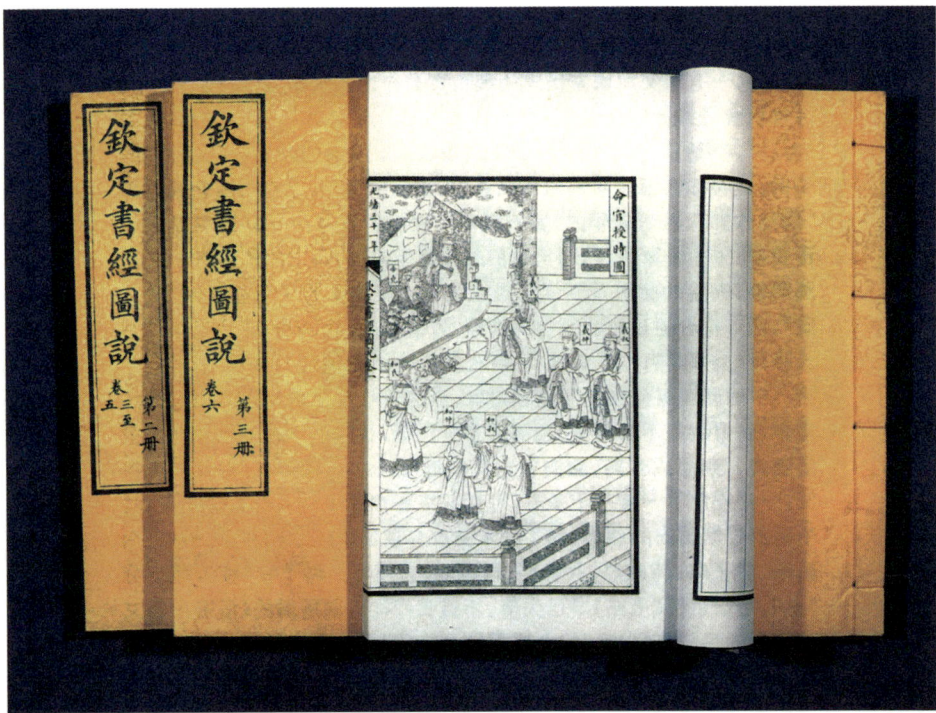

7．线装

线装书起源于北宋之末或南宋之初，盛行于明代中叶以迄清末。线装书的装帧首先是将包背装的书衣即封面改为分开的上下两张，放在书芯前后。其次是将包背装隐蔽的纸捻穿订改为显现在外的打眼穿线，订书线在书衣之外、书背之间连续扎穿，回环往复，不见首尾。线装书的订线由于是从书的前后一通到底扎眼穿线，因此装订牢固，既便于翻阅，又不易散页，书页残破了还可以重装，具有较多的优点。线装书订线的颜色与书衣互相衬托，具有很强的装饰效果。它的裁切方法是，须先将书的上、下、书背三面裁齐后才打眼穿线。

线装书的书衣、题签、打眼、穿线、包角，及书衣、题签的质地、颜色，乃至线的颜色、粗细，针眼的位置、距离都极为讲究，并有严格的操作程序。从装订形式来说，线装书最为进步，从书籍外观来说，线装书最为美观。（图280）

在线装书诸多的装帧元素中，我们可以看到中国古代书籍装帧各个阶段的遗存和改进。它吸取了梵夹装、经折装、蝴蝶装、包背装的诸多优点，加以改进完善。由此证明，我国古代书籍装帧的发展是传承有绪和自成体系的。

线装书既是我国古代册页书籍发展的"定格"形式，又是册页书籍发展的最高阶段。

作为我国传统书籍最完美的装帧形式，线装书在现代社会文化生活和国际文化交流活动中具有鲜明的代表意义。

第二节　册页书籍的整体装帧

我国古代书籍装帧发展到册页装帧阶段,形成了完善的内外部关系,使书籍装帧走上了科学、合理和更加完美的道路,对文化的传播和知识的外延起到了十分重要的作用。

一、册页书籍的外部装潢

这里所说的外部装潢,是指册页书籍外在形态上的诸种装帧元素,它们构成了册页书籍极具个性的装帧面貌。

1.册页书籍各部位的名称

册页书籍的装帧形式虽然比较多,但它们的外在形态基本相同。这里以册页装帧最具代表性的线装书为例,将书籍的各部位名称标示如下。(图281)与其他册页装相比,线装书仅是多了外在的订线,其他大致相同。

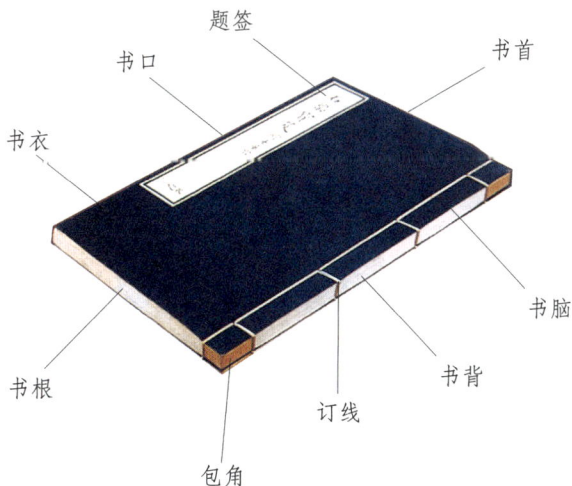

■ 281 线装书的各部位名称

2.书衣与题签

书衣　册页书籍的书衣,即是我们常说的书籍封面,但是册页书籍的书衣同现代书籍的封面在功能上还是有些差别:它以保护书芯为主,强调了"书衣"的作用,而书籍本身的宣传广告意义不明显。

册页书籍的书衣材料有软质的纸张、纺织品和硬质的木板、纸板三大类。其中以纸和布、绫、锦缎等纺织品材料使用为最多。硬质书壳中以硬纸板外裱纸张、纺织品常见。木板则以楠木、杉木等优质木板常用,有些在木板之外另裱绸缎那就更精美。(图282、283、284)

普通纸质书衣多用瓷青纸,这种纸色泽幽兰,厚实而有韧度,手感舒服,用它做书衣,古雅别致,具有典型的中国书籍风格。书衣的纸张有单、双页之分:背面裱衬其他纸的单页书衣叫"扣皮";纸张对折双层中空的书衣叫"筒子皮"。明代有一种"宣德贡纸",创制于明宣德年间,品种很多,专供皇室御用。这种纸和北宋的宣和龙凤笺、金粟藏经纸一样,比较名贵,专供书画装潢和书籍装帧所用。明末著名藏书家毛晋(1599～1659)汲古阁装帧的书衣用宋笺、宣德纸加染雅色制作,其自制的古色纸做书衣更佳。18世纪以来,人们还将各色的撒金笺纸和彩蜡笺,经裱褙后做成书衣,更加结实美观。

纺织品绫罗绸缎品种多样,柔软结实,颜色丰富,图案美观,做成的书衣精美华贵,是册页书衣中的佼佼者。其中皇宫内府的殿本书籍,以黄色锦缎做书衣,浅黄绢做题签,金黄丝线装订,黄丝带捆扎,雍荣华贵,富丽堂皇,显示了皇家书籍的气派。

题签　是贴在书衣上的长条形签条,用来书写书名,也叫书签,与卷轴书籍的题签有着承袭关系。题签多为白色的纸和绢,有些题签根据书衣的颜色

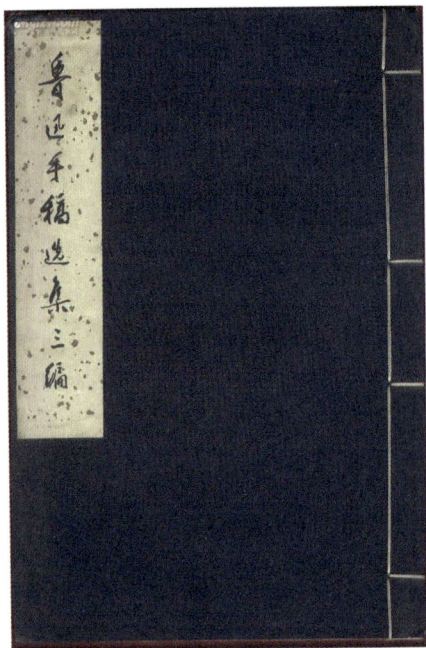

■ 282 瓷青纸纸质书衣

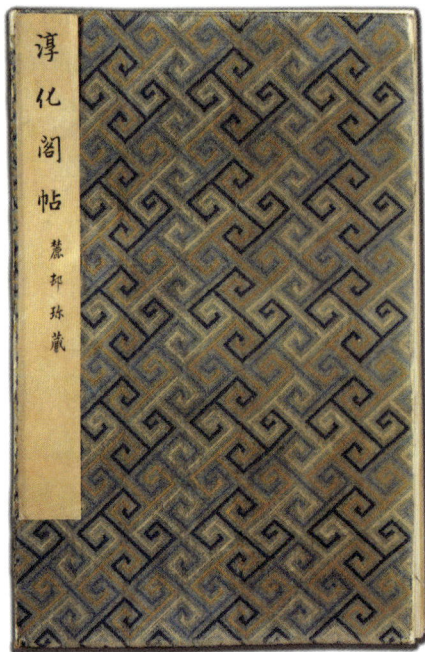

■ 283 裱有纺织品的硬质书衣

■ 284 木质的书衣

和质地,采用各种有色宣纸和洒金笺,则格外雅致。

题签上一般还画有黑色的单线框和双线框。

题签以书名为主,辅以题签人姓名、堂斋号及题签年月,文字黑色,盖红色印章。个别题签还加上卷次、册数、作者等。由于我国古代很讲究书籍的外观,因此书名题字大多工整美观,有些还请名人和书法家书写。题签是一本书的眼睛,精致的设计和美观的文字,可以使书籍价值倍增。这里的几帧题签为著名书法家何绍基、康有为、张伯英等所书,就更为珍贵。(图285)

册页书籍的题签一般都在书的左侧近书口处偏上,既可与左书口和上切口齐边,也可根据书的大小空出几毫米距离。题签的长度大致占书高的2/3 或 3/4,比较灵活,但是最短不能少于书高的1/2,否则很难看。有些书籍将题签放在书的中间偏上部位或上下贯通,也很美观。题签的宽度大致占书宽的 1/5 左右。题签的大小、长短、宽窄要根据书籍的形式审视设计。

此外,有些大部头的多册丛书除长条形的题签外,还有题写册次、卷次、目录等文字的副签。这些

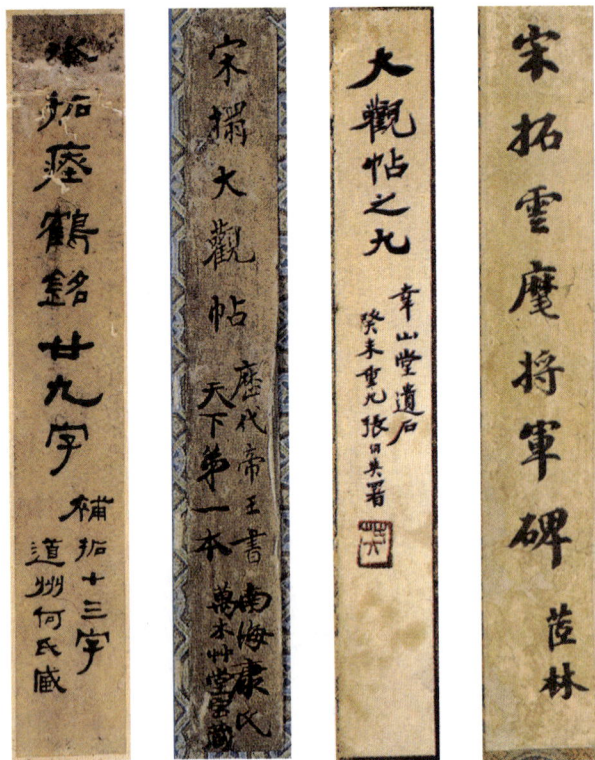

■ 285 册页书籍上的题签

副签或长或方,一般多粘贴在书的正中偏上或右肩上部。如《文苑英华》、《永乐大典》等。册页书籍的题签是中国书籍最典型的特征和符号元素。

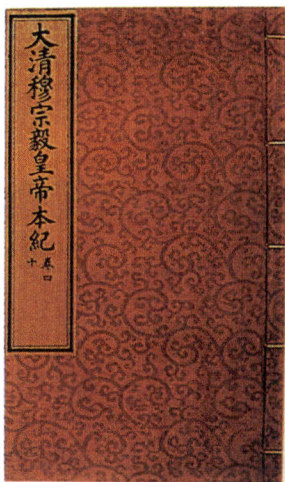

■ 286 线装书的五目装订 　　　■ 287 线装书的龟甲式与麻叶式

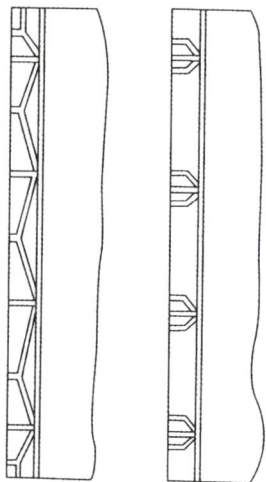

■ 288 线装书的六目装订

3.订线与包角

线装是我国册页书籍发展到高峰的典型性装帧,它与其他册页书籍最大的区别在于充分发挥了订线的作用,使书籍的装订线有了艺术的魅力。

订线 线装书上的订线十分讲究,穿线的针眼有四目、五目、六目和八目之别。四目是常见的订线款式,一些复杂考究的麻叶式和龟甲式,针眼还多。线装书的针眼距离,有基本的格式但没有精确的数据,以美观为要。据笔者测量,四目款式以书的高度为标准,一般上下针眼距各占 1/10,中间两眼距占 2/10,其他两距各占 3/10。也可上下各占 1/10,其他的针距平均。要注意的是中间针距切不可大于其他针距,否则很难看。另外,书形如狭长,可在中间多锥一个眼,称五目线装,日本的传统线装书五目针法比较常见。五目款式上下针距各占书高 1/12,中间一针上下居中,其他针距等分。(图 286、287)

四目订法是我国传统线装书的典型特征。现在市面上有些模仿线装的图书,针眼多达十多目,订线如裹粽似的层层累累捆扎在书背,古风全失,这是对古代线装书的装订特征缺乏了解所致。

订线距书背的距离要根据书的宽度而定,如书较宽,线背距离就宽些;书窄,线背距离相应就窄些。线背距过宽,书显的笨拙;线背距过窄,则有控制不住书的感觉。订线距书背的距离一般以书宽的 1/10 为宜,最宽不要超过 1/9 。

线装书的穿线有一定的技巧和规律。一般先从书芯中间打结穿线,然后从针眼处上下左右,天头地脚,书背书角,回环往复,最后从开始处挽结剪线。订线要求双股平行不扭拧,线头隐蔽在针眼里,这样装订的书,神龙不见首尾,正背都看不出订线的线头。

线装书的订线一般为双股丝线，书厚线就粗一些，书薄线则细一些。线的颜色根据书衣颜色而定，一般瓷青纸或深色的书衣，多为白色或灰色的线。浅色书衣的线则为黑色或蓝色。也有根据书衣颜色而特别选择的，如前述皇家殿本的装订书线就为金黄色。金黄色订线配上黄色绫缎书衣，美观和谐。

包角 是将书背的上下角用韧性较强的纸或绫绢包裹，目的是防止书角卷折破损。包角一般是将包角材料隐藏在书衣的下面，以保证书衣的完整性。也有将包角裹在外面的。

较大的书籍在包角处还要再辅以一眼或两眼的订线，目的在于增加书角的耐磨性，称为六目或八目，除了加固，还有装饰作用。(图288)包角是线装书装帧的一个重要措施，它的颜色与书衣有别，多册书叠放起来，十分美观。

4. 书口美化与信息

书口 是书籍除订口外的其他三个边缘。经折装、包背装、蝴蝶装和线装书的书口，指的是上下切口和开合口；梵夹装则是指书籍四周的切口。书口的美化主要是由颜色和图画来表现的，这是古代书籍装帧中一种稀见的特殊形式。书口美化的目的：

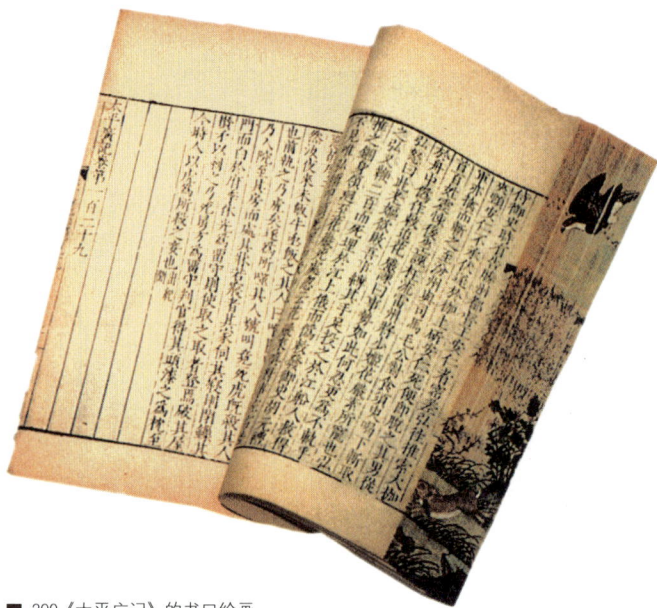

■ 290《太平广记》的书口绘画

主要出于书籍美观的需要。

现藏美国哈佛大学燕京图书馆的明代凌瀛初刻印的四册四色套印本《世说新语》，其书口均为彩绘：第一册绘仇英《秋江待渡图》，第二册绘王绂《秋江泛艇图》，第三册绘《山路松声图》，第四册绘文征明《雪景图》。彩绘设色分明，一笔不苟，极为工细。(图289)这册《太平广记》的书口，也采用彩绘的方式加以美化。(图290)

这些书籍打开之前，书口是丰富的色彩，摊开

■ 289 明代《世说新语》的书口绘画

■ 291 线装书的书根文字

166

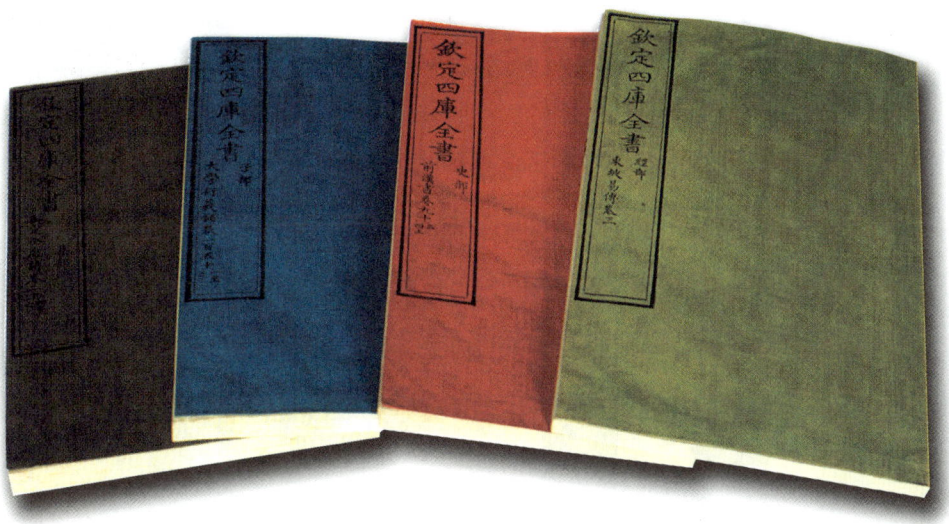

以后,书口呈现的则是一幅美丽的图画。画面上的日月云水、山石草树、人物器具、飞禽走兽,无不绘制精细、惟妙惟肖。线装书书册一般不太厚,摊开后书口才有足够宽的绘画平面,因此这类书是将书口搓开然后绘制的。

明末清初的蒙文梵夹装磁青纸泥金写本《金光明最胜王经》,装帧者在书口四周绘制了丰富的民族吉祥图案。清乾隆年间的满文《大藏经》亦在书口四周以泥金绘制八宝吉祥图案。这些佛典梵夹装的书册较厚,将书页整齐固定后就可直接绘制。

同时,书口还是给读者提供寻检便利的部位。传统册页书籍大多书薄纸软,平置叠放在书架上,一部分书还在书根写上或印刷上书名、卷次、册次、编号等,为读者提供了取阅翻检的方便。(图291)

5. 系列化装帧

丛书是我国一种荟萃古代书籍的大型资料汇编,在这类部帙极多的大部头书籍装帧中,册页书籍继承了卷轴书籍由轴头、褾首、褾带、牙签区别书籍类别的系列化装帧传统,以书衣、书带的颜色鲜明地标示了书籍的类别,为人们观览、寻检、归类图

书提供了便利。

成书于乾隆四十六年(1781)的《四库全书》,是我国古代规模最大、卷帙最多的大型丛书。全书共收书籍3503种,计79337卷,36304册。因卷帙过多,雕印不易,因此由3826名书手誊抄了7部,分贮于北京、奉天(今沈阳)、热河(今承德)和江浙的扬州、镇江、杭州等地的皇家藏书阁。这部《四库全书》,其经、史、子、集四部书衣统为绢面制作。乾隆皇帝沿袭古制以象征春、夏、秋、冬四季的绿、红、蓝、灰四种颜色分饰经、史、子、集四部,并赋诗曰:"浩如虑其迷五色,契领提纲分四季,经诚元矣标以青,史则亨哉赤之类,子肖秋收白也宜,集乃冬藏黑其位,如乾四德岁四时,各以方色标同异。"(清高宗《御制诗五集·文津阁作歌》) 其经部以绿或葵绿,史部用红色,子部为蓝色或月白色,集部为灰色或藕荷色。各部同类书衣的绢色虽微有差异,但绿、红、蓝、灰四种大的颜色区别则十分明显,一望即知其书属何类。不惟如此,甚至连书夹板上绦带的颜色亦与各部书衣统一。由此可见,这类官修丛书的整体装帧意识很强。(图292)

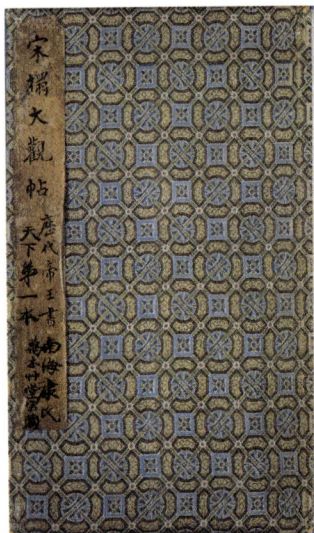

■ 293 开本比例 10:6

■ 294 开本比例 10:4.3

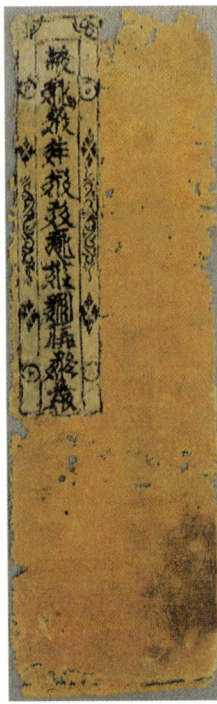

■ 295 开本比例 10:3.2

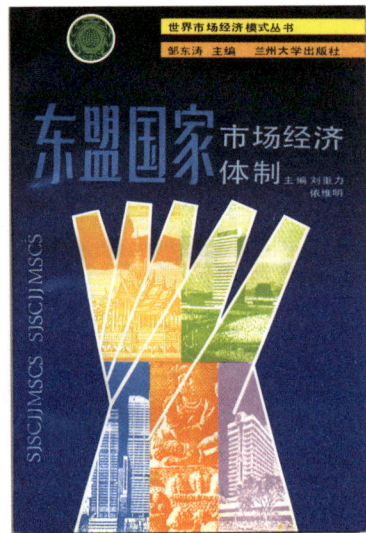

■ 296 现代书籍的开本比例 10:7

二、册页书籍的开本与比例

册页书籍的开本形式比较多，以经折装佛经内容的书籍为例，古代书籍的开本中有 21.4×5.4 厘米（宋刊本），有 29.7×11.3 厘米（蒙古定宗刊本），有 34.6×14 厘米（西夏刊本），有 67.8×25 厘米（元刊本）。规格大小虽然有别，而长宽比例大致在 10:4 或 10:3.7 之间，比较狭长。

其他书大部分长宽比例适当，例如：

《周贺诗》	10:7
《梦溪笔谈》	10:6.8
《东京梦华录》	10:6.6
《鲁班经》	10:6.3
《芥子园画传》	10:6
《淳化阁帖》	10:5.8
《永乐大典》	10:5.5
《十竹斋画谱》	10:5.2

明代巨帙《永乐大典》共 11095 册，每册长 56.1、宽 33 厘米，长宽比例为 10:5.9。经厂本通常为长 39.6、宽 26.4 厘米左右，长宽比例为 10:6.7。内府写本中的《玉牒》为特大册书，每册长达 1 米，宽 49.5 厘米，长宽比例为 10:5。

这些书籍的长宽比例，较窄的为 10:5，较宽的为 10:7，平均值在 10:6 左右。与现代书籍长宽比例 10:7 相比，传统书籍比现代书籍较窄一些，其比例似乎更接近于黄金分割。（图 293~296）

册页书籍的开本虽然绝大多数是窄长形，但一些特殊的书籍如画谱、舆图、碑帖、尺牍等，为适应画面特殊的要求，开本采用近方形或横长方形。

除了特大型的开本外，一般书籍的大小和比例都兼顾手持的方便和阅读的舒适。

三、册页书籍的保护性装潢

册页书籍的保护性装潢是指书籍装帧中,为了增加书籍牢固,延长书籍寿命,防止书籍在阅读、传播、保存过程中受到自然和人为损坏而采取的种种措施。

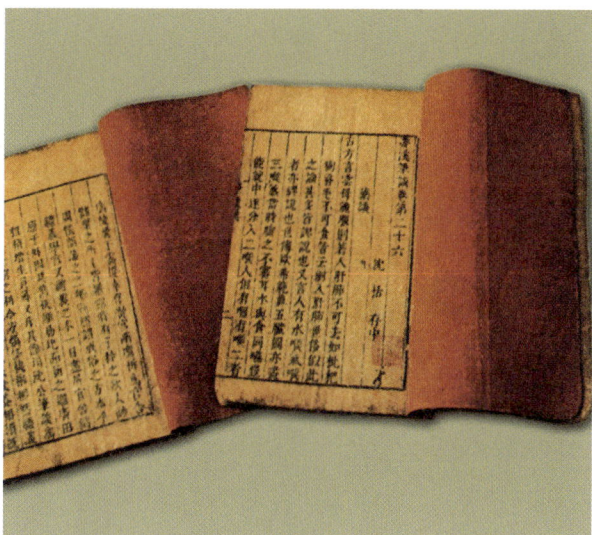

■ 297 明代广东刊印的有防虫护页的书籍

■ 298 清代《广东通志》护页的防虫作用

1.护页与防蠹

由于我国古代纸张采用植物制造,时间久了,容易产生细菌和生虫,特别是以竹子为原料制作的纸,虫蛀更加严重。古代书籍因虫蛀而毁者不计其数,其与战乱、灾害成为古代书籍的三大厄难。在长期的装帧实践中,人们总结出了防止虫蛀的各种有效方法,例如"入潢"即是一种很好的防蠹措施。入潢,即是将纸张放入黄檗树皮熬制的水汁中浸过,凉干后纸呈黄色,称之"入潢"。黄檗性寒味苦,蠹虫不食,有防蠹作用。然而,随着书籍需求量的日益增多,大量的书籍用纸不可能都经过入潢处理,因此人们不断寻求简便易行的防虫措施,这就产生了护页的保护作用。

护页是指册页书籍中书衣之后、书芯之前的一张纸,它的保护作用在以下两种书中体现的非常明显。

据有关资料证明:明清时期广东刊印的书籍,绝大多数未被虫蛀,而同一时期其他地区的书籍则虫蛀严重。究其原因,在于广东刊印的书籍多在书衣之后、内页之前增加了一张橘红色的称之为"万年红"的纸。经研究发现,原来这种护页上橘红色涂料的主要成份为四氧化三铅,次要成份为有碱性硫酸铅、一氧化铅等。四氧化三铅有毒,涂在纸上,可以有效地防虫防蠹。注(图297)

有意思的是这册清同治三年(1864)刊印的《广东通志》,护页

注:中国历史博物馆防蠹纸研究小组:《对明清时期防蠹纸的研究》《文物》1977年1期

上端一截无红色染料,结果书页中,有红色涂料保护的部分从前到后完好无损,而无红色涂料的那一部分则虫眼累累,破烂不堪,由此可见其护页防虫的重要作用。(图298)

明清时期广东书籍装帧中防虫护页的出现,说明了我国古代书籍装帧保护性技术的成熟。

册页书籍的这种护页,在经过化学防虫处理纸质的现代书籍中,成为书籍的前后环衬,它的防虫作用被书籍美化与书芯保护的作用所替代。

2. 修旧与翻新

书籍在长期的阅读和流传中,受到损坏是不可避免的,例如书衣及前后书页的残破,书角的卷折,书口的磨损、开裂等等。为了延长书籍的使用寿命,特别是使一些珍稀善本得到保护,人们总结了一系列修旧翻新的方法。

有些珍贵的古书由于年代久远,损毁严重,破烂不堪,几成碎片,修复技术要求很高。在长期的工作中,古书修复工匠们积累了丰富的经验。修复旧书的做法主要有去污、去霉、修补虫蛀鼠啮,溜补书口、托裱书页和更换书衣等。修复技术使得原本破损的书籍最大限度地恢复了原貌。(图299)

"金镶玉" 在古籍的修旧翻新中,"金镶玉"是一种为人称道的旧书翻新、重装技术。"金镶玉"一词来源于历史故事:说的是王莽代汉,向汉孝元皇后索讨传国玉玺,孝元皇后负气将玉玺摔地,碰坏了一角。王莽后用黄金将玉玺缺角镶补完整,世称"金镶玉玺"。古籍修复中的"金镶玉"意思是:原书纸旧色黄,加之珍贵,喻之为金;套装的衬纸崭新洁白,喻之为玉。"金镶玉"装帧的做法是:先将原书拆开,修补书页,溜补书口,然后在双折的原书页中衬上质量上乘、大于原书的新纸,再加上书衣重装

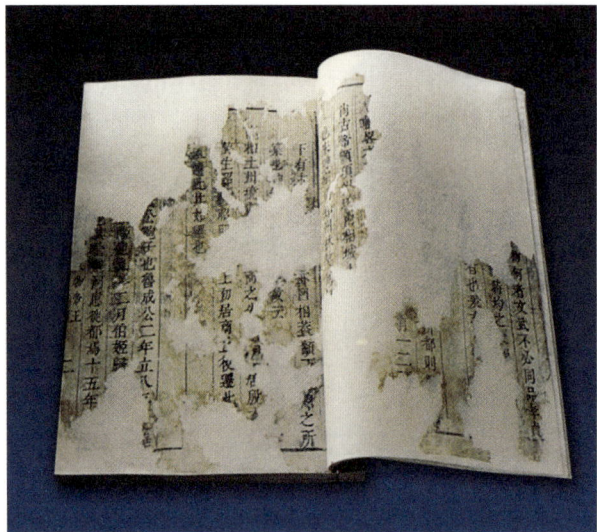

■ 299 修补翻新的古籍

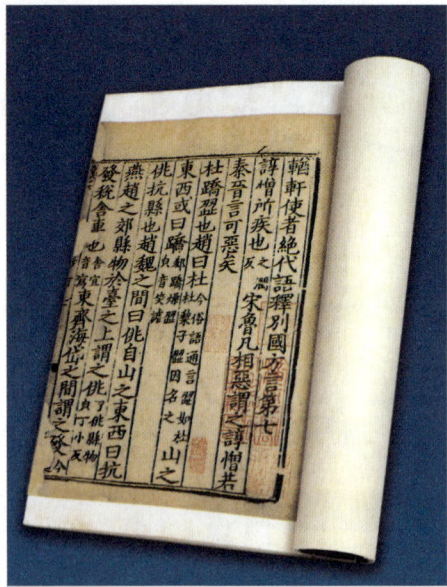

■ 300 采用"金镶玉"技术翻新的古籍

成册。这样翻新的古书,珍贵泛黄的古旧书页与洁白如玉的衬纸相互衬托,焕然一新,宛如黄金镶进白玉一般。"金镶玉"又称"惜古衬"、"袍套装",是一种有效的古籍翻新方法,可以保护原书页不受损坏。但是这种修复方法费工费料,技术要求高,除珍贵稀少的古籍善本外,普通旧书很少采用。(图300)

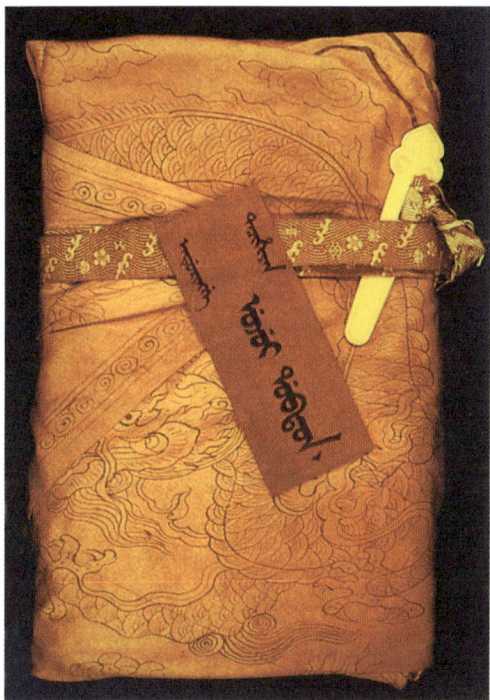

■ 301 绸缎袱裹的皇宫书籍

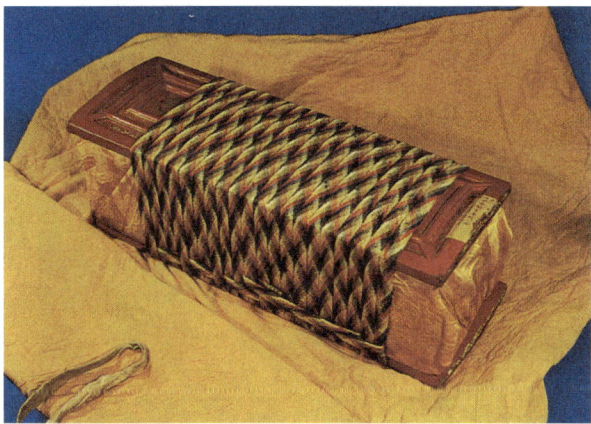

■ 302 包裹后用木板夹裹的书籍

3. 袱裹、夹板与函套、匣装

传统的册页书籍纸张柔软、书册较薄、手持轻灵、阅读舒服。但是这种书籍的抗撞性差,容易破损。古代册页书籍的保护主要有以下几种方式。

袱裹 是用纺织品将书包裹起来。这种方法简便易行、便于携带、便于保存,是普通书籍常用的保护方法。袱裹的方式除直接包裹书籍外,有些还用于裹装梵夹和函套,起着进一步保护的作用。

袱裹的材料,普通人家和普通的书籍用各色布料,殷实官宦人家或者珍贵的善本书籍多用绸缎等高档织物。皇家内府的书籍、档案,则用织有各种图纹的高级织物包裹,连袱裹的锦带和牙签都极为考究。例如这包皇家内府书,用金龙纹的明黄夹袱,外以紫地白花褾带、玉质如意别签捆缚,属于一种精心的整体设计。(图301)

夹板 即用两块比书略微大的木板将书上下夹裹起来。夹板的材质以紫檀、楠木、樟木等为上品,天然本色,坚固雅致。夹板的上下两侧边缘打上扁孔,书放在中间,以绦带上下穿连,拉紧打结。夹板装的书,平整舒展,不翘角,不打折,抗撞击,能很好地保护书册。

一般的书籍,夹板直接夹在书上。有些高档的书,则是先将书用包袱裹好后再上夹板捆缚。(图302)

函套 是书籍保护性措施中效果最佳的一种形式,特别适应册数不多的套书。函套款式多样,简约精致并存。

函套中较简单的是四合套,即除书的上下两端外,其他四面以函套折叠保护。四合套由同书册大小、厚薄相适应的五块板构成,贴有书名题签的面板压在舌板之上,由于上下两端不封,书根上的书名、卷次一目了然。四合套《宋刊范仲淹集》的别签为红色,与函套的锦缎颜色相配,显得格外雅致,这种函套最为多见。(图303)四合套的稍欠之处是书的书首、书根暴露在外,时间长了,容易污损。

　　书籍全封闭函装的叫"六合套",这是一种极到位的书籍保护措施。函套折叠为六面,方整挺括,坚固美观。书籍密封在函套内,不怕光晒,不会卷折,安全防污。"六合套"由大小九块板构成,面板之下的三块舌板,或两块、或三块挖成多种美观的锁扣,加以套合。例如这册《太平广记》的六合套,锁扣设计成如意云头状,开启的结合部严丝合缝,既牢靠又美观。(图304)

　　函套上的别签或为竹木,或为象牙、玉石,造型别致。有的别签还刻上精美的花纹。别签襻带的材料、颜色亦要求与整体协调。

　　函套上裱覆的纺织品绫、绢、锦、绸、缎皆有,纹饰丰富,色彩多样,手感舒服。这些不同材料、图案、色彩的函套还是区别书籍珍贵与否的标准,通过函套很容易区别书籍的档次。

　　函套面板上贴的题签与函内书衣有些完全一致,有些则在统一中寻求变化。函套题签如同画龙点睛,使整函书散发出一种典雅的文化气息。

　　匣装　是书籍整体设计中的一个重要环节,有利于书籍尤其是珍稀善本的长久保护。匣装材料多用优质的红木、楠木、檀木等制成,防朽防蠹。

　　书匣的大小、高低以全套书的尺寸和册数多少而定。匣装书籍有的直接将书叠放在匣内,有的则是将书装进函套以后再装入匣。有的书匣内部还设计有两层或多层的可以抽出推进的活动隔板,以利任意抽取其中一册书籍。(图305)书匣的一端有可供取书的活动匣门,嵌装在门槽中,有上提、横抽和帘状等多种形式。尤其是帘状匣门,上提以后,自动缩

■ 303 函套中的四合套

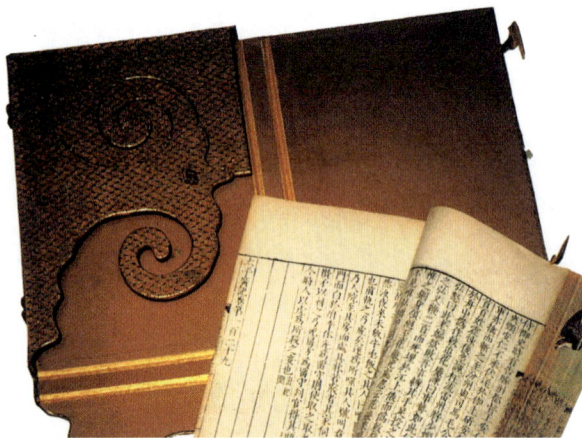

■ 304 函套中的六合套

■ 305 木质双层装书匣

■ 306 匣装《宋槧春秋经传集解》

进匣内上部，下拉则成平整严实的匣门，伸缩自如，设计巧妙。匣门上阴刻书名、题署和印章，字口内填涂颜色。书匣上的刻字、题署除辨别目的外，还具有欣赏价值。

这函《宋槧春秋经传集解三十卷》书匣，匣门上竖刻隶体书名，字口内填涂石绿色，书名下并注"下函十五册"，看来应是上下两匣。匣门右侧刻书斋主人题识，行楷白字。左下角朱书"聊城杨氏海源阁藏"。整个匣门刻字，主次分明，布局得体，色彩丰富，古朴雅致。（图306）

清内府所藏《钦定四库全书》共 6144 匣，匣门刻字与书衣颜色一致，依经、史、子、集四部分色，各为绿、红、蓝、灰。在书刻函数次第之外，还注明部别和书名，体现了总体的设计意图。（图307）清代内府书匣的设计多样，方圆皆有。（图308）

■ 307 匣装《四库全书》

■ 308 清内府圆形书匣

第三节 册页书籍的版面艺术

一、册页书籍的内封与牌记

1. 内封

内封是指册页书籍的书衣、护页之后,书籍正文之前印有书名、编撰人姓名、刊印机构、版本来源、刊印年月乃至广告词语的一面书页。现今有些学者将此页称为封面,有些叫作扉页。此页的作用,似乎具备现代书籍的封面特点,但它所处的位置和版面内容,又更像现代书籍的扉页。因此我们根据册页书籍外有书衣、题签的封面性质和此页居于正文之前的特点,称其为"内封"。

内封作为书芯的首页,是书籍内容和信息的综合反映,通过它,读者可以概略的了解本书的内容。内封还是书衣损毁以后辨认书籍的主要依据之一。

内封设计中,首先以极为醒目的大字标出书名,如《三国志》、《资治通鉴》、《剪灯新话》等。同时在书名中尽量凸现版本的特色,如"重增附录"、"镌图像"、"全像"、"按鉴批点"、"京板"、"官板正字"等。

其次,在重要的部位标出刊印机构的堂、斋、轩、庵等名号,如"馀庆书堂"、"野竹斋"、"清江书堂"、"翠岩精舍"等。这是我国古代制作器物时,"物勒工名"传统在书籍中的反映。有些书籍内封上,还标明刊印时间和版本来源。

书籍作为文化商品进入市场以后,销售竞争自不可免,因此不少书籍的内封上还出现了类似现代广告宣传的文辞,如"谨依古板,校正无讹"、"五音四声切韵,图谱详明"、"编成神异新奇事,敦尚人伦节义风"等。或者标明版本特色,如"泰山磁版"等,

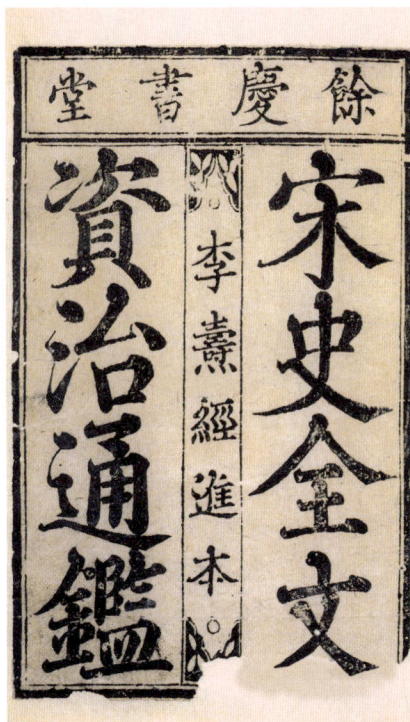

■ 309 强调书名的内封

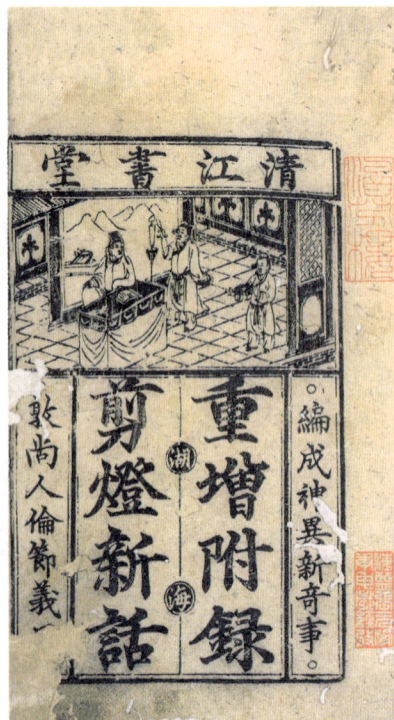

■ 310 文图并茂的内封

■ 311 强调图绘的内封

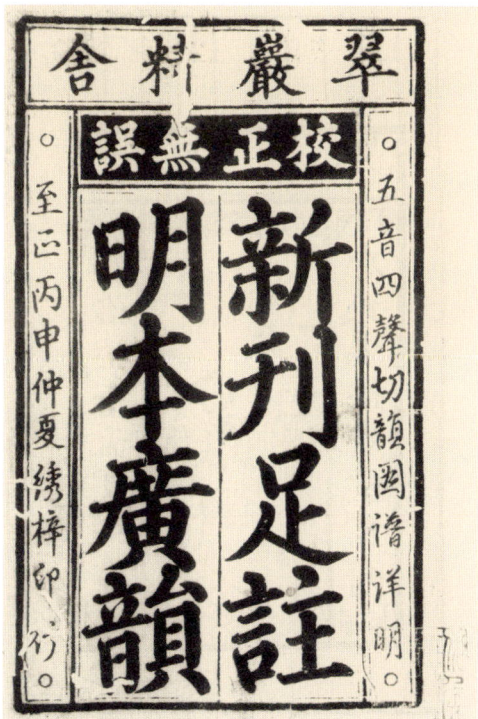

■ 312 强调版本质量的内封

以宣扬特点,扩大销售。(图 309~314)

内封出现图绘据说在元代,至元三十一年(1294)建安书堂刊行的《新出相三国志□□》,在内封上方就镌有"三顾茅庐图"。内封增加图画,有助于美化书籍首页,强化书籍内容,提高阅读兴趣,引起读者购买的欲望。

当然,一般书籍的内封则是简单的形式:四周印上边框,刻上三行界格,印上书名、作者、编选者或雕印书坊即可。也有在框外刻上雕印时间的。

册页书籍的内封是现代书籍封面的先导。现代书籍封面上的书名、作者、出版者三大构成元素在册页书籍的内封上已经初步具备,研究这些内封,对现代书籍装帧有着重要的意义。

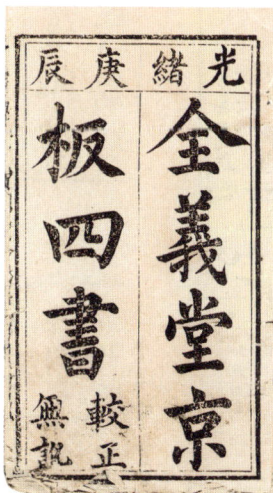

■ 313 突出刊刻机构的内封

■ 314 注明印版材质的内封

2. 牌 记

牌记是册页书籍印在书前内封背面或者书后卷尾的文字或标识,也叫"木记"和"碑牌"。一般的牌记以文字为主,外套框格,标明刊印机构、写刻家姓名和刊印时间及版本特点等。古代书籍的牌记,是辨别、鉴定版本主要的依据之一,从中还可以了解本书的沿革和版本的校刊过程。

有些牌记还用图形与文字组合,构成美观的图形。蒙古定宗四年(1249)平阳张存惠晦明轩牌记以古钟和古琴组成,古雅隽秀。(图315)明弘治五年(1492)詹氏进德堂"三峰精舍"牌记设计如同门匾、门联,匠心独运。(图316)这些书籍牌记中的精良者,具有审美上的追求。(图317)

内封与牌记上的文字大多经过精心设计,真、草、行、隶、篆诸体皆备,字体丰富,形式多样。(图318)

牌记是古代书籍刊刻机构长期发展中形成的有着信誉、记载和宣传作用的标识,它们是现代书籍上出版机构标志的雏形。

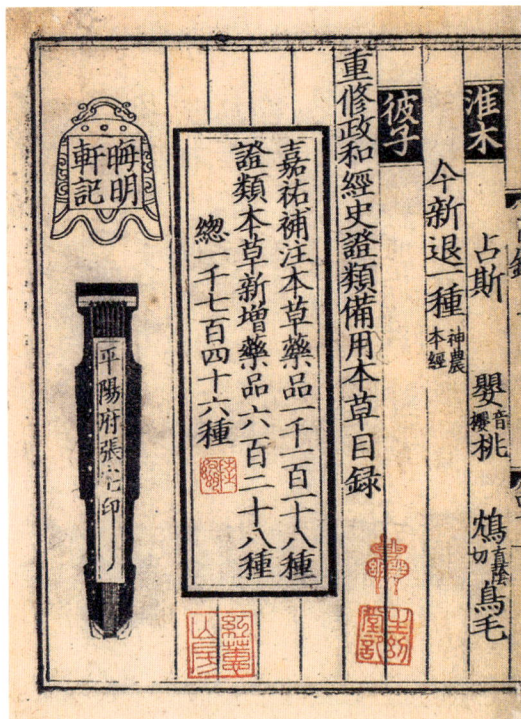

■ 315 蒙古定宗四年平阳张存惠"晦明轩"牌记

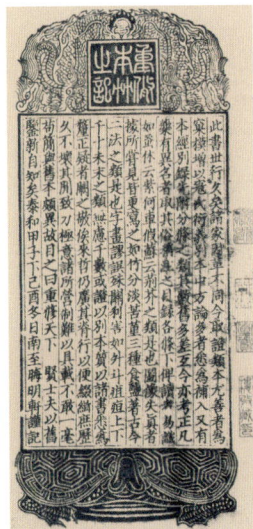

■ 317 摹仿碑碣的牌记

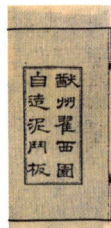

■ 318 文字的牌记

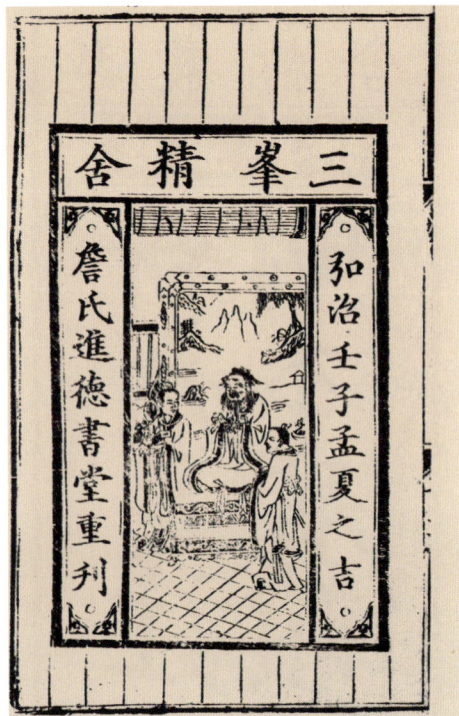

■ 316 明弘治五年詹氏进德堂"三峰精舍"牌记

二、册页书籍的扉画与绣像

1．扉画

册页书籍的扉画是卷轴书籍扉画的继承和发展。在书籍中，扉画仍然处于书籍的起首。由于经折装是直接从卷轴装演变而来的，因此经折装的扉画展开后虽然还是一个整体，但却被折页形成的折痕分割成若干个相对独立的单元。这种独立的单元画在蝴蝶装、包背装和线装书中逐渐定型为情节独立、构图完整的独幅扉画，具备了单独欣赏的价值。（图319）

扉画在书前有些只占一面，有些则将完整的画幅，由折页分开为相对的或正背的两面。这些两面的扉画，有的没有版口，画面正背连为一体。有的虽被版口分开，仍然能够看到正背画面之间的联系。

扉画一般为黑色单版印刷，双色的很少。我国册页书籍中双色印刷的扉画始于元代至元六年（1340）中兴路（今湖北省江陵）资福寺刊刻的经折装朱墨套印本《金刚经注》。卷首扉画"无闻和尚注经处产灵芝"中的人物、器物和桌前灵芝等均作套红，红黑两色使扉画出现了美观的效果。（图320）

册页书籍的扉画在现代书籍中演变成书前黑白或彩色的插页。（图321）

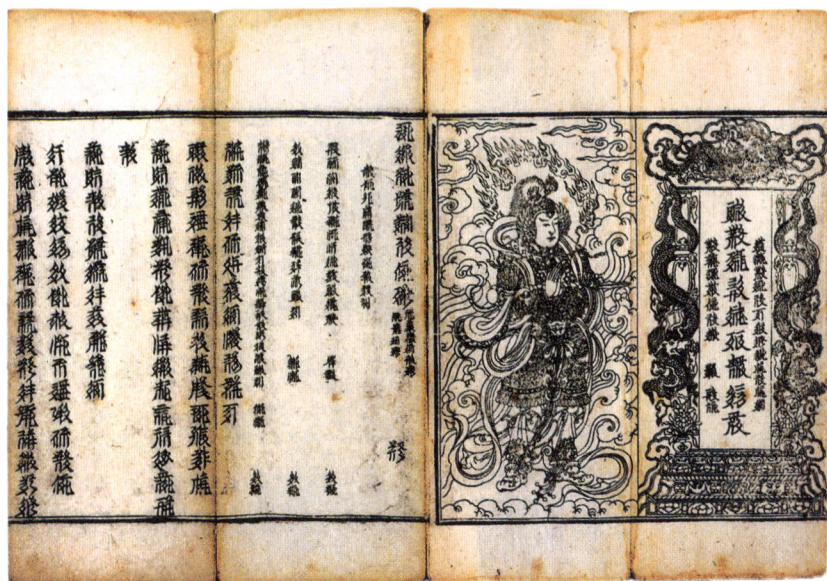

■ 319 西夏文经折装的扉画

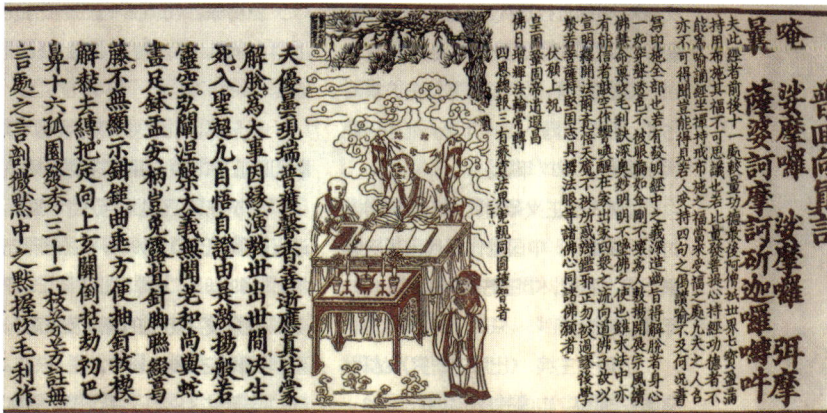

■ 320 元代资福寺刊刻的经折装双色扉画

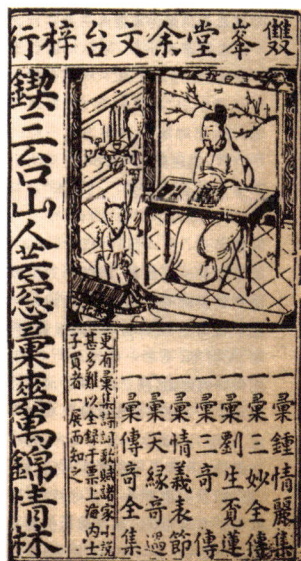

■ 321 线装书的扉画

2．绣像

绣像原指用彩色丝线刺绣成的人像,多为佛像,后指画工细致的人像。明清以来,通俗小说书前所附的书中人物图像称为绣像。

册页书籍卷首绣像是元代出现的,多见于通俗小说、诗文集和笔记散文集等。通俗小说的绣像一般为书中的人物形象。增绘绣像,一是美观,二是加强书籍内容,引起读者阅读的兴趣。绣像还含有书籍促销的商业作用:明清时期不少刊有绣像的书籍都在书名题签或内封上标明"纂图"、"绘像"、"出像"、"全相"、"全图"、"补相"、"绣像人物"等文字以招徕购书者。通俗小说《三国演义》、《水浒传》、《红楼梦》等书都绘有绣像。所绘人物姿态生动、性格鲜明,艺术地表现了书籍内容,对读者阅读书籍帮助很大。有些绣像上还题有精炼的评赞,强化了人物的性格特征。(图 322~324)

诗文集与笔记散文著作的绣像多为作者画像。这些书籍以画像冠于书首的形式肯定了作者的贡献,反映了社会对书籍作者的重视和敬仰。据说元代至正年间,衡阳有一位名叫曾世荣的小儿科医生,七十八岁那年,想把自己的画像传给子孙。后来听从了朋友的建议,将自己的半身画像印刷在所著的新书上。其后人们竞相仿效,遂成风气。这些画像大多形象传神、儒雅端庄,很好地表现了作者的形态容貌和内在涵养。其中不少人物画像还是著名画家所绘,如金农像就是由"扬州八怪"之一的高翔绘制的。(图 325~328)书籍扉画由佛到人,无疑是社会的一种进步。

随着社会的发展,古代书籍绣像在现代书籍中发展为书前以绘画或照片形式出现的人物像页。

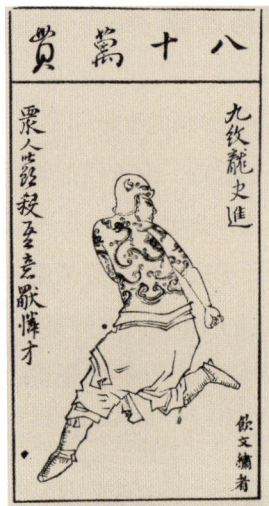
■ 322《水浒叶子》绣像

■ 323《凌烟阁功臣图》绣像

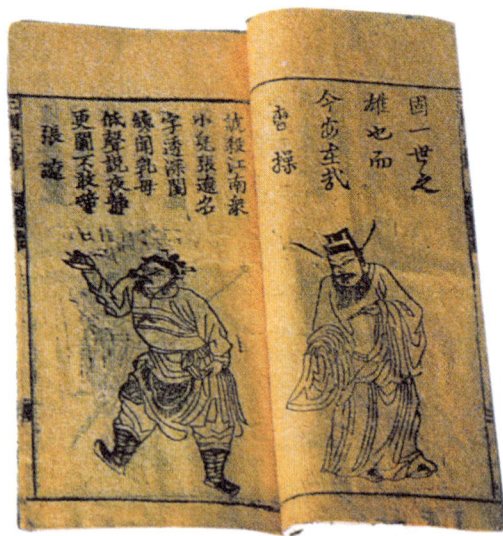
■ 324《三国演义》绣像

178

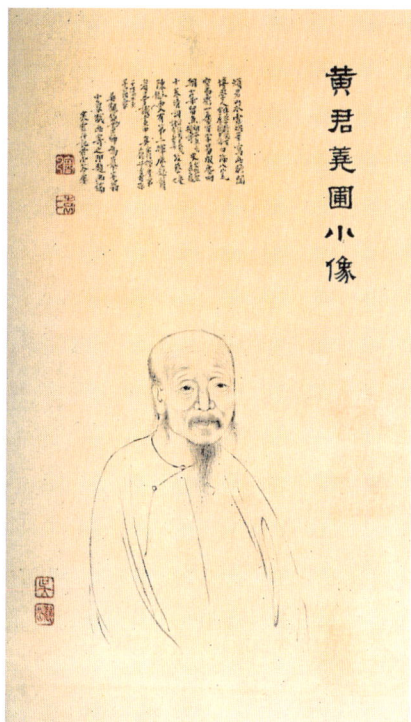

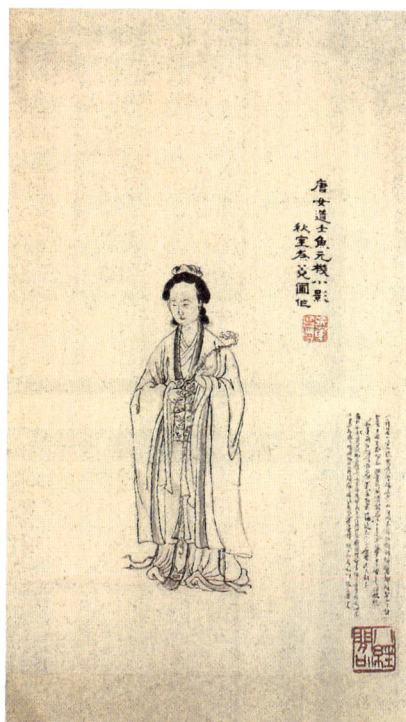

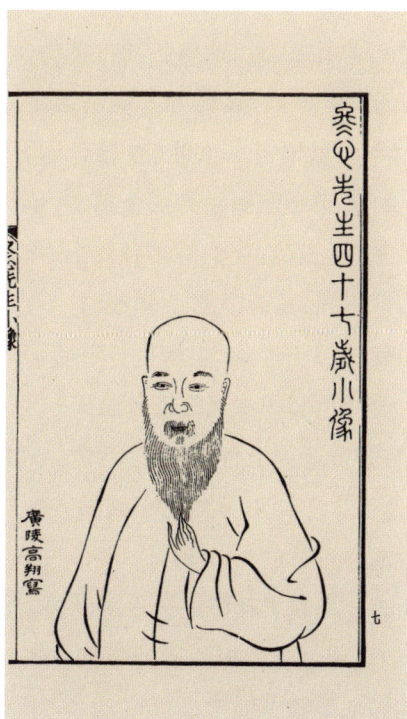

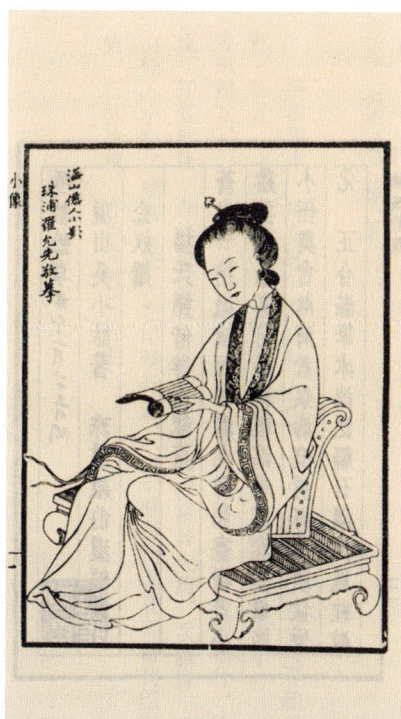

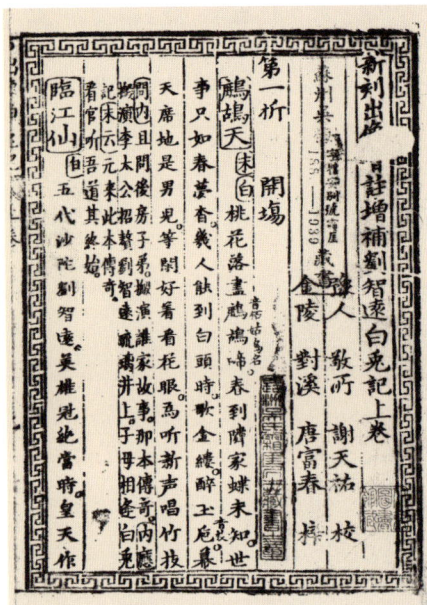

■ 329 万字栏版框

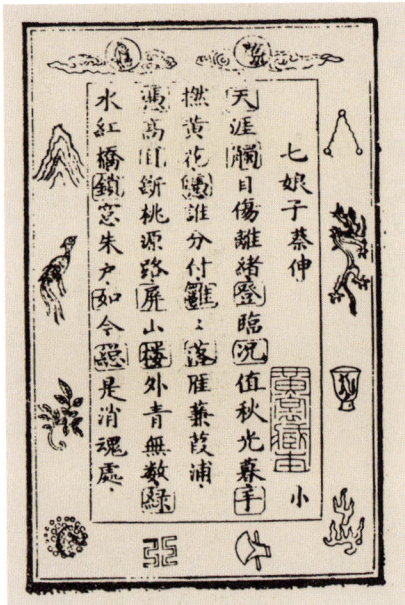

■ 330 《红蕣轩词牌》的博古栏

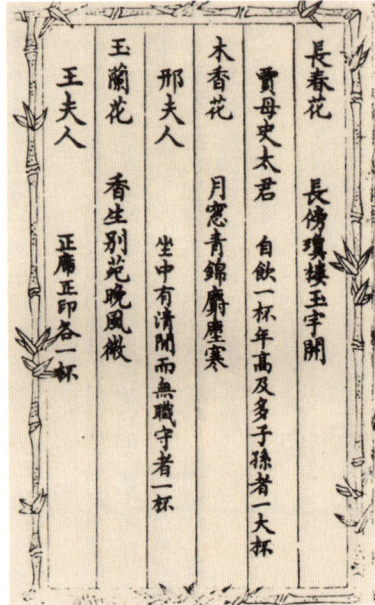

■ 331 清刻本《红楼梦酒筹》的竹节栏

三、册页书籍的版面构成

1. 版面装饰元素

册页书籍版面上的装饰元素是古代书籍版面艺术的总结性成果,从中可以看到它对历代书籍版面装饰元素的继承、发展和提炼。

版框 又称"版匡"、"匡廓"、"栏线",是版面上控制、装饰版心的粗线框。版框位于版心上下的称上栏线和下栏线,位于版心左右两边的叫左、右栏线。早期的版框四边粗细一致,后期多见左右粗,上下细的,或是上下单边而左右双边的。版框单纯一道粗线的叫"单栏"或"单边",一粗一细的称"双栏",或喻之为"文武栏"。册页书籍的版框是简帛、卷轴书籍编绲与栏线的继承和发展。

古代雕版书绝大多数都有版框。版框的高低、宽窄和尺寸,是版本学家鉴定版本的重要依据。

版框除直线外,还有各种形式的"花栏",常见的有万字栏、博古栏和竹节栏。万字栏是由商周青铜器纹样演变成的中国传统"卐"字头花边连接组成,内外框以粗细线,形式古拙,富有装饰感;(图329)

博古栏 是用鼎、爵、钺等各种古器物及龙凤、山石、日月、星斗、草木,火焰等其他图形组成的栏边,形式古雅,取材丰富。这帧《红蕣轩词牌》巾箱本,每半叶一词,版心四周镌刻了金乌、月兔、星斗、山石、龙凤、芝草、玉钺、火焰等多种图形,而且每页版框四周图形不同,甚为罕见。(图330)

竹节栏模仿竹子形象,版框呈竹节状。这帧清咸丰年间朱墨两色套印本《红楼梦酒筹》,版面框以竹节栏,竹节上还刻上竹叶,生动活泼。刻书人自号"竹叶山斋主人",版框显然出于刻书人的爱好或是经过主人精心设计的。(图331)

版框的美化反映了雕版工艺水平的提高。显而易见,复杂的或由各种图形构成的版框在雕刻工艺上比单边的版框要费力的多。

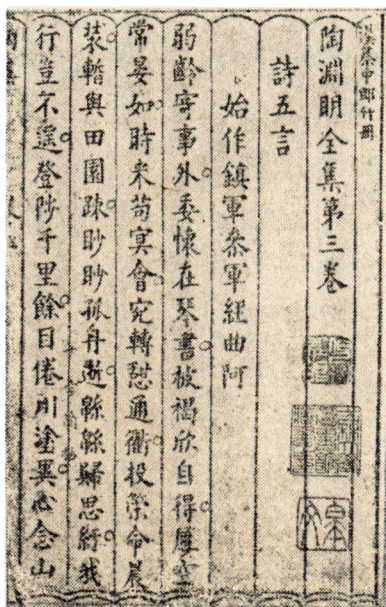

■ 332 北宋刻本《陶渊明全集》界格

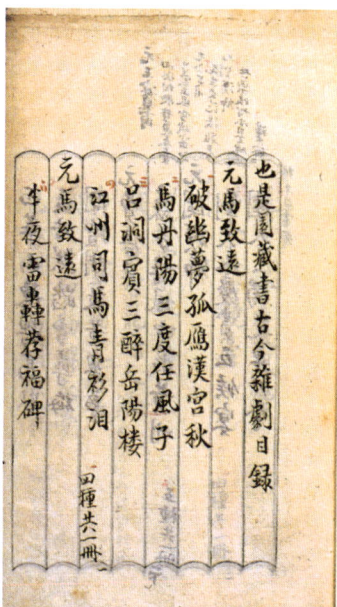

■ 333 明抄本《古今杂剧》界格

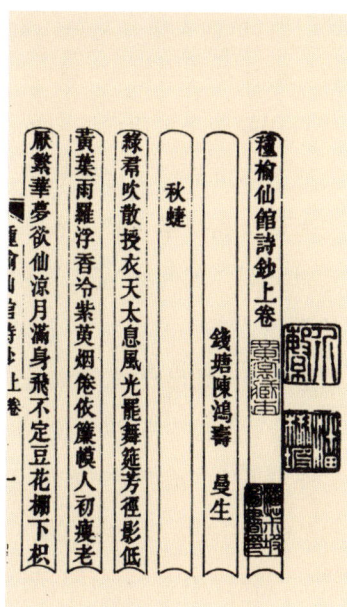

■ 334 清刻本《种榆仙馆诗钞》界格

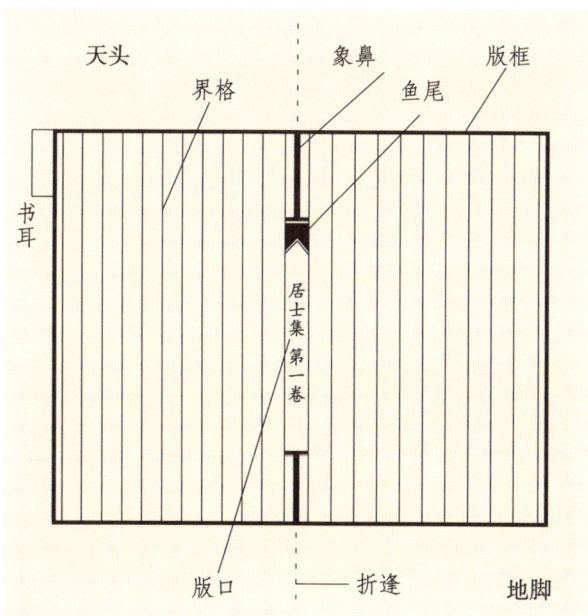

■ 335 版面的各部位名称

界格 经过两千多年的发展，界格已经成为我国传统书籍最有代表性的版面装饰形式和符号元素之一。

两宋时期的书籍，语言精炼，版面行宽字大，疏朗醒目。清代由于书籍需求量大，文字容量增加，加之坊刻书商谋利，因此界格行狭字密，版面美感不足。

册页书籍界格中美化的形式亦多见，这里的三帧仿竹简界格：一种是北宋版本，栏右版侧明示"汉蔡中郎竹册"字样。蔡中郎即东汉蔡邕，曾官"左中郎将"，以博学、书法名世。看来刊刻此书的斋主对汉代简册是格外钟情的；（图332）另外两种，一是明抄本，一是清刻本，均采用竹简界格形式。（图333、334）三种不同时代的竹简界格摹仿面貌各不相同。

册页书籍版面上的界格，半页八九行，十数行不等，一般以十行、十一行多见，因此宋以后人们常用"一目十行"来形容读书之敏捷。（图335）

181

清代以前,市面上就有专画界格、栏线的作坊。

版口 现时有些书籍叫"书口"、"中缝"和"版心"的。版口居雕版书页版面左右页的中心部位,折叠成册后处于书口部位。比较起来,叫"书口"容易与书的三面切口相混淆,叫"版心"则与版面上的图文部分意思类同。因此称"版口"比较准确,而且不会产生歧义。

版口是宋代开始出现的,原本是蝴蝶装书页对折装订时预留的一小行空格,以免读书时看不见订口处文字。另外为了使书页折叠整齐,上面还刻有用作折页标准的黑鱼尾。到后来,为使印刷与装订时雕版、书页不致错乱,刊刻者在这一部位写刻了一些印刷工艺中的记录性文字,如书籍名称、卷次、页码等,以供印刷、装订过程中查验印版、理清印张。

至于刊雕刻工姓名和字数,则是便于明确责任和便于计算工价。这些文字多数简略,书名多用简称:如宋刻《大唐六典三府督护州县官吏》简称"典六"、《新定三礼图》第二卷简称"礼二"、宋刻《重雕改正湘山野录》中卷简称"山中",其本意也是专供印工和装订工查验印版、印张所用。有些版上的字数记录还饶有趣味,不但刻上字数,而且详注大、小字,如宋刻《汉书》在版口上就明刻"大八十二",看来大、小字的雕刻工价是有区别的。(图336、337)

版口文字初期以技术性为主,因此版口宽窄多为界格的半行位置。

随着刻书机构相继涌现和书籍数量的增多,版口由早期的工艺元素逐渐发展到比较全面地反映书籍内容,以便读者阅览,检索。特别是卷帙浩繁的丛书、类书等,版口的检索作用更加重要。版口这一特定的部位成了读者全面了解书籍内容的信息窗口,给读者提供了诸如集名、书名、篇章名、卷次、页码、刊刻机构、缮写者、雕版人、字数乃至版刻材质如木活字、铜活字、瓷版等多方面的内容。

版口文字的排列形式也更加丰富多样:一般书名、卷次、页码等大字多作骑缝式,折成后左右各半;部帙较繁、比较复杂的书籍,书名、卷次作骑缝排列,其余字则左右分开,正背的文字是完整的。

例如卷帙极巨、类别极繁的大型类书《古今图书集成》,其版口书名文字骑缝对折,各现一半。在鱼尾之下的空间分部别类,刻有"方舆汇编"、"经济汇编"、"博物汇编"等大类。在各大类如"方舆汇编"之下又有"山川典"的第二十四卷"徂崃山部汇考之二"等小类。诸如此类,将版口上的文字分层次标列的清清楚楚,使读者一看书口即知其纲目,很好地发挥了书籍信息窗口的作用。(图338)

册页书籍的版口上左页书名、右页章节的雕刻逐渐相沿成习,现代书籍书眉的文字一般也是左书名右章节。

由于版口内容日渐丰富,版口作用日趋重要,因此版口的宽度也逐渐由早期的半行变成固定的一行,成为中国传统书籍上最有代表性或有符号意

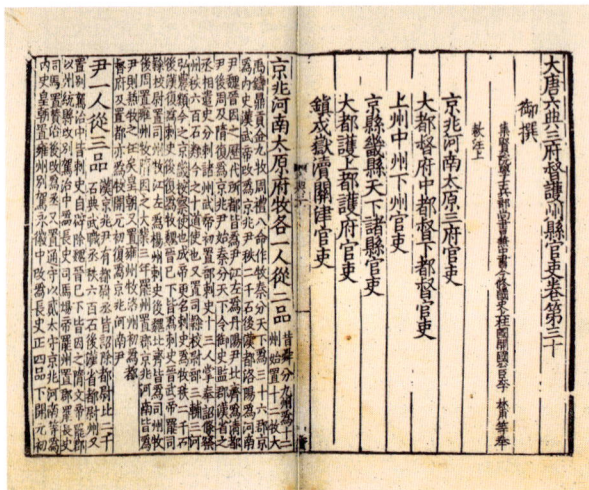

■ 336《大唐六典》的版口简称"典六"

■ 337　■ 338《古今图书集成》部类分明的版口文字

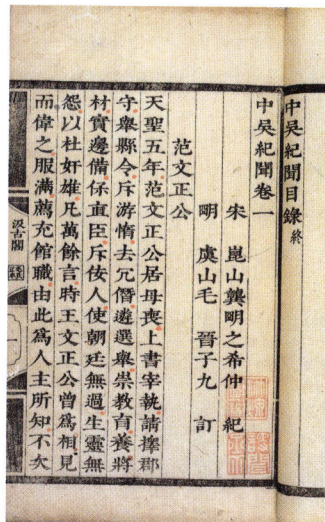

■ 339　大黑口版口的书籍

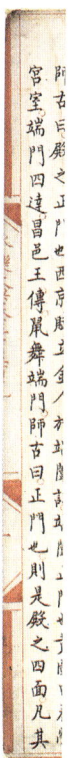

■ 340　各种版口、鱼尾

义的装帧元素之一。

白口　黑口　所谓白口，是指版口部位除了文字之外，其余部分的版木都要剜去不上墨，这样印刷的书页折叠成册以后，书口呈白色，故称"白口"。所谓黑口，是指书版镌刻时，在近上下栏处刻一黑线作为书页折叠的标准，这条线在书页折叠成册以后书口呈黑色，故称"黑口"。黑口又有粗细之别：刻一条细线的叫"细黑口"；刻粗线的叫"粗黑口"或"大黑口"。由于这条粗线垂直而下置于版口，人们形象地称其为"象鼻"，即大象的鼻子。象鼻刻在上方称"上黑口"，刻在下方的称"下黑口"，上下皆刻就称"上下黑口"。黑口在版口和书口上有一定的装饰作用。黑口使用最早的是南宋时期的建阳书坊，余仁仲"万卷堂"所刻的几部书均是细黑口。（图339）

宋代的雕版书籍，镌刻精细、版面清爽，白口书多，黑口书少。

鱼尾　是书籍装订时便于折页的标号。未折时像鱼尾，折成后左右各半呈三角形。全黑色的叫"黑鱼尾"，仅用细线刻的叫"白鱼尾"或"线鱼尾"。黑鱼尾又有加线和不加线的区别。在鱼尾上加刻花纹的称为"花鱼尾"。元代末期的刻书常见这种美观的花鱼尾。版口中只刻一个鱼尾的叫"单鱼尾",上下都刻的称"双鱼尾"。单鱼尾一般尾朝下,双鱼尾则多为上下相对式,也有鱼尾均朝下的。(图340)

鱼尾不但在版口用,有时亦做书籍装饰的元素出现在版面或者内封、牌记、目录上,起着美化和醒题的作用。(图341、342、343)

版口上的鱼尾是中国传统书籍版面上富有象征意义的符号元素之一。

书耳 刻在版框外左右上方,这种形式由南方建阳书坊首创,特见于"蝴蝶装"。由于蝴蝶装书页文字面相对而折,版口文字处于订口而观察不便,因此在版框外侧竖长小方格书耳内刻写本书的小题以便查检书籍内容,是版口文字的补充。

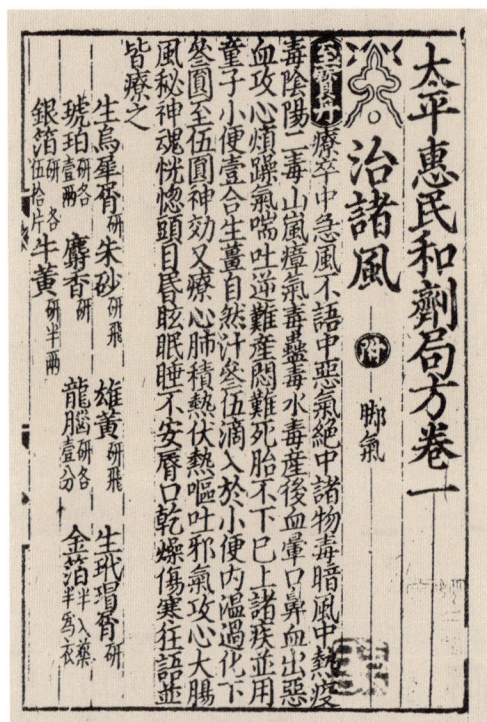

■ 342 花鱼尾装饰的标题之一

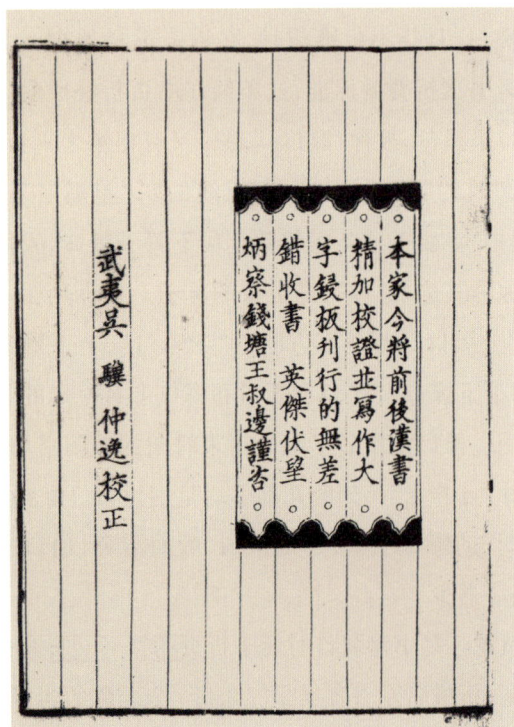

■ 341 用花鱼尾装饰的牌记

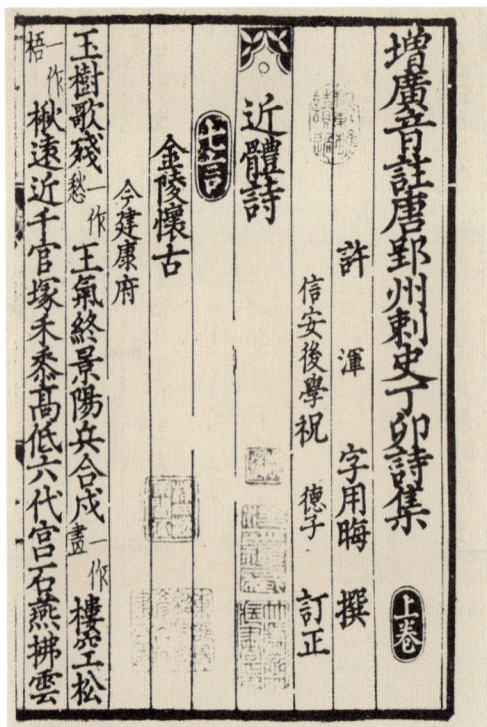

■ 343 花鱼尾装饰的标题之二

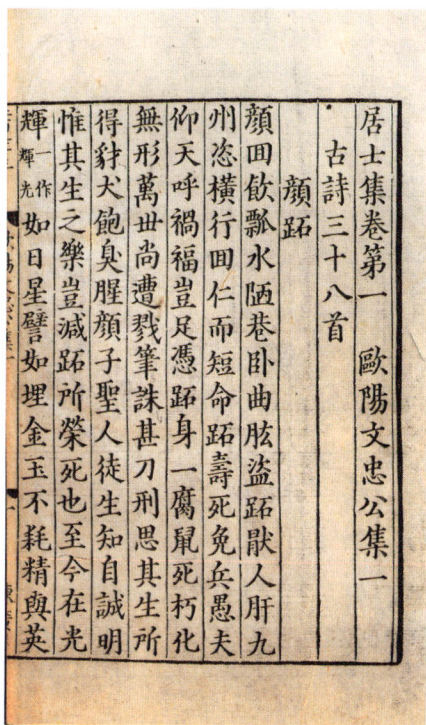

■ 344 大题在上的版面排列

四、册页书籍的版面排列

册页书籍版面排列是古代书籍版面艺术的高峰,它的版面文字排列富有格律化。

由于古代书籍字体较单纯,因此版面文字艺术主要是依靠排列技巧来实现的。

大题 是一本书的名称或丛书、类书的总名,居于卷首和篇章最前,起着提纲挈领的作用。一般情况下,大题都是从左页开始的,顶格排列,后缀卷次。有些书籍大小标题并存,为了标明主次,采用阶梯形排列,出现了层次变化。(图 344)

小题 是书中某篇某章或某一类别的标题。小题多在大题的下端,或者居次行,或者低两字格。也有些小题间隔以撰著者,而与大题同样顶格排列。

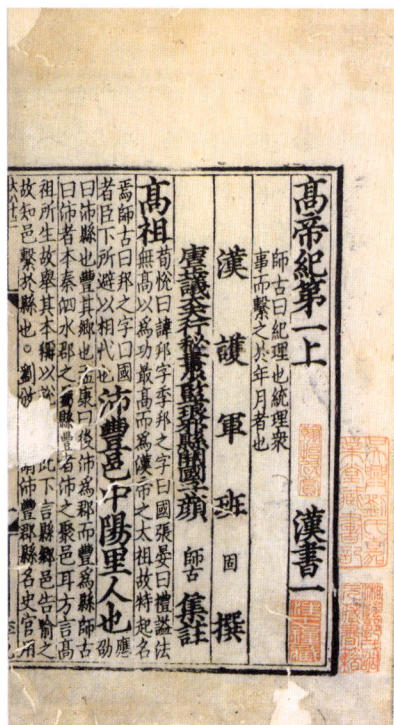

■ 345 小题在上,大题在下的版面排列

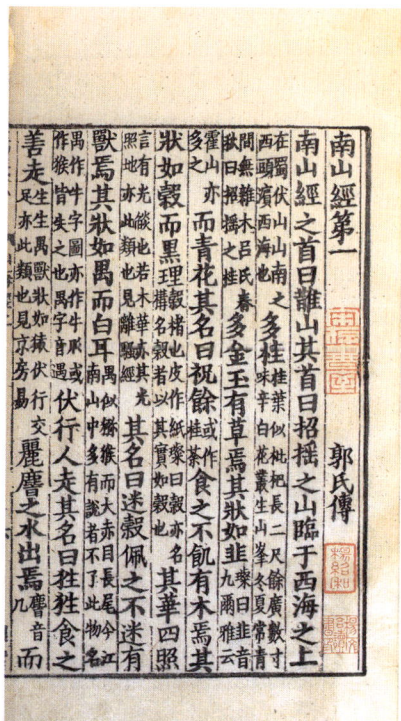

■ 346 撰述者排式之一

惟宋版书有些小题在首行上端，而大题却在小题之下，如《史记》《汉书》等，这是为了突出篇章。(图345)

撰述者 即书籍的编著者、编者、传注者，是书籍最主要的劳动者，因此排列位置仅次于书名。(图346)

撰著者的职衔、姓名大多排在书名次行。字数不多的，排在首行书名下端。有时作者职衔文字较多，文字就刻的很小，或者采用宋代以来特有的官方制式文字形式，许多文字挤成一行而字形极扁。如蒙古定宗四年平阳张存惠晦明轩刻本《重修政和经史证类备用本草》，即是其代表性排列。(图347)有时一本书既有著者，又有校者、注疏者和其他与本书有关的人员，则比书名低几字格，数行并列，整齐地排在下方。(图348)

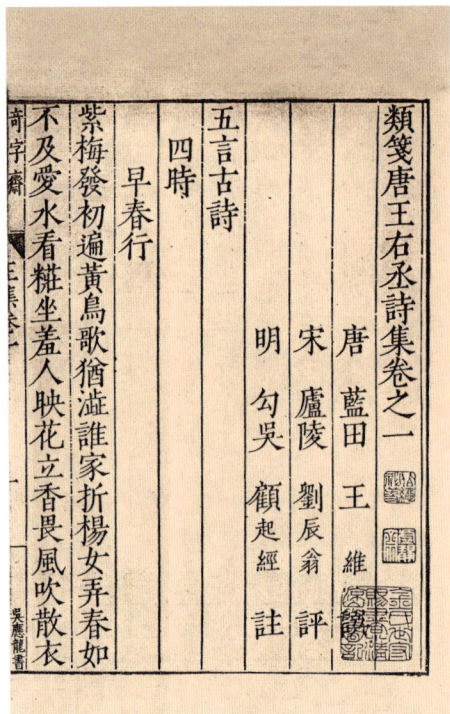

■ 348 撰述者排式之二

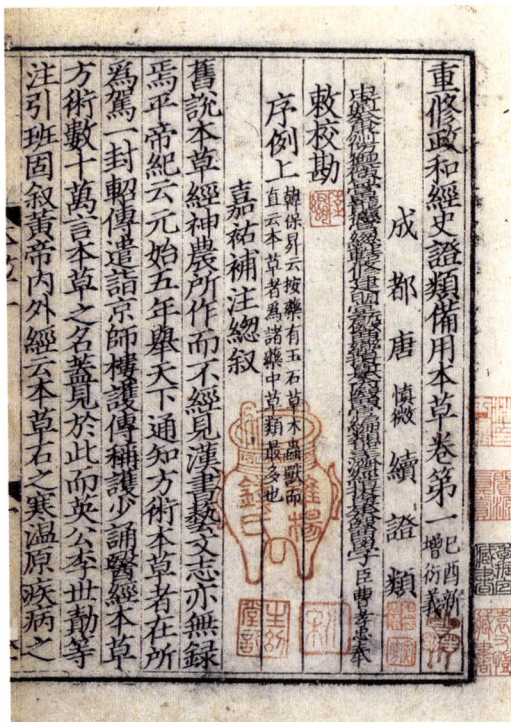

■ 347 校勘者职衔为制式文字

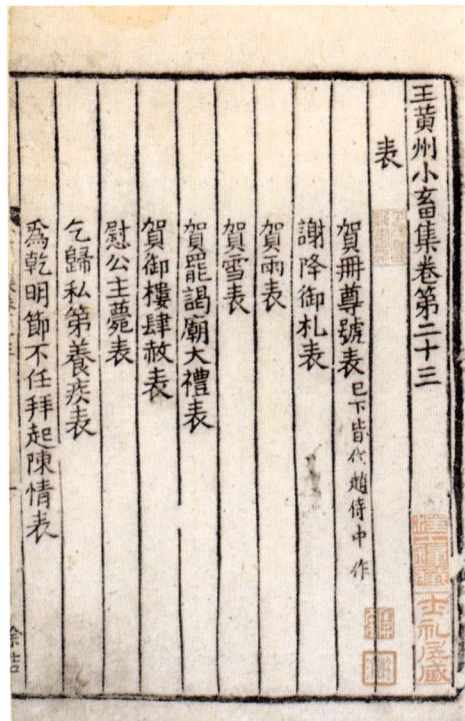

■ 349 通栏排列的目录

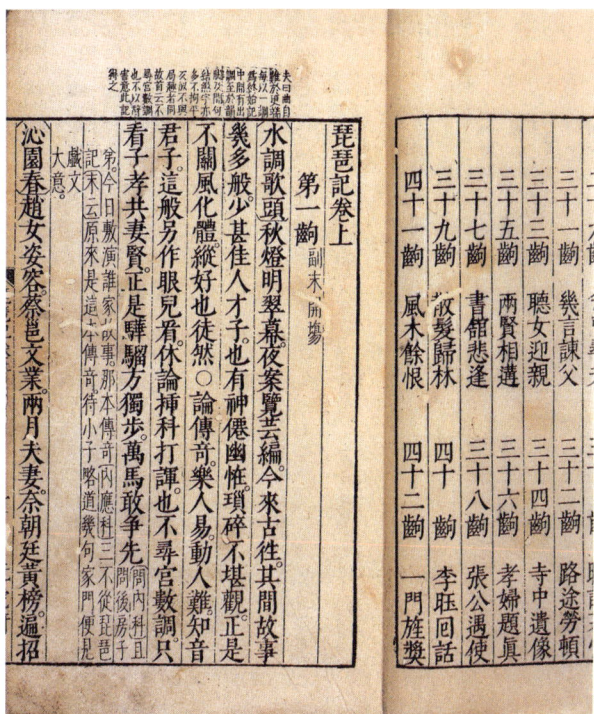

■ 350 二栏排列的目录

■ 351 三栏排列的目录

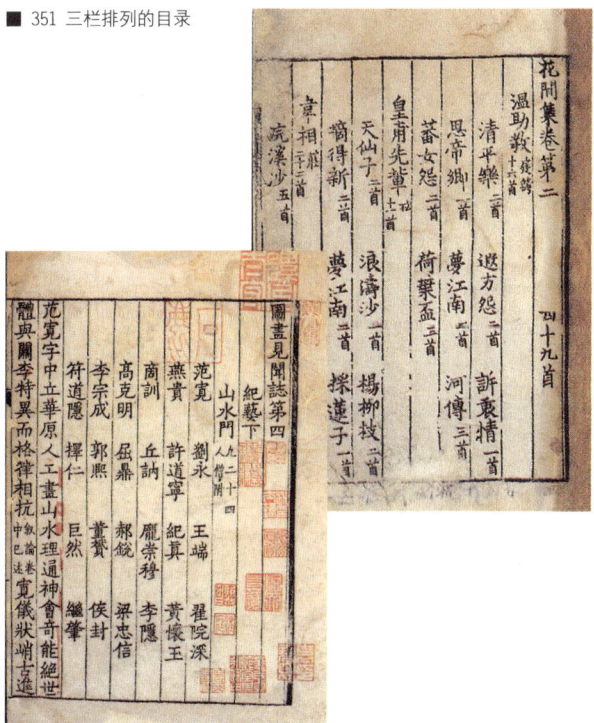

■ 352 四栏排列的目录

目录 一般较正文低几字格。书籍性质不同，目录亦有所区别：有时根据人名分目，有时根据作品和类别分目。为了使读者开卷即知书的内容和目次，目录文字一般很简略。

目录排列有的为通栏，有的为两栏，有时则分三四栏。有些书籍还根据卷次，列出每卷的目录。

目录的栏次一般皆为上齐，排列时多比正文低几字格，以使其醒目。（图 349~352）

有些书为了美观，目录还加以装饰。例如这册万卷堂刊行的医书为"庶便检用"，特地将目录框以黑鱼尾。（图 353）

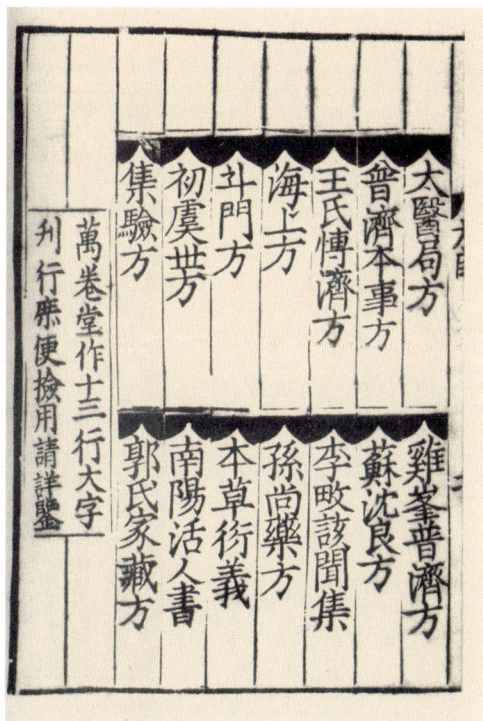

■ 353 用鱼尾装饰的目录

序文　是书的作者或其他人为了叙述本书精要而作的文字。序文一般比较简短扼要，字数不多。但有些序文则洋洋洒洒，夹论夹序，篇幅甚长。

序文与正文具有同等重要的作用，有些排列同正文一样。大多数情况下为了突出序文，排列时还有意低三四字格，由于上面有了空白，正、序文的区别非常明显。（图354、355）

正文　是构成书籍内容的主体文字，字大而醒目，特别是早期宋版书，字大如钱，疏朗醒目。后来为了适应文化普及的需要，容纳较多的内容，书籍字体逐渐缩小。书籍正文字体雕刻北宋早期盛行欧体，后来以颜体为主。南宋以后柳体字逐渐增多，元代以后赵体流行。

我国书籍正文字体至少在南宋时已大致具备了宋体字横细竖粗的面貌，笔画装饰因素时有体现，及至明代雕版宋体字就基本成为书籍雕刻的主流。

正文字一般作顶格处理，不留空格。字体大小统一，典雅美观。

正文中夹有注文的时候，正文字大而醒目。

注文　是正文的辅助性文字，多为双行小字，比较纤秀，以示与正文的区别。注文多为正文的注释、疏解等。由于古代文书言简意奥，因此书籍中的注文往往多出正文许多倍。一般双行注文的宽度与正文字宽大致相同。注文字体细而清秀，是典型的

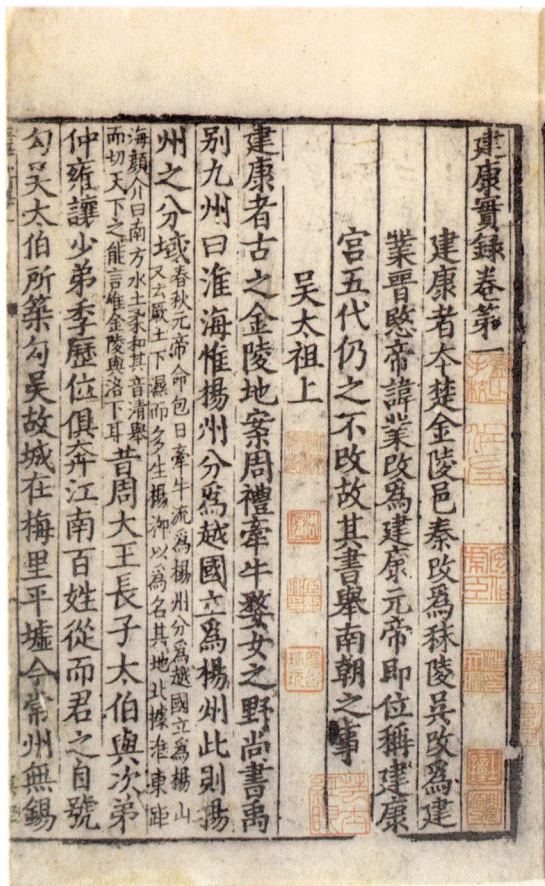

■ 354 序文低于正文三字的排列

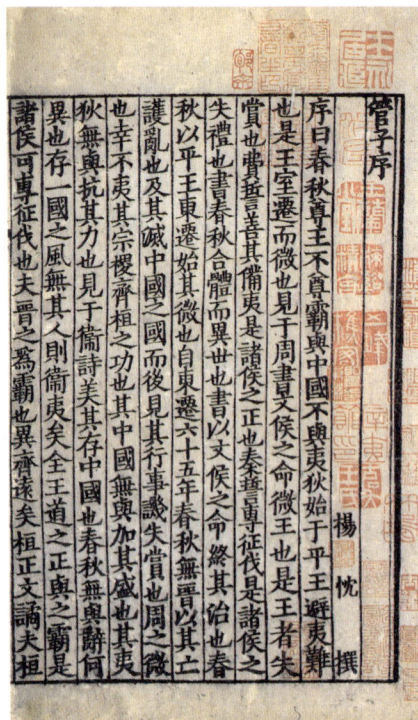

■ 355 序文长而顶格的排列

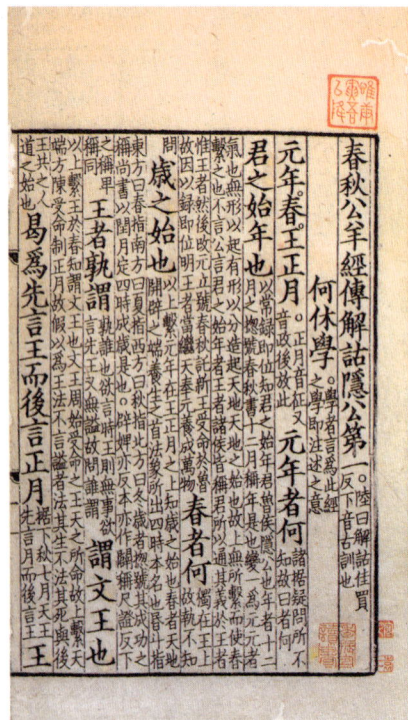

■ 356 正文与注文的形式

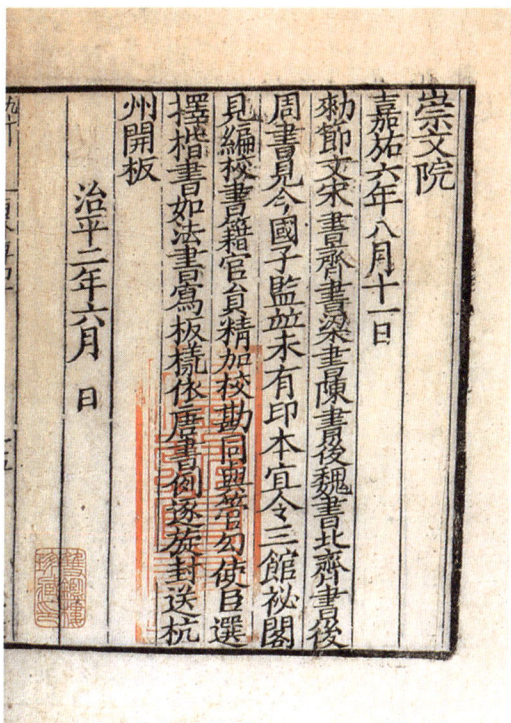

■ 357 后记的排列之一

仿宋字。（图 356）

后记 册页书籍中的后记体现了书籍记录元素的稳定和丰富。后记中一般多为刻书缘由、刻书时间与书写人、校书人。有些还详记所用纸张、工料及工价、费用等，包含了较丰富的内容。（图 357~359）

册页书籍的后记是现代书籍后记的滥觞。

册页书籍版面上各种文字、元素组合在一起，构成了极有节奏和韵律的中国书籍版面排列艺术，这种排列形式是东方汉字文化所特有的。基于汉字直行排列的特点，书籍版面上文字排列基本形式是成组上齐，下部则长短参差任其自然，即现代书籍版面术语中的"晾衣架式"。

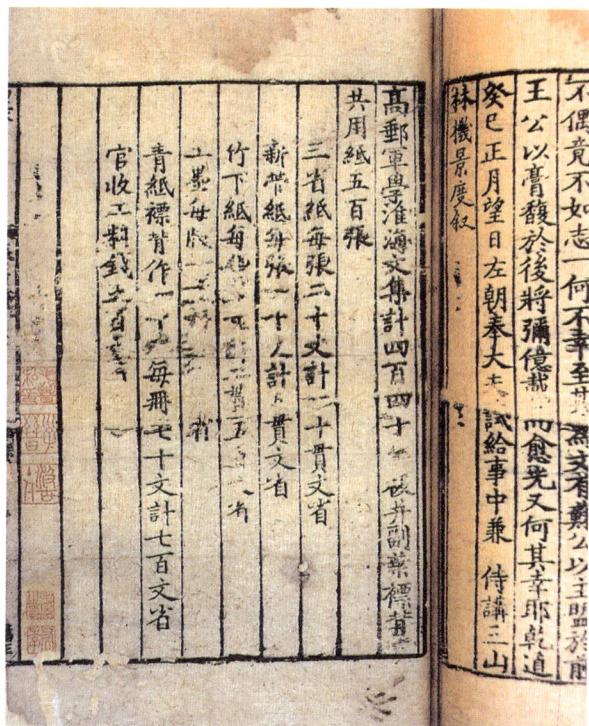

■ 358 后记的排列之二

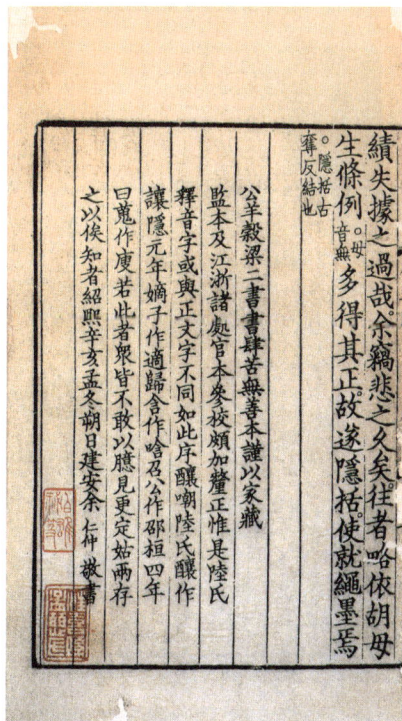

■ 359 后记的排列之三

五、册页书籍版面中的诸种比例

所谓版面即是书籍页面上印刷区域（文字、图版）和空白部分的总称。其中文字、图版，即版面栏框之内的部分称为"版心"。版面的上下和订口一侧为空白。版面上的诸种比例是构成书籍版面特点的重要因素之一，由此可以区别书籍装帧的风格。

1. 册页书籍的天地比例

书籍版面上版心上栏至上书口的空白部分称为"天头"，版心下栏至下书口的空白部分称为"地脚"。笔者抽测了一些册页书籍的天头和地脚，它们的比例分别有：

10：3   10：3.4   10：4   10：5

10：5.2   10：5.5   10：6   10：7

其中比差最大的为 10：2.3，这种版面地脚仅占天头的 1/5，天头极为宽阔。（图 360）比差最小的为

10：7.5，一般多为 10：5，即天头面积是地脚面积的一倍。（图 361、362）

天大地小　是我国书籍版面、书画装裱传统的审美标准，版面上部宽旷，给书籍版心和书画留下较大的视觉空间。此外，天大地小还有功能上的作用，宽阔的书籍天头可以给读者留下书写心得体会的空间。我国古代文人多有在书上记录阅读体会的习惯，即"不备翰墨不读书"。同时天头还是校勘者记录校勘文句的最佳部位。

在书籍版面天头记录的文字称为"眉批"，一些有名人眉批的书比原书更为珍贵。（图 363）

比较起来，天头大的书籍版面显得空间宽阔，目感舒服。

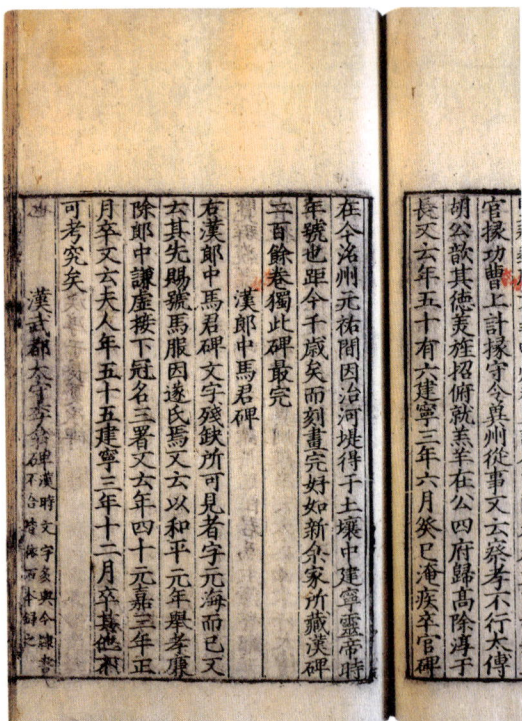

■ 360 天地比例 10：2.3 的版面

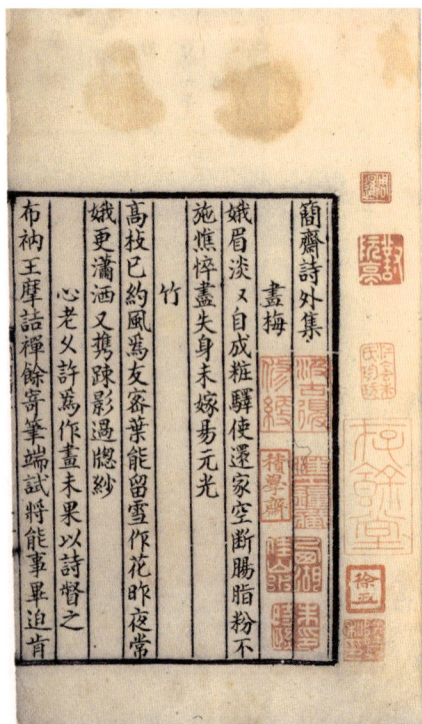

■ 361 天地比例 10：3.7 的版面

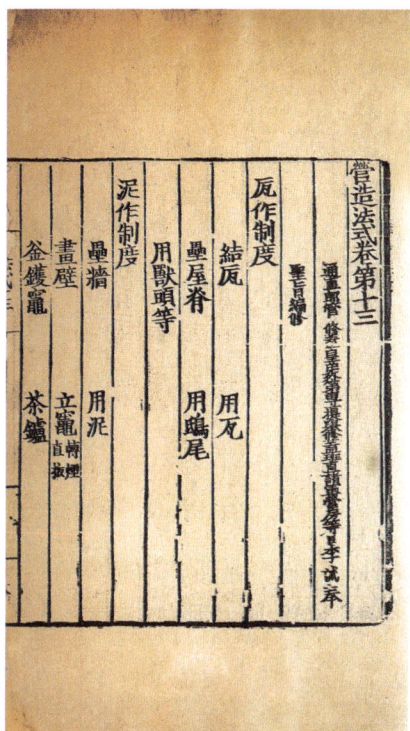

■ 362 天地比例 10∶7 的版面

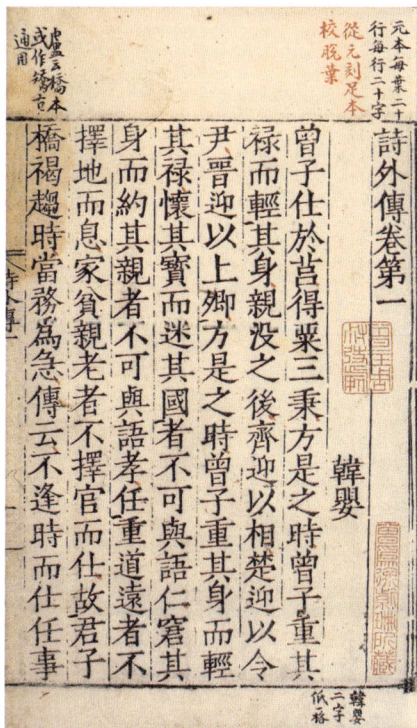

■ 363 天头书有眉批的版面

2. 册页书籍的版面率

版面率是现代书籍装帧的术语,即版心在页面上所占的比率。其计算公式为:

版面率 = 版心(文字、图版)面积 ÷ 页面面积

版面率是判定书籍版面雅俗的标准之一。一般来说,版心周围空白较大的书,即版面率较小的书,版心集中,页面宽阔,明快恬静,文字、图版显得更有价值,属于一种格调高雅、赏心悦目的版面。反之,版面率较大的书,空间狭小,页面壅塞,缺乏阅读的舒适感。

以下是笔者抽测的一些书籍的版面率:

《国朝诸臣奏议》	83%	(图 364)
《世说新语》	72%	(图 365)
《春秋正义》	64%	
《经典释文》	55%	

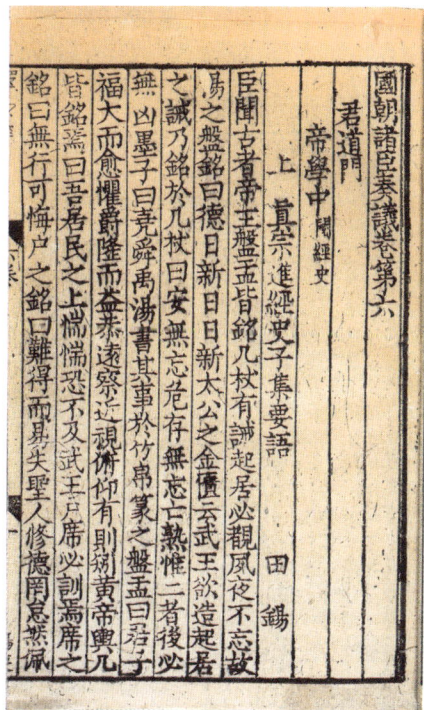

■ 364 版面率为 83% 的版面

《北堂书钞》　　　53%

《文苑英华》　　　47%　　（图366）

　　这些书籍的版面率有大有小，平均值约为63%。前附元代刻本《梦溪笔谈》的版面率仅为14%，属于一种较个别的现象。一般来说，明代以前册页书籍版面空白比较大。

　　明清以后，书籍需求量增大，坊刻书商谋利，为使版面容纳较多的文字，而将版心扩大至书页边缘。故而这类书行狭字密，天地局促，空白减少，版面美感明显不足，书籍档次有所降低。

　　3. 册页书籍的版框比例

　　版框是指版面上文字、图版周围的黑线框，版框比例是指书籍版面高和宽的比例关系。以下是笔者抽测的几本书的版框比例：

《北堂书钞》　　　10：8.6　　（图367）

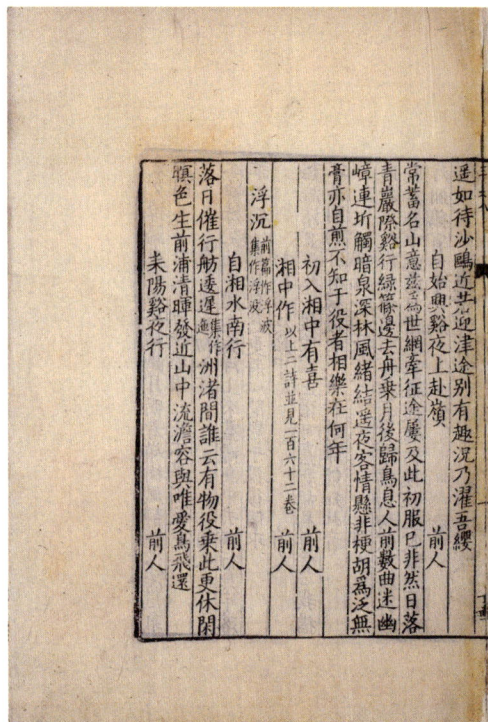

■ 366 版面率为47％的版面

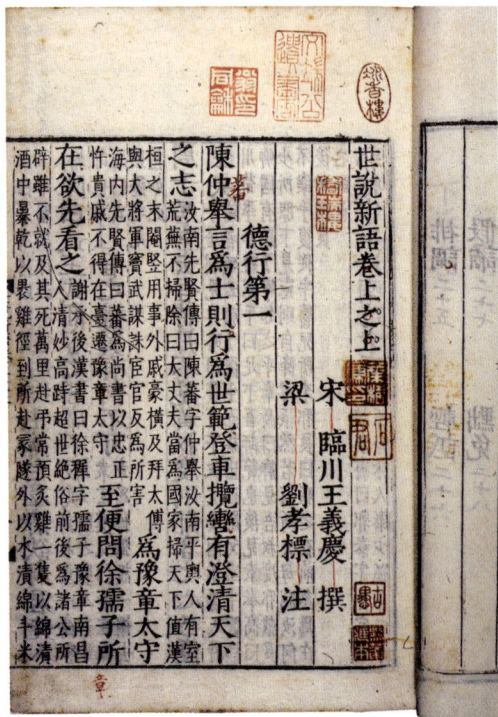

■ 365 版面率为72％的版面

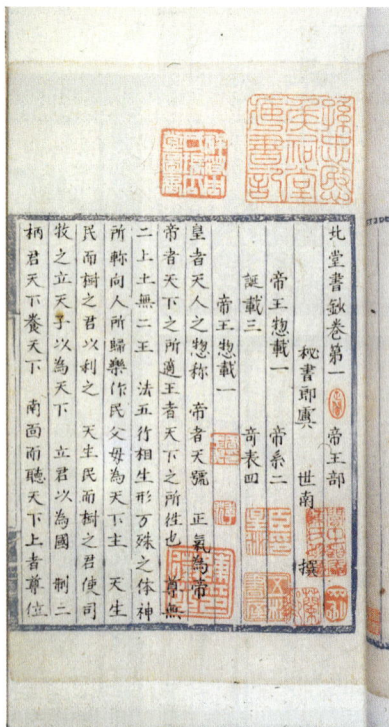

■ 367 比例为10：8.6的版框

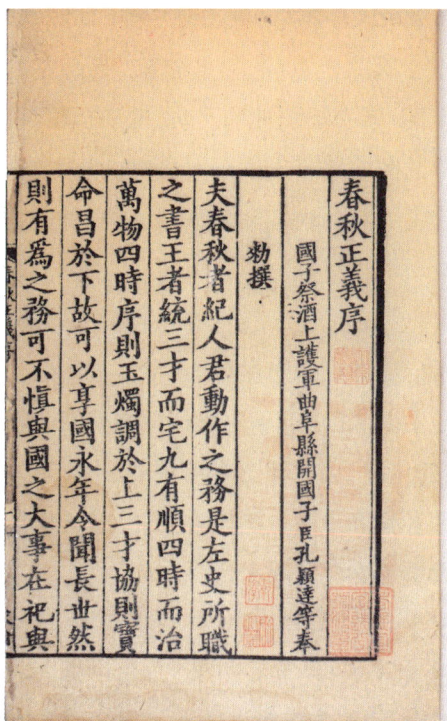

■ 368 比例为 10:7.9 的版框

《大易粹言》	10:8.1	
《春秋正义》	10:7.9	（图368）
《楚辞集注》	10:7.4	
《王立父遗文》	10:7.3	
《礼记集说》	10:7.1	
《大唐六典》	10:6.9	
《蚕书》	10:6.5	（图369）
《李太白文集》	10:6	（图370）

其中版框高宽比例狭长的为10:6，较方的为10:8.5，平均值为10:7.3。这个比例与册页书籍开本的平均比例10:6相比要略宽一些，两者相合，天头地脚正好留出了较大的空间。

版框比例与页面比例关系密切：版框狭长，版面天地空间较小；版框趋方，版面天地空间则较大。版框比例是册页书籍版面艺术的特征之一。

■ 369 比例为 10:6.5 的版框

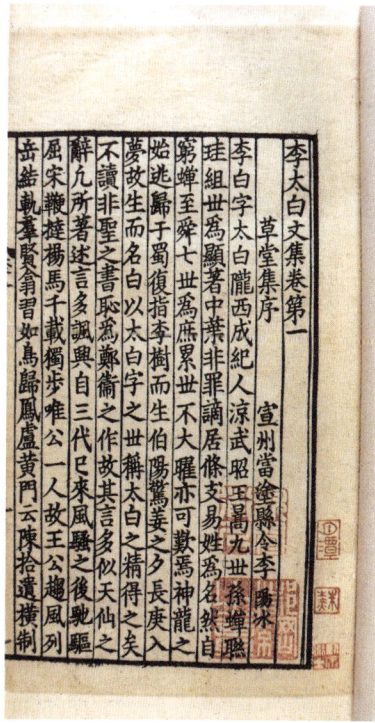

■ 370 比例为 10:6 的版框

第四节 册页书籍的图绘艺术

一、册页书籍的插图体系

册页书籍插图是我国古代书籍插图中成熟、丰富的总结性成果。册页书籍随着装帧和印刷工艺的进步以及读者对书籍插图的要求,经过长期发展演变,形成了完整的册页书籍插图体系。

1．插图在书籍中的位置

卷首插图

卷首插图一般以扉画、内封和绣像为主。这里所说的卷首插图主要指的是将书中的插图全部集中起来,装订在正文回目之前。这种做法一般是出于印刷、装订的便利,因为书籍装订工艺中文字页和插图页的混装比较麻烦。

明刊本大涤余人序本《忠义水浒传》一百回本,卷首有插图五十页共一百幅,单面整幅,版心左右有篆书回目提要。该书插图神采飞动,镌刻至精,幅幅精品。这种插图使读者未读正文之前,即通过绘画直观地了解了书籍的内容和故事情节,取得了先声夺人的效果。

卷中插图

卷中插图指插图位于书的版面中间,是我国古代书籍插图的主流。由于我国书籍插图有着图随文附、读文见图的传统,因此插图穿插在书籍文字中,是文字内容的补充和说解。插图在书卷、版面中的位置和图的大小视内文情况而定。

明万历三十八年(1610)武林容与堂刊本《李卓吾先生批评忠义水浒传》一百回本,每回前均有单面整幅的插图正背两面,分插在各回正文之前。如《张天师祈禳瘟疫　洪太尉误走妖魔》,回目标明两个故事,回目前的插图即是这两个故事中最动人的情节。(图371)

这样的插图,读者在每回开卷前都可看到反映内容的图绘,从而了解本回目故事的人物、情节,并引起阅读的兴趣。

卷后插图

卷后插图是将数量较多的插图集中附于各书卷末,这种方法亦是出于印刷、装订的便利。

明万历二十八年(1600)新安汪云鹏玩虎轩刊本《有像列仙全传》九卷,共有插图222幅,单面方式,每图一仙,每面一图,图绘集

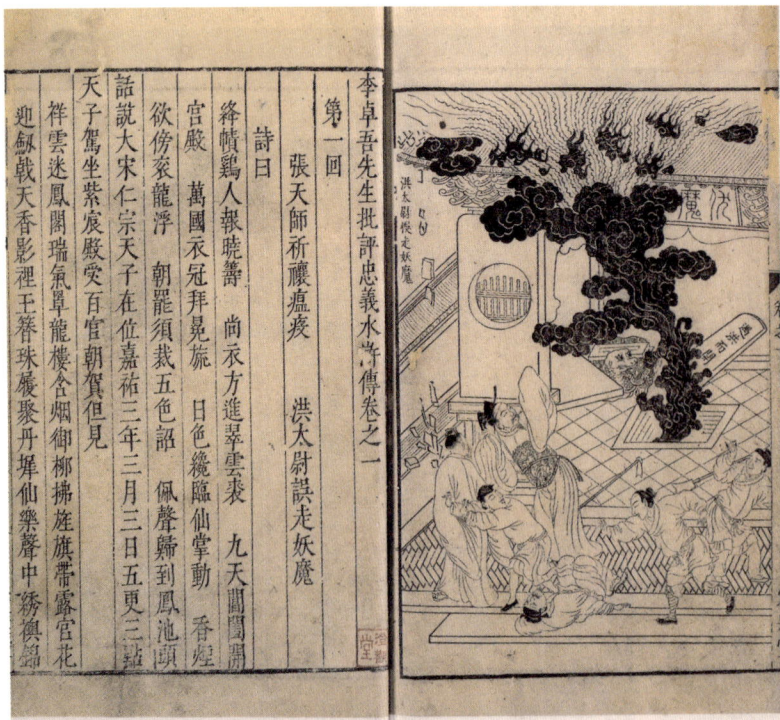

■ 371 明武林容与堂刊本《李卓吾先生批评忠义水浒传》

■ 372 明汪云鹏玩虎轩刊本《有像列仙全传》

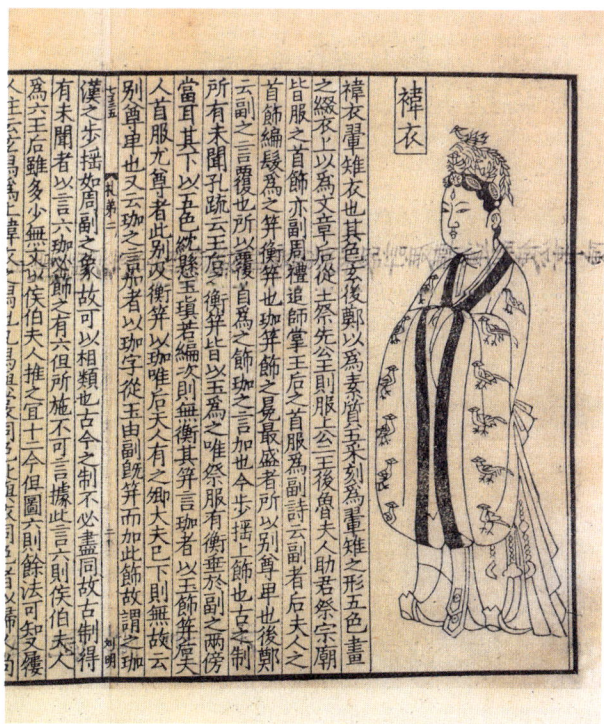

■ 373 南宋镇江府学刊《新定三礼图集注》

中附于各卷卷末。（图 372）

整卷插图

整卷插图是指将一些插图数量较多的演义类小说和大型类书的所有插图，分门别类地集中在一起，编成整册书籍，以便检阅欣赏。这些整卷的插图书籍，是整部书重要的组成部分。

如《李卓吾先生批评三国志》，插图集中在全书之前，共三册。第一回至第三十九回为第一册，第四十回至第七十九回为第二册，第八十回至第一百二十回为第三册。每册四十多页八十多回。书册版口骑缝文字标明《三国志像》，左页左侧版口下有"第××回"，插图右上部固定位置上则刻回目小字。这类整卷插图，如同连环画卷，可使读者集中欣赏书籍的插图。

再如清雍正四年（1726）内府铜活字印本《古今图书集成》，文字为铜活字印刷，而插图则为木版雕刻。全书 5000 多册，单印插图的《钦定古今图书集成图》书卷就有 110 多册、8000 余幅图。不但规模之大是空前的，而且镌刻之精也为人所称道。

2. 插图在版面上的位置

册页书籍的插图是受书籍的生产方式和装帧形式决定的。雕版印刷盛行以后，纸张"页"的出现，使书籍插图出现了以"页"为基点的种种表现形式。

图文共页的插图

图文共页是我国书籍最常见的一种版面插图形式，形成比较早。这种版面上，插图与文字共存一体，读文见图，文图相辅，图文并茂，有着良好的阅读效果和版面美化作用。

图文共页有以下几种形式：

一种是图版随文而附，在版面上的位置不定，图的大小也有着较大的自由。如南宋淳熙二年

195

(1175)镇江府学刊本《新定三礼图集注》,全书插图五百余幅,插图横竖有别,大小不一,分别嵌插于相应的文字之间。其中既有一页一图和一页数图,也有两图横列和两图竖列,版式多样。(图373)

第二种版面上的插图经过精心的设计,位置固定、版式统一、风格一致,这是一种比较成熟的书籍插图形式。例如北宋嘉祐八年(1063)建安余氏靖安勤有堂刊本《新刊古列女传》、南宋晚期刊本《天竺灵签》、元至治年间刊本《全相平话五种》和明代正德、嘉靖年刊本《太音大全集》即是其代表性。

《新刊古列女传》和《全相平话五种》的插图均为常见的上图下文。插图采用正背双面和左右对面方式,图绘幅面宽阔,故事情节完整。图版的上部和侧面往往还有说明文字。(图374)

《天竺灵签》是古代一种占卜求签的书籍,版面分为大小三栏,上栏文字是求签的宜忌事宜,下栏是求签后的判词和解词,居中为图版。整个版面主次分明,插图显著。(图375)

《太音大全集》是琴学入门的一种参考书籍,"它把古代琴学和琴谱中的重要项目,详列无遗。"(郑振铎:《太音大全集》跋)全书五卷,前三卷都有插图。最精彩的是第三卷上图下文的技法版面:每页的前半面,是某种技法神韵的比喻,各以五字命名,图中绘出相应的鸟兽虫鱼动作姿态,图下是一段由此起兴的韵文;后半面是具体的手法动作,图中绘出手指形象,图下文字则是琴谱中技法术语的动作要领。两者结合,可谓一目了然。(图376)

第三种形式有着图文对照,诠解补充的作用,类似于现代的看图识字读本。例如两宋时刊印的"纂图互注"本经籍《毛诗》、《周礼》、《礼记》、《荀子》等数十种书,均为上图下文,文图对照,图侧还

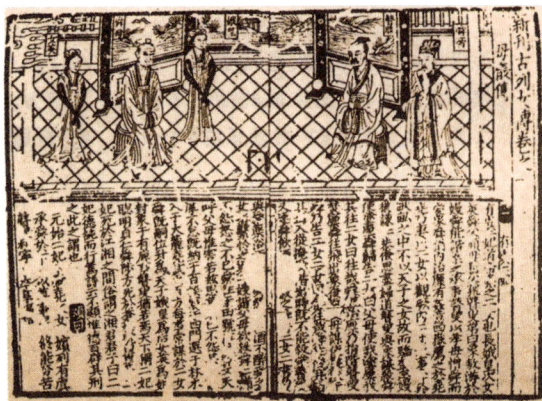

■ 374 宋刊本《新刊古列女传》插图

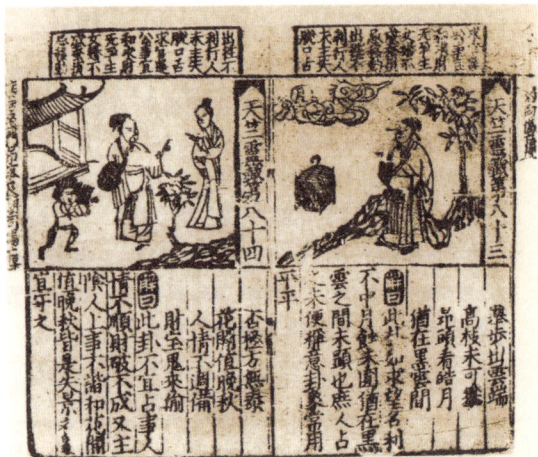

■ 375 南宋刊《天竺灵签》插图

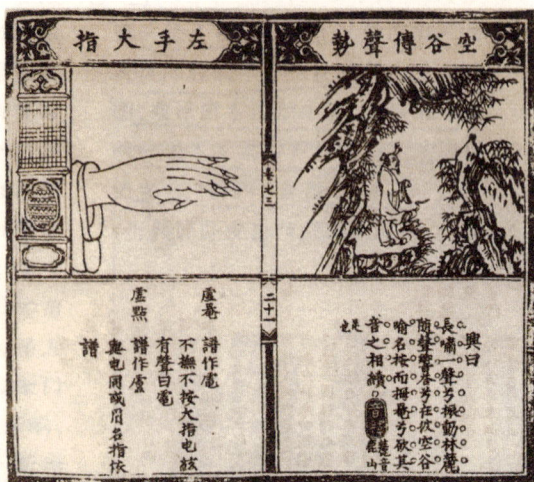

■ 376 明刊本《太音大全集》插图

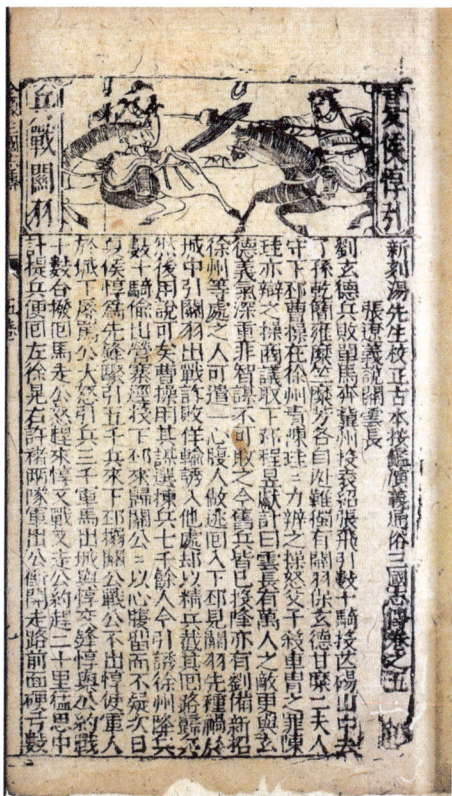

■ 377 明刊本《全相通俗三国志传》插图

大书图名，是读者喜闻乐见的插图书籍。

有的插图则是故事情节的提要，选取了书中最具代表性和最精彩的人物、故事附于文上，以加强回目内容。例如明刊本《全相通俗三国志传》。（图377）

单面满幅的插图

单面满幅的插图是指图绘占满书页，一面书页即是一幅完整的画面。这种插图的独立性较高，具有单独欣赏的价值。

单面满幅插图有以下几种版面形式：

一种是版框上部题写与图有关的文字，题字多采用与正文楷体有别的行草书体，是一种与传统绘画题款方式相近的插图版面。例如明万历刊本《便

■ 378 清康熙刊本《耕织图》插图

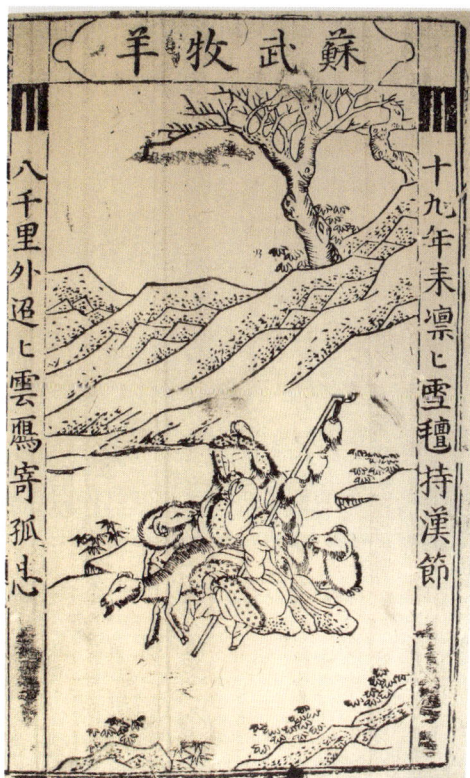

■ 379 明万历刊本《大备对宗》插图

民图纂》和清康熙刊本《耕织图》,插图的上部便分别题写着有关缫丝的竹枝词和纺织方面的赞文。(图378)

另一种单面满幅插图的版框经过了装饰美化,如明万历二十八年(1600)刊本《大备对宗》,该书是一部对联的汇编。每卷卷首插图一幅,镌刻有漂亮的图框,上方为图题,左右为联语,图绘则是与对联相关的历史故事,加强了联语的含义。这部书画面构图与对联形式十分相称。(图379)

明崇祯年间刊本《一笠庵新编一捧雪传奇》插图为别致的团扇式,形如满月,俗称"月光版"。(图380)这种版式流行于明末清初,引领一时风气。有的书籍一页中还放两幅图,亦很新颖。

清乾隆五十六年(1791)刊本《红楼梦》插图,四周的文武边框作陷角圆形,亦很别致。(图381)这些单面满幅插图的边框,增加了插图的美感,烘托了插图的气氛。

左右跨页的插图

左右跨页的插图是指书册摊开以后,左右页的图绘是一个整体,图绘横跨书的订口。左右跨页的插图场面宏大,构图完整,情节丰富。插图中人物的容颜、服饰,建筑的门窗、栏柱,山水的石皴、水纹,草木的叶筋、枝干等细节,无不毕肖。左右跨页的插图是书籍插图中最理想的形式。(图382)

从册页书籍的版面和装订工艺来说,左右跨页的插图有以下两种形式:

一、如果是蝴蝶装,印版是一个整块,画面完整,一次刷印,图上无任何接缝和干扰,装订时对折即成,十分方便。

二、如果是包背装或者线装,那么印版就必须是两块。雕版时要将画稿居中裁开,分置两块印版

■ 380 明崇祯刊本《一笠庵新编一捧雪传奇》插图

■ 381 清乾隆刻本《红楼梦》插图

■ 382 明嘉靖九年刊本《农书》插图

■ 383 明崇祯十年刊本《吴骚合编》插图

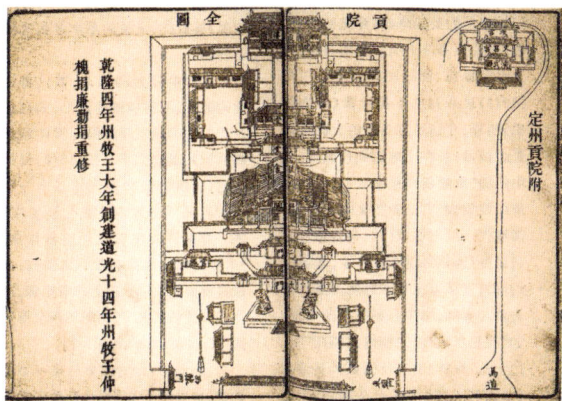

■ 384 清道光刊本《直隶定州志》插图

■ 385 蒙古刊本《孔氏祖庭广记》插图

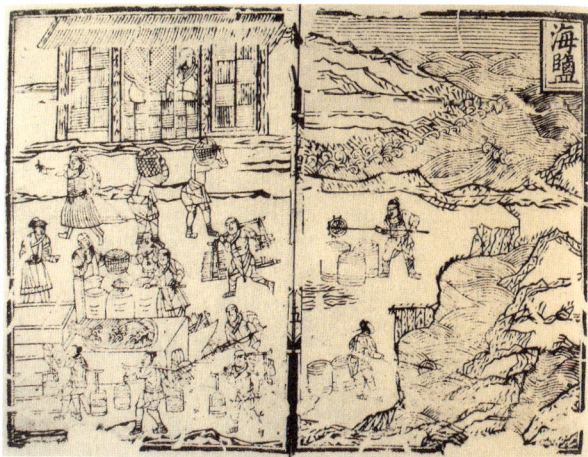

■ 386 元至正重刊《经史证类大观本草》插图

上。一块印版的右半部分印插图的前半幅,另一块印版的左半部分印插图的后半幅。这种合二为一的插图对印刷和装订的工艺要求比较高,要使书册成册后,插图的画面接缝严密,无上下错位、左右分开或重合的现象。

第二种左右跨页的图绘均有版框,两面并列组成一个完整的画面。这种插图是将画稿截开后,置于左右框格内。由于是一个完整的画,虽然有版框间隔,仍然能看到一个整幅的画面,如明崇祯十年刊本《吴骚合编》插图。这种有版框的左右跨页插图比起无版框的跨页插图在观赏效果上逊色一些。(图383)

但是,如果书籍的装订工艺精细,版面订口处理妥当,书籍成册以后,左右跨页仍然是一个完整的画面。例如清代道光三十年(1850)刊本《直隶定州志》的左右跨页插图,虽有版框相隔,书籍摊开以后,画面左右接合紧密,形同整幅。(图384)

正背连页的插图

正背连页的插图是指画稿雕刻在一块印版上,正背是一幅完整的图绘,只是因为印刷的书页反折以后,才使插图变成了正背两个单面。正背连页的插图是册页书籍插图中最常见的一种插图雕版形式,便于雕刻、便于印刷、便于装订。但是完整画面被分为正背于观赏画面有碍。如蒙古刊本(1242)《孔氏祖庭广记》插图。(图385)

正背连页的插图中,有的书籍版面中间刻有版口,将画面一分为二。这种有版口的插图,画面虽然有间隔,但因为版口有文字说明,检索效果甚好。如元至正年间重刊《经史证类大观本草》的插图。(图386)

但是更多的正背连页插图,正背两面是各自独立的画面,彼此之间没有关联。

有些书籍的插图则是综合性的,左右跨页、正背连页、各式均有，连绵成册，蔚为大观。例如清代刊本《万寿盛典图》，是表现清代康熙皇帝六旬寿诞庆典活动的内府刊本。全书120卷，第四十一、四十二卷为康熙庆寿盛典从京城西直门到紫禁城午门的活动绘画，长近50米。为了装帧方便，将长图裁成146页，次第排列，左右相对，正背连属，成为册页画卷。这种长幅插图，是册页书籍插图中的巨制，也是插图情节连环表现的先例。（图387）

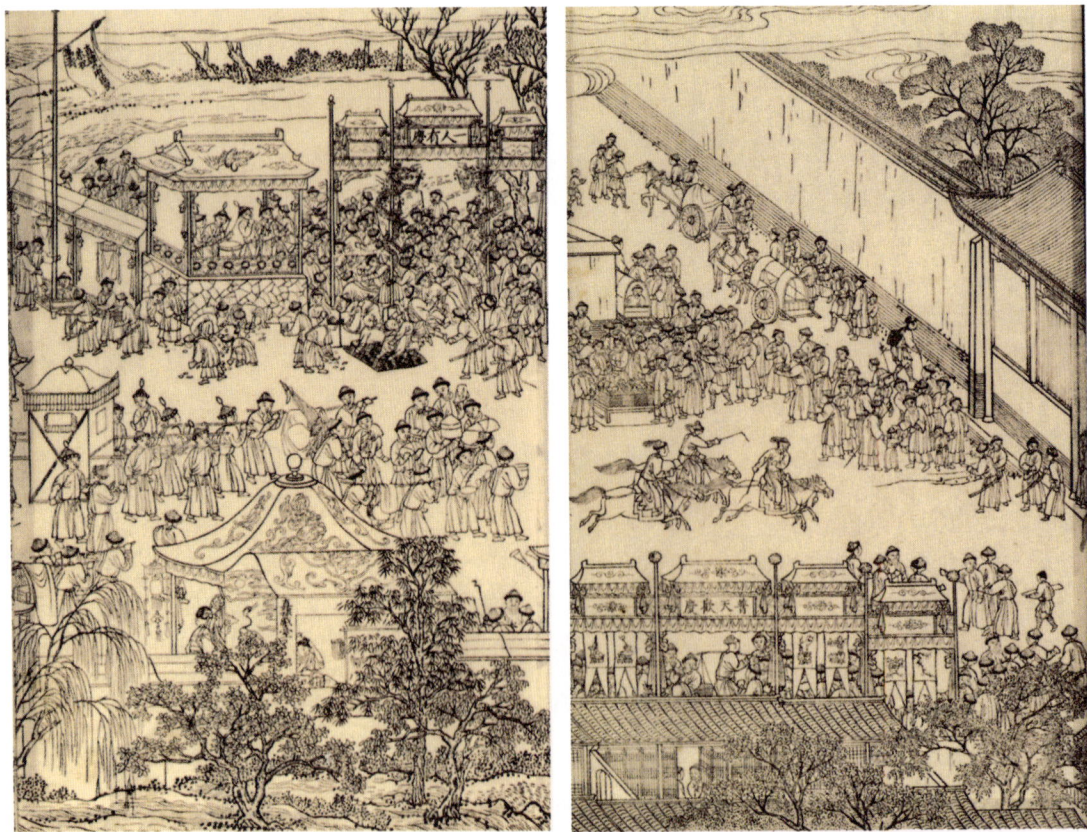

■ 387 清刊本《万寿盛典图》的插图

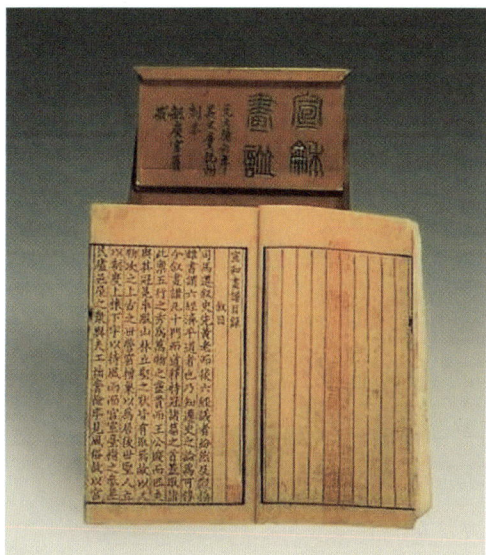

■ 388《宣和画谱》

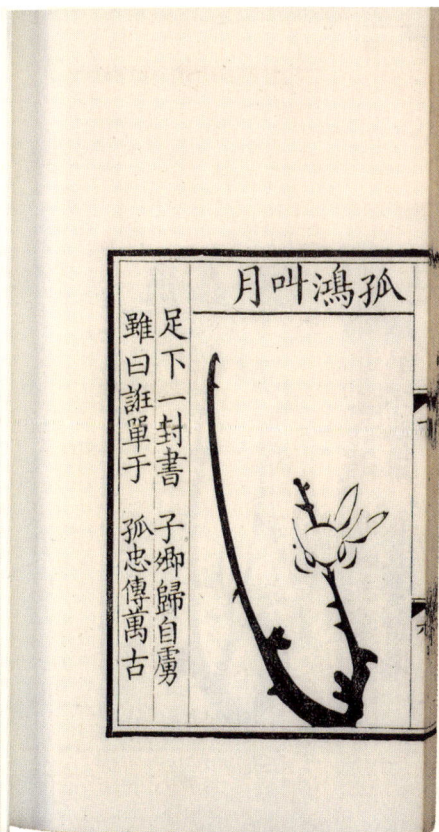

■ 389 清嘉庆十六年影宋刻本《梅花喜神谱》

二、册页书籍的图谱典籍

册页书籍的图谱主要包括两个类别：一类是画谱、图录、碑帖，另一类是舆图。

1. 画谱、图录、碑帖

画 谱

画谱是根据实物描绘，经过系统编辑，完全以图画构成，起着指导练习、观摩欣赏作用的书籍。册页书籍中的画谱起源较早，成书于北宋宣和庚子年（1120）由官方主持编纂的《宣和画谱》20 卷，收魏晋至北宋画家 231 人，作品总计 6395 件，并按画种分为道释、人物、宫室、番族、龙鱼、山水、畜兽、花鸟、墨竹、蔬果等 10 类。每门画种前均有短文一篇，叙述该画种的起源、发展、代表人物等，然后按时代先后排列画家小传及其作品，它是我国较早的绘画著录重要典籍。（图 388）

宋代景定辛酉年（1261）金华双桂堂刊印的《梅花喜神谱》是现存最早的专题性画谱。此谱集南宋画家宋伯仁所作梅花一百幅，描绘出梅花从蓓蕾初放到花谢结实八个阶段的不同姿态，每幅图的上方有题名，图侧配五言诗一首。（图 389）

图 录

宋代金石学大盛，文物古器成为人们研究的对象，为了给研究者提供直观的器物形象，当时出现了一些绘有器物图像、铭文的书籍。我国现存最早而较有系统的古器物图录应该是宋代吕大临在元祐七年（1092）成书的《考古图》。本书著录了当时宫廷及私人收藏的古代商周青铜、玉器和秦汉器物234 件，每器皆绘图形、款识，记录尺寸、容量和重量，并做一些考证，是一部科学、完备的文物资料图录集。（图 390）类似的书籍还有宋徽宗、王黼编撰的《宣和博古图》，著录了当时皇室宣和殿所藏自商至唐的铜器 839 件，为当时皇室所藏器物的精华。

此外，宋代还出现了专门著录青铜器铭文的图录书籍。这是因为青铜器上的铭文（也称款识）字形高古，字义难辨，因此一些学者将其集中摹写，著录成书，以供研究和欣赏。这些铭文以图录的形式出现，著名的书籍有王俅编撰的《啸堂集古录》和薛尚功编撰的《历代钟鼎彝器款识法帖》等。（图 391、392）这类书多收商周秦汉以来的青铜器铭文、印文、镜铭摹本，附以考证的释文。

明代还有一些书籍采用了木刻雕版加玺印的工艺技术，使书籍的科学性和版面的艺术性更加提高。例如明代甘旸在万历二十四年（1596）刻印的《集古录印谱》五卷，先将版框、释文刻印好，然后将印章蘸印泥直接钤盖在事先留空的书页上。这种书籍版面设计科学，印拓清晰自然。（图 393）

上述这些图录书籍均为木刻雕版，册页装帧。有些书的图绘，摹写十分精细，给人们提供了直观的研究和欣赏资料。

清代金石学研究进入了全盛时期，出现了大批以图绘为主的文物资料图录，这些书籍有些采用雕版，有些采用墨拓，还有些借助近代引进国外先进的照相制版印刷技术，全面地反映了青铜器、玉器、镜鉴、玺印、造像、钱币等各方面的成果。这些图录较之我国传统的木刻版，形象更完美，细部更逼真，表现更丰富。

金石碑拓

金石碑拓是将古代的青铜器铭文、石刻文字捶拓后，经过装裱成册的书籍。金石碑拓在隋唐五代时期是剪裱成卷轴装的。两宋时代，册页装行盛，金石碑拓也逐渐改为册页装形式。

金石碑拓在装裱之前，要先将整幅的原拓片文

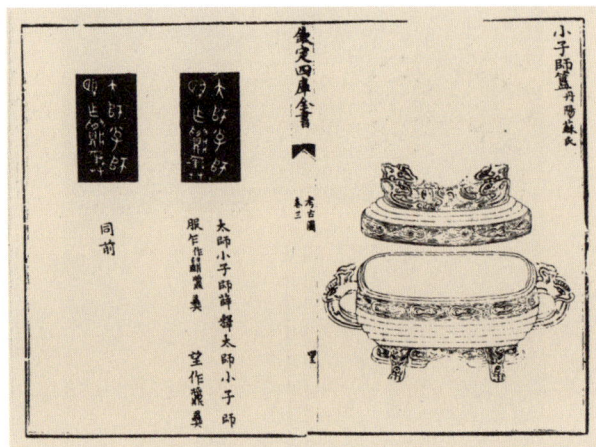

■ 390 宋吕大临《考古图》

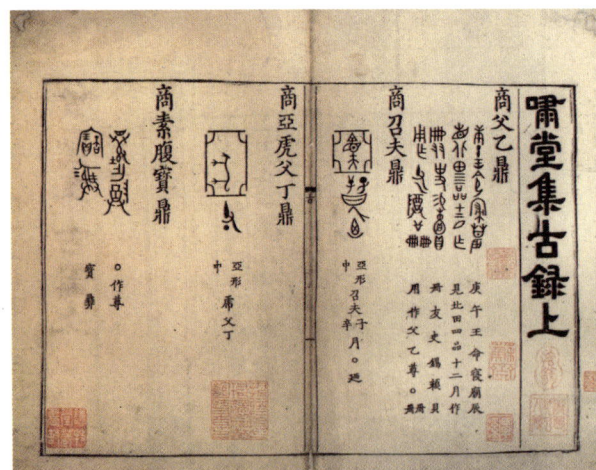

■ 391 宋王俅《啸堂集古录》

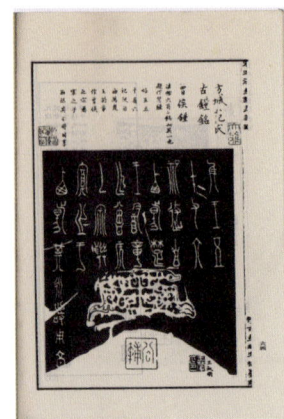

■ 392 宋薛尚功《历代钟鼎彝器款识法帖》

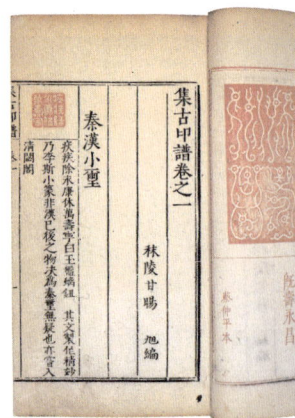

■ 393 明万历印本《集古录印谱》

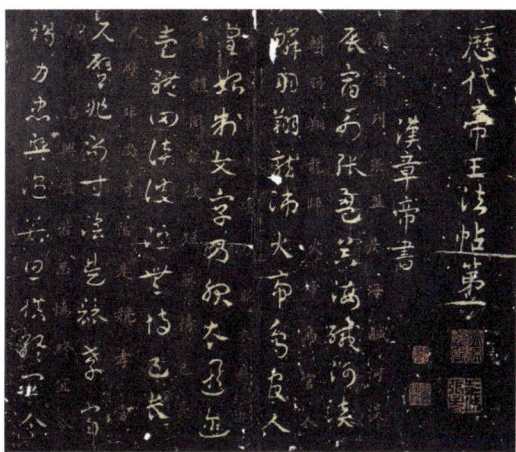

■ 394 四周不留边的装裱本

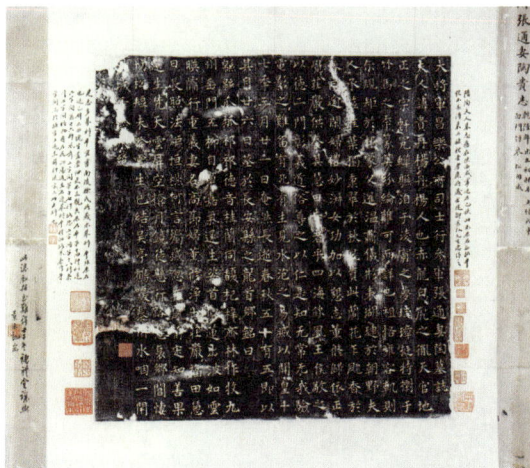

■ 395 四周留边的装裱本

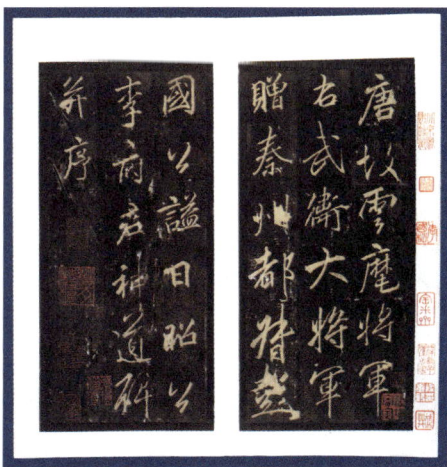

■ 396 四周留边的装裱本

字顺直行剪成条状,然后根据版面尺寸确定字数依次排列成行。有些拓本为了达到竖成行、横成列,还要逐字剪开以求整齐。剪开的拓片要仔细地裱在较厚的衬纸上,四周留有白边以便保护版心,有些精致的书籍,版面四周白边还要裱上绫边。亦有一些拓本的版面四周出血,没有白边。

一般情况下,裱装拓本的字缝行间和版面四周还要补裱一些墨拓的黑纸,以使版面整饬美观。这些装裱成册的金石碑拓,黑底白字,黑版白边,墨色黝黑,古气盎然。金石碑帖拓本的装裱多采用经折装和蝴蝶装形式,左右跨页,连为一体,掀开以后,平整舒贴,版面也与其他册页装相类,多是天头大,地脚小。(图 394~397)

■ 397 清陈介祺辑镜铭拓本

2. 舆图

舆是地的意思。舆图是指由边疆、海域、城镇、陵邑、山川、水域、围场、园林、省防、边防等有关地理方面的图绘组成的书籍。舆图在汉代以前是绘制在木版上或缣帛上的，绘在木版上的称为版图，故此以后关于疆域的图多称为版图。绘制在缣帛上的地图现在见到的有长沙马王堆出土的汉代地图多幅。随着书籍材料的发展，舆图的绘制材料变为纸张，其装帧亦多为卷轴式。

册页书籍行盛以后，有些分类舆图因图幅较小改为册页式。这种装帧开本大小适宜，阅览方便，宜于携带和保存，因此受到欢迎。（图398、399）

舆图的制作，有手绘、雕印、石刻拓片等多种形式，装帧方式亦有经折式、线装式、蝴蝶式等等。其开本则有方开本和长方开本等多种形式。舆图折页一般是图小，折页就少。图大而长，折页就多些。舆图主要以图为主，文字只起标注作用。清光绪彩绘纸本《直隶长城分防险要关峪各山水形势地舆城图》，纵30厘米，横展1345厘米，绘出了山海关至遵化县沙坡峪长城沿线守军驻防城堡及部分防御设施，采用经折装后，阅览保存十分方便。（图400）

■ 398 明万历绢底彩绘本《江西全省图说》

■ 399 清嘉庆绢底彩绘本《洛阳十邑舆图》

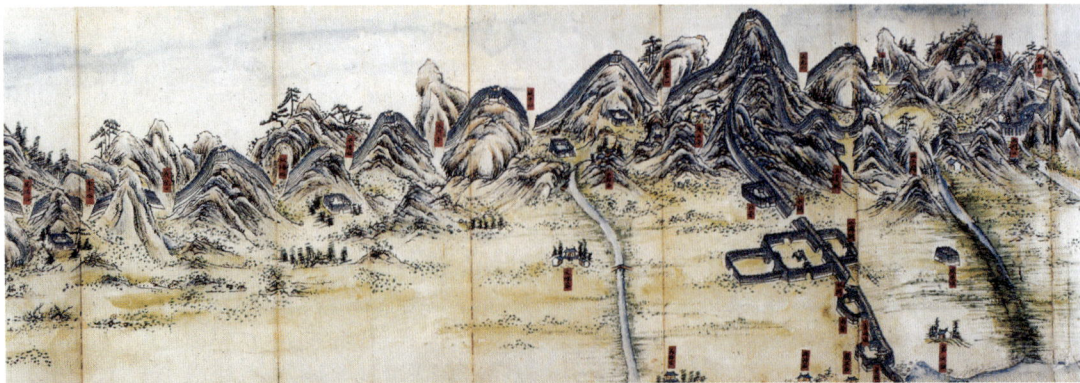

■ 400 清光绪彩绘纸本《直隶长城分防险要关峪各山水形势地舆城图》

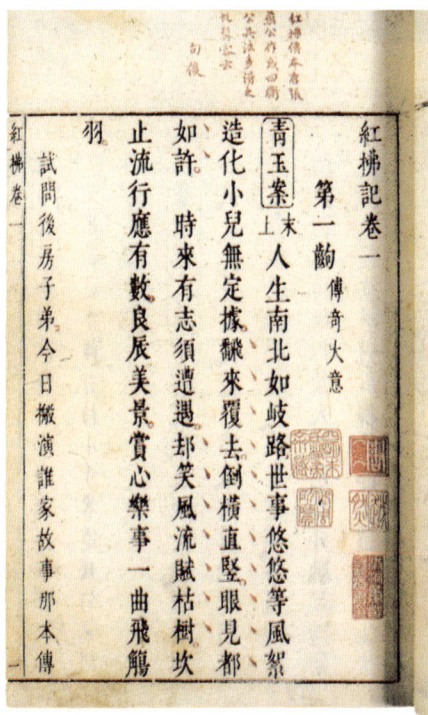

■ 401 双色套印本《红拂记》

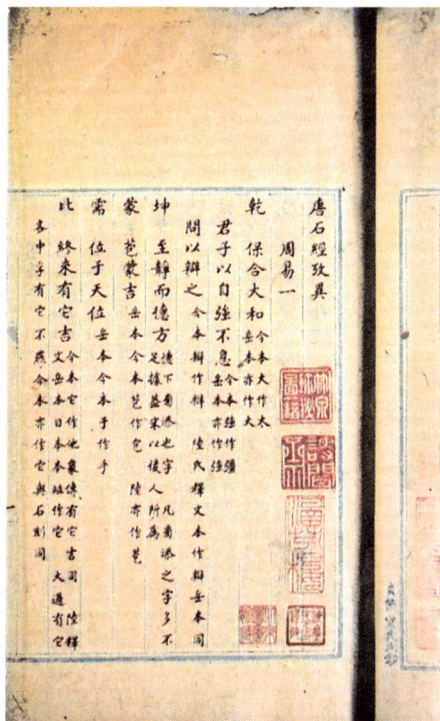

■ 402 蓝格本《唐石经考》

第五节　册页书籍的多种
艺术形式

一、文字书籍的双色与多色套印

双色套印和多色套印是册页书籍在明代的一大进步。它使书籍内容具备了色彩效果，给读者阅读书籍提供了帮助和审美上的享受。

我国书籍出现朱墨两色可以追溯到2500多年前的战国时代，在前述的简册书籍《周易》中就出现了红墨两色绘写的符号。

册页书籍中的朱墨套印本首推元代至元六年(1269)中兴路(今湖北省江陵)资福寺所刻的无闻和尚注解的《金刚经注》，书中的上下栏线和经文印红色，注文印墨色，双色套印，是雕版印刷的一大发明。

明代初期，多色套印技术大盛，安徽徽州是朱墨双色和多色套印的发源地。黄尚文、程起龙和程大约等是其代表性人物，双色套印本《闺范》和五色套印本《程氏墨苑》是其代表作，此后彩色套印迅速推广开来。16世纪，江苏吴兴的闵齐伋兄弟和凌濛初两家许多刻书几乎全是朱墨本和彩色套印本，他们为我国书籍的彩色套版印刷做出了突出的贡献。

双色套印和三色、四色、五色套印的初衷是反映原书面貌，显示不同作者的批注文字，后来成为一种艺术的追求。它使书籍文字内容主次分明，判然有别，对读者辨别原文和批注，分清文字类别、性质，领悟文章精要帮助很大。朱墨套印，有时正文印红，注文印墨。有时正文印黑，注文和圈点印红。套色又有三色或四色、五色者则分门别类。

双色套印中，版框、界格同时也起到美化书籍的作用。版框印红色的为红格本或朱丝栏,印蓝色的为蓝格本。蓝格本有些是雕版印刷以供校对的初印本。这些红蓝色的版框有些是绘制的,有些则是印刷的。

明抄本《永乐大典》,成书于明永乐六年(1408),共 22937 卷,约 3.7 亿字,装成 11095 卷,被称为世界上最大的百科全书。因部帙过大,刊雕不易,由手工先后抄写 2 部。除书的版框用红色外,书中的注文书名和断句圈点也用红色,朱墨辉映,异彩灿然。(图 401~405)

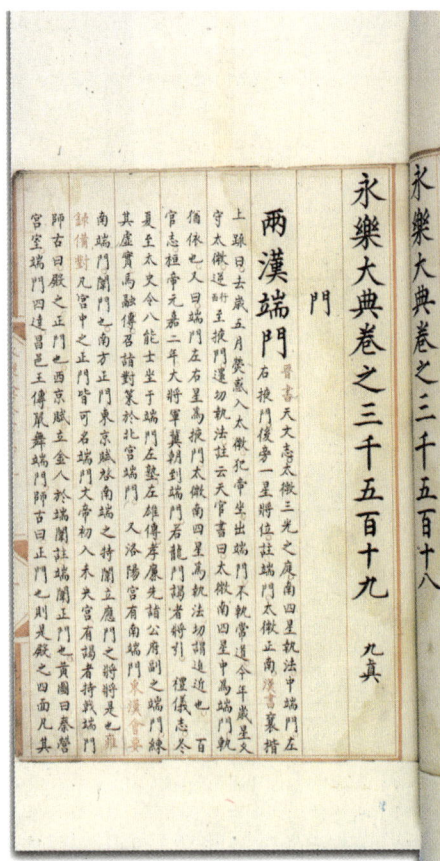

■ 404 红格抄本《永乐大典》

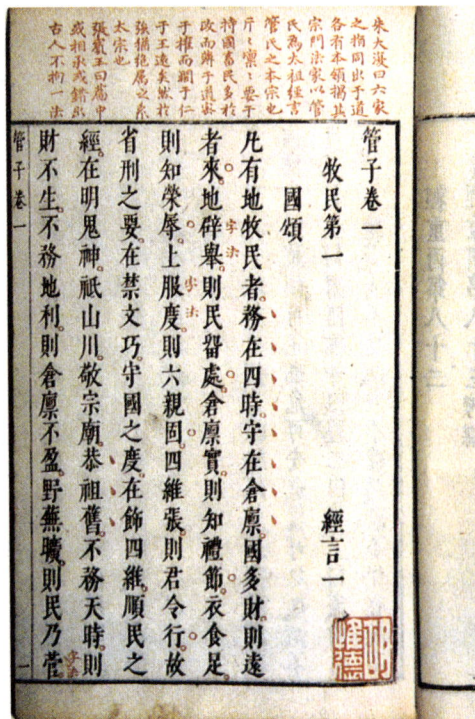

■ 403 朱墨印本《管子》

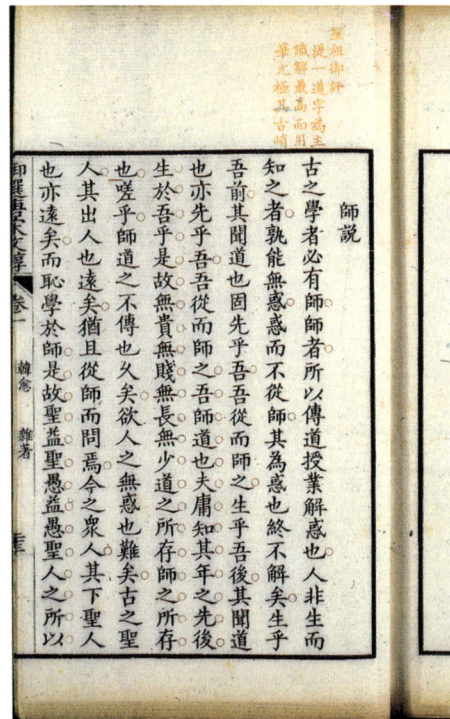

■ 405 红眉批的朱墨印本

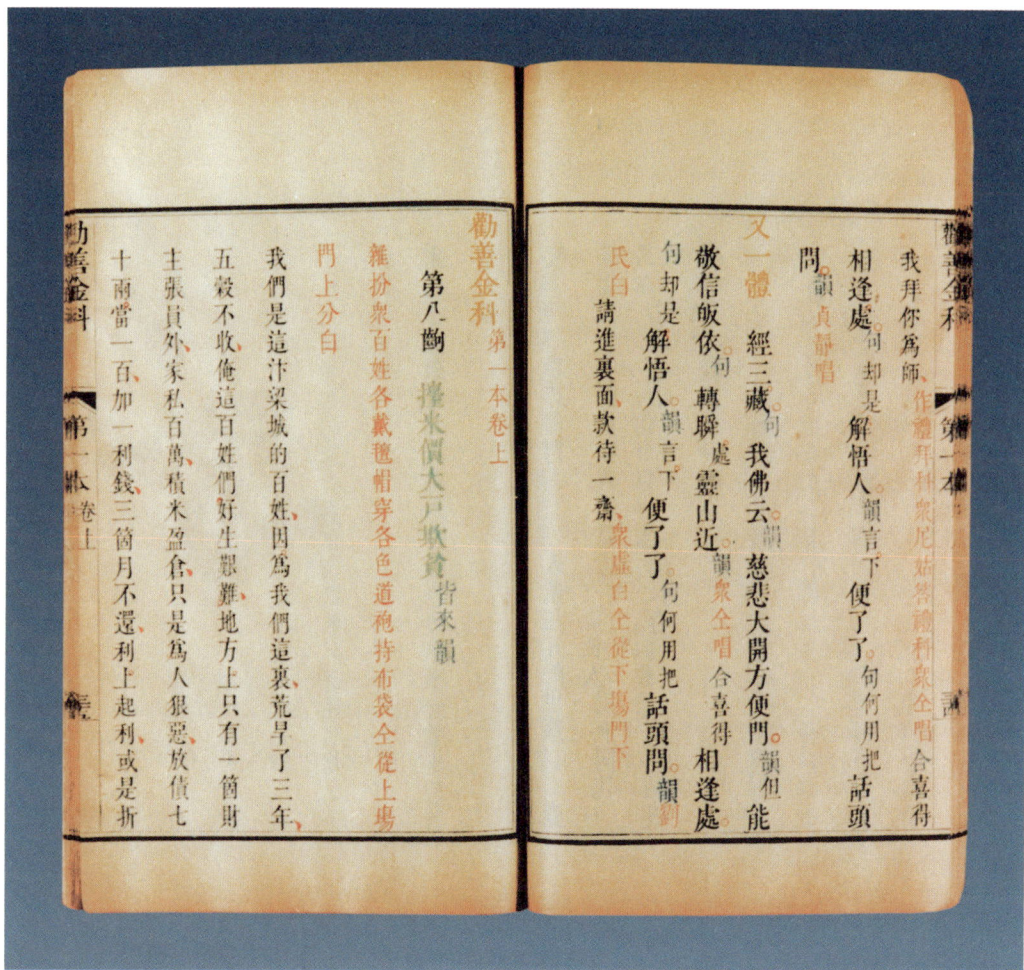

■ 406 五色套印本《劝善金科》

五色套印本《劝善金科》

清宫殿本《劝善金科》是清代张照等撰的十本二十出宣扬孝善兼修的演出剧本,五色套印,是清代套印本中的最精致者。本书卷首《凡例》对五种颜色的用途做了简要的说明:

"宫调用双行小绿字,曲牌用单行大黄字,科文与服色俱以小红字旁写,曲文用单行大黑字,衬字则以小黑字旁别写之"。"曲文每读每韵每格每合之下,皆用蓝字注之,以免歌者误断而失其义"。"是刻凡遇北调,其入声应作平上去声者,皆照发声之例,用小红圈

发声。各色人等之穿戴与登场亦细细标出。"

本书色彩丰富,分次井然,对戏剧演职人员明确角色、区别服色、戏文乃至登场下场帮助极大,是五色套印本中分色实用性很强的一套书籍。(图406)

明凌氏四色套印本《世说新语》六卷,用套版印入三家评语,刘辰翁用蓝,王世懋用红,正文与各家评语印黑,一目了然,便于读者识别。

二、图绘书籍的彩绘、套印与凹凸效果

册页书籍中的图绘艺术作为我国古代书籍装帧的高峰,取得了令人眩目的成绩。根据书籍本身的特点,出现了诸如彩绘、彩色套印和凹凸效果等丰富多样的表现形式。

1. 彩绘

彩绘是图绘书籍中最早出现的形式,亦是雕版印刷盛行后彩色套印的母本。彩绘书籍以手工设色直接绘制在页面上,色彩饱和、鲜丽,真切地反映着绘画者的意图,具有良好的阅览效果和较高的艺术价值。彩绘书籍一般为单本,不作流通。有些用作雕版彩印的母本,有些作为个人欣赏保存,有些则用于比较特殊的场合。

宋刊程大昌撰的《禹贡山川地理图》原书五卷,今本二卷。原图以青色为水、黄色为河国,古今州道郡县疆界皆画以红色,"旧说之未安,今皆识之者,以雌黄线标出。"原本地图中各种重叠、相交的线条,以颜色绘制区分以后,阅览十分清楚。

彩绘册页书籍中,还有不少画谱、画册和插图,这些书籍有些是摹绘古代珍贵佚书,保留传播。如明抄彩绘本题宋琅琊默庵撰《履岩本草》三卷;(图407)有些是供作参考和欣赏,保存资料,如清代彩绘本《升平脸谱》。(图408)

国家图书馆收藏的《明解增和千家诗注》手抄彩绘本,是明代皇宫里专供太子学习所用的教科书。本书的版口、版框、界格均以红色绘制,正文书以黑字,主次分明。书中的插图由名画工精心彩绘,图绘的情节与诗意密切相关。这册书,读诗观图,能引起阅读的兴趣,看图读诗,加深了对诗的理解。这种图文并茂的启蒙读物是一种能引起儿童阅读兴趣的高档教科书。当然,这类专制、专绘、专用的书

■ 407 明抄彩绘本《履岩本草》

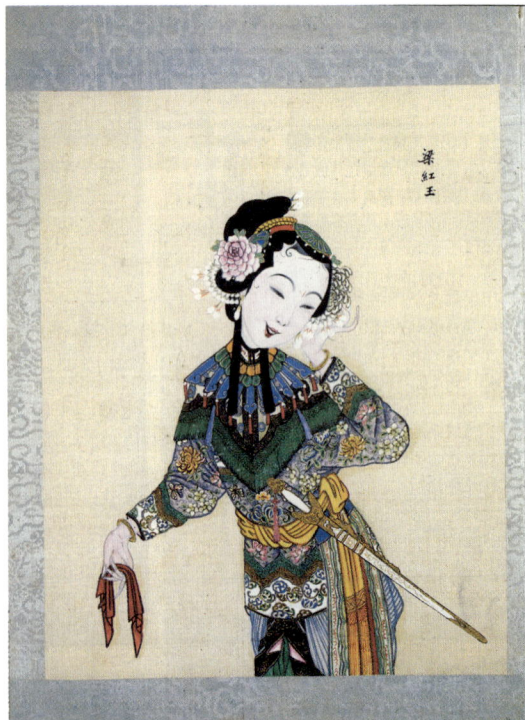

■ 408 清彩绘本《升平脸谱》

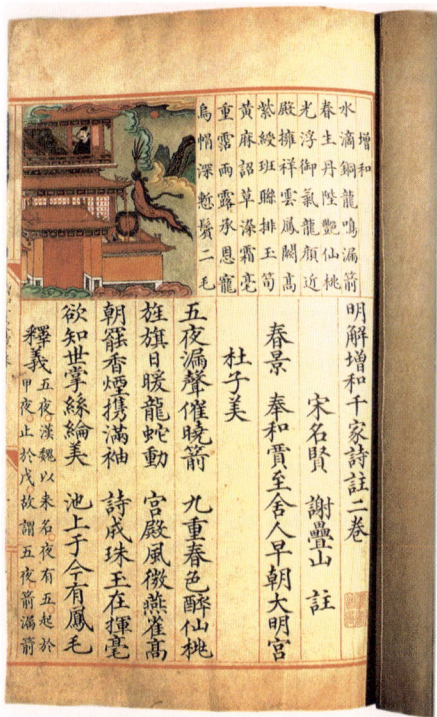

■ 409《明解增和千家诗注》手抄彩绘本

■ 410《程氏墨苑》彩色套印本

■ 411 明崇祯年间胡正言刊本《十竹斋笺谱》

籍，是普通老百姓的子女无法享用的。（**图409**）

2. 彩色套印与凹凸效果

彩色套印技术比较真实地还原了绘画效果。它的图绘绚丽多彩、引人入胜，具备了良好的观赏价值和艺术感染力。较之手绘书籍，彩色套印使书籍生产由单本变为批量，制作成本下降，生产周期缩短，读者范围扩大，满足了社会对图绘书籍的需求。书籍图绘的彩色套印是我国古代书籍装帧技术的成熟和书籍图绘艺术的进步。

书籍彩色套印技术在明代有了重大的改进，印刷了许多精美的彩色图谱。

册页书籍图绘的彩色套印始于明万历二十二年(1594)刊印的《程氏墨苑》。这册书在一块整版上的不同部位染上不同的颜色，然后印刷，印出的画面整体感较强。不足的是不同颜色相交时有叠混现象。这是彩色套印的初级阶段。（**图410**）

真正实行彩色套印的应该是当时的金陵书坊。明代的南京，书坊林立，有资料可查的书坊、书肆多达93家，这种盛况是同时期其他地区望尘莫及的。

其中质量最佳的当属明天启六年(1626)江宁人吴发祥刊印的彩色套印本《箩轩变古笺谱》，其刻成时间比胡正言的《十竹斋画谱》至少要早19年。

当然，彩色套印图谱史上最著名的图谱还是十竹斋主人安徽人胡正言从明万历四十七年(1619)到清顺治二年(1645)历时 26 年在金陵刊刻的《十竹斋笺谱》和明崇祯年间刊刻的《十竹斋画谱》。(图411、412)

清代刊印的《芥子园画传》在我国美术史和书籍印刷史上占有重要的地位。(图413)

金陵的吴氏萝轩、胡氏十竹斋在书籍图绘彩色套印技术上做出了杰出的贡献,他们生产的彩色套印书籍现在已成为我国古代书籍装帧史、古代印刷史和古代美术史上的重要史料和艺术品。

饾版、拱花

论及彩色套印,就要说到"饾版"和"拱花"。

饾版 饾版之名始于一种叫"饾饤"的小巧精致、供陈设的食品。由于彩色套印时的印版由若干个大小不一小块印版拼合而成,这些版块小如饾饤,故名饾版。

彩色套印首先是分色,要将画稿上丰富的颜色归纳整理成五种色彩,再根据颜色的分布将版雕成大大小小的版块,按色拼成一个整版,然后上色印刷。印刷时先印一色,印完后再拼版印另一色,五色重叠,即出现美观的画面。

印版雕成小块,既节约版材又省雕工。这种制小块版的方法,在现代印刷的凸版套印中也常使用。

彩色套印的初期,雕版与所印的颜色大小一致,画面体现的是大的色彩效果,颜色印刷是平实的,没有超出印版的边缘。到了后来,彩色套印技术逐步提高,发展到木版水印阶段,就可以完美地体现出绘画中色彩的浓淡和笔触效果。例如北京的荣宝斋和上海朵云轩这些老字号印刷作坊,继承了明清时代的彩色套印技艺而又有所革新。印刷时一幅画要雕上三四十块板子,印几十次,将绘画中色彩、

水墨的晕染效果和笔触及画面的深浅浓淡、物象的阴阳向背在宣纸上体现的精微之至,成为"下真迹一等"的艺术品。这些印刷为了适应色彩、水墨化晕的要求,印版比画面印出的大小要微缩一些。

拱花 是伴随着彩色套印出现的一种能在画面上印出凹凸图形的无色印刷技术。其做法是在印刷时,需要凹凸的部分图形不上颜色。上版后,在印刷的纸面覆上一块厚毡,然后反复摩擦加压,使雕版图形在纸面上顶出凸痕。这样印出的图绘,画面上图形微微凸起,望之隐然有形,摩之微微有棱,呈现了无色胜有色的效果。由于是采用拱顶工艺,故名"拱花"。

拱花凹凸效果是明代雕版套印技术对我国印刷技术的一大突破,它使我国书籍的图绘艺术达到了无色胜有色的新境界,表现了平凸结合的艺术效果,对现代印刷凹凸技术的提高有一定的借鉴。

明代采用饾版、拱花彩色套印技术的书籍首推明天启六年(1626)江宁人吴发祥刊印的《萝轩变古笺谱》,其次有安徽人胡正言在金陵刊印的《十竹斋书画谱》《十竹斋笺谱》。

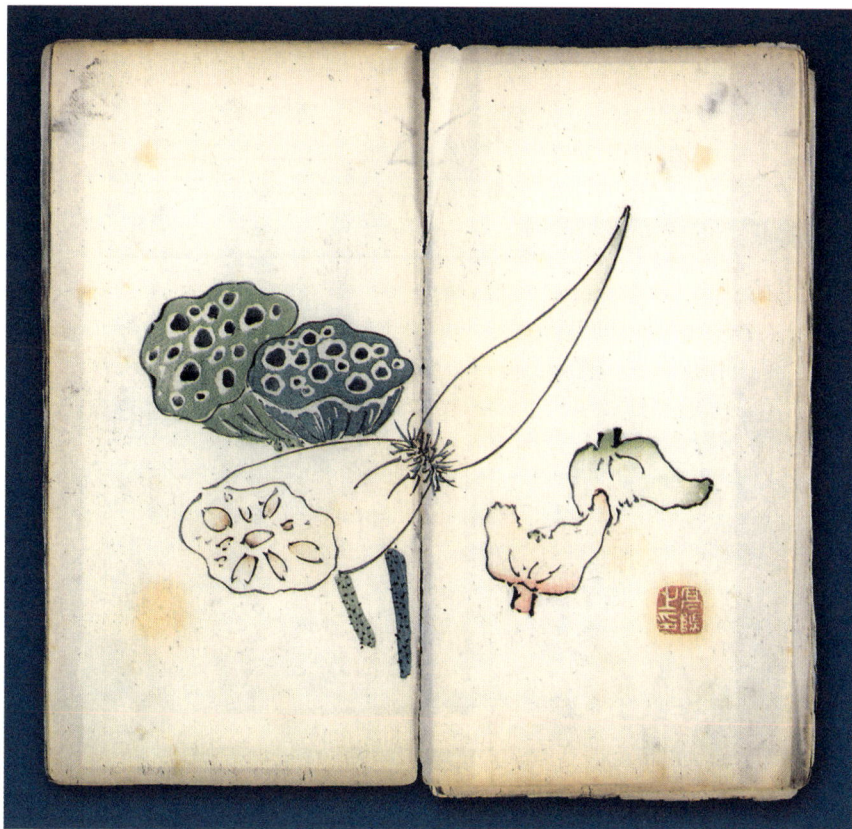

■ 412 明崇祯年胡正言刊本《十竹斋画谱》

■ 413 清刊本《芥子园画传》

《萝轩变古笺谱》

《萝轩变古笺谱》采用五色套印和有凹凸效果的拱花技术印刷而成,在我国书籍彩色印刷史上具有划时代的意义。

20 世纪 20 年代日本人大村西厓翻刻本书时,以为是明代翁松年所刊。1963 年,上海博物馆终于觅得了这部书的孤本,现入藏该馆。

该笺谱分上下两册,每面版心框高 21、宽 14.5 厘米,分上、下两册。上册四十九页(98 面),有小引、目录、画诗、筠蓝、飞白、博物、折赠、瑚玉、斗草、杂稿等;下册四十五页(90 面),含目录、选石、遗赠、仙灵、代步、搜奇、龙种、择栖、杂稿等。书中图绘采取了饾版、拱花的彩色套印技术,所印图象多用线条勾勒,色彩沉着古拙,有很强的木刻韵味。令人惊叹的是,不但画面上的云影波光和水中的鸳鸯、树上的白玉兰花为无色凹凸版压印,而且连《龙种》笺中的叨哆、蟧虎、鳌鱼、宪章、饕餮、蟋蟀、金猊等九种动物也用拱花,不着一色而形神毕现。(图 414)

这部笺谱长期以来不为人所经见,近年来开始得到关注。比较起来,胡正言的《十竹斋书画》和《十竹斋笺谱》则是大家所熟悉的。

明代的彩色套印和凹凸版印刷技术将我国古代彩色印刷技术推到了高峰,给人们提供了极具艺术品味的高档书籍。

清代彩色套印书籍以康熙十二年(1673)金陵王衙刊行的《西湖佳话古今遗迹》一书令人瞩目。本书内封明示"精绘设色全图",卷首为《西湖全图》。然后将杭州西湖的十六胜迹图分别设色套印。图用单面半页,另一面为书法题辞。该书图中的山峦、水波、树木、柳丝、建筑、舟楫、人物、日月、苔藓、行云、流水,无不精微细致。又以墨分三色,套印月夜、雪

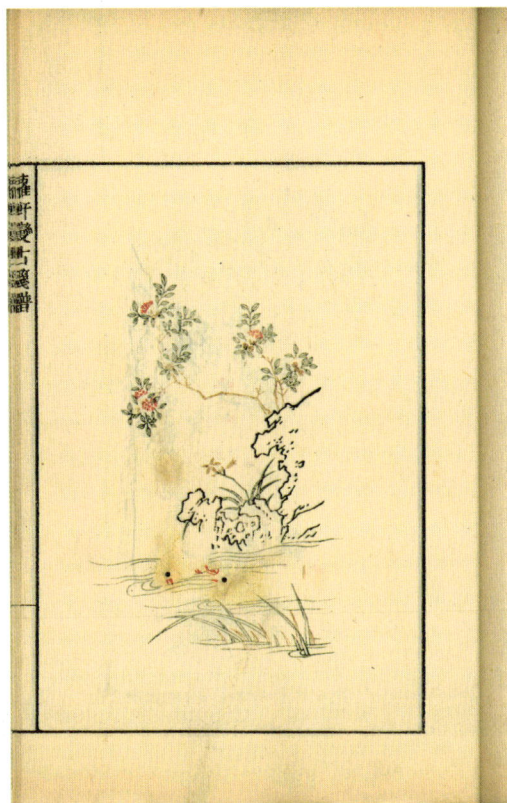

■ 414 日本大村西厓的翻刻本《萝轩变古笺谱》

■ 415 清康熙十二年《西湖佳话》

■ 416 清乾隆年间《怡府笺》

景，使读者恍如身临其境。这册书笔者亲眼目睹，观览以后的体会是：看原印本与看复制品，其感受是完全不同的。（图 415）

清乾隆年间的《怡府笺》，原为怡王府专用信笺，当时盛行民间，精致高雅，与《十竹斋笺谱》齐名。该笺纸的下角有印精致的彩色木刻画，饾版、拱花式样翻新，新颖可喜。（图 416）

清乾隆二十二年(1757)阮溪水香园刊印的《古歙山川图》，在雕版黑色印刷画面后再加绘淡彩，设色丰富，十分别致，但这就不属于彩色套印的范畴了。（图 417）

■ 417 乾隆年间墨印彩绘《古歙山川图》

三、册页书籍的金银书

书籍装帧发展到册页阶段以后，用金银泥书写版面文字，仍然是典重华贵的形式和宗教虔诚心理的表现。

甘肃省定西县藏有 8 页西夏文金书佛经，为紫青纸，经折装，泥金楷书西夏文。此经页面高 31、宽 11.5 厘米，上下双栏框，框高 23.7 厘米，保存完好，书法精美，色泽如新。已知存世的西夏文泥金佛经还有数件。

这帧明代万历年间书写的《华严经》，文字、栏线均用泥金书写。经折装的版面空间疏朗，每折面书写五行，字密行宽。这册经书折缝的间距较大，为免折页时伤及文字。

书后牌记记录书写者"发心用金泥自书"的发愿文，并且辅以美丽的装饰花纹。（图 418、419）

2007 年 8 月，甘肃省兰州市出现一件清代早期的大型梵夹装藏文经书，长约 60、宽 20、高 16 厘米，重达 15 公斤多。经册上下护有刻着纹饰的 2 厘米厚的墨绿色护经板。经页黑色，经文横行，用泥金和泥银书写。像这样大型的金银泥书梵夹装经书现在是很少见的，专家鉴定说是皇家寺庙之物。

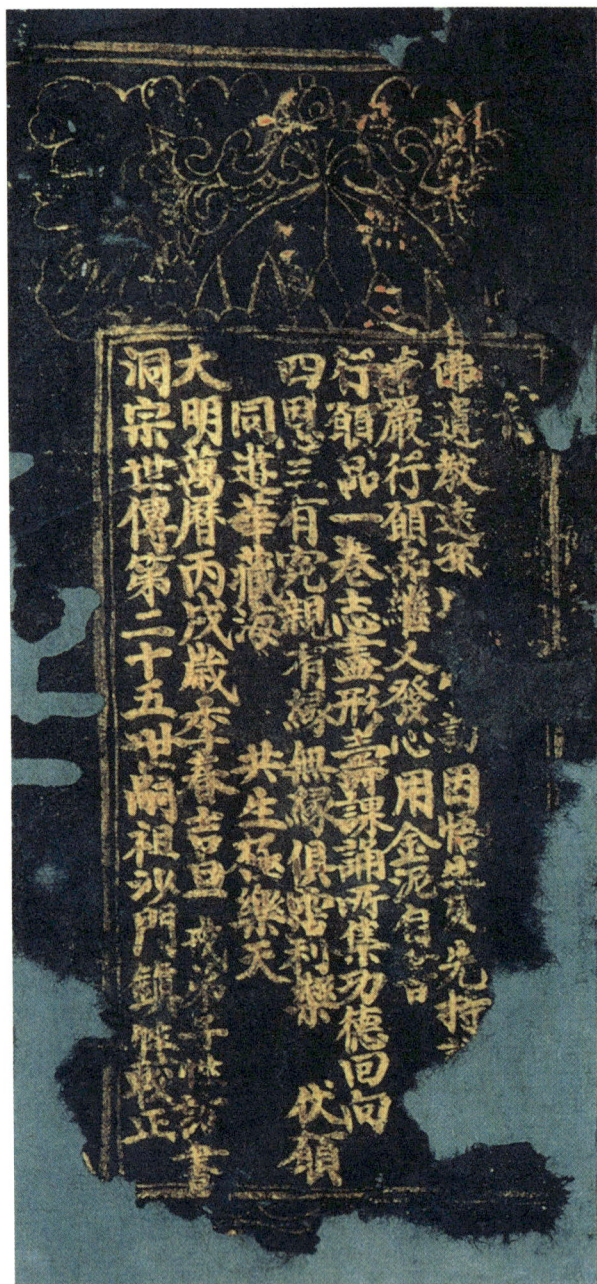

■ 419 明万历年间泥金写本《华严经》局部

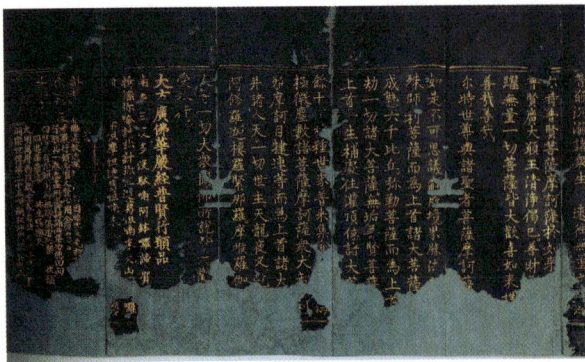

■ 418 明万历年间泥金写本《华严经》

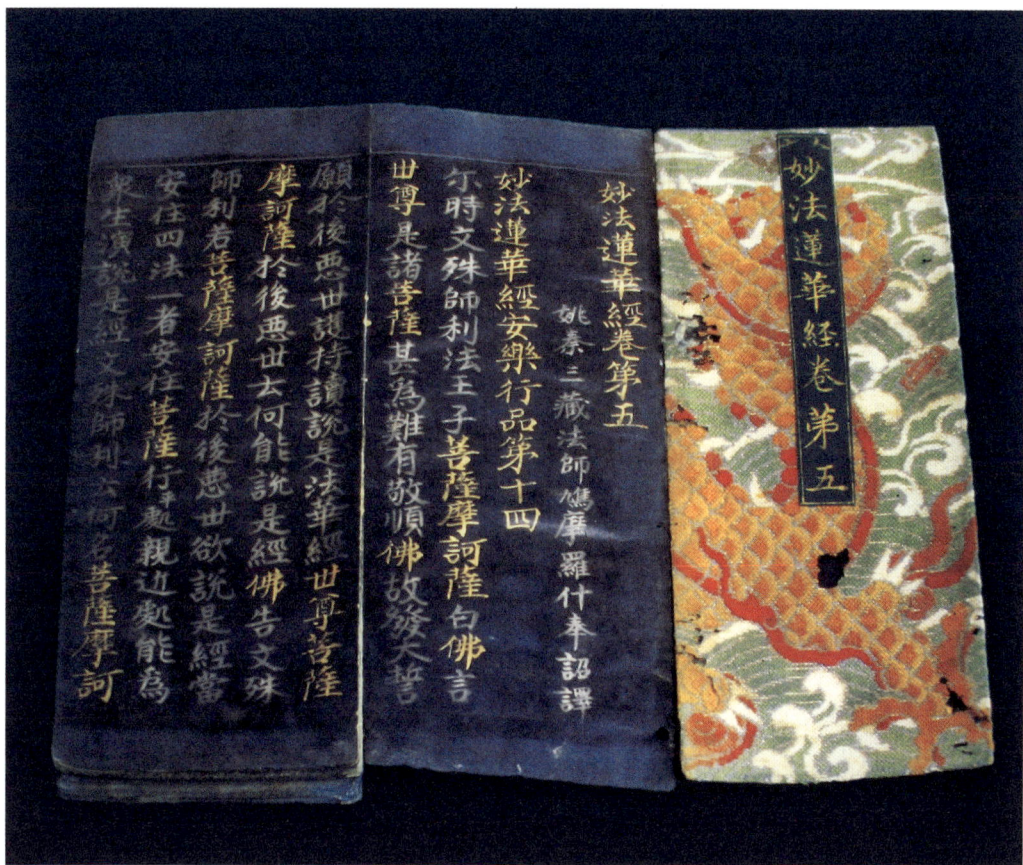

■ 420 扶风县法门寺金银书《妙法莲华经》

法门寺金银书《妙法莲华经》

1986年春天,陕西省文物工作者在拆除扶风县法门寺残塔的过程中发现了7卷清代的《妙法莲华经》。经册为经折装,缎质硬壳封面,题签靠上左右居中。瓷青纸金银双册书写。此经文与前述北宋卷轴装金银书佛经相类,经文其他字均用银色,独大题小题和"菩萨摩诃萨"、"佛"等字用金色。经文恭楷,法度谨严,昭显了对佛、菩萨的崇敬。(图420)

我国古代书籍装帧发展到明清的线装书,达到了它的顶峰。如同世间万物的发展规律一样,传统书籍装帧艺术在达到极致以后,就开始出现衰落和转化,这首先是由它的局限造成的。

传统册页书籍的局限表现为:

一、册页书籍的雕版印刷、装订成册,全靠手工和简单的木制机械来完成。印刷工具原始、印刷工艺落后、生产周期长,批量生产有限。这在知识为少数人垄断的封建社会中,尚有不足。何况到了清末民初,在废除科举,兴办学校,新文化运动兴起,现代科学文化日益普及,社会对书籍的需求急剧增加的时代背景下,更凸显了它的落后。

二、传统册页书籍外观形式简素，历久不变，仅有题签，千书一面，不能直观地反映书籍内容，缺乏视觉冲击力和激发读者的购买欲望。加上印刷工艺落后，书籍版面单调，缺图少色，难以表现多方面的知识和内容，满足不了人们对书籍的多种需求。

这种现象说明，传统书籍的生产和装帧已经不能适应现代社会的需要，随着东西方文化的交流，它必将被新的书籍装帧形式所取代。

但是传统册页书籍这种凝聚了中华民族典雅素朴，具有民族气质的装帧形式，已如铭刻一般留在了中国人民的文化记忆中，越来越深刻地引起了人们的关注。在 21 世纪里，它必将在国际文化中彰显出新的风采。

第六章 现代书籍装帧的崛起

第一节　现代出版印刷技术的引进

  我国书籍在西方现代书籍与西方先进印刷技术的输入和国内有识之士的大力倡导下，于19世纪末20世纪初就基本上步入了"洋装书"的发展阶段。

  所谓"洋装书"，即是采用现代印刷工艺，运用现代书籍装帧形式制作的书籍。它的纸张由传统的手工纸改为厚韧挺括的机制纸，由传统的双页单面印字改为单页正背印字。它的印版由木刻雕版改为现代铅活字、铜锌版和橡胶版，印刷则由落后的手工操作改为先进的电动机器。其中装订工艺突破更大：传统的打眼穿线被现代的平订、锁线装订所取代，封面由简素的书衣，改变为印有文字、图形、色彩的，既反映书籍内容又兼具广告宣传作用的现代书籍封面。也就是说我国书籍从材质到工艺，从局部到整体的各个方面都采用了现代书籍装帧技术。

  较之古老的册页书籍，现代书籍强度增加，开本合理，文字量大，便于阅读，便于携带，便于存藏，是现代社会传播知识、传承文化的良好载体。因此，它一出现便以不可阻挡的气势，占据了我国书籍生产的主流。

  现代书籍在本质上还是属于册页装帧的范畴，装页成册，掀页阅读仍然是它的基本特征，这一点与传统的册页书籍是一脉相承的，只是现代印刷技术和现代书籍装帧观念使之出现了新的面貌。

一、现代出版印刷机构的兴起

19世纪以来，外国基督教、天主教的传教士在我国沿海城市陆续设立了七八十家出版印刷机构，进行传经布道和出版印刷宗教宣传品。这些机构在宣传宗教的同时，以先进的印刷技术推动了我国出版印刷事业的发展，直接促进了我国现代书籍装帧的兴起。

鸦片战争以后，我国一些掌握了先进文化科学的知识分子承担了移植西方文化的角色，掀起了努力学习西方文化的西书汉译热潮。随着科举制度的废除和新式学校的兴起，新型教科书的编撰与出版也达到了前所未有的规模与水平，加速了商务印书馆(1897年创办)、中华书局(1912年创办)、世界书局(1917年创办)等许多出版印刷机构的诞生。这些出版印刷机构编辑、发行的许多书籍，加快了我国民主科学思想的发展进程。

20世纪初，宣扬民主革命的政治宣传物得到社会的热烈欢迎，例如邹容的《革命军》一书，其印数高达110多万册。（图421）

五四运动以后，新思想的传播和各种思潮的兴起，更加促进了我国出版印刷事业的发展。中国人自己办的印刷企业如雨后春笋，蓬勃发展。其中官办的印刷企业约160家，而商界和知识界人士创办的多达350家，这些出版印刷机构印刷出版了许多现代装帧的书籍。（图422）

近代以来由于上海在我国特殊的地理位置及其在国民经济中的地位，不但大型的出版印刷机构80%居于上海，而且90%的书籍和80%的报刊亦出自上海，使其成为现代书籍出版、印刷和装帧的基地。

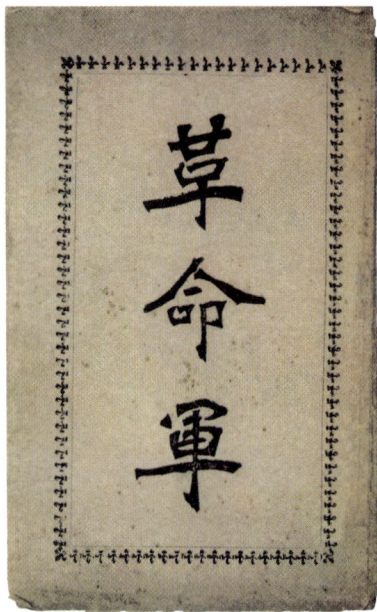

■ 421 1903年上海大同书局出版

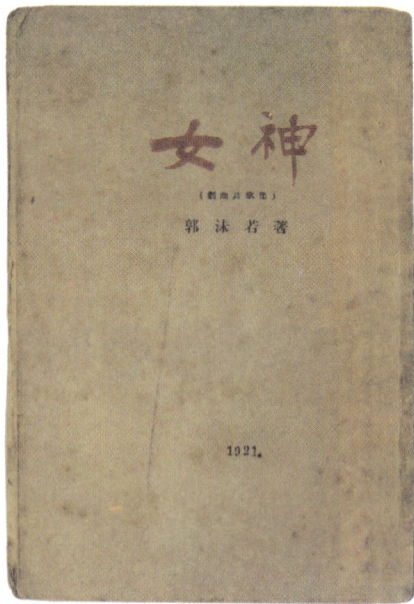

■ 422 1921年上海泰东图书局出版

又由于私营出版印刷业属一种独立的社会事业，因此编辑、出版、印刷、发行往往融为一体。这种综合的经营模式为书籍出版、书籍装帧的市场化积

■ 423 1849年宁波华花圣经书房《天文问答》封面

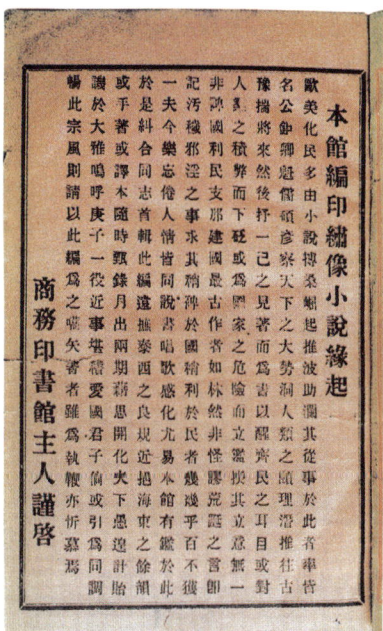

■ 424 1903年上海商务印书馆《绣像小说》的铅活字

累了丰富的实践经验,并一直影响到现代的书籍出版装帧事业。

二、西方印刷技术的引进

15世纪中叶,德国人谷腾堡(Johannes Gutenberg 约1394~1468)改良金属活字版印刷技术成功。到17世纪,大凡使用拼音文字的国家,都传入了近代印刷技术。

早在16世纪,西方的传教士们就将活字印刷技术带进了我国澳门。19世纪初,传教士们更是蜂拥而至来到我国,采用西方活字印刷术印刷宗教书籍和宣传品并设立印刷机构。1840年鸦片战争以后,西方列强侵入我国,五口通商,外国的印刷术在我国日见普及。由此导致了我国传统书籍装帧的快速衰落和现代书籍装帧的崛起。

1. 铅活字印刷技术的引进

活字印刷是我国古代伟大的发明,布衣毕昇在北宋庆历年间(1041~1048)发明的泥活字,书籍印刷"若印数十百千本,则极为神速"(沈括《梦溪笔谈》)。其后亦有元代的锡活字、木活字和明代的铜活字等,但皆因汉字数量巨大,金属活字的造价昂贵,雕刻不易,非一般个体所能经营。加之传统观念重雕版、轻活字的影响等诸多原因,活字印刷长期以来没有得到广泛普及。

而西方的铜模铅活字,因有现代工业技术的支持和配套的印刷设备,技术日臻成熟。这种技术在我国一经出现,就引起了国人的高度重视。(图423)

1871年第165期《教会西报》刊的《美华书馆述略》曾这样介绍美华书馆的"西国排印活字版书":

"其活字及铅字,有大字、中字、小字、极小字数种,凡《康熙字典》所有字皆有之,并有字典所无之字。每一常用字者,备百字、数十字;不常用者,只备十余字、数字,故同时排印数书而不穷于用字。列架别部,如字典之部,分画次,井然也。故排字者按部按画取字，不稽时，一人一日可排数千字，排成书页，有边栏焉，有直格焉，则铅条为之也。铅字极工，排成，而无大小参差。印而校，校而再印再校，故鲜讹字。印毕仍入架，仍部属画次，不紊乱焉。"注

一百四十多年前上海美华书馆的这种铅活字排版技术引进国内以后，许多书籍印刷采用了新式排版技术。

不久，活字排版后再压纸型的浇铸铅版技术传入国内，使得活字排版印刷数量更大、质量更好。

铅活字印刷技术这种被国人戏称为"外孙回外婆家之开始"（陆费逵语）的引进，使我国印刷告别了应用一千多年的雕版印刷主流技术，进入了现代印刷技术的阶段。由此，我国印刷在19世纪末20世纪初基本上采用了铅活字排版技术。（图424）

2. 照相制版与石印、珂罗版印的引进

1839年法国人发明的银版照相法，是一个划时代的贡献，它使印刷技术登上了逼真精细地表现物象面貌的新台阶。

注：范慕韩主编：《中国印刷近代史初稿》81页 印刷工业出版社 1995年版

■ 425《点石斋画报》中的点石斋印工场

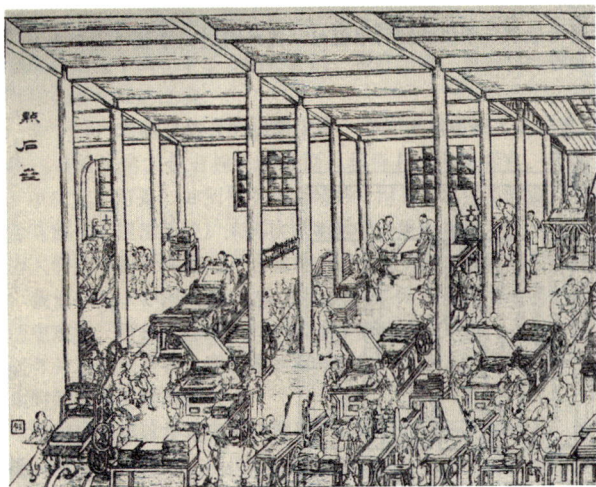

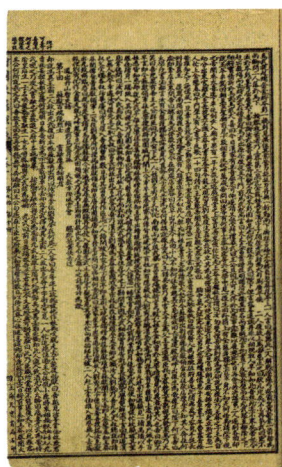

■ 426 民国时期石印的版面文字

■ 427 上海天宝书局石印的绣像

■ 428 1905年小说林社《新法螺》

■ 429 1906年上海中新书局《女儿花》

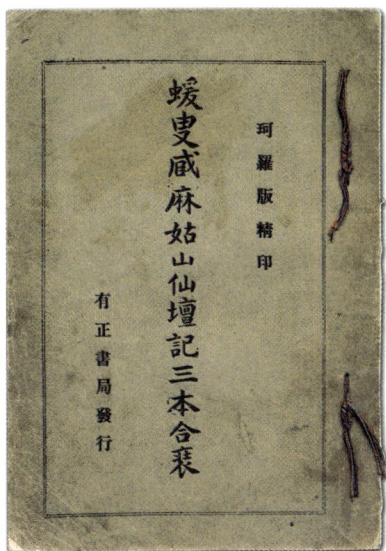

■ 430 1925年有正书局珂罗版印本

■ 431 1911年上海文明书局五色铜版精印《黑籍冤魂》剧照集

石印 19世纪30年代传入我国,1834年广州就已经有了石版印刷的广告。1876年天主教教会创办的上海徐家汇土山湾印刷所就购买了石印设备,用以印刷宗教宣传品。此后石印技术在我国大面积推广,光绪年间仅上海一地,即有五六十家石印书局。(图425)

石印属平版印刷,它是利用油水相斥的原理,以天然多微孔的石板做版材,用脂肪性的转写墨直接把图文描绘在石面上,或通过较透明的转写纸转印于石面,经过处理,即成印版。印刷时,先用水湿润版面后再上油墨,只有图文部分能附着油墨,印刷到纸上。

清末民初的石印技术为书籍印刷提供了可靠的技术保证:所印书籍文字极小而极清晰;所印图画线条细密,毫发不爽。(图426、427)

石印还有彩色印刷的功能,起初的彩色为单色套印,无深浅之分。1882年上海中西石印五彩书局用彩色石印印刷钱票和月份牌画。后来法国人在上海聘日本人制彩色版,始有浓淡、明暗、深浅的色彩效果,与物象毫发不差。(图428、429)

19世纪末和20年代初,我国采用石印技术印刷了许多书籍。

珂罗版(collotype) 以玻璃板为版基,按原稿层次制成明胶硬化的图文,由明胶硬化的皱纹吸收油墨,未硬化部分通过润湿排斥油墨进行印刷。由于版画使用明胶,因而在这个技术的名称中加上希腊语Glne(胶)意的Collo,珂罗是译音。因为珂罗版的版基是6~10毫米的玻璃,所以又称玻璃版印刷。珂罗版能达到明暗、深浅、浓淡的色调,其效果可与照片媲美。

珂罗版是德国人在19世纪中期以后发明的,光绪年间(1875~1909)传入我国。1875年上海徐家汇土山湾印刷所即用此技术印制了"圣母"等教会图像。1902年上海文明书局应用珂罗版工艺获得成功,此后商务印书馆和中华书局等出版印刷机构相继采用珂罗版印刷技术。

20世纪初,上海的文明书局和有正书局等采用珂罗版技术,印刷了千数件书画、碑帖、册页、扇面等,精细地体现了原作品的面貌,可谓"下真迹一等"。(图430)

铜锌版 是20世纪初传入我国的。1901年上

221

海土山湾印刷所试制照相锌版成功。1903年上海商务印书馆聘请日本技师,来我国传授照相网目铜锌版并改良锌版制版法。1909年受聘商务印书馆的美国人将最新的照相铜锌版制版法传入我国。

铜锌版制版的原理是通过照相方法,把原稿上的图文复制成阴图底片,然后将其晒到涂有感光液的铜板或锌版上,坚膜后将版面上非图文的部分腐蚀下去,从而获得图文印版。铜锌版属于凸版印刷范畴,单色或多色套印皆可实现。(图431)

3. 印刷纸张、材料的改善

造纸技术是我国古代的伟大发明,曾对世界文化交流与发展做出过重要贡献。但是自从1798年法国人路易·罗伯尔发明造纸机成功,欧美各国逐渐采用机器造纸之后,我国的造纸技术便落后了。虽然我国在清末民初创办了几家机器造纸企业,但产品多以连史纸、毛边纸和赛连纸等为主,质薄且软,不堪久用,只能单面印刷。这些纸张既不能印制高档的线装书,也不适合现代机器印刷,而且产量很低,不敷应用。

辛亥革命以后,由于书籍需求量剧增,国产纸张已远远不能满足社会的需要。"洋纸",即欧美国家用机器制造的道林纸、新闻纸等大量进口我国。据20世纪30年代海关报告册统计:

"民国元年进口洋纸只三百万两,至十九年已达三千七百万两,较之十八年,实增一千三百万两;较之元年,则增加在十倍以上。"注

这些进口纸纸质优良,厚实洁白,适宜双面印刷,大多数用于书籍内页。

"洋纸"的进口从根本上动摇了我国印刷的物质基础,加速了传统线装书的衰落和现代书籍装帧的兴盛。

1934年,商务印书馆的王云五(1888~1979)针对当时市面上流行的书籍开本过于复杂,导致印刷商家备纸规格太多的弊病,选定9种"标准版式"加以推广。这一提倡使纸张的规格由45种锐减为3种,提高了书籍开本的规范化,方便了书籍的装帧与印刷。据测量,当时选定的纸张规格、书籍开本与我们目前应用的规格基本相近。

4. 印刷、装订技术的改造

我国传统雕版印刷是手工铺纸,单面刷印,折纸成页,穿线成册。设备原始,效率很低。因此当新式印刷设备引进以后,立即引起国人的惊羡。前引《美华书馆述略》中说:

"其印也,用机器,日印万页。盖中国印书,一印则一纸一页。西国机器印书,一印则一纸数页也。机器以铁造成,大如长桌,……。以机螺转,故力大压重,而印字极清,既印,而通机之螺,即盖启,一纸出,而一纸复入。一纸也,已印数页矣。印百纸千纸,即已数百页数千页矣。"

这就是说当时不但采用了现代印刷机器,而且印刷中还采用了拼大版技术,双面印刷,一版多页,折页成贴后配贴成书。在引进印刷机器之后,各种先进的装订设备如折页机、裁纸机、订书机、压平

■ 432 引进国外的印刷机

222

■ 433 1938 年现代铅活字印版
线装书

机、烫金机等陆续传入我国,采用现代技术印刷的
"洋装书"逐渐取代了旧式的线装书。(图432)

有些如《都江堰水利述要》一类的书籍,虽然外
观和纸张是传统的,但正文已经采用了现代排版印
刷工艺,这是清末民国一种常见的传统和现代交替
融合的书籍装帧形式。(图433)

传统书籍装帧在新文化运动和现代印刷技术
的冲击下,难以荷载时代传播文化的重担,从根本
上失去了读者群体和市场,基本上完成了它的历史
使命。我国书籍在 19 世纪末和 20 世纪初短短的十
数年左右时间就完成了从传统到现代的转变,基本
上步入了现代书籍装帧阶段。

注:沈来秋:《中国印刷工业之改进》1933 年 8 月 引自上海
新四军历史研究会印刷印钞组《中国印刷史资料汇编》

5. 现代书籍的装帧与版式

现代书籍的装帧主要有平装书和精装书两大
类型。

平装书

所谓平装书,就是给订好的书芯裹上一张用普
通纸做封面的书籍。它的装帧工艺简单,成书速度
快、成本也较低、适合批量生产和普通读者需要,因
此受到社会的普遍欢迎。

平装书在我国现代书籍装帧中是首先引进的,
起初不少书还是在日本印刷,国内发行的。

我国书籍的"洋装化"是时代发展的需要和一
种历史潮流,许多有识之士为此做出了努力,其中
一位叫戢翼翚的人无疑是比较突出的。

戢翼翚(1878~1908)安徽房县人,是我国政府
首派日本留学的 13 人中的一个。他在日本留学期
间,与日本女教育家下田歌子(1854~1936)共同创
办了一个出版机构——作新社。

作新社起初在日本,1902 年迁回国内,在上海、
北京、扬州都设有分支机构。作新社创办期间,积极
引进先进文化,出版了许多政治、历史、地理方面的
西方著作。戢翼翚思想进步,投身革命,还出版了不
少革命书刊,对社会改革与文化的发展贡献颇大。

戢翼翚并且身体力行,亲自实践,积极推行我国
书籍装帧的引进和改革。他和唐宝锷合著的我国第
一部日语学习教材《东语正规》(1901 年)及他翻译的
俄国诗人普希金作品的第一个中译本《俄国情史》
(1903 年)即采用了现代新式平装工艺装帧。(图434)

作新社还首先应用现代版权格式,推动了现代
书籍版权在国内的普及。

作新社率先引进现代书籍装帧的活动,得到了
社会的认可,使得其他出版印刷机构纷纷仿效。

日本学者对戴翼翚在我国现代书籍装帧改革方面做出的贡献曾给予高度的评价："如果说戴氏是中国书刊洋装化之父，似亦不为过。"（实藤惠秀《中国人留学日本史》）

我国早期的平装书仿效东邻日本，采用能两面印字的进口机制纸，拼大版印刷、折页装订，工艺快捷方便。

早期的平装书装帧有以下这些形式：

一些是纯粹的"洋装书"，完全采用进口纸张，新式排版、机器印刷、新法装订、新颖的封面设计，一如日本"洋装书"。

一类是纸张、印刷、装帧都是新式的，惟独封面文字保留了传统书籍的书名题签格式，书名竖排，或左或右或居中。这类平装书应用广泛、时间持久，尤适用于新版古籍和传统内容的书籍。**（图435）**

另一类书籍的装帧形式比较特殊，它们的纸张和印刷都属新式，惟独装订采用穿绳打结，是一种介于线装和新式平订之间的个性化装帧。例如图430有正书局印刷的书籍和图504俞平伯诗集《西还》的装订形式。

平装书封面所用的纸张一般是一种较厚实的有色书皮纸。这种纸制作时在纸浆中事先加进了染色，制出的纸有多种淡淡的颜色，直接印上单色的文字即可出现彩色封面的效果，而且还省去了一道大面积的制版、印刷工序，既美观又经济。因此二三十年代的平装书封面多采用书皮纸做封面。用有色书皮纸印刷平装书籍封面的形式沿用很久，一直到八九十年代，才逐渐被其他纸取代。

平装书籍封面中还有一种进口的"皮纹"纸，这种纸不但厚而结实，而且纸面上还有许多纹样肌理，如皮纹、布纹、树皮纹等。皮纹纸质地美观，只需

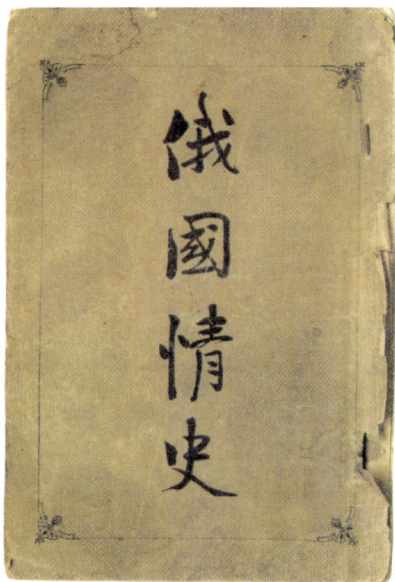
■ 434 1903年版本

■ 435 封面题签的平装书

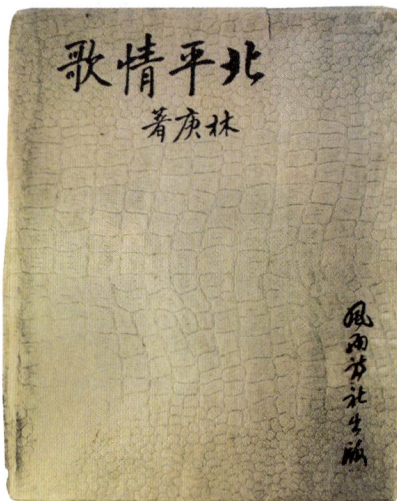
■ 436 1935年风雨社出版的皮纹纸封面平装书

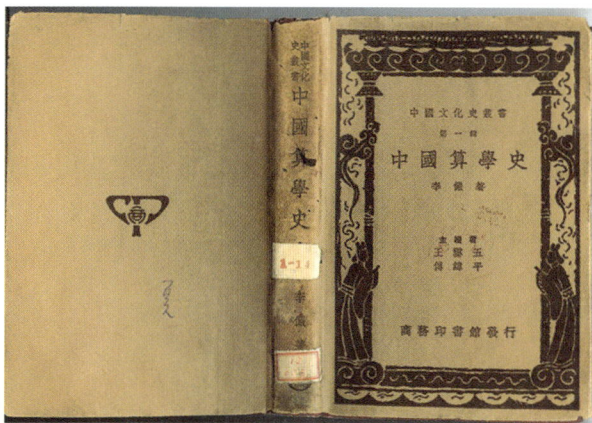

437 商务印书馆精装书的护封

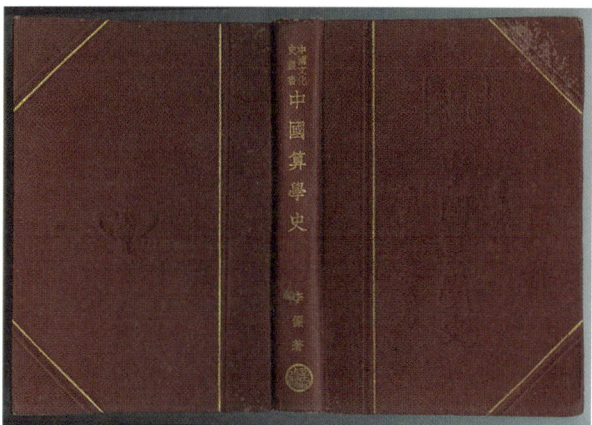

438 商务印书馆精装书的封壳

印上简单的文字就能产生雅致的效果,特别适应品位较高的平装书籍。（图 436）

　　装帧的革新引起了书籍封面文字的改变。当时书籍封面文字中竖排、横排皆有,竖排书名当然是传统格式的沿习,而横排则是一种新式。横排书名文字中,起初从左往右和从右往左都有,反映了新旧交替期间的探索试验。后来就逐渐统一为从左往右的排列格式了。

　　平装书的另一个特色是书脊上出现了书名文字,大概与新型纸挺括,书籍可以上架直插,便于读者寻检有关。

精装书

　　精装书即是书籍在装帧中为保护书芯,采用了硬纸板加裱纸张和纺织品做成的硬质书壳。这种有书壳的书籍印制工艺复杂,技术含量高,成本比较贵。由于精装书精美结实,经久耐用,对书籍的保护非常完善,因此主要用于长期阅读的和有保存价值的典重书籍如经典著作、字辞工具书和高档画册等。

　　精装书的装帧特征突出表现在以下方面:

　　护封　顾名思义是保护封面的,是套在精装书壳外面印有文字图案的外护封面,其两端有折成的前后勒口套在硬壳封面封底上以作固定。护封上文字图案的印刷、设计一般比较精美,可以艺术地传达书籍内容,拉近书籍和读者的距离,具有宣传广告的某些因素。（图 437）

　　封壳　精装书籍的封壳多用两三毫米厚的纸板,在上面裱糊优质的纸张和布、绸缎等做成,庄重美观。有些书籍的裱材用真皮和仿皮革那就更加精美高档了。

　　一般的书籍封壳裱糊大多采用各种漆布。这种在布上涂刷了油漆的书壳裱材,表面平整光洁,印刷效果好,而且耐磨损。

　　精装书中还有一种不用硬质材料的软精装书籍,介于平装、精装之间,柔软结实,利于阅读。

　　由于精装书籍一般都套有护封,因此大多数书籍的封面封底不着一字,或者仅压少量凹凸图案。封面印字和图案的封壳一般多为印金或烫金。凹凸版印刷技术引进以后,许多书采用了这种工艺,使书籍的封面设计更加美观,例如《中国文化史丛书》的封壳就采用了印金和压凹等多种表现形式。（图 438）

　　有些书籍装帧为了达到既美观结实,又成本不高的目的,或采用印刷纸张裱糊封壳,或采用书壳用纸而书脊用布包裹的工艺,既美观又经济,兼顾了市场和读者。(图439、440)

精装书封壳为了更加妥善地保护书芯免受磨损,在书口的三面部位往往突出3毫米左右,使书壳大于书芯,这个突出的边缘叫"褾口",现在一般叫"飘口",是"褾"字的常识性音误。注

书脊 即书的背脊。精装书的书脊是装帧设计一个重要的部位,因为书籍上架以后,长时间展示的只有书脊。由于精装书都比较厚,长期保存,经常翻阅,对书脊的牢固程度要求比较高。因此书脊的材料一般多用布质,利于书的摊开与合拢。精装书的书脊中又有方脊和圆脊的不同。方脊的书芯和书脊都是平整的,而圆脊的书籍则要通过"扒圆"或"滚圆"工艺加工成半圆形。(图441)

较之平装,精装书的书脊就非常美观,原因一是它的书脊较厚有设计的空间,二是这些书籍贵重,有设计的必要。二三十年代有些精装书的书脊设计的非常美观。例如这册《辞源》的书脊,印金和凹凸工艺并用,具有长久的欣赏实用价值。(图442)

精装书的各种装帧工艺是西方书籍长期发展的技术总结,都是书籍保护和装帧的重要措施。

例如有些书籍没有护封,就采用纸张印刷的书腰套在封壳前后,起着装饰和广告的作用。

再如封壳和书背连接处的凹槽,俗称"水槽",是为了便于书籍掀揭活动而特别压制的。

而书芯背脊天地两端的"堵头布",除了加固书芯连接,还有美化作用,其作用如同服装衣领处露出的衬衣边缘,对颜色、质地的选择要求很高。

精装书的书签带亦是为了方便读者阅览而特意粘夹的,签带的颜色、材料乃至长度都有讲究。

■ 439 印刷纸张裱糊封壳的精装书籍

■ 440 纸壳布脊的精装书籍

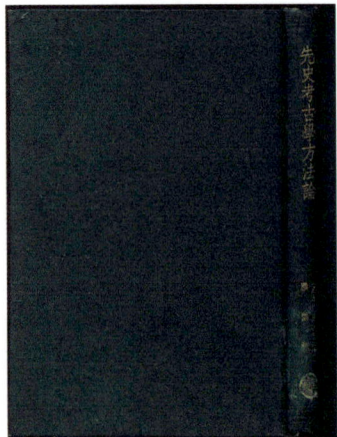

■ 441 圆脊的精装书籍

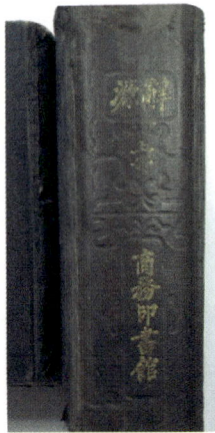

■ 442 采用印金和凹凸的书脊

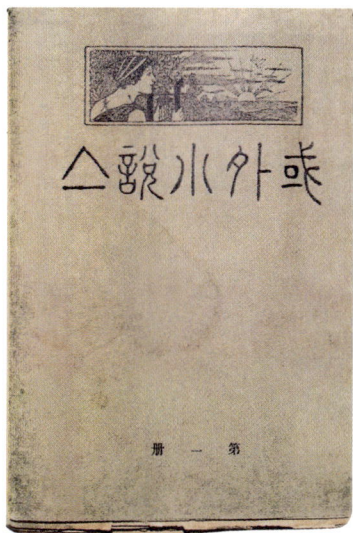

■ 443 1909 年日本东京版 鲁迅设计

■ 444 1927 年的毛边书

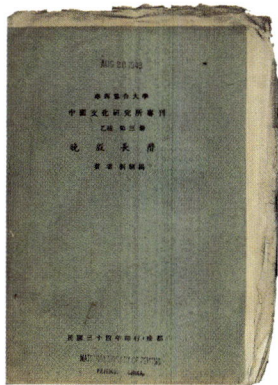

■ 445 民国时期的毛边书

"滚金口"是精装书装帧的一个特殊工艺，即是在一些特别高档、贵重书籍的书口刷上特制的金浆和烫上金箔，既可使书口免受污损，又有华贵的装潢效果。

20 世纪二三十年代的精装书，一般质量都很好，七八十年过去了，有些书籍的封壳至今平整，不翘不裂。

注：李明君、李庆年：《"飘口"应是"裱口"——关于一个国家标准印刷术语的纠正》《中国印刷》2007 年第 4 期

毛边书

毛边书是现代书籍装帧中的一道特殊风景，一般人很少见到。二三十年代的"毛边书"，现在已属珍本。所谓"毛边书"，就是书籍装订成册后，不加裁切，保留天头、地脚、书口的毛边，也就是书籍完成前的半成品毛坯书。

"毛边书"最早出现于欧洲，属于一种悠闲的文化读物。看这种书时，要手持裁纸刀，边看边裁，追求优雅的读书情调。

20 世纪初，鲁迅、周作人兄弟将日本的"毛边书"装帧引进国内，大力倡导，使其在文化人中间蔚成风气，竞相仿效。

鲁迅对"毛边书"情有独钟，态度坚定，坚持不懈，自称"毛边党"。他们兄弟二人在日本印刷的《域外小说集》即采用毛边装帧。(图 443) 鲁迅在此书"略例"第二条中，特别说明要求做成新式"毛边本"：

"装订均从新式，三面任其本然，不施切削；故虽翻阅数次绝无污染。前后篇首尾，各不相衔，他日能视其邦国古今之别，类聚成书。且纸之四周，皆极广博，故订时亦不病隘陋。"

这本毛边书体现了鲁迅独特的书籍装帧观念。

"毛边书"以平装书为多，偶见精装书。其形式既有三边都不裁切的，也有只裁天头不裁地脚、书口的。发展到后来，以裁切地脚保留天头和书口的毛边书较为多见，大概地脚裁齐便于上架存放。

"毛边书"作为一种特殊的装帧，自有许多审美方面的内涵。它追求的是一种有着原始野趣，不事雕琢的自然美。(图 444、445)

然而，书籍毕竟是传播文化知识的，对于大多数读者，还是三面裁光的成品书比较适宜。

版式与版权

"洋装书"盛行以后，西方书籍文字左起右行的排版格式引起了我国人民极大的兴趣，较之我国几千年来文字书写中上起下行的竖行排列，左起右行的排列似乎更符合人们的书写习惯和人体运动规律。因此20世纪初一些书籍特别是外来翻译书，就比较主动地采用了横排的格式。同时，新文化运动提倡白话文，也使新的排版格式有了一定的社会基础。

书籍装帧作为一个整体设计，在外观发生变化以后，其内部版面也随之出现新的面貌。

版面 传统的书籍版面，版心靠近书口，不利于内容的保护。改为现代版式以后，版心居中，在天头、地脚、订口、书口四边都留出了较大的空白，不但利于版心的保护，而且阅读感觉也很好。

书籍版面排列采用铅字和现代格式以后，有些竖排，有些横排。大多数版面文字在排版中都在段落首行空上两字格，以利读者在阅读中分清段落。同时，无论横排竖排，文章中的国名、地名、人名旁边和下边都加上了划线，以示强调，其区别仅在于竖排线在字左，横排线在字下。有些书排版更细致，文章中的书名还特别使用波状线。

此外，新式版面在天头、地脚还加上了书眉、页码，这种版面比传统书籍版面的版口文字要直观一些。（图446、447）

插图 随着制版印刷技术不断提高，这一时期的艺术类和自然科学类图书中还出现了丰富多彩的插图。基于印刷技术和书籍成本的原因，绝大多数的插图是单色的，个别插图是彩色的。彩色插页是用优质纸张印刷好以后粘加进书中的。（图448、449）

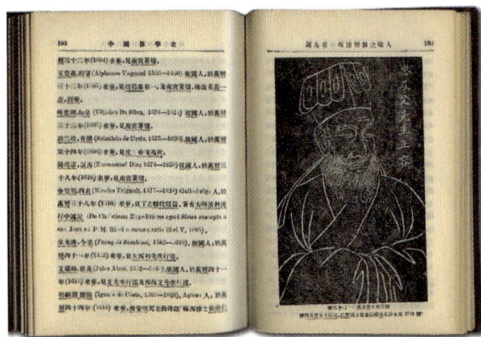
■ 446 1937年商务印书馆横排的书籍版面

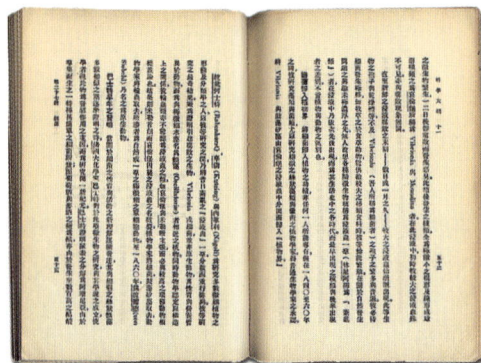
■ 447 30年代竖排的书籍版面

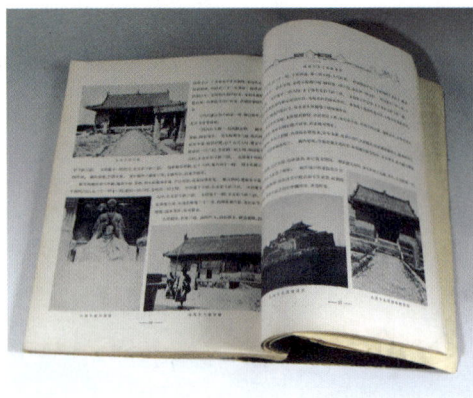
■ 448 民国时期书籍的黑白插图

有些书籍的插图和表格为了保持原貌或完整性，采用大张印刷、折叠以后加入书中的工艺，打开以后可以展示全貌，折起后则同书大小一致，这种工艺在传统书籍中是少见的。（图450）

■ 449 商务印书馆书前彩色插页

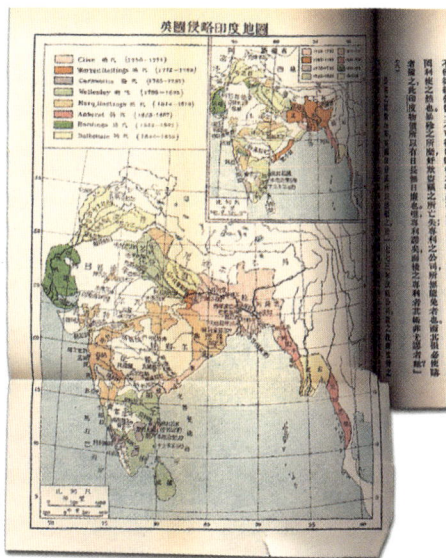

■ 450 1929 年商务印书馆《印度现代史》彩色插图

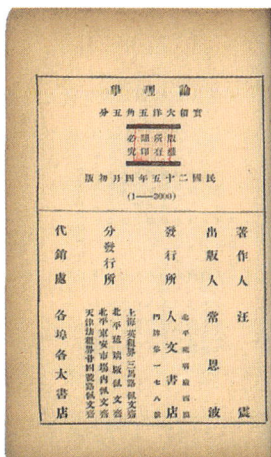

■ 451 人文书店书籍版权页　　■ 452 商务印书馆书籍版权页

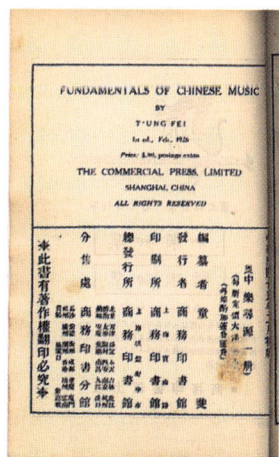

版权　书籍的版权在我国传统书籍中,一般放在内封的背面,标上某某刻书机构,或是在牌记上注明校刊者。明清时有些书籍牌记中常有"不许翻刻","翻刻千里必究"的字样。这是我国古代版权意识的滥觞,也是维护知识产权的初萌。

约在 19 世纪七八十年代,我国的有识之士将西方国家的政治法律制度介绍到国内。清政府内也开始有人主张制定出版法律。光绪三十二年(1906),《大清印刷物专律》颁布,其中有:一切出版物必须到印刷总局注册,任何出版物都务须于印刷物体上明白印明印刷人姓名及印刷机构所在地。但是这个法律还是在封建法治的范畴之内,只不过有了一些西方出版法律的形式而已。

到了宣统二年(1910),终于颁布了我国历史上第一个版权法《大清著作权律》。这部法律对后来北洋政府和国民党政府制定版权法有较大的影响。

20 世纪前半叶的书籍,一般都有专用的版权页,其中标明书籍名称、出版时间、出版者、编辑者、印刷者、发行者、定价和相关机构的地址,并特别注明"版权所有"或"翻印必究"的文字。那一阶段的书籍版权形式美观,内容完备,有些还附有广告、丛书目录和本社出版书目。版权页上明显地可以看出日本书籍版权的影响。(图 451、452)

二三十年代的版权格式,一直影响到 50 年代以后。在国内书籍普遍采取横排以后,版权文字亦改横排,但其基本内容并没有太大的改变。

第二节　现代书籍装帧的崛起

一、日本对我国书籍装帧的影响

日本是我国的东邻，与我国有着传统的友好关系和师生之谊，长期以来日本对我国一直是执弟子礼的。但是自从日本在明治年间（1868～1912）采取维新政治、吸收欧美先进的文化与科学技术以后，很短的时间即完成了东西方文化的融合，取得了令人瞠目的成就。

这样一来，我国与日本的师生关系就颠倒过来了，中国人民开始认真反省，向日本学习。从 1896 年清政府首批选派留日学生 13 人起，到 1905~1906 年间，剧增到 8000 余人。这其中虽有留学日本"路近省钱"和文化传统相近的因素，但更重要的则是日本学习西方取得了成功的经验，为我国树立了榜样，故而"青衿之子，挟希望来东邻者如鲫鱼"。

我国向日本学习美术似乎是从李叔同、高剑父等人开始的。李叔同（1880~1942）即弘一法师，浙江省平湖人，生于天津。他于 1905 年负笈日本，次年考入当时日本美术的最高学府东京美术专科学校。1910 年毕业回国后，曾在天津北洋高等工业专门学校、浙江两级师范和南京高等师范担任图画和音乐教员。又曾在上海《太平洋报》主持画报和广告图案等业务。李叔同是我国近代将西洋绘画广告图案设计带回中国的先驱者。

李叔同之后，陈之佛、丰子恺等人亦相继到日本留学，带回了崭新的图案艺术理论和现代书籍装帧观念。

日本民族对新生事物的接纳和后续开发热情是世所公认的，他们将西式书籍与东方传统书籍装帧结合、改造的那么美观和富有东方人文情怀。从现有的资料看，我国现代书籍装帧的早期面貌与日本书籍是一脉相承的。可以说，西方现代印刷技术促成了我国书籍装帧的技术革命，而日本的书籍装帧则影响了我国书籍装帧的发展道路。

二、新式学校的美术、图案教育

我们在研究 20 世纪二三十年代的书籍装帧时，曾感到十分困惑，为什么这一时期的书籍会出现如此繁荣的局面？看来除了其他原因之外，新式学校的美术和图案教育是不可忽视的。

清代末年废科举、兴学堂之后，普及性的学校教育开始盛行，这种规范、科学的教育为培养大量人才提供了有利的条件。我国现代书籍装帧的兴旺也是以新式学校中的美术、图案教育为开端的，其中又以图案教育的作用最为显著。

辛亥革命前，国内最早开设图画手工科的学校是创办于 1902 年南京两江优级师范学堂。该校首设美术师范专科，其中即有"用器画、图案画"等。1918 年成立的国立北京艺术专科学校开办之初，在经费十分拮据的情况下，先设中国画和图案两科。

到了二三十年代，图案教学得到社会的重视，各种艺术学校相继设立图案系，为造就实用美术专业人员提供了规范化的教育。这些教育适应了现代书籍装帧发展的需要。从二三十年代书籍看，以图案作为封面表现形式的占了大多数。

许多留学归国的美术家如李叔同、徐悲鸿、林风眠、闻一多、陈之佛、丰子恺、庞薰琹、颜文樑等都有过美术教育的经历。尤以陈之佛、丰子恺、雷圭元等人在图案教学中着力最多，且身体力行，亲自实践，硕果累累。著名的书籍装帧艺术家陶元庆、钱君

■ 453 1903年进化社版

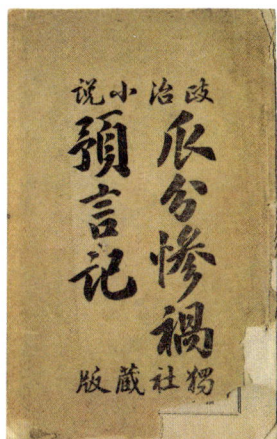

■ 454 1903年上海独社铅印本

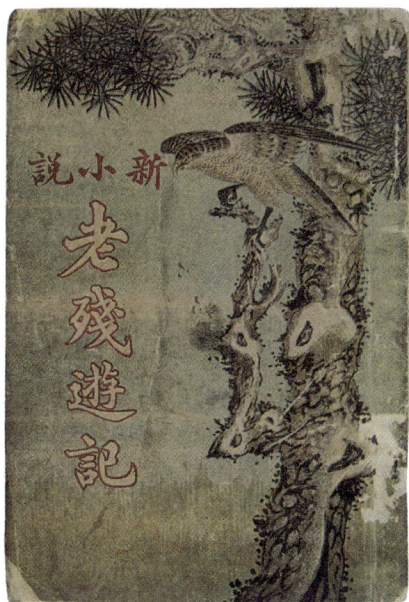

■ 455 1907年神州日报馆

匋就是上海美术师范学校的学生。

那个时候，各类的美术机构、美术社团亦为现代书籍装帧做了很大的贡献。商务印书馆、中华书局、开明书店、天马书店等编辑、出版、印刷机构专设的图画部门，拥有专职的美术设计人员，出版了许多装帧优秀的书籍。

三、现代书籍装帧的特点

纵观 20 世纪前半叶的书籍，具有两个显著的特点：一是丛书、文库盛行，即这一阶段的书籍中相当一部分都属于特定的丛书、文库，包括现代书籍装帧史上的一些典范作品；二是期刊、画报繁荣，它们在这一历史阶段的书籍中占有很大的份额。

1. 丛书、文库

丛书、文库是指由许多书汇编而成，总冠一名的系列套书。其特点是各书虽然有着单本书的独立性，但又系于一个总名之下，保持了装帧面貌上的整体性和系列性。

丛书在我国有着悠久的历史，据说数量约占古代典籍的三分之一。

在 20 世纪二三十年代，丛书、文库涵盖的学术范畴和知识面极广，大凡政治、经济、文学、哲学、历史、地理、语言、自然科学、医学、体育、农学、工学、古代典籍、外国名著等无不涉及，为当时人们渴求系统的知识和学问提供了很大的帮助。那个时期出版的一些大型丛书至今为人们所乐道。

清代末年新小说盛行，人们往往在书籍封面标上诸如"新小说"、"政治小说"、"社会小说"、"科学小说"、"英国小说"乃至"闺秀救国小说"之类文字，以提示读者。这些类别提示为以后丛书、文库的成套成系列出版做出了尝试。(图 453~455) 1915 年商务印书馆出版的《文艺丛刻甲集》，大概是比较早的系列学术丛书。(图 456)

丛书的编辑出版者有书局、报社、文学社团、高等院校或个人。从种类上说，文学社团编刊的不少；以规模而言，大的出版机构占了绝对优势。

丛书的编纂大多由著名学者和文化人担纲，他们大多具备丰富的学识和宏观组织能力。例如《文艺理论小丛书》由陈望道主编、《中国新文学大系》由赵家璧主编。(图464) 鲁迅也主持过《现代文艺丛刊》、《乌合丛书》和《未名丛刊》等丛书。著名学者王云五在主管商务印书馆的二十年间，陆续编印了《万有文库》(图462)、《中国文化史丛书》、《国学基本丛书》、《百科小丛书》等大型丛书。其中的《大学丛书》由他主持、蔡元培领衔，邀集国内各大学和学术团体代表54人组成了编委会，编辑阵容强大，先后出书300余种。

丛书有些以文学社团和出版机构命名：如《创造社丛书》(创造社)、《新潮文艺丛书》(北大新潮社)、《中华文库》(中华书局)等。

有些以读者群体命名：如《大学丛书》、《新中学文库》、《青年自学丛书》等。

但是绝大多数是以书籍类别命名的，如《哲学丛书》、《自然科学小丛书》、《社会科学名著译丛》、《现代散文新集》、《现代创作文库》等。(图466)

丛书的装帧，涉及到开本、纸张、封面、版式、印刷、装订等诸多方面。早期的丛书，一般比较自由，封面上甚至没有丛书的名称，只在扉页表现。有些虽有名称，亦不统一，几本书放在一起，看不出相互的联系。更有甚者，开本尺寸都不统一。

但是，像"少年中国学会"主编的《少年中国学会小丛书》和巴金主编、由文化生活出版社出版的《文季丛书》则装帧规格统一，具有很强的丛书面貌。(图457)

丛书、文库由文学社团或个人主编的，由于多种原因，种类和印数较少。

而商务印书馆、中华书局这些出版印刷机构，由于编辑出版实力雄厚，因此出版的丛书、文库规格统一，时间持久，数量庞大，树立了长久的品牌形

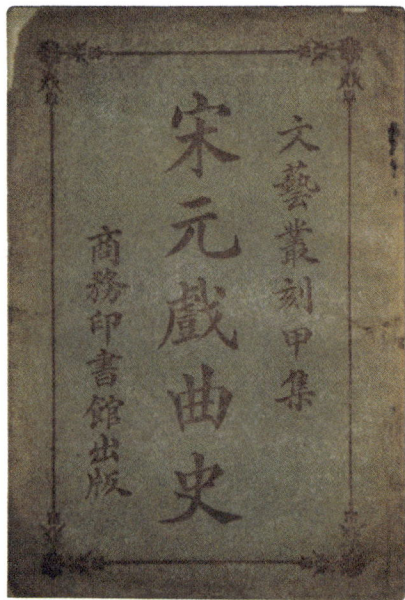

■ 456 1915 年商务印书馆

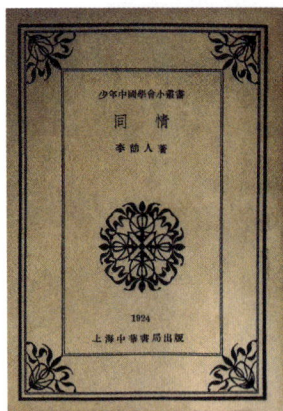

■ 457 1924 年上海中华书局

■ 458 1928 年商务印书馆

■ 459 1931 年商务印书馆

■ 460 1931 年中华书局

象。如商务印书馆出版的《丛书集成》选定宋、元、明、清四代丛书 100 部，共出版 4100 种，被称为"丛书的丛书"。（图 461）

商务、中华这些品牌丛书出版机构，由于有着宏大的出版规划和严格的出版程序，其丛书大部分保持了始终如一的面貌。（图 458~460、463、465、467）

丛书中还有一些是精装书籍，这些书多是一些学术名著，品位高，具有长期阅读保存的价值。这类精装丛书，由于成本较高，一般都是由一些实力比较雄厚的出版机构出版的，如《哲学丛书》、《大学丛书》等。（图 468）

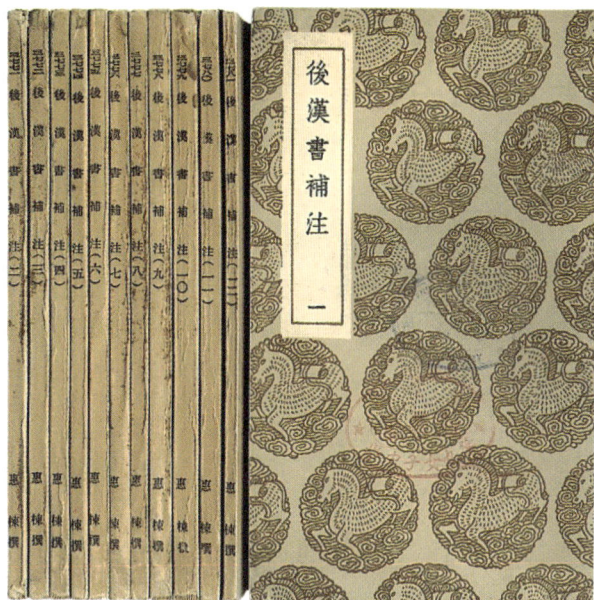

■ 461 1936 年《丛书集成初编》商务印书馆

■ 462 商务印书馆《万有文库》

■ 465 1936 年商务印书馆

■ 466 1936 年上海万象书店

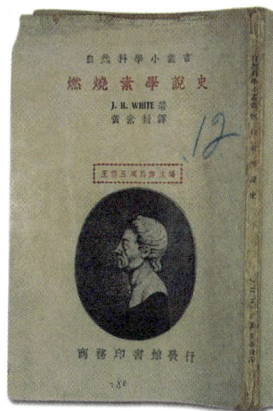

■ 463 1935 年商务印书馆

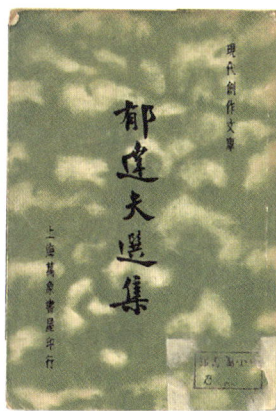

■ 464 1935 年良友图书公司

■ 467 1946 年商务印书馆

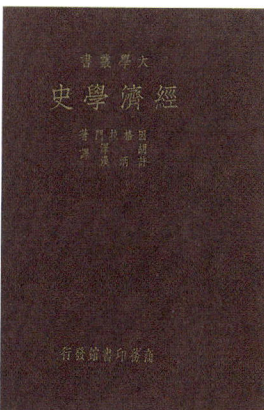

■ 468 30 年代商务印书馆

2. 期刊、画报

期刊和画报的共同之处，在于两者都是定期出版物。区别在于期刊以文字为主、插图为辅，而画报则是以图画为主，文字为辅。就其内容来说，期刊侧重于文艺创作研究，而画报的艺术和娱乐性强一些。

期刊和画报都有相对固定的刊名。刊名或为名家题字，或为装饰字体，有着鲜明的个性。期刊和画报初萌时开本大小皆有，到二三十年代以后，大多以 16 开本为主，这是它和其他书籍的明显区别。期刊和画报都是 1840 年鸦片战争以后西风东渐的现代书籍类型。

我国期刊的起源可以追溯到 1833 年英国人马礼逊、郭士立在广州创刊的《东西洋考每月统计传》月刊，这是我国的第一家中文期刊。1872 年美国人丁韪良创办的《中西闻见录》，后改名《格致汇编》，由英国教士傅兰雅主编，是我国科学期刊的开山之作。(图 469)

画报的起源应以 1874 年创刊于福州、一年后迁至上海的《小孩月报》为最早。这本画报用连史纸铅印，文字浅近通俗，插图精工雕刻，印刷清晰，每期印 2000 册。

创刊于 1884 年的《点石斋画报》在我国画报史上占有重要的一页。画报用连史纸石印，线装本，每旬一期，各期规格统一，内容多取材于社会新闻，图画笔姿细致，刻划入微，兼中西画特点。《点石斋画报》从创刊到 1896 年终刊，共出 528 册，其内容堪为 19 世纪末中国社会的缩影。(图 470)

清末民初，期刊和画报作为普及的宣传媒体，如雨后春笋般地出现，在文化的传播中以其知识丰富，喜闻乐见，读者广泛而起到重要的作用。当时的出版环境比较宽松，有钱人便可出书编刊。一些志同道合的青年人还利用业余时间，各自凑钱编办

■ 469 1875 年上海创刊

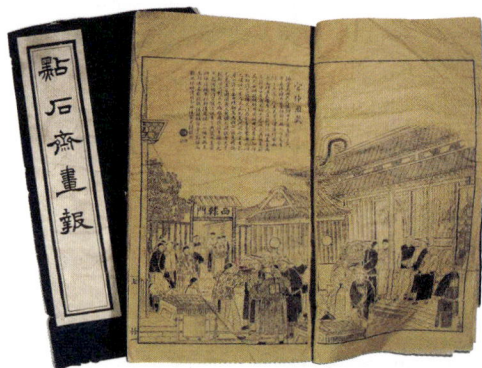

■ 470 1884 年创刊

■ 471 1914 年创刊 丁悚设计

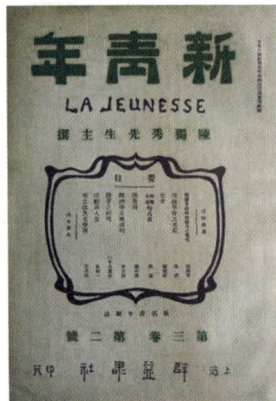

■ 472 1915 年《新青年》

刊物，一遇风波便停刊了事或另起炉灶。这些期刊的出版发行时间有些较短，三五期、十来期不等，还有仅出一期即停刊的。有些则较长，十几年、几十年，持续出几百期。如商务印书馆创办的《东方杂志》，从 1904 年创刊到 1948 年 12 月终刊，长达 44

年。当然这与办刊者的经济实力、编辑水平、政治倾向、时代背景有着密切的联系。(图473)一些由著名学者编辑的刊物,涵盖的学科范畴比较大。这些刊物有:《译林月刊》(1901年)、《教育世界》旬刊(1901年)、《科学世界》(1903年)、《绣像小说》(1903年)、《女子世界》月刊、《少年杂志》等。

有些期刊如1915年9月创刊《新青年》,是宣传马克思主义,宣传反帝反封建思想的重要阵地,由陈独秀、李大钊、胡适等人轮流编辑。这是一个在现代革命史上起过重大宣传作用的期刊。(图472)

《小说月报》由五四新文化运动中出现的新文学团体"文学研究会"于1921年创办的,是新文化运动中一个大型的文学刊物。(图474)

我国现代文学史上许多文化名人都有过创办期刊杂志的经历:如郭沫若创办过《创造》季刊、《创造周报》等(图476),鲁迅创办主编过《语丝》、《莽原》、《奔流》、《萌芽》(图482),叶圣陶主编过《小说月报》、《妇女杂志》、《中学生》,巴金主编过《孤吟》,茅盾主编过《人民文学》、《笔谈》等。(图485)文化名人参与其事,使得这些期刊的思想性、文学性大为提高,推动了当时文学艺术的健康发展。(图477、478、483)

■ 473 1904年商务印书馆创办

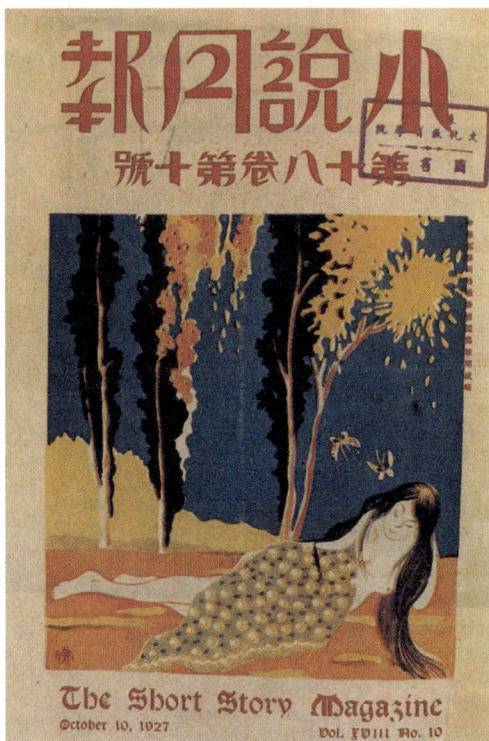

■ 474 1921年商务印书馆创办

■ 475 1921年创刊

■476 1923年创造社创办

235

■ 477 1923 年新时代学社创办

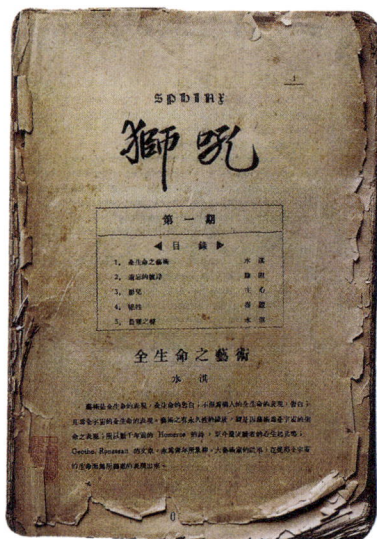

■ 478 1924 年狮吼社创办

■ 479 1925 年创刊

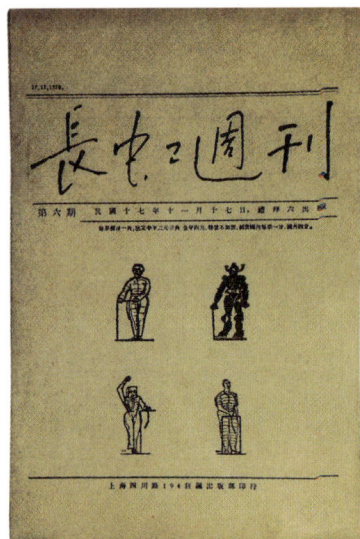

■ 480 1928 年高长虹创办

■ 481 1928 年暨南大学学生创办

■ 482 1930 年鲁迅主编并设计封面

商务印书馆、中华书局创办的期刊具有稳定持久、品位高雅的特点。例如商务印书馆创办的《东方杂志》，着力宣扬东方文明，拥有广泛的读者群，刊行时间亦长。中华书局除出版图书外，还创办了近二十种杂志，其中著名的八大杂志如《中华教育界》、《中华小说界》、《中华实业界》、《中华妇女界》、《中华童子界》等至今为人所提及。

期刊画报的编辑，一般都有编辑委员会，人数多少不等。个别期刊仅一人创办，如 1928 年在上海创刊的《长虹周刊》，就是由作家高长虹一人包办稿件，自行设计封面，自称"个人的刊物"。但刊物的档次并不低，道林纸精印，16 开本。（**图480**）有些在校的学生

■ 483 1930 年《拓荒者》蒋光慈主编

■ 484 1936 年上海新华电影公司

■ 485 1941 年创刊茅盾主编

■486 1945 年期刊

■487 1949 年期刊

亦办刊物,如《槟榔》(1928 年)就是由上海暨南大学学生创办的有着南洋气息,华侨背景的刊物。(图 481)

20 世纪初的期刊中除了严肃的文学艺术刊物之外,还有一些迎合市民审美情趣的消遣性和娱乐性文学刊物,它们拥有众多的作家和广泛的读者群,如著名的鸳鸯蝴蝶派刊物、创刊于 1914 年的《礼拜六》,前后共出了 200 期。(图 471)

电影事业在我国兴起以后,电影期刊、画报成为热门读物,这些刊物发行量大,影响广泛,刊物的印刷质量与装帧设计亦很时髦。(图 475、479、484)

比较起来,期刊的封面文学性较强,也比较庄重严肃;画报的封面则侧重艺术表现,形式上相对时尚。就印刷效果来说,期刊一般多用手绘,颜色亦较简单;时尚画报如电影戏剧类,则多以人物影像为主,色彩丰富,形象摩登。

在新旧文化的抗争中,期刊、画报无疑有着一定的政治倾向。左翼刊物有着鲜明的战斗性,对当时的统治阶级和反动思想、文化进行了猛烈的抨击。日本帝国主义发动侵华战争以后,抗日救国成为中华民族的共同行动,期刊杂志因此也具有强烈的救亡意识。这些期刊、画报是中国人民争取自由民主的重要阵地。(图486、487)

3. 其他类书籍

除了丛书和期刊画报之外,其他类的文学艺术、科学技术、历史地理、教科书籍等在 20 世纪前半叶也呈现了百花争艳的局面,全面地展示了那个时期的书籍装帧面貌。这些书籍由于内容与读者对象的差别,在封面设计和装帧形式上保持了各自的属性,使人一望即知其类别。这些书籍封面,特别是其中的文学艺术类书籍封面,虽然已经过了至少半个多世纪,仍然富有很强的艺术感染力。(图488～494)

30 年代著名的文学团体"决澜社"曾有过一个

■ 489 1928 年上海乐群书店　PAN·RU 作画

■ 488 1924 年滕固小说封面

■ 490 1929 年上海北新书局

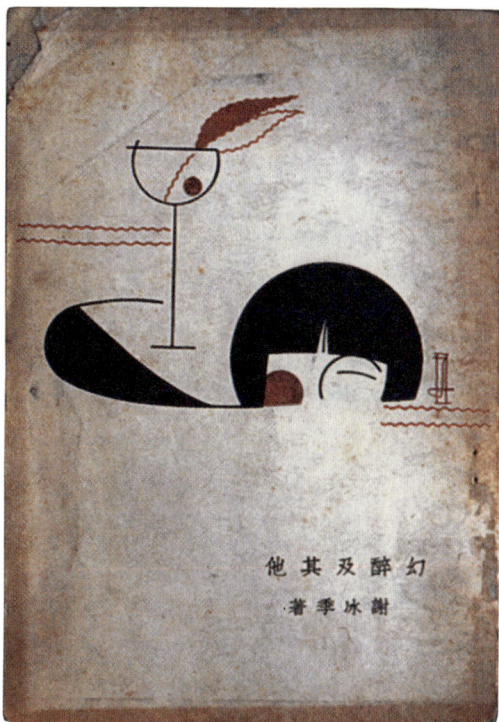

■ 491 1930 年中华书局

■ 492 1937 年上海良友图书公司

■ 493 1933 年现代书局

影响很大的宣言:

"我们厌恶一切旧的形式,旧的色彩,厌恶一切平凡的低级技巧。我们要用新的技法来表现新时代的精神。"

"二十世纪的中国艺坛,也应该出现一种新兴的气象也。让我起来吧!用了狂飚一般的激情,铁一般的理智,来创造我们色、线、形交错的世界吧!"(《艺术旬刊》第 5 期 1932 年 11 月)

这大概是 20 世纪二三十年代现代书籍装帧思想观念的最好表达。

■ 494 1937 年上海生活书店

第三节　现代书籍装帧的
　　　　创作群体

现代书籍装帧初萌时并没有专业的设计人员，只是随着国内印刷出版机构增多和出版事业的繁荣，才出现了由画家、广告设计家、文字作者构成的具有兼职特点的创作群体。这些人中新文化运动的主将鲁迅无疑是最优秀的。

一、鲁迅的突出贡献

鲁迅是我国现代书籍装帧的开拓者和积极的倡导者，他对书籍装帧艺术的贡献主要表现在以下三个方面：

一、始终重视书籍装帧的整体设计。

鲁迅的书籍装帧才华在日本留学时就已经显露出来。他1909年在日本设计印刷的《域外小说集》，封面画是西方女神缪斯迎着朝阳奏琴，书名题字是请著名画家陈师曾题的篆书。两者结合，浑然一体，呈现了中西结合的面貌。

1923年，他为北京大学25周年校庆和《歌谣纪念增刊》设计的封面，以繁星浮云和月亮很好地表达了刊物内容。他还建议让名书法家沈尹默题写了刊名。（图495）

鲁迅印书最为讲究。他设计书籍一般情况下都要从纸张、封面、版式、字体、字号、插图、印刷、装订，乃至封面印刷的颜色、封面作者的署名及广告宣传等诸多方面加以整体筹划。有时对装帧细节的要求近似于苛求。鲁迅的这种致广大、尽精微的设计理念始终贯穿在他的书籍装帧设计实践中。

二、亲自进行设计实践

鲁迅是深谙装帧之道的，曾提出了著名的"三

■ 495　1923年　鲁迅设计

■ 496　1923年　鲁迅设计

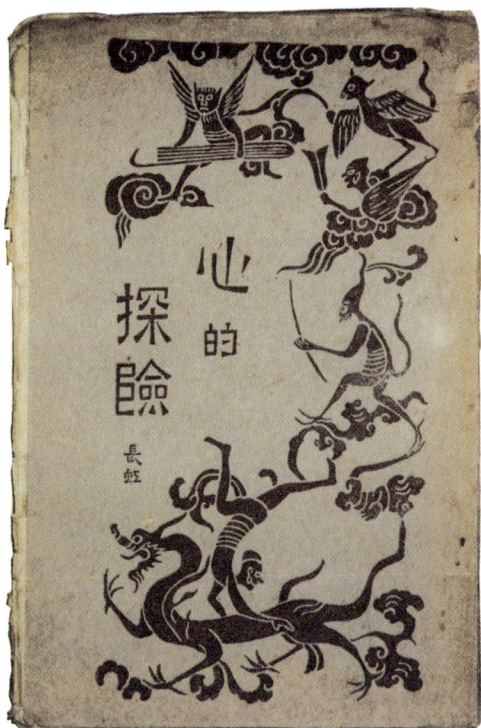

■ 497 1926 年北新书局 鲁迅设计

■ 498 1936 年 鲁迅编并设计封面

要"：即书籍印刷时，"纸张要好，天地要宽，插图要精致。"这些要求从他设计的许多书籍封面中可以明显看到。《呐喊》表现了一种冲破黑暗的思想追求，《心的探险》是将古代石刻艺术用于现代书籍封面的典范。（图 496、497）

鲁迅请别人设计封面，认为不一定要和内容相符，"不妨毫不切题，自行挥洒也"，充分表露了重视书籍封面独立价值的装帧思想。

鲁迅重视传统但不泥古，他设计的线装本《版画选集》《木刻纪程》，采用瓷青纸做封面，宣纸精印。装订改旧例右订左开为左订右开，封面题签也取方形，推陈出新，呈现了现代感。（图 498）

三、扶持培养装帧新人

无论在北京还是在上海，鲁迅身边总是围绕着一群年轻的画家，其中一些人就是在他的影响下走上装帧之路的。鲁迅以对书籍装帧的精深理解，引导启发了这些年轻的装帧家，为现代书籍装帧艺术培养了一批新人。他的这种工作得到了社会的高度评价。当时的文化名人李朴园曾著文说："几位做书皮图案同题头插画的艺人，他们的工作，是自有艺术运动以来仅有的成绩"。

并且，鲁迅对这些青年装帧家十分尊重和爱护：请他们设计封面，一定要署上画家名，印刷时还要请他们看样认可。尊重他们的劳动成果，鼓励他们的创新风格，这些都为我国书籍装帧的健康发展做出了贡献。

鲁迅是我国现代书籍装帧的领军人物，他设计或策划、编辑、印刷的不少书籍已经成为现代书籍装帧史上的典范作品。

二、书籍装帧家群体

20世纪前半叶现代书籍装帧的创作者大致可分为画家群体、作家群体、职业装帧家群体,其中不少人是多才多艺,身兼数职的。

1. 画家群体

现代书籍的封面起初大多由画家们来应付,那时"洋装书"刚开始盛行,书籍封面出现绘画在我国书籍中实属新奇,因此许多画家都想尝试一下。那时书籍封面没有严格的标准,既不强调形式与内容的关联,也不苛求画种。画家们擅长什么就画什么,因此有着鲜明的个人风格。除了个别优秀者(如鲁迅、闻一多)之外,大多数人都将书籍装帧定位在封面设计上,因此20世纪前半叶的书籍装帧大多数是以封面为主的。

这些画家中既有留学欧美和东邻日本的西画家,也有不少本土的国画家。他们中的一些人在接受我国传统文化教育之外,又经受了西方文化的熏陶和训练,大多数人还从事过艺术教育。这个不小的创作群体,可以列出一个长长的名单。

诸多的画家中,闻一多(1899~1946)无疑是优秀的。他虽然以诗人、学者、民主斗士闻名于世,但是学习的生涯却是从美术起步的。1920年闻一多在清华学校学习时就发表了《出版物底封面》一文,分析阐述了书籍装帧的规律和现状。1922年他赴美国学习美术,曾先后在两所院校学习并获奖项。归国以后,闻一多的研究方向转向文学,但对美术仍保持着浓厚的兴趣。从1925年到30年代初,他在书籍装帧方面显露了不凡的才华,设计了诸如《巴黎的鳞爪》、《玛丽·玛丽》、《冯小青》等书籍封面。闻一多为徐志摩诗集《猛虎集》设计的封面以抽象简省的虎皮斑纹横贯封面封底,极好地表现了主题,形式感很强。**(图499)**

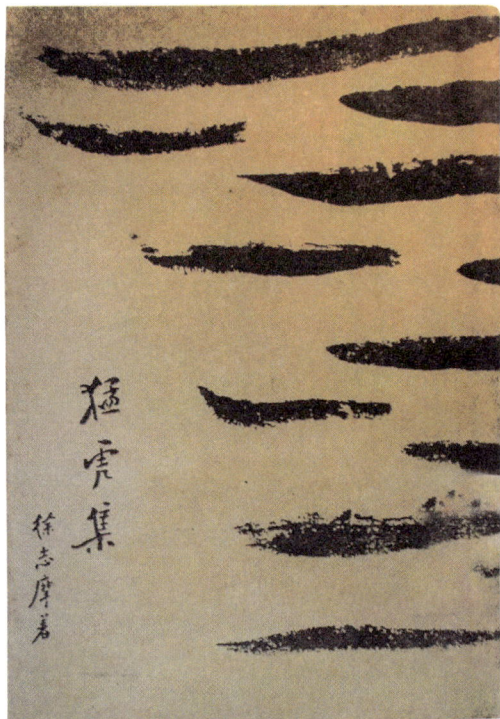

■ 499 1931年 闻一多设计

■ 500 1926年 却坦设计

■ 501 1933年 庞薰琹设计

■ 502 1928年 江小鹣设计

我国现代早期西画家李金发的德籍妻子却坦擅长水彩素描,她为丈夫的诗集《为幸福而歌》画的封面画就以水彩技法予以表现。(图500)

庞薰琹是第一代留学法国的油画家,长期以来致力于祖国的工艺美术事业。他擅长装饰画,其封面设计中就有较强的装饰感。(图501)

画家、雕塑家江小鹣为徐志摩《自剖》所绘的封面,画中作家面容被一把刀分作两半,暗合"自剖",其色彩、构图极为现代和富有感染力。(图502)

画家中有不少是画漫画的,他们的封面设计中自然有着漫画的特色。(图503)

画家洪野是上海美专教授,他的封面画似以水彩画形式表现。(图504)

■ 503 1941年 冯朋弟设计

■ 504 1924年 洪野设计

2. 作家群体

说到这一群体,我们不禁为他们深厚的文学素养和艺术造诣而生羡,生活似乎格外眷顾他们,使他们在书籍装帧领域也显得那么出色。由于作家集读书人、写书人或编书人于一体,了解书籍的性质与读者的心态,既懂得书籍的表现形式,又知道书籍的文学与艺术价值。因此他们的封面设计更多地给书籍赋予了隽永的书卷气。

作家群体中,鲁迅无疑是最全面的。此外,周作人、巴金、胡风、林徽因、叶灵凤、卞之琳等都从事过封面设计,其中叶灵凤的作品似乎更专业,也较多一些。

作家们的设计,有些借取现代绘画,随手拈来,不露痕迹,如周作人、胡风;有些苦心经营,简约极致,保持了统一的风格和文学气息,如巴金;郭沫若

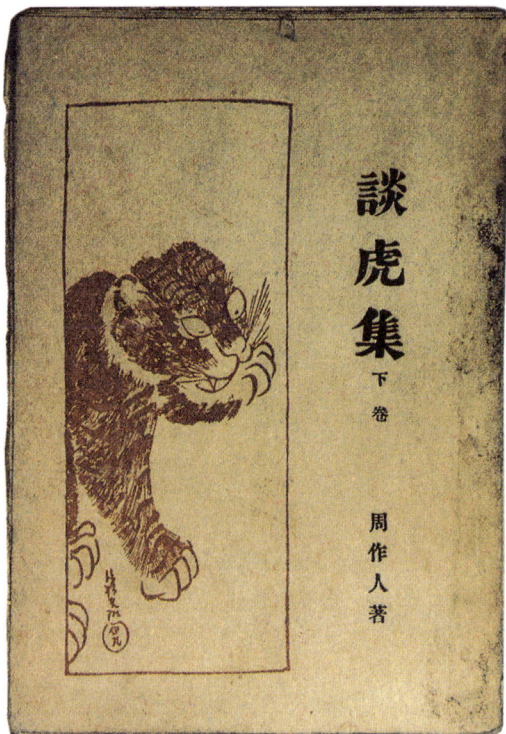

■ 506 1928 年 周作人设计

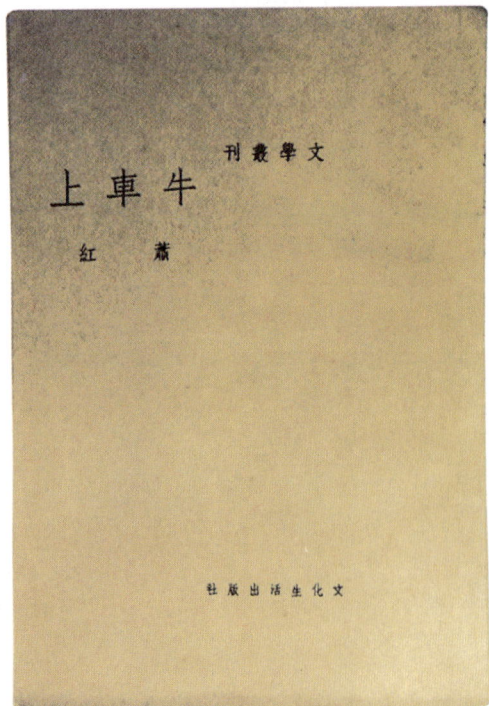

■ 505 巴金设计

■ 507 1928 年 叶灵凤设计

■ 508 1934 年 林徽因设计

■ 509 1947 年 郭沫若 自书封面文字

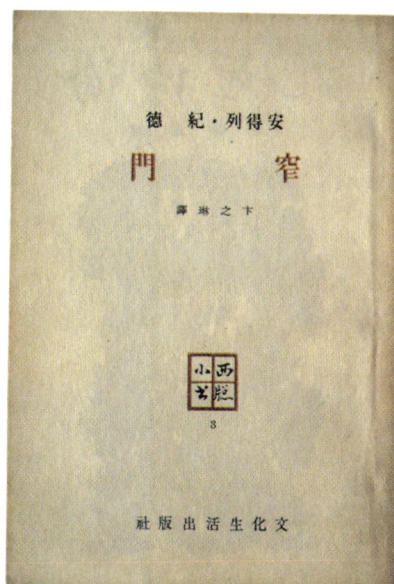

■ 510 1947 年 卞之琳设计

出书喜欢以自书书名和签名为装饰,其书籍封面别具一格。有些则颇多国外现代设计意识,如叶灵凤。有些作者同时又擅长封面设计,如诗人杭约赫(曹辛之),他的设计中就具有较多的文学内涵。

作家们亲自从事书籍装帧,使书籍保持了学术的严肃性和文学的高格调,是书籍装帧作品中的长青藤,任何时候都散发着文学的淡雅清香。(图505~512)

■ 511 1948 年曹辛之设计

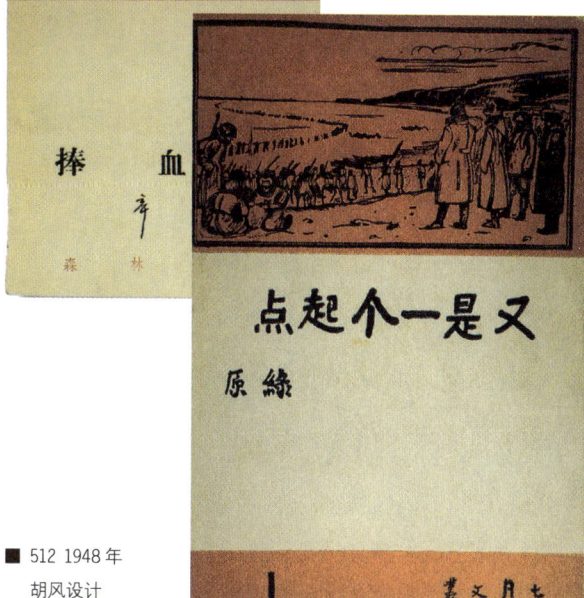

■ 512 1948 年 胡风设计

3. 职业装帧家群体

这一群体中始终以书籍装帧为职业的人很少。他们或是西画家、或是国画家、或是漫画家、或是装饰画家，大多数在早期从事过书籍装帧，且多为兼职。但是，如果不将这些人定位在书籍装帧领域，那么我国现代书籍装帧的历史将无从撰写，这段历史也会因缺了他们而失去光彩。况且他们中的一些人正是因其在书籍装帧上的贡献为人所熟知的。

陶元庆(1893~1929)，浙江绍兴人，少年时就以绘画知名。他擅长西画，毕业于上海美专，曾在上海立达学园教图案装饰，后为国立杭州西湖艺专教授。鲁迅曾盛赞陶元庆的绘画："他以新的形，尤其是新的色来写出他自己的世界，而其中仍有中国向来的灵魂——要字面免得流于玄虚，则就是民族性。"陶元庆是在鲁迅的引导鼓励下从事书籍装帧的，由于他的绘画富有装饰感，因此书籍装帧作品亦融绘画、装饰于一体，出手即不凡。

陶元庆的绘画虽然备受鲁迅等人的推崇，但是相信大多数人已不熟悉，而他的装帧作品则在中国现代书籍装帧史上占有重要的地位。陶元庆的封面设计寓意深刻，富有形式美感，且又与书籍内容有较密切的联系，具备了书籍装帧特有的面貌。也就是说，在鲁迅的引导下，陶元庆为现代书籍装帧开拓了新的局面。（图513~515）

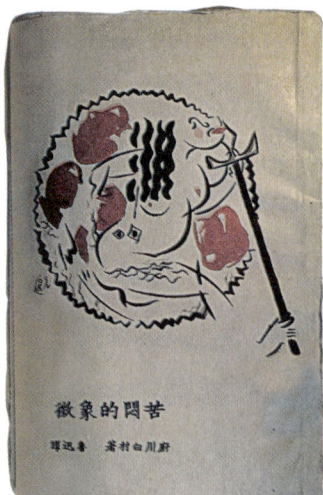

■ 514 1926年 陶元庆设计

■ 513 1924年 陶元庆设计

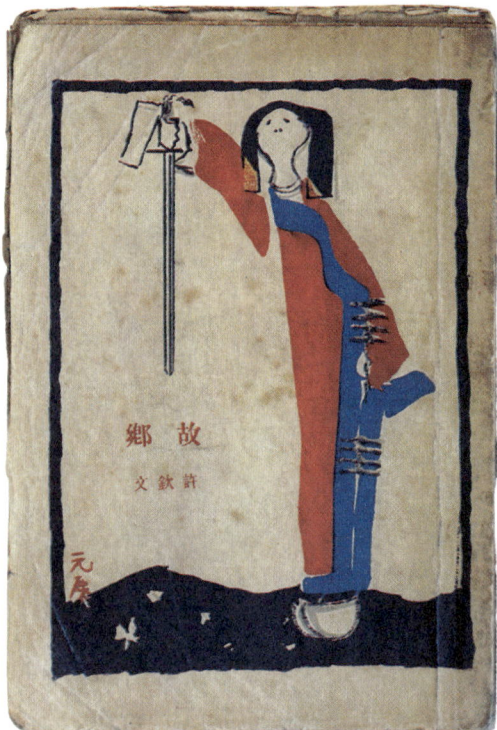

■ 515 1926年 陶元庆设计

■ 516 20年代中期 陈之佛设计

■ 517 1928年 丰子恺设计

陈之佛（1896~1962）、丰子恺（1898~1975）是我国现代书籍装帧早期的职业装帧家。他们二人的经历有着惊人的一致。首先他们都是我国首批赴日本学习图案艺术的人。归国后，又都有着工艺图案教学的经历，并曾先后出版过工艺图案方面的专业书籍，是我国图案艺术的传播者。其次，他们二人又都有着多年的书籍装帧经历，且极为专业，是早期书籍装帧的积极实践者。

陈之佛从20年代中期开始为《东方杂志》、《小说月报》等杂志作装帧设计，又长期担任上海开明书店、天马书店的书籍装帧设计。丰子恺也从20年代中从事书籍装帧，是开明书店的第一位书籍装帧家。所不同的是陈之佛工于花鸟画并长于图案设计，所作书籍封面采用古典工艺图案和近代几何图案较多。他的设计工整细致，在当时的环境下，如异军突起，影响极大。（图516、518）而丰子恺则以漫画名重一时，所作书籍封面，大多从漫画入手，具有抒情的意义和情节线索，与书籍内容甚为吻合。（图517、519）

陈之佛、丰子恺的书籍装帧设计在20世纪二三十年代开一代风气，起着引领潮流的重要作用。

■ 518 1933年 陈之佛设计

■ 519 1925年 丰子恺设计

钱君匋(1906～1998) 浙江省桐乡县人。早年毕业于上海艺术师范，是丰子恺的学生。钱君匋在鲁迅和陶元庆的影响下，20年代即走上装帧艺术道路。他曾在上海开明书店、万叶书店任过美术编辑，由于五四时代文化名人的著作封面多出其手，加上他设计的作品不但多而且好，声蜚艺林，雅号"钱书面"。

钱君匋从事装帧设计较之其他人似乎更专业化和职业化，一生设计了几百帧书籍。他的设计思路较宽，题材广泛，以图案艺术见长，其作品新颖动人，形式美感尤为突出，且能充分发挥文字的艺术魅力。(图520)

司徒乔(1902～1958) 广东省开平县人。幼时受绘画艺术影响，后升入岭南文学院。他1921年即举办画展，1925年到北京后，在鲁迅先生的影响下从事书籍装帧，为未名社和北新书局画了不少封面画和插图，是早期有影响的装帧艺术家。1928年赴欧美学习绘画。司徒乔先生的装帧艺术经历集中在1925～1928年居北京时间，所作封面追求绘画的效果，作风大胆、活泼而抒情。(图521)

丁聪是在父亲丁悚的直接影响下走上漫画道路的，30年代名重一时。他的装帧创作以40年代最为旺盛，所绘封面很多。丁聪的封面设计以漫画为表现内容，并注意强调书名和刊名，具有很强的视觉冲击力。并且他的封面设计思想性很强，反映了时代的脉搏。(图522)

除了以上的装帧家之外，还有不少人如孙福熙(图523)、莫志恒、鲁少飞、米谷、杭穉英、特伟(图524)、张光宇(图525)、郑川谷(图526)、廖冰兄(图527)、余所亚(图528)、曹辛之等(图529)，都为那一时期书籍装帧的繁荣发展做出了突出的贡献。

■ 520 1929年 钱君匋设计

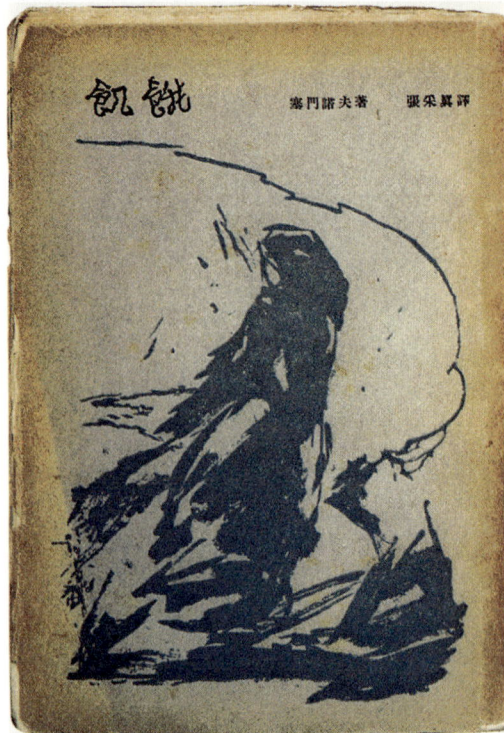

■ 521 1928年 司徒乔设计

■ 522 1944年 丁聪设计

■ 523 1927年 孙福熙设计

■ 524 1943年 特伟设计

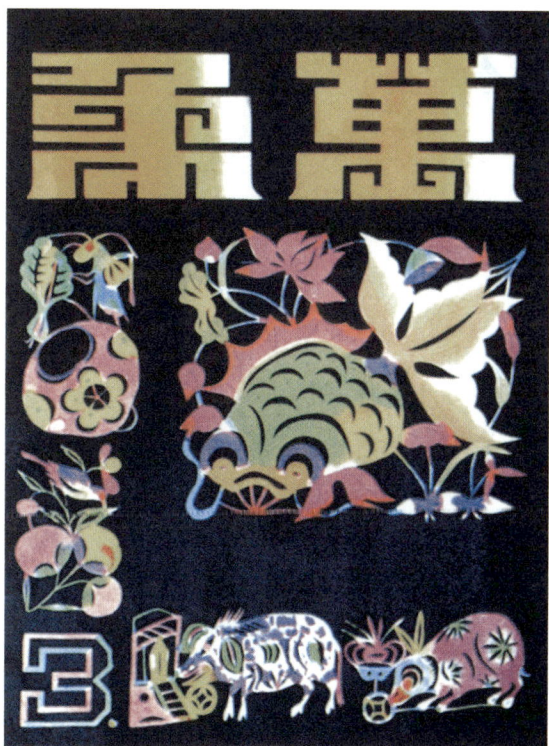

■ 525 1934年 张光宇设计

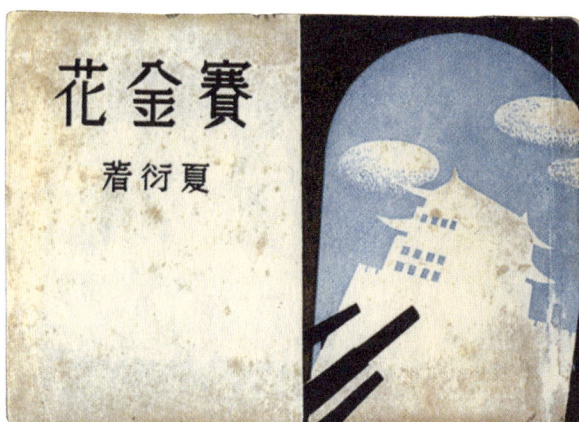

■ 526 1946年 据称郑川谷设计

　　20世纪前半叶书籍装帧艺术是一代人或是几代人共同努力的结果，他们的工作热情感人至深，他们的艺术高度令人神往，他们为现代艺术书籍装帧所作的贡献，如碑铭一样深刻在人们的记忆之中，他们的装帧作品随着时代的变迁而更加放射出璀璨的光芒。

　　现代书籍装帧在短短的几十年中，完成了由传统书籍到现代书籍的剧变。这种剧变现象有着许多

■ 527 1947年 廖冰兄设计

■ 528 1947年 余所亚设计

值得深思的原因,但中西文化的交流无疑是一个重要的的因素。综观 20 世纪前半叶现代书籍装帧的发展,它大致有着如下特点:

一、从书籍工艺来说,我国书籍 1900~1910 年之间就已经采用了现代印刷装订技术,书籍面貌模仿西式。

二、就装帧艺术来说,起初封面多是自然主义的绘画风格。随着发展演变,逐步形成了形式与内容统一的中国书籍装帧特点。

三、二三十年代,是我国现代书籍装帧发展的黄金期,百花争艳,求新求美,显示了对新的装帧艺术的追求。

30 年代后期至 40 年代末,由于抗日战争和国内革命战争的时代背景及物质条件的局限,我国书籍装帧艺术呈现低潮,同时具备了强烈的反侵略及民主革命的倾向。

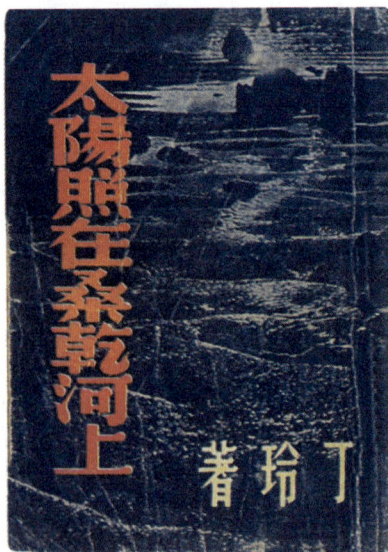

■ 529 1948年 曹辛之设计

第七章 传统书籍装帧教学的实践与思考

第一节　传统书籍装帧在现代教学中的实践

一、教学概况

1999年9月我受聘为兰州商学院艺术设计系的同学们讲授《书籍装帧》,后来又为兰州商学院陇桥学院、长青学院的同学们讲授本课程。九年间指导学生近30个班,每班多者40人以上,少者30多人,学生总数近千人。课时较长的有四周96课时,较短的有五周60课时,一般为五周80课时。累计约1400多课时。

由于对传统书籍装帧在现代教学中的认识是逐渐加深的,因此1999年的教学中对传统书籍装帧内容涉及不多,2000年也仅仅引入册页书籍装帧,2001年才开始将简册书籍装帧纳入教学。及至2002年秋兰州商学院艺设99级大四三个班的教学时,就形成了较有系统、较为成熟的书籍装帧教学思想。自此以后,传统书籍装帧的简帛、卷轴、册页书籍在教学的内容和作业安排中都占了较大的比重。通过八九年的教学实践与思考,我认为将传统书籍装帧引入现代教学,是建立具有中国文化精神的现代书籍装帧教学体系的基础性工作。

经学院审定,我所起草的《书籍装帧教学大纲》共有八个单元:

第一单元　书籍装帧基础知识

第二单元　印刷技术基础知识

第三单元　简册书籍装帧艺术

第四单元　缣帛书籍装帧艺术

第五单元　卷轴书籍装帧艺术

第六单元　册页书籍装帧艺术

第七单元　现代书籍书籍外观设计

第八单元　现代书籍书籍版面设计

教学实施中，根据具体内容，讲课重点有所侧重。

第一单元，主要强调书籍装帧是一本书的整体设计，并使同学们对书籍形成过程中的作者、编辑者、设计者、出版者各自的职责有所了解。

第二单元的教学是使同学们对书籍生产过程中的印前制版、印刷及印后装订的工艺流程有所了解。以使同学们在今后的设计实践中能够比较顺利的将设计意图变为书籍产品。

通过以上两个单元的学习，同学们对书籍装帧从整体到细节，以及对印刷技术的工艺流程和专业术语都有了初步的了解。当然，教学期间我还会带领同学们参观印刷厂和观摩书店。

第三至第六单元主要是以传统书籍装帧为主。这四个单元的教学目的，是使同学们对我国古代书籍的发展演变各个阶段的书籍装帧特征有比较清楚的认识。

由于我国古代书籍装帧各个历史阶段的发展不平衡以及我们所占有的材料多寡不一，因此有些装帧形式资料丰富、细节复杂，讲授的课时量就多一点。如简册、卷轴、册页书籍。而缣帛书籍，仅有湖南省长沙市马王堆汉墓一处出土的帛书可供分析，因此对它的装帧形态就讲的比较概括。

七、八单元主要针对现代书籍的发展概况、设计理念及书籍外观、内部版面等诸方面进行讲授。要求同学

■ 530 兰州商学院学生现代书籍装帧作业

■ 531 兰州商学院学生现代杂志设计作业

们不但要有扎实的书籍装帧基础知识，而且要具备超前的设计意识，以便在今后的工作中创新提高。

在此单元中我特别以德国莱比锡"世界最美的书"，这个世界性的书籍装帧奖项评比的评审程序、评审标准为例，结合几十年来我国参展的获奖作品进行讲授。目的是给同学们树立一个奋斗的目标，以使同学们在今后的设计中始终能保持民族个性，并激发同学们向远大目标冲击的信心。

作业的安排大致如下：

传统书籍装帧：简册、卷轴、册页书籍各1件。

现代书籍装帧：精装、平装、概念书籍及其他印刷

■ 532 兰州交通大学学生现代书籍装帧作业

■ 533 兰州交通大学 / 孙睿

■ 534 兰州商学院 / 刘文娟

■ 535 兰州商学院

■ 536 兰州商学院 / 雷小成

品设计各 1 件。

从作业的数量看,传统书籍和现代书籍装帧数量相同。但实际上由于传统书籍装帧要用除纸张之外的其它材料动手制作,同学们比较重视,时间量相对多一些。现代书籍装帧由于与同学们学过的平面设计各课目许多共通,完成起来比较快捷一些。只是精装书要从护封、硬壳、环衬,扉页到书脊等各种细节考虑,概念书要体现新的设计概念,运用新的形式和采用新的材料,所以设计制作起来也相对复杂。

鉴于现代书籍装帧在本书中不是分析的重点,在此仅附少量图版。其实加大传统书籍装帧的教学含量

并不意味着厚古薄今和削弱现代书籍装帧的学习,或许对现代书籍装帧的影响更为深远,因为同学们一定会将传统书籍的文化精神融汇到现代书籍装帧中去。

二、学生作业分析

将传统书籍装帧作为教学实践的内容,起初我并无太大的把握,既充满信心,又忐忑不安。为了调动和激发同学们学习的热情,我经常采用多种形式启发、诱导同学们对传统书籍装帧的兴趣,征询同学们的意见,收集和听取各方面的反馈信息,并不断调整和充实教学内容。几年下来,我感觉到同学们对传统书籍装帧普遍具有兴趣,完成作业时认真细致,充满饱满的热情。

同学们大多反映没听过这方面的知识和没做过这种类型的作业。陇桥学院艺术设计系 2000 级的同学们看了前几届同学的作业后惊叹:作业还有这样做的?

1. 简册书籍作业

简册是我国书籍发展史上最早的书籍材质和装帧形式。商周到春秋之前的简册我们只能从文献记载中获得信息,而难以见到实物。目前能看到的多是战国、秦汉和魏晋的资料。由于简册入葬时间过长,编绳朽烂,大部分简册出土时散乱,有些甚至与泥土胶结成块。只有部分秦汉简册比较完整,西北地区出土的个别简册还保存有编绳,给我们分析简册装帧研究提供了珍贵的资料。因此,我们的教学基本上是依据考古发掘的资料和古代文献记载来进行的。

简册作业的目的:一是让同学们在动手设计的过程中感受传统书籍装帧的魅力。二是让同学们以传统形式表现一种现代的设计意识。

应该说同学们的作业设计大都充满了饱满的热情和新颖的构思。

简册的材质

在 2001 年教学实践的初期，同学们的作业基本上用的是竹木简材，并且多是从家装材料市场购买的木条、木线。这些东西宽窄与简牍相近，规格亦很标准，是做简册作业的理想材料。有的同学想做竹简，竹材难得，几个人就买来装柑橘的竹筐，拆开后截长去短、削青刮黄、修整打光，制成的竹简小巧玲珑，与古代竹简很是相像。

2002 年以后的教学中，同学们感到竹木材料已经不能表现他们对简册书籍的理解，因此大胆采用了各种现代材料如纸板、纸筒、玻璃、有机玻璃、瓦片、木棱、甚至金属材料和纺织品等来做书籍材料。就是木条、木线，也采用有装饰花纹的材料，使得作品更有装饰感。他们或是上山刮剥树皮，或是托人琢磨玻璃，或是利用现成的纸牌、铅笔，或是采用绣品工艺，运用了多种可以运用的材质和表现手段，以表达自己对简册书籍的理解。

简册材质的现代化和多样化，说明同学们对简册在现代社会的应用有了新的认识，从而使古老的简册荷载了现代设计意识。

有的同学用金属条编成简册，在其上错落有致地粘上移动电话的 SIM 卡，说是荷载、传递一种现代的

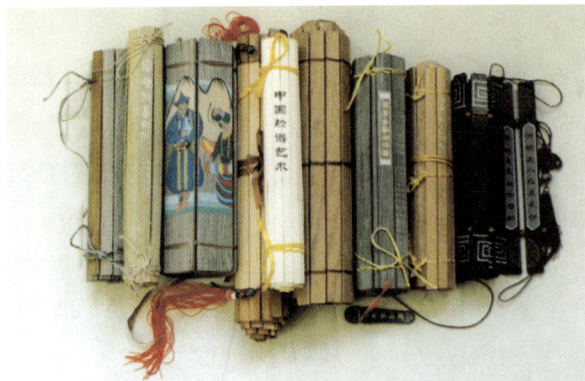
■ 537 兰州商学院学生卷轴作业

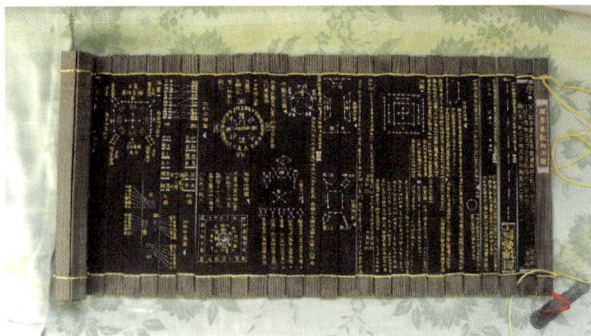
■ 538 兰州商学院 / 马国良

■ 539 兰州交通大学 / 常峰

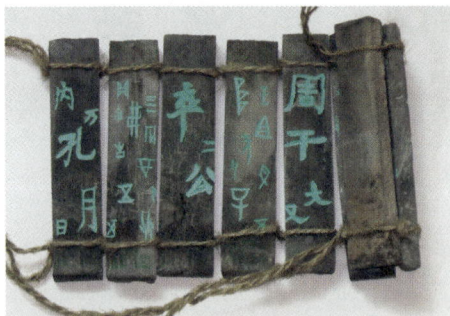
■ 540 兰州商学院 / 王坤

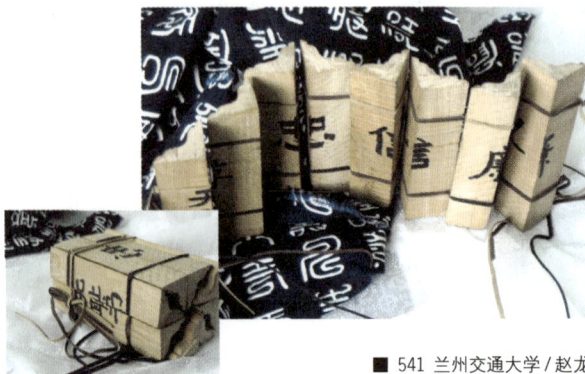
■ 541 兰州交通大学 / 赵龙

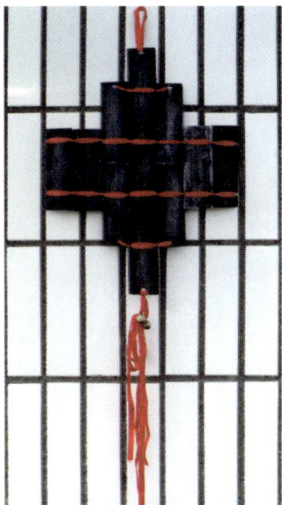

■ 542 兰州商学院／张斯亮

■ 543 兰州商学院／吴晶

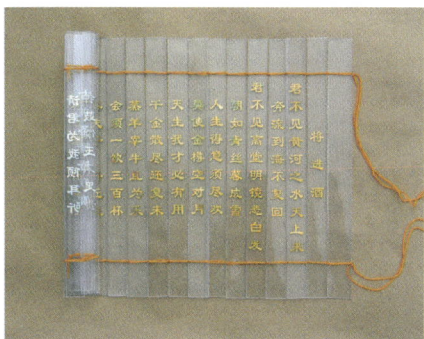

■ 544 兰州商学院

■ 545 兰州交通大学／广告 03 班小组

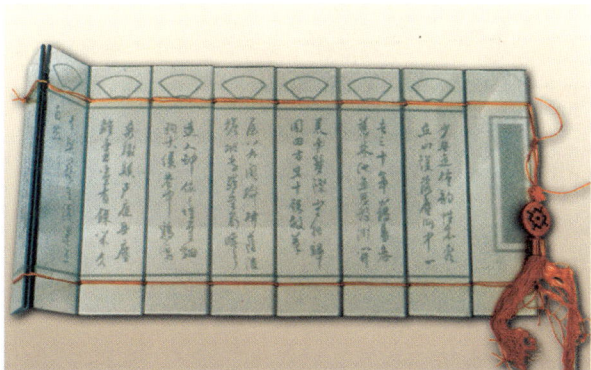

■ 547 兰州交通大学／胡亚楠

■ 546 兰州商学院／秦维财

■ 548 兰州商学院／杨振雄

知识信息；有的同学在简册上粘贴古代、现代的金属钱币，用来表示我国货币的发展演变；有的同学用黑色金属片编成十字挂件而不着一字，说是赋予简册一种形式美感；有的同学用十字绣制作的纺织品简册具有一种亲和力。凡此等等，我都予以理解甚至欣赏。

经常有同学问我这样行不行，那样行不行。我的回答是：在老师眼里只有好和差的区别，而没有什么是不可以的，只要你们想到了就大胆去做，我只想见到好的作品。

当然，在同学们设计的过程中我会加以指导的。

简册的形制和简端、简面美化

考古发现和文献记载的古代简册形制，多是横展的长方形，尚未发现其他形状。同学们作业设计中，大胆改进，不拘成规，使简册书籍出现了多种形制：除了常见的竖编横展形之外，还有横编的竖长形、方型、菱形、心型、蝴蝶形、不规则矩形等。不少同学对版牍比较感兴趣，牍面宽阔，宜书宜画，联版成编，能达到较好的版面效果。

汉代许慎在《说文解字》中曾说古代简册的编连是一长一短，我给同学们讲过。有的学生作业中亦出现了错落编联的简册。简册形制的多样化是同学们打破了原有的思维定势，将其纳入了现代设计的范畴。

简端的美化是简册边缘美化的一个重要环节。由于以前我看见的只是平头的简端，因此当 2001 级有同学问我简端是否可以做成圆头或尖头时，我回答说还是以平头为多见，轻率的否定了同学们新的想法。

2004 年 3 月，我到北京国家图书馆看书，不仅看到了湖北省荆门郭店出土楚简的梯形简端，而且还看到了上海博物馆藏楚简的圆头简端。至此方知道我们聪慧的祖先早在两千五百多年前就做了书籍外型边缘的美化工作。在由衷赞叹古人的同时，又为自己简单地否定同学们探索精神而负疚。此后的讲课中我常以此例进行检讨，并鼓励同学们积极去创新。

简面的美化亦是简册美化的一个重要方面，学生

■ 550 兰州交通大学 / 胡亚楠

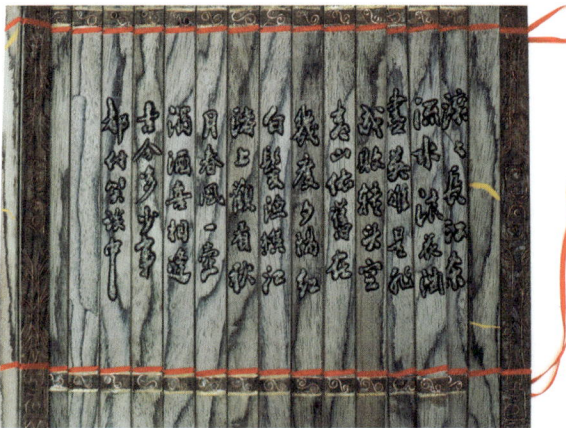
■ 551 兰州商学院 / 王薇

■ 549 兰州商学院 / 李洋
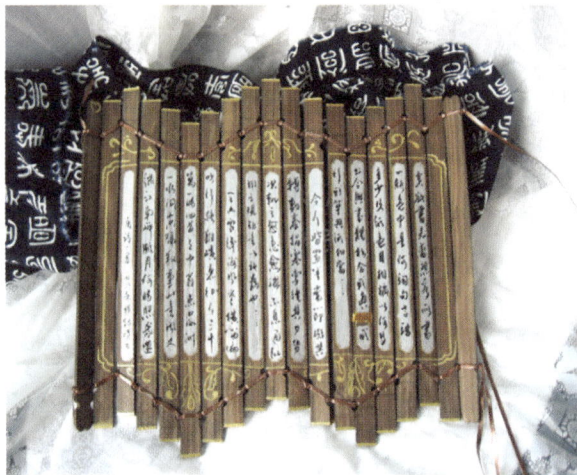

■ 552 兰州交通大学 / 杨秀霞
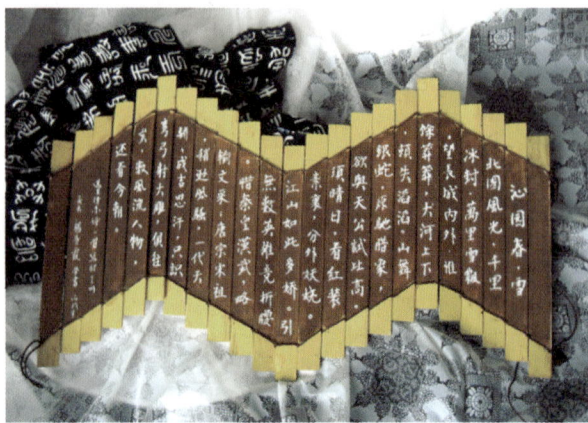

■ 553 兰州商学院

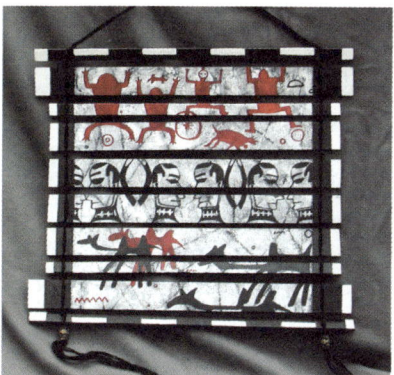

■ 554 兰州商学院

■ 556 兰州交通大学 / 石华

■ 557 兰州交通大学 / 尚进

■ 558 兰州商学院长青 / 顾雪皎

■ 559 兰州商学院

■ 555 兰州交通大学 / 王文龙

■ 560 兰州交通大学 / 李文娟

们在简面上做了诸多的变化，一般常见的是在版面文字的周围绘制图案花纹。有位同学在简册首尾两端和简面上下近编纶处，极为认真地施加了铜丝镶嵌装饰，制作认真，诚心可嘉。

简册的内容和装帧

同学们作业内容是比较丰富的，除了一般的诗词，文章之外，与诗文结合的绘画在版面上时有所见。版面间以插画，图文并茂，相得益彰。

长期以来人们普遍认为古代简册只能写字不能绘画。对此我曾结合湖北省荆门关沮秦汉墓出土简册中的图绘资料给同学们加以介绍。因此不少同学在古老的简册上表现了绘画和设计方面的内容，使简面出现了新颖的面貌。有位同学对周易比较有研究，在简面上以图文结合的形式表现了这一内容。

简册书籍装帧去古已久，考古资料中具备综合装帧的简册几乎没有。因此我们大多数情况下是借助文献资料来讲授的。同学们在作业中，对简册的装帧程序做到了既尊重传统而又所创新。在编绳的选择上，线绳、皮绳、尼龙绳、麻绳和丝带均有。材料粗糙的质朴，材料细致的精美。

简册编纶的道数有两道、三道、四道之多，编纶的

■ 562 兰州商学院／杨阳

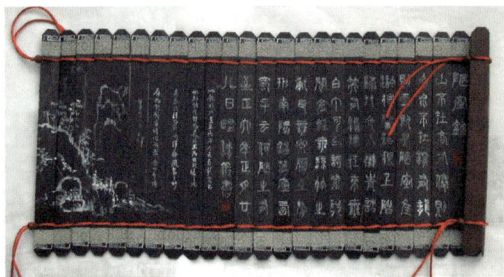

■ 563 兰州商学院

■ 564 兰州交通大学／王冬青

■ 561 兰州交通大学／马文泽

■ 565 兰州商学院

■ 566 兰州商学院 / 刘利强

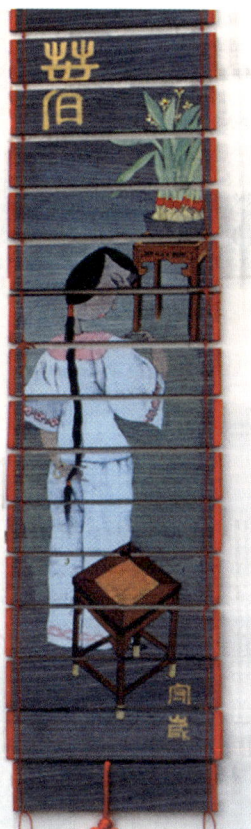

■ 567 兰州商学院 / 薛静

■ 568 兰州商学院 / 郑芳

位置,有的近于简端,有的稍近简中。道数多寡随意,位置选择自由。

简册编联亦多种方式:交叉式、打结式、穿眼式和间隔式均有。交叉是古代常见的编联方式,同学们一般多用,这种编联借助简上的契口,简札编联打结以后,牢固结实,不会有脱简的现象。还有的同学将编绳打结,使简与简之间形成较大的缝隙。有的同学受吐蕃简打孔穿眼的启示,在简的上下两端打孔或是钉上汽眼然后编联,牢固结实,又有装饰的效果。

根据出土文物证实,简册的书名一般多在收卷以后最外面第一、二支简的简背上。为了便于检索,简册上还有写着书名的小吊牌。有些同学的作业上体现了这一点,个别木楬做得还很考究。

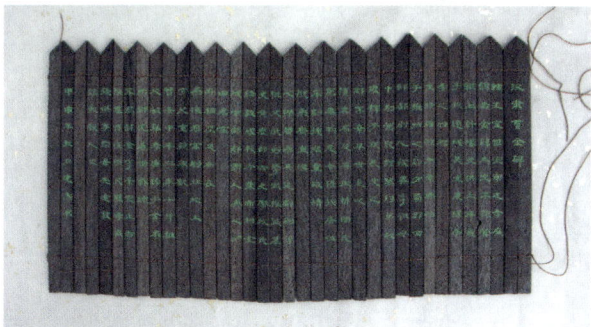

■ 569 兰州商学院 / 万建杰

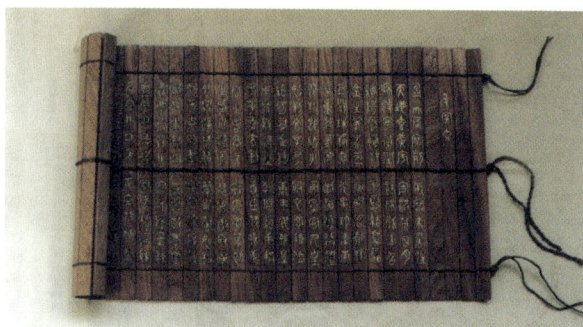

■ 571 兰州商学院 / 李峰

■ 570 兰州商学院 / 李晓峰

■ 572 兰州商学院 / 曹全宏

装囊和入箧是简册保存的一个重要措施。做书囊同学比较多，材料大多是绸缎，做成以后，装入简册，收紧囊口，装帧程序完备。

帛书、简帛结合与袖珍书籍

帛书是与简册基本平行发展的古代书籍。不少同学在构思时巧妙地将两者结合起来，设计了一些既有简册形态又有帛书元素的综合性作业。有位同学制作帛书时，受古代考试夹带衣的启发，用丝织品做成衣服状，书写千字文，既古气盎然，又有现代创新意识。

袖珍书在我国具有悠久的历史，它是我国书籍的浓缩形式，除了便于随身携带阅读外，还有一种把玩欣赏的心理。一些同学在作业中制作的袖珍书，文字或用手写，或用雕刻，款式小巧、文字精到。

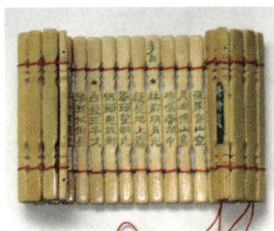

■ 575 兰州商学院／康霞红

■ 576 兰州交通大学／杨琴

■ 577 兰州商学院／李重斌

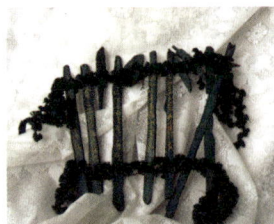

■ 573 兰州商学院

■ 578 兰州商学院

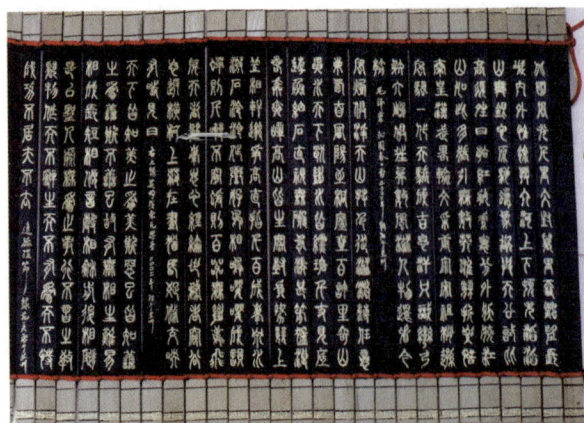

■ 574 兰州商学院

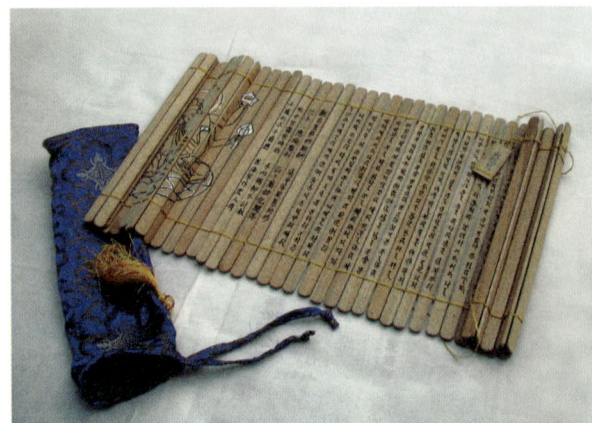

■ 579 兰州商学院

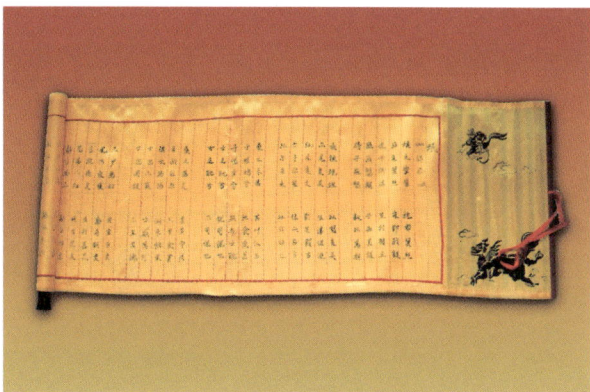

■ 580 兰州商学院

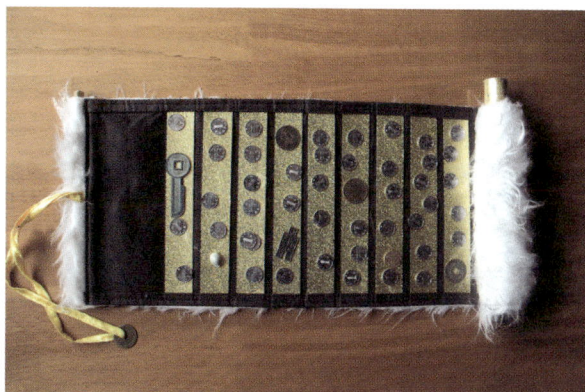

■ 581 兰州商学院 / 达洁昀

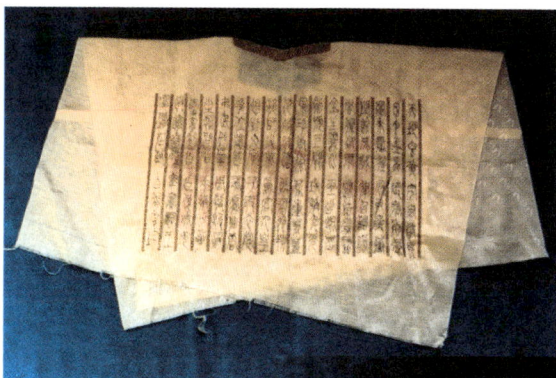

■ 582 兰州商学院

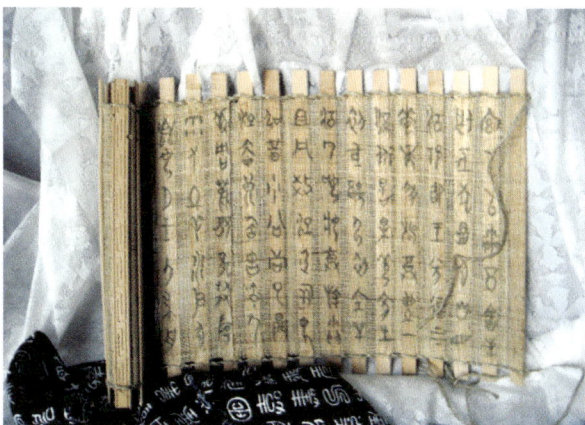

■ 583 兰州交通大学 / 曹雨泓

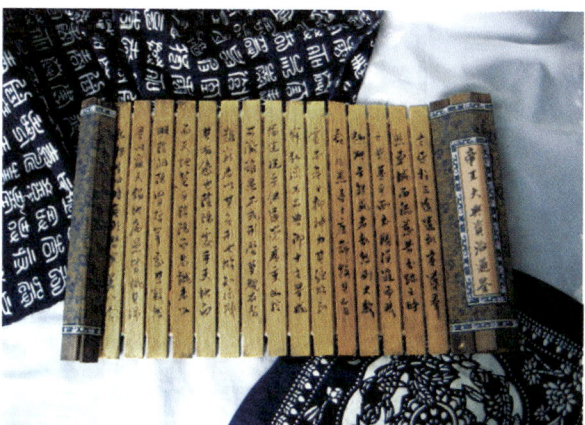

■ 584 兰州商学院 / 董雪梅

■ 585 兰州商学院 / 兰德

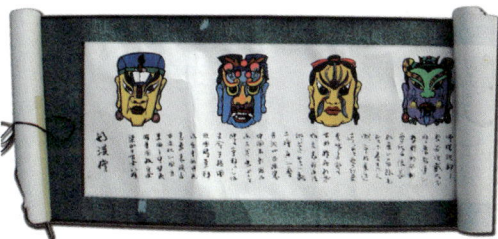

■ 586 兰州交通大学 / 王萍

2. 卷轴书籍作业

卷轴是我国历史上魏晋、隋唐、五代及两宋时期大量运用的书籍装帧形式。元至清末,各种册页书籍盛行,卷轴逐渐退出书籍领域,多为佛教经卷和书画装裱。卷轴书籍现代使用多在书画方面。

其实一些较长的、连绵横展的文字或图绘书籍,采用卷轴装帧,阅读或展示效果很好。

由于卷轴书籍装裱的专业技术要求较高,这类作业同学们完成的比较辛苦,除自己动手裱装外,亦有个别是同学设计好以后请人装裱的。

同学们的卷轴书籍作业,无论从材质、装帧程序、装帧细节、书籍内容等方面都可以看到很高的兴趣和认真的态度。作业所用的材质有纸张、纺织品、竹帘和皮革等。所表现的内容有诗文、书法、绘画、图案纹样。装帧程序中的轴杆、轴头、镖首、扉画、正文、前轩、镖带、别签、题签等都基本完备。有些同学将简册和卷轴的结合起来,出现了新的面貌。

由于缣帛书籍出土的资料比较少,它和卷轴装帧有着密切的继承关系,或者说卷轴装帧就是直接由帛书演进而来。因此同学们的作业中帛书与卷轴之间共

■ 588 兰州商学院 / 康文峰

■ 589 兰州商学院 / 王亚薇

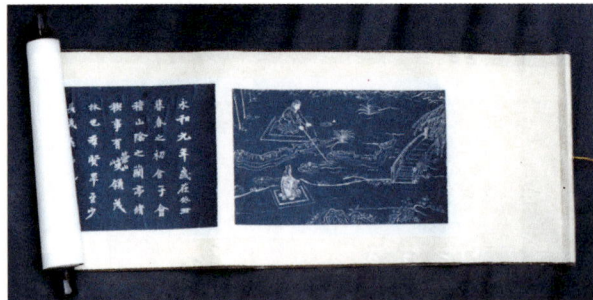

■ 590 兰州商学院 / 曹全宏

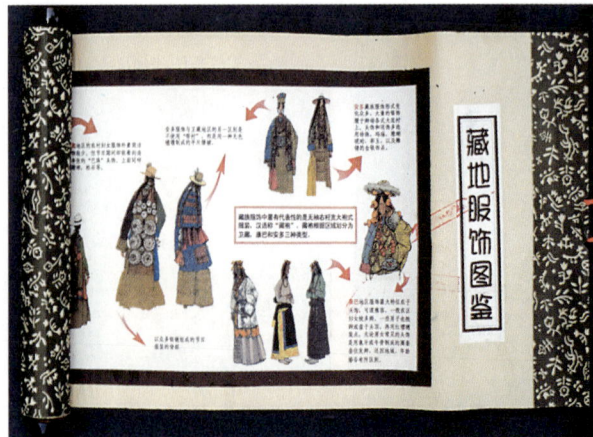

■ 587 兰州商学院学生卷轴作业

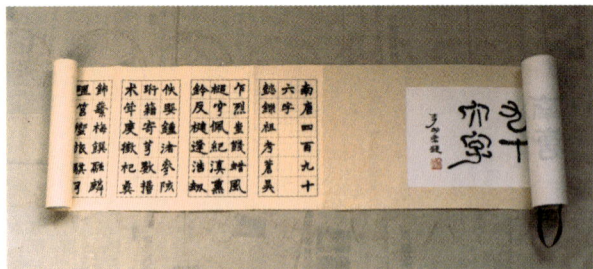

■ 591 兰州商学院 / 徐镜心

■ 592 兰州商学院 / 李岩

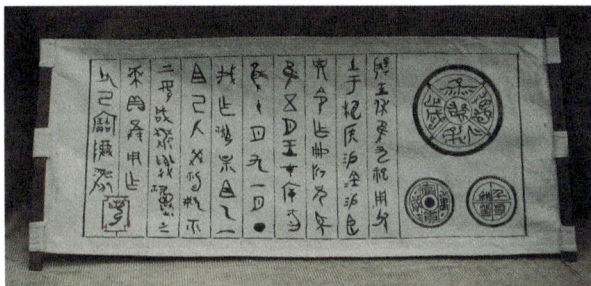

■ 593 兰州商学院 / 宋梵

■ 594 兰州商学院 / 魏鑫

■ 595 兰州商学院

性因素比较多,有时看不出两者的明显区别,或者说兼而有之。有几位同学的卷轴以皮革为材料,在革面上烙成文字、图画,内容别致,形式古朴,还有些外来文化的影响。

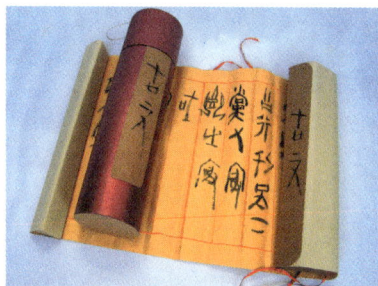

■ 596 兰州商学院 / 杨恒

■ 597 兰州商学院

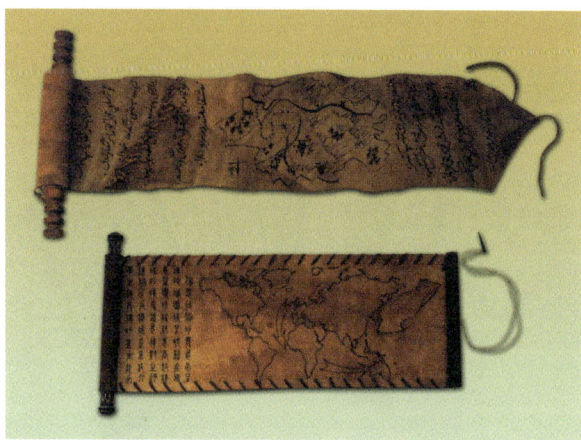

■ 598 兰州商学院 / 李志阳、雷斌

3. 册页书籍装帧

册页书籍是距现代最近的古代书籍装帧形式,是我国古代书籍装帧发展的最后阶段,集中地体现了中国书籍装帧的文化精神。人们现在谈起古书,首先出现的印象就是线装书。

册页书籍诸多的装帧形式在现在主要有线装、经折装和梵夹装等,其中又以线装书最为多见。线装书的函套、书衣、订线、版面以及装帧细节,已经成为中国书籍抑或中国文化的象征性符号。

目前图书市场上传统文化内容的书籍多采用线装,有些书籍模拟线装形式,效果也不错。

经折装在一些书画长卷、经卷、碑帖书籍中多采用,封面、封底一般有硬质的书壳,便于保护书芯。经折装书页正反折叠成册,连绵不断,既有横长展视的完整性,又有折叠的灵活性,,长短适意,开合自如。有一绘画长卷《走出巴颜喀拉》,原作高 2 米,横长 121 米,缩印成 20 多厘米高的经折装以后,阅览十分便利。现代有些书画、碑帖做成经折装,横展长达八九米,专供临摹和欣赏,大有裨益于读者。

册页书籍是我在教学实践中首先接触的古代书籍装帧形式,刚开始时仅限于书衣、订线和版面。随着

■ 600 兰州商学院

■ 601 兰州商学院/马国良

■ 599 兰州商学院/马思泽、项钰、王继东、赵妍妍、李雅静

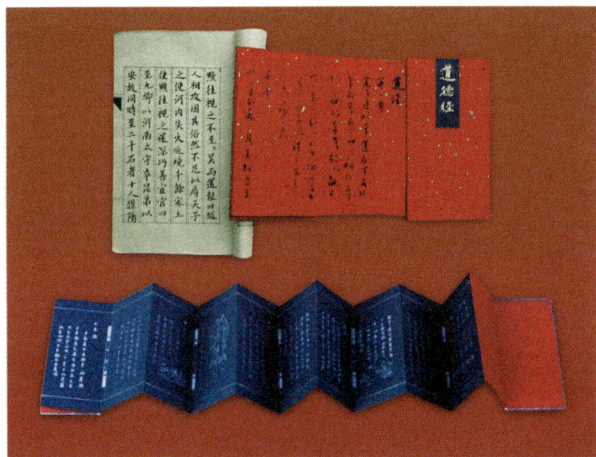

■ 602 兰州商学院/牛兰芳

■ 603 兰州交通大学 / 王彦泊

■ 604 兰州商学院 / 项钰

■ 605 兰州商学院

■ 606 兰州商学院

地藏菩萨本願經卷 上

■ 607 兰州商学院 / 张永鹏

教学研究的深入，册页书籍的综合装帧逐渐受到重视。同学们也积极开拓思路，设计了不少有创意的册页书籍形式。学生作业中以线装和经折装多见，书衣软硬皆有，材料除纸板、纺织品外，还有皮革等。书籍内容也有多种形式。

由于线装书内页的版面效果用手绘表现比较困难，文字书写受到局限，因此前几届同学作业的版面新意不多。后来有些同学们采用电脑设计，宣纸打印，版面出现了逼真的印刷效果。

经折装因为展示效果好，制作也比较容易，前几届同学做的比较多，我曾戏言"满目尽是经折装"。

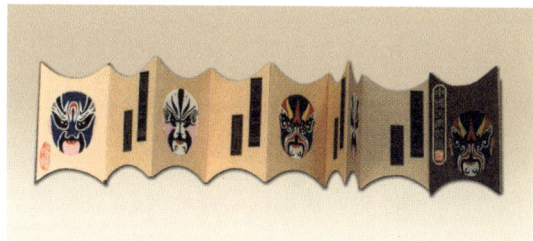

■ 608 兰州商学院 / 刘丽琼

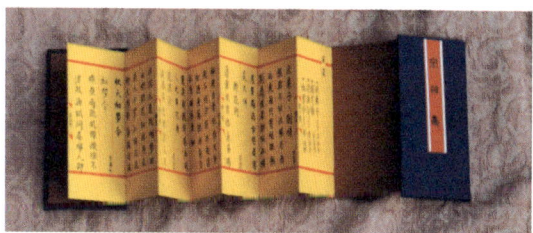

■ 609 兰州商学院

■ 610 兰州商学院 / 陈砚

第二节　关于现代书籍装帧教学的思考

一、考古资料在教学中的作用

传统书籍装帧是我国优秀的文化遗产,对现代书籍装帧有着很重要的启示。

然而,从目前我们看到的几本经过国家教材管理机构审定的《书籍装帧设计》教材来看,首先对传统书籍装帧的重视程度不够,表现在资料较少,内容单薄,总体含量亦是寥寥数页,三千年悠久历史的传统书籍装帧艺术被概念化的语言所替代。其次书中所附插图缺乏系统性,错讹之处也时有所见,装帧细节的表达比较缺少。也就是说,学生根据教材很难对古代书籍的装帧有一个明确的了解,更不要说体会它的艺术精神了。绝大部分版面被现代的或外国的封面、版式图版所占据。

这种状况说明在目前的书籍装帧教育中,传统书籍装帧无论从装帧思想或者装帧细节上,都没有得到人们足够的重视。想起陈寅恪先生1929年在北大历史系学生毕业时,针对我国学子纷纷到日本学习中国历史的现象而发出的喟叹:"群趋东邻受国史,神州士夫欲羞死"。1931年在清华建校二十周年纪念时,他又说过:"吾国大学之职责,在求本国学术之独立"。整整八十年过去了,我们现在不是还以到国外学习书籍装帧感到自豪吗?我们的书籍装帧教育尚不能让国人感到乐观。

这种状况从现象上看是传统书籍装帧的原始资料较少、太冷僻或者太专业,又大多散落在艰深的文物考古资料和珍贵的图谱典籍中,一般人很难见到,因此没有很好的利用。其实,深层次的问题还是对我国的书籍装帧,没有从建立具有中国特色的书籍装帧教学体系方面去思考。

有学者说,20世纪我国现代人文科学的研究以考古学的成绩最为显著。的确,现代考古学的成果影响到现代中国政治、思想、文化、艺术的各个领域。一个小小的考古发现,就可能推翻你皓首穷经而得出的研究结论。考古研究为人们正确认识中国古代文化提供了新的途径,有学者提出要根据考古学的成果重建中国的学术史,这无疑都是现代考古学引发的影响。

因此,如何很好地利用考古学研究成果,对考古发掘报告和文物考古资料这种艰深枯涩的"初级产品"进行"二度发掘",使其转化为通俗、普及的大众文化,让一般受过中等教育的人都能据此享受原本属于自己的历史财富,的确就显得非常重要了。

假如我们能认真地对现代考古发现的历代书籍装帧资料做一番披沙拣金,爬梳分类,从整体到细节研究工作,并将其引入到书籍装帧教学实践中,那么我们的教学将会产生崭新的面貌。

再想想现代图案教学如果不讲史前彩陶纹样、不讲商周青铜器、秦汉石刻纹样和唐宋元明清纹样,那它还能构成中国现代图案教学体系吗?同样,字体设计教学如果不讲历代劳动人民创造的装饰美术字,那它还能构成中国字体设计教学的系统吗。

图案设计和字体设计已经这样做了,书籍装帧教学是不是也应该引入传统书籍装帧艺术。

二、激发学生的创新精神

进入新世纪以来,重建现代大学制度和重塑大学精神成为热门话题,大学艺术教育的方向也引起了人们的关注。长期以来,蔡元培先生在北京大学倡导的

■ 611 兰州商学院 / 臧磊

■ 612 兰州商学院 / 史亚蓉

■ 613 兰州商学院

"思想自由，兼容并包"教育思想对我国现代的大学教育产生了重大的影响。同样，清华大学由王国维、陈寅恪等学人倡导的"独立之精神，自由之思想"，亦受到人们的尊重。

大学艺术教育应该是培养具有创造精神，远见卓识的未来学者、艺术家。学生们的知识结构应该是金字塔式的，思想应当是深邃敏捷的，设计意识也应该是有前瞻性的。提高学生的远见卓识和激发学生的创新精神应该是大学艺术教育的重点。

笔者常想：20 世纪 20 年代的清华大学国学院，研究生学习时间仅一二年，每届也仅录取二三十个学生，四年间也仅仅毕业了七十人左右。但是这些学生日后在全国各个大学或者研究机构中，绝大多数成为教授、研究员或知名学者，有些还是蜚声中外的学术大师。清华国学院也因此成为我国现代教育史上的一个奇迹。那么在这短短的一两年间学生究竟学了些什么？

我想，首先在于学生们接受的是大师的教育。国学院的导师梁启超、王国维、陈寅恪、赵元任和吴宓等人均是当时德高望重、学贯中西的学术大师。他们站在学术前沿，引领学术潮流，研究的均是当时近二三十年所发现的新学问，从事的是"开拓学术之区宇，补前修所未逮"的工作。学生们接受的亦是教授们平生治学的精华。也就是清华大学前校长梅贻琦所说的："所谓大学者，非谓有大楼之谓也，有大师之谓也。"

其次，研究院的特点是"治学与做人并重"。研究方法注重个人自修。教授自由讲授，学生则根据自己的志趣及学力，自由选定课题，教授只站在指导地位。师生之间以礼相待，以学问道义相期，视学术如生命，学生事师如事亲，校园中弥漫着自由研究的空气和充满着静穆崇高的学术气氛。也就是崇尚学术自由的精神。

基于这种想法，我在每次开课前，总要给同学们讲讲清华国学院的四大导师，讲讲 20 世纪初以蔡元培、胡适、鲁迅等为代表的一代学人的贡献，以调动同学们的创新激情，激发他们的创造精神，鼓励他们在新世纪中做出贡献。

我也不只一次给同学们说过：自己讲课时虽然激情满怀，内心却是"战战兢兢、如履薄冰"，不敢稍有懈怠，因为说不定下面坐着几个未来的齐白石或者徐悲鸿。这些话看似玩笑，其实是鼓励同学们"当以圣贤自期"。

我常想：托尔斯泰、郭沫若如果预知自己是未来的文豪，那么他们的文学课和数学课怎么也要想办法及格；同样如果能预知将来，比照时下的做法，俄罗斯喀山大学怎么也不会因托翁的文学课不及格而不给他颁发毕业证；而郭沫若的数学老师也不会将他的数学给个不及格。问题在于学校和学生都要对自己未来的发展保持足够的信心，具有前瞻意识。而老师的责任就是调动学生学习的积极性，帮助他们发掘潜在的那怕是微量的"大师"因素,鼓励他们成才。因此教学中任何轻视学生的思想都是不明智的。同学们的年轻和不可估量的前途,使我不敢忽视并尊重他们。我常笑说:我可想在你们成名以后的回忆录中成为正面教员。

我还常常拿陈逸飞、高尔泰、陈丹青、罗中立这些刚出校门甚至未出校门,就在自己涉足领域刻下座标的年轻学者、艺术家们做榜样,激励同学们早出成果,并要具备敢于树立一座山头的勇气。这些努力都收到了较好的效果。

学术研究、艺术创作的惟一性和创新性,在本质上是一项由个别人改变绝大多数人观念的创新活动。故而在艺术活动中,标新立异、特立独行是很正常的,也是我们要加以鼓励和包容的。

三、教学信息的反馈

1. 来自学生的反馈信息

一种新生事物出现的时候,必然会经受考验,这种考验会使新生事物不断改进,更加成熟。在将传统书籍装帧引入现代教学的几年实践中,我始终关注着学生们的反映。

记得 2001 年首次将简册、册页书籍引入讲课时,有些同学不理解,提出传统书籍装帧在现代社会是否有用的问题。针对这种思想,我一方面反复给同学们讲解中国传统文化的价值及其在现代社会的作用,讲文化回归中传统文化的重要价值。另外,以同学们熟悉的、在国外设计展览多次获奖的香港著名设计家靳埭强等先生的作品为例,说明中华传统、本土文化在国际文化交流中独特的艺术面貌,强调"民族的即是世界的"这一设计思想。

同时我还反复说明,这些内容虽然很古老,但却都是现代考古学的最新研究成果和最新资料,这些知识在不远的将来一定会彰显光彩。

几年以后,兰州商学院 2005 届毕业生王晓燕同学说:

"记得第一次上书籍装帧课时,老师在讲台上大讲中国传统书籍装帧艺术。我当时心里直犯嘀咕:都什么年代了,为什么还要讲这些古老的东西,现代设计那个不是用后现代主义或是抽象派来体现,有谁会去用这些老掉牙的古董呢?到布置作业的时候,我们更傻眼了,什么竹简、线装书,这与我们这些做时代最尖端艺术设计的人有关系吗?

直到三年后的今天,随着我走上工作岗位,随着我的眼界一步步加宽,我终于逐渐明白了老师当年的苦心。什么是最时尚的,什么是最尖端的,原来就是我曾看不上眼的中国古老而灿烂的传统文化。纵观中外设计的历史,中国传统美学中的审美追求始终潜移默化地影响着现代广告招贴的设计思想,而现代广告设计思想反过来又影响着传统民族的审美观念。例如红极一时的唐装、高档礼品的包装、充满中国画特色的招贴等等,无一不透漏出中国传统文化对现代艺术设计的渗透。"

王晓燕同学的话很有代表性。

当然,我十分理解同学们希望掌握现代设计技艺,毕业以后马上就能适应工作的心情,也清楚这些技能对同学们寻求职业的帮助,在教学中也注意设计技能的培养。但是我想,老师的责任除了给同学们传授知识外,更重要的还是培养同学们具有前瞻性的设计思想。假如仅仅满足或者迎合同学们暂时的功利思想,那显然失去了老师的责任,也是对学生的不负责。

同样是几年后,兰州商学院 2003 届毕业生,现在任教于兰州交通大学的吴晶老师这样说:

"我们老师讲书籍装帧课最大的特点,就是对中国传统书装形式以及对中国传统文化的关注,通过对传统文化的了解,将传统书装形式与现代设计理念相融合,为现代书装设计增添了民族文化的特点。并且,让同学们在了解并掌握了书装设计、制作的基本方法后能够大胆的尝试与创新,极高地调动了同学们的学习热情,激发了自主创新的意识与潜能。在培养动手能力的同时更让同学们关注并重视传统文化,主动寻找传统文化设计的契合点。"

吴晶老师认为,当代的青年人更多关注的是时尚和前卫潮流,对中华五千年源远流长的古老文化越来越有距离。虽然电脑技术的飞速发展使设计的程序越来越简单、快捷,但在提高设计效率的同时,也使得很多设计华而不实、繁琐空洞。

因此我认为将传统书籍装帧引入现代书籍装帧是非常必要和很有成效的。我相信,在大家的努力下,传统书籍装帧进入现代书籍装帧教学体系只是时间问题,它一定会在现代书籍装帧教学中大放光芒。

2．引发的其他问题

如同世间任何新生事物的发展都不可能一帆风顺一样,在教学期间我也听到一些议论,主要是认为我们对传统的东西讲的太多,尤其是细节没必要讲得那样详细,而且语带讥讽地说我们的教学内容是"老三样"(简册、卷轴、册页)。

就我本人来说,对教学中存在的意见无论来自同学或者来自其他老师我都愿意接受,老师的意见我尤为重视,以便随时纠正教学中存在的问题。听到这些议论后,我首先冷静分析自己的教学思想是否正确、方法是否得当。经过反复审视以后,认为我的教学素材都是来自于现代考古发现的第一手资料和最新的研究成果,这些资料和我所坚持的教学观点在目前的

装帧教材中相当缺乏,应该是比较有新意的,也是走在前沿的。

其次,我认为装帧细节在书籍整体设计中具有重要的作用,传统书籍装帧的艺术内涵很多时候恰恰就体现在这些细节上。如果不将传统书籍的各个装帧细节讲清楚,那么就可能导致同学们对传统书籍装帧似乎什么了解,但又什么都说不清楚的结果。目前市面上有些书籍装帧教材,讲传统书籍装帧时之所以出错或者语焉不详,就在于忽略了传统书籍的装帧细节。因此,我认为只有将古代书籍的各种装帧元素、装帧细节讲解的清清楚楚,并由此使学生体会到传统书籍装帧的艺术内涵,进而在今后的设计实践中灵活运用,才算是达到了教学的目的。

其实很多时候这些议论乃是出自人性的弱点,与具体教学关系并不大。但是将古代书籍装帧艺术讥讽为"老三样",则是对传统文化的轻慢。历代人民自商周,历秦汉南北朝、唐宋元明清,经过近三千年的持续发展,不断改进,推陈出新,才形成了我国书籍装帧史上这三个典型的装帧形式。它们是古代书籍装帧艺术的结晶,集中体现了我国人民在书籍这种精神与文化产品上的聪明智慧。试想除了这"老三样"之外,还能找出别的"新三样"吗。

由此我认为,对教学中出现的异同,以正常的相互尊重、相互理解的态度来交流似乎更好一些。

四、一个外国设计家的看法

2004年10月27日,上海《文汇读书周报》记者采访了前来参加上海"世界最美的书"设计艺术展的德国法兰克福和莱比锡图书艺术基金会主席、著名的书籍设计家乌塔·施耐特女士。她针对电脑设计书籍装帧说了这样几句话:

"从1990年代中期到现在,越来越多的书籍采用电脑设计,由于电脑技术可以实现以往人工操作所不能达到的效果,因此一度出现过于倚重电脑技术的现象,书籍设计越来越繁复。现在,这一现象被慢慢调整过来,书的设计更趋轻灵的风格,而不再是唯技术至上。

在具体的制作上,并非要回到更多使用人工的时代,但书的设计更注重手感。过去图书设计主要考虑视觉效果,用眼睛去欣赏,而现在更注重书的材料、装帧等整体手感。这也是另一种形式的对注重人情味的回归。"

乌塔女士对国际书籍设计的反思,是不是也切中了我国书籍设计的现状。

在谈到2003年我国获得莱比锡"世界最美的书"惟一金奖的《梅兰芳(藏)戏曲史料图画集》时,乌塔女士评价说:

"这是一本装帧设计表现得特别有力度的书。首先,最让我们感到震惊的是,它的图片的放置方式是按照中国传统的线装方式,对折后装订,而且书的外壳烫金、字体凹版印刷,书的打开方式等等,可以说,这本书制作时几乎把图书装帧艺术所有的表现方式都穷尽了,从纸张的色彩、重量、装订风格、外包装的设计……每个细节都体现了设计者的匠心,我们只能用一个词来形容:完美。"注

我们从德国著名书籍设计艺术家,对这个代表世界图书装帧界最高荣誉获奖书的"特别有力度"、"感到震惊"、"穷尽"、"完美"的赞颂词中,看到了他们对我国书籍装帧的理解和折服。这帧《梅兰芳(藏)戏曲史料图画集》与2006年获得"世界最美的书"金奖的《曹雪芹的风筝艺术》,和获得第六届全国书籍装帧金奖作品的《小红人的故事》,均是在整体装帧、内部版

注:朱自奋:《书籍自有其存在价值》《文汇读书周报》2004年10月29日

■ 614 版式设计:蠹鱼阁、高绍红
　　封面函套设计:张志伟

■ 615 赵健设计

■ 616 吕敬人设计

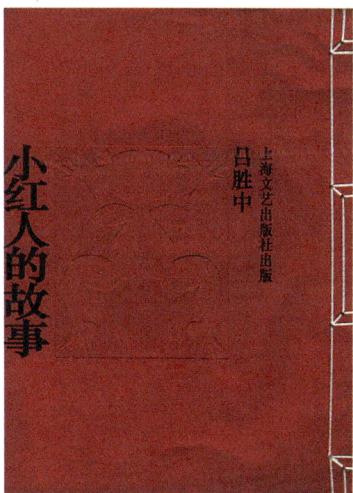

■ 617 全子设计

面和装帧细节方面都十分完美的现代线装书籍。(图614~617)

如果再回顾一下我国历年在莱比锡图书艺术展上获奖的图书如:《楚辞集注》、《五体清文鉴》、《中国货币史》、《中国古代木刻画选集》、《十竹斋书画谱》等,就会发现具有中国传统文化精神的书籍装帧在国际书籍艺术领域占有多么重要的地位。

文化需要创新是毫无疑义的,但首先需要继承。在传承传统已经成为重要课题的今天,我们是将它吊在口头上还是落实在教学实践中,是值得深思的。

进入新世纪以来,我国书籍装帧的整体设计观念得到增强,书籍的内容与形式更加统一,书籍蕴含的书卷气得到尊重,返璞归真的本土文化意识逐渐回归,书籍的材质和工艺也体现了深厚的人文精神。所有这些,都给书籍装帧艺术设计提供了创新与发展的广阔空间。可以预见,21世纪中,我国书籍必定会以崭新的艺术面貌出现在国际书籍装帧之林,而无愧于这个时代和无愧于这个伟大的民族。

从2000年开始将传统书籍装帧引入教学实践到现在,八九年过去了,作为一种教学实验,从开始萌发到初见成效,时间不短了,应该说是达到了预期的目标。而且,兰州商学院毕业生、目前在兰州交通大学任教的刘晓一老师也将传统书籍装帧引入教学并收到了良好的效果。我曾对她说,你教的学生作业比我教的学生作业好。

八九年的教学实践,教学相长,从同学们身上学到了很多的东西,得到了很多启发。除了引发自己的研究热情外,还形成了这本专著,这是相当令人高兴的。

主要参考引用文献:

一、论　著

书林清话　　　　　　　叶德辉著
　　　　辽宁教育出版社　　　　　　1998 年版

装订源流和补遗　上海新四军历史研究会印刷印钞分会编
　　　　中国书籍出版社　　　　　　1993 年版

中国古代书籍史　　　　李致忠著
　　　　文物出版社　　　　　　　　1985 年版

中国上古图书源流　　　刘国进著
　　　　新华出版社　　　　　　　　2003 年版

失落的文明　　　　　　李学勤著
　　　　上海文艺出版社　　　　　　1997 年版

汉简缀述　　　　　　　陈梦家著
　　　　中华书局　　　　　　　　　1980 年版

居延汉简甲编　　　中国科学院考古研究所编
　　　　科学出版社　　　　　　　　1959 年版

武威汉简　甘肃省博物馆　中国科学院考古研究所编著
　　　　文物出版社　　　　　　　　1964 年版

居延汉简释文合校　　谢桂华　李均明　朱国炤
　　　　文物出版社　　　　　　　　1987 年版

秦汉简牍论文集　　甘肃省文物考古研究所编
　　　　甘肃人民出版社　　　　　　1989 年版

简牍概述　　　　　　　林剑鸣编译
　　　　陕西人民出版社　　　　　　1984 年版

简帛:发现与研究　　　马今洪著
　　　　上海书店出版社　　　　　　2002 年版

信阳楚墓　　　　　河南省文物研究所编
　　　　文物出版社　　　　　　　　1986 年版

银雀山汉墓竹简(一)　银雀山汉墓竹简整理小组编
　　　　文物出版社　　　　　　　　1985 年版

《曾侯乙墓》　　　　湖北省博物馆编
　　　　文物出版社　　　　　　　　1989 年版

包山楚墓　　　　　湖北省荆沙铁路考古队编

　　　　文物出版社　　　　　　　　1991 年版

睡虎地秦墓竹简　　睡虎地秦墓竹简整理小组
　　　　文物出版社　　　　　　　　1990 年版

关沮秦汉墓简牍　湖北省荆州市周梁玉桥遗址博物馆编
　　　　中华书局　　　　　　　　　2001 年版

郭店楚墓竹简　　　荆门市博物馆编
　　　　文物出版社　　　　　　　　1998 年版

云梦睡虎地秦墓　　《云梦睡虎地秦墓》编写组
　　　　文物出版社　　　　　　　　1981 年版

张家山汉墓竹简·二四七号墓
　　　　　　张家山 247 号汉墓竹简整理小组
　　　　文物出版社　　　　　　　　2001 年版

尹湾汉墓简牍　　　连云港市博物馆等编
　　　　中华书局　　　　　　　　　1997 年版

上海博物馆藏战国楚竹书　一、二、三、四
　　　　　　马承源主编
　　　　上海古籍出版社　　　　2001~2005 年

武威汉代医简　　甘肃省博物馆　武威县文化馆编
　　　　文物出版社　　　　　　　　1975 年版

马王堆帛书艺术　　　陈松长编著
　　　　上海书店出版社　　　　　　1996 年版

马王堆汉墓帛书·古地图　马王堆汉墓帛书整理小组
　　　　文物出版社　　　　　　　　1977 年版

河西简牍　　　　　　马建华主编
　　　　重庆出版社　　　　　　　　2003 年版

敦煌汉简　　　　甘肃省文物考古研究所编
　　　　中华书局　　　　　　　　　1991 年版

中国造纸技术史稿　　潘吉星著
　　　　文物出版社　　　　　　　　1979 年版

唐宋时期的雕版印刷　宿白著
　　　　文物出版社　　　　　　　　1999 年版

中国国家图书馆古籍珍品图录　任继愈主编
　　　　北京图书馆出版社　　　　　1999 年版

古代版印通论　　　　李致忠著

紫禁城出版社　　　　　　　　　　2000 年版

中国版刻图录　　　　　　北京图书馆编

　　　文物出版社　　　　　　　　　　1960 年版

清代版刻一隅　　　　　　黄裳著

　　　齐鲁书社　　　　　　　　　　　1992 年版

中国版本文化丛书——插图本 薛冰著

　　　江苏古籍出版社　　　　　　　　2002 年版

中国木版水印概说　　　　冯鹏生著

　　　北京大学出版社　　　　　　　　1999 年版

唐弢藏书　　　　　　　　于润琦编著

　　　北京出版社　　　　　　　　　　2005 年版

书衣百影　　　　　　　　姜德明编著

　　　生活·读书·新知三联书店　　　　1999 年版

书衣百影续编　　　　　　姜德明编著

　　　生活.读书.新知三联书店　　　　2001 年版

尘封的珍书异刊　　　　　张伟著

　　　百花文艺出版社　　　　　　　　2003 年版

二、论　文

简帛书籍的发现及其影响

　　　李学勤　　《文物》　　　　1999 年 10 期

河北省平山县战国时期中山国墓葬发掘简报

　　　河北省文物管理处　《文物》　1979 年 1 期

居延汉代遗址的发掘和新出土的简册文物

　　　甘肃居延考古队　　《文物》　1978 年 1 期

我国古代竹木简发现、出土情况

　　　舒学　　　　　《文物》　　1978 年 1 期

甘肃天水放马滩战国秦汉墓群的发掘

　　　甘肃省文物考古研究所《文物》1989 年 2 期

武威磨咀子三座汉墓发掘简报

　　　甘肃省博物馆　　《文物》　1972 年 12 期

"建武三年候粟君所责寇恩事"释文

　　　甘肃居延考古队简册整理小组

　　　　　　　　　《文物》　1978 年 1 期

"粟君所责寇恩事"简册略考

肖亢达　　　　《文物》　　　　1978 年 1 期

尹湾汉墓简牍概述

　　　滕昭宗　　　《文物》　　1996 年 8 期

湖北江陵三座楚墓出土大批重要文物

　　　湖北省文化局文物工作队

　　　　　　　　　《文物》　　1966 年 5 期

长沙走马楼 J22 发掘简报

　　　长沙市文物工作队　长沙市文物考古研究所

　　　　　　　　　《文物》　　1999 年 5 期

尹湾汉墓〈博局占〉木牍试解

　　　曾蓝莹　　《文物》　　　1999 年 8 期

龙山里耶出土大批秦代简牍

　　　　　　《中国文物报》 2002 年 8 月 9 日

长沙马王堆三号汉墓出土地图的整理

　　　马王堆汉墓帛书整理小组

　　　　　　　　　《文物》　　1975 年 2 期

二千一百多年前的一幅地图

　　　谭其骧　　　《文物》　　1975 年 2 期

敦煌古写本丛谈 张铁弦 《文物》　1963 年 3 期

青岛发现北宋金银书《妙法莲华经》

　　　青岛市文物管理委员会

　　　　　　　　　《文物》　　1988 年 8 期

苏州市瑞光寺塔发现一批五代、北宋文物

　　　苏州市文管会苏州博物馆

　　　　　　　　　《文物》　　1979 年 11 期

山西曲沃县广福院发现宋金(齐)佛经

　　　赵冬生　　《文物》　　　1994 年 7 期

对明清时期防蠹纸的研究

　　　中国历史博物馆防蠹纸研究小组

　　　　　　　　　《文物》　　1977 年 1 期

内蒙古巴林右旗庆州白塔发现辽代佛教文物

　　　德新　张汉君　韩仁信

　　　　　　　　　《文物》　　1994 年 12 期

中国古典家具的造型演变　张宏书

　　　　　　《中国文物报》 2001 年 4 月 8 日

后记

　　书要付印了，照例要写一篇后记，以对帮助本书完成的人表示感谢，这是不能省略的。

　　首先要感谢兰州商学院艺术学院余义虎教授，由于他的推荐，我受聘登上大学讲台，开始了《书籍装帧》课程的教学与传统书籍装帧艺术的研究，并撰成了本书。

　　其次，要感谢清华大学美术学院的王玉良教授，因为二十年来难忘的一句话。1989年秋我到中央工艺美术学院进修，他对我说："到北京来干什么？到北京来最好的选择是看书，哪儿的书也没有北京多。"我记住了他的话，由此在京城看了一些书，也因此在进修期间完成了《中国美术字史图说》的初稿并找到了学习的门径。金针度人，获益匪浅，本书的完成与他的点拨是分不开的。

　　清华大学美术学院的邱陵、余秉楠教授，是我十分尊敬的老师，他们德高望重，虽年事已高，但几年来一直关心我的工作进展并时加鼓励。邱老应我之请在给本书题词时说了一句："你很用功"，我感到这是对自己最大的褒奖。不意邱老于2008年年底去世。而今题词犹在，哲人已逝，稿已成书却不知送往何处，令人潸然。余秉楠先生是我进修时书籍艺术系的领导和老师，沉静中露出的热情每每使我感动。先生为本书写的序言印证了我们的深厚的师生缘。

　　同时，要感谢兰州商学院艺术学院、陇桥学院、长青学院与我共同学习、切磋的八九届已毕业的同学们。他们旺盛的求知欲和提出的种种问题，激发了我的研究兴趣，使我不但完成了教学并且写成了本书，可以说，这本书是我和同学们共同完成的。与二十年前写《中国美术字史图说》时"期冀于失落交织，探索与困惑相煎"心情有别的是，这本书的写作过程始终是轻松愉快的，与这些年轻而充满活力的同学们相处，任谁都感到幸福。

　　在《实践与思考》一章中，我收进了一些同学的作业，它们充实了本书的内容并使传统书籍装帧艺术焕发了青春。同学们的名字大都记不住了，但是看到作业，他们的面容就会浮现在眼前。同学们的支持和理解，使我完成了教学。同学们今后的工作实践，必将会延续我国传统书籍装帧艺术的发展。遗憾是由于篇幅原因很多同学的作业没有收入，一些作业的姓名失记，在此致歉。衷心地谢谢同学们。

在此还要感谢兰州商学院艺术设计学院、陇桥学院、长青学院和兰州交通大学艺术设计学院的领导和老师们提供的这个平台，使我能将教学实践与思考整理成这本小书，谢谢马刚、燕宏、张林老师。

还要感谢我的领导和同事们，有了他们的支持与分担工作，才使我几年来能安心教学、写作并免除了后顾之忧。

同时还要郑重地谢谢徐震时、谷溪、张京老师，他们几年来对本书的热情关心始终使我感到温暖。

而翟万益、申晓君、欧阳前林、梁军正、赵金建等朋友和马国良老师多年来的鼓励、帮助，使作者始终不敢稍有懈怠。

在书前的"缘起"中，我说似乎感到幸运女神降临在身边。的确，几年来她的眷顾倾注在本书的字里行间，并激励我攀登新的高峰，创造新的辉煌。

感谢文物出版社的领导和同志们,在出版形势低迷的情况下能将本书列入出版计划，这是对作者莫大的支持和鼓励。责任编辑李铮女士对本书付出的努力和严谨的工作态度让我难以忘怀。

在此还要向本书参考引用文献的撰著者表示诚挚的感谢。

最后我还要向恩师徐祖蕃先生致敬，感谢他将我引上这条既崎岖坎坷，又充满光明的道路，并感谢先生三十七年来对我的悉心指导。

再次谢谢所有关心本书及本书作者的朋友们。

李 明 君

二〇〇九年春节于兰州寓所

封面设计：李明君
版式设计：李娅荟
责任印制：陆　联
责任编辑：李　净

图书在版编目（CIP）数据

历代书籍装帧艺术/李明君著. —北京：文物出版
社，2009.7
ISBN 978－7－5010－2720－0

Ⅰ.历…　Ⅱ.李…　Ⅲ.书籍装帧－图书史－中国
－古代　Ⅳ.G256.1－092

中国版本图书馆 CIP 数据核字（2009）第 032442 号

历 代 书 籍 装 帧 艺 术

李明君　著

＊

文 物 出 版 社 出 版 发 行
（北京市东直门内北小街 2 号楼）
http://www.wenwu.com
E-mail：web@wenwu.com
北京盛天行健印刷有限公司印刷
新 华 书 店 经 销
880×1230　1/16　印张：18.25
2009 年 7 月第 1 版　　2009 年 7 月第 1 次印刷
ISBN 978－7－5010－2720－0　定价：149.00 元